Saggi
Storia

Francesco Filippi

Cinquecento anni di rabbia

Rivolte e mezzi di comunicazione da Gutenberg a Capitol Hill

Bollati Boringhieri

Prima edizione settembre 2024

Torino, corso Vittorio Emanuele II, 86
Gruppo editoriale Mauri Spagnol

ISBN 978-88-339-4298-8

www.bollatiboringhieri.it

Stampato in Italia dalla Rotolito S.p.A., Seggiano di Pioltello (Mi)

MISTO
Carta da fonti gestite in maniera responsabile
FSC® C005461

Anno				Edizione						
2027	2026	2025	2024	1	2	3	4	5	6	7

Indice

Breve premessa

Si possono distinguere tre momenti fondamentali nella storia di uno strumento tecnologico: il primo quando viene effettivamente inventato; il secondo quando trova diffusione all'interno di una società; il terzo infine quando diviene parte integrante e riconosciuta dell'apparato tecnologico della società stessa.

È una suddivisione analitica che è possibile applicare ad ogni tipo di tecnologia e che a seconda degli oggetti ai quali si riferisce può raccontare molto della vita, e della fortuna, di determinate invenzioni.

Per quanto riguarda gli strumenti che l'essere umano ha adottato nel corso del tempo, è possibile notare quanto sia fondamentale per lo sviluppo di una determinata tecnologia la distanza temporale tra questi tre momenti.

Prendiamo ad esempio la scrittura: dalla sua invenzione agli albori della civiltà umana fino all'adozione come pratica comune sono trascorsi secoli. Un tempo lungo in cui la sua adozione come metodo di perpetuazione del pensiero ha subito molte modifiche e sviluppi che hanno inciso sul modo stesso in cui l'umanità ha, si perdoni il gioco di parole, «letto» questa innovazione.

In questo libro ci si occuperà, attraverso due esempi comparati, dell'analisi della parabola di adozione sociale di due delle più importanti, e controverse, innovazioni tecnologiche del cosiddetto Occidente: la stampa a caratteri mobili e Internet.

Della prima è possibile fissare con discreta precisione i tre punti nodali di invenzione, diffusione e adozione; della seconda, con ogni probabilità, l'ultima tappa è ancora tutt'altro che stabilita.

Segnare le tappe: per una cronologia dell'età della comunicazione

Quando nel Settecento, l'*età dei Lumi*,[1] la Storia ha cominciato a spogliarsi dei tenui vestiti della cronachistica e del racconto genealogico per provare a indossare i panni ben più spessi della scienza umana, uno dei passaggi che più impegnarono gli studiosi che si arrovellavano per ammantare di autorità metodologica lo studio del passato fu quella della sua suddivisione: se la storia pretendeva di essere lo studio del tempo era necessario che innanzitutto essa «segnasse il campo di gioco». Trovare cioè un modo coerente e diretto per poter suddividere, proprio come si fa con i campioni di laboratorio, le varie epoche per poterle poi meglio analizzare.

Nacquero così le diciture, ancora in voga tra alcuni, che tagliavano le età attraverso definizioni onnicomprensive dal nemmeno troppo velato carattere qualitativo. Si cominciarono a utilizzare espressioni come *Età antica*, che comprendeva la classicità più variamente intesa; *Età moderna*, che raccoglieva attorno a sé i frutti del progresso, vale a dire l'immaginario di quegli stessi storici che stavano definendo il modo migliore per dividere il tempo; e poi le due grandi età informi, contenitori di un po' tutto quello che non si riusciva a ritagliare altrimenti: *Preistoria*, «il tempo in cui non si ricorda il tempo», e *Medioevo*, mille anni non altrimenti classificabili, agli occhi degli enciclopedisti, se non come lungo periodo di passaggio.

Una delle componenti più importanti della suddivisione di questi periodi era sicuramente la scelta di quelli che chiameremmo «punti di svolta», vale a dire dei fatti che simbolicamente avrebbero segnato una cesura tra diversi periodi. Per la fine del Medioevo e l'inizio dell'Età moderna gli storici europei hanno sempre prediletto date che definissero un carattere di svolta «spaziale», vale a dire un modo diverso di pensare il mondo, vero o fittizio che fosse. Per questo, ad esempio, la cosiddetta scoperta dell'America (1492) e l'allargamento ideale dell'orizzonte fisico degli europei è una delle tappe ancora oggi più utilizzate. Accanto a questa, altre date spaziali hanno goduto di alterne fortune, come la presa di Costantinopoli (1453) con il contatto

[1] *Âge des Lumières* secondo l'originale francese (*Ehglithenment* in inglese, *Aufklärung* in tedesco), nome che è anche metafora plastica della volontà di porre in luce ciò che prima giaceva nell'oscurità, vale a dire il sapere legato alla visione religiosa del mondo; l'intento qualitativo è evidente (cfr. www.treccani.it/enciclopedia/illuminismo/).

diretto tra Est musulmano e il nascente Occidente oppure sempre il 1492, ma visto dalle mura di Granada, a simboleggiare la presunta «unificazione» del continente europeo cristiano.

A ben vedere queste date, ovviamente discusse e riviste nel corso del tempo, affrontano lo studio del passato attraverso una concezione fisica dell'immaginario europeo, mettendo al centro un'espansione di carattere territoriale a cui fa seguito un cambiamento di mentalità epocale: l'inizio di quel mezzo millennio di predominio europeo che sta oggi volgendo al termine.

Se però volessimo trovare altri modi, degli spunti interpretativi altrettanto stimolanti, per analizzare il cambiamento radicale di visione del mondo che portò alla nascita della «Età moderna», potremmo affidarci ad altri criteri per la costruzione del mondo eurocentrico per come lo riconosciamo oggi.

Troveremmo anche una data precisa: è il 1517 e un'invenzione fino ad allora poco sfruttata viene impiegata in maniera industriale per condurre una grande battaglia culturale che avrebbe cambiato per sempre il volto del continente.

La stampa a caratteri mobili, che in quel periodo ormai da un cinquantennio conviveva con le tradizionali forme di riproduzione del sapere e diffusione delle informazioni, viene investita del compito di diffondere le idee di un frate agostiniano in rotta con la gerarchia cattolica.

Grazie ai capitali dell'Elettore di Sassonia, un metodo di diffusione del sapere fino a quel momento concorrenziale, ma non vincente rispetto alla consuetudine amanuense, diviene in poco tempo il centro di una rivoluzione culturale che dura ancora oggi, visto che con ogni probabilità è su un libro a stampa che state, ad esempio, leggendo queste pagine.[2]

Una vera e propria rivoluzione che cambia il mondo della comunicazione e la mentalità che vi si accompagna, contribuendo in maniera determinante a quella velocità di scambio di informazioni che per mezzo millennio ha costituito un vantaggio tecnologico determinante per il continente europeo e le sue estensioni globali.

[2] E se lo state facendo su un supporto elettronico godete comunque dell'ultima evoluzione tecnologica che deriva direttamente, per costruzione delle parole, impaginazione e *font* di ogni singola lettera, dall'intuizione che ebbe Herr Gutenberg in quel lontano 1453.

L'esplosione di questa nuova tecnica non fu né indolore né immediata, ma portò a un lungo travaglio per la ricostruzione di rapporti di forza che questa invenzione aveva, è proprio il caso di dirlo, «scompaginato»; rapporti in cui i poteri costituiti tentarono di riportare sotto il proprio controllo uno strumento che rischiava di essere troppo facilmente utilizzabile da chiunque per cambiare lo *status quo*.

Perché è chi domina il racconto pubblico che può orientare, attraverso un processo di legittimazione, la misura del proprio potere.

Per questo motivo questo libro, che vuole toccare alcuni aspetti peculiari del rapporto tra cambiamenti culturali e strumenti di comunicazione, affronterà prima di tutto l'analisi di quella che fu a tutti gli effetti la prima rivoluzione della storia continentale resa possibile da un'innovazione tecnologica, vale a dire la rivolta contadina (*Bauernkrieg*) del 1524-26. Un episodio non sempre identificato come centrale nella storia d'Europa ma che nelle sue dinamiche mostra un cambiamento radicale nel rapporto tra il potere e la comunicazione. Il tutto proprio grazie alla diffusione di un sistema apparentemente «democratico» di scambio di informazioni che diviene un formidabile catalizzatore della rabbia popolare.

Nella prima parte questo libro si occuperà, attraverso lo studio di alcune fasi essenziali della guerra contadina[3] nel Sacro Romano Impero del primo Cinquecento, di analizzare gli effetti rivoluzionari di uno strumento con cui le emozioni, prima ancora che le idee politiche, sono messe in circolo e costituiscono la base di movimenti che sentono di avere in comune una narrazione diversa da quella che domina il mondo in cui essi vivono.

Seguirà una seconda parte in cui verrà accompagnato, rileggendo alcuni esempi concreti, il lungo cammino di «normalizzazione» di uno strumento come la stampa, rivedendo i modi in cui viene piegato alle esigenze delle classi dominanti e posto sempre più spesso al servizio non più di un'esplosione di cambiamento ma di una colata di conservazione.

Nella terza parte ci si occuperà infine di quella che, lo si percepisce chiaramente, è la nuova, incredibile rivoluzione della comunicazione che muove ora i suoi primi passi: quella dello strumento *Internet*.

[3] Sulla definizione di cosa furono i moti del 1524-26, se insurrezione, rivoluzione o guerra, si veda più avanti.

Con interessanti analogie e ovvie differenze, si sta assistendo in questo preciso momento a un cambiamento epocale dei sistemi di comunicazione, ma anche dei loro modi e tempi, tale da essere paragonabile per potenza a quello che partì dalla Germania imperiale e si diffuse in tutta la società europea.

Proprio come cinquecento anni fa anche oggi si assiste all'impiego massivo di una tecnologia che sembra riuscire a sfuggire al controllo del potere costituito, mettendo in discussione i paradigmi della comunicazione e quindi anche della costruzione dell'immaginario pubblico. Il tutto partendo dall'equivalente moderno del cuore profondo dell'Impero: la grande periferia incastonata tra le due coste degli Stati Uniti.

Cinquecento anni di rabbia

Per Aldo,
mio padre,
contadino arrabbiato

Introduzione

> «Dopo tre mesi di letture maledette,
> Fantozzi vide la verità, e si turbò leggermente,
> o meglio, si incazzò come una bestia...»
> Fantozzi, sbattendo il pugno sul tavolo:
> «Ma allora mi hanno sempre preso per il culo!!!»
>
> *Fantozzi*, Italia 1975

L'impatto dei mezzi di comunicazione sul racconto pubblico. Il ruolo storico delle emozioni nella costruzione sociale di un racconto identitario alternativo al potere

Vi sono momenti, nella storia delle società, in cui lo *status quo* imposto da chi detiene il potere viene stravolto da sommovimenti che riescono a trovare forza ed espressione grazie a innovazioni tecnologiche che cambiano il modo di comunicare.

Nella storia dell'Occidente questo è accaduto almeno due volte: agli inizi del Cinquecento, con la stampa a caratteri mobili. E ora, con Internet.

La comunicazione è un bene di consumo.[1] Come tale sottostà alle regole del mercato. Un mercato attraverso cui i gruppi umani costruiscono il proprio racconto collettivo.

Le società si fondano su una serie di valori comuni che tendono ad essere propagati e rafforzati nel tempo. La loro funzione è quella di costituire una base di identità e autorappresentazione per una componente, tendente alla maggioranza, del gruppo umano a cui si applica.[2]

Per stabilire e incrementare questa funzione identitaria, chi ha interesse a mantenere la coesione sociale – di norma gli individui che

[1] Cfr., tra i molti, A. Briggs, P. Burke, *Storia sociale dei media. Da Gutenberg a Internet*, il Mulino, Bologna 2002, S. Cristante, *Storia sociale della comunicazione*, Egea, Milano 2020 e A. Abruzzese, P. Mancini, *Sociologie della comunicazione*, Laterza, Roma-Bari 2014.

[2] La teoria dello studio degli insiemi di gruppi umani gode di una vasta e longeva letteratura: in senso contemporaneo almeno da G. Le Bon, *Psicologia delle folle*, TEA, Milano 2004 (prima ed. 1895) e soprattutto F. Tönnies, *Kritik der öffentlichen Meinung*, de Gruyter, Berlino-New York 2002 (prima ed. 1922) per quanto riguarda la sociologia e S. Freud, *Psicologia delle masse e analisi dell'Io*, Bollati Boringhieri, Torino 1978 (prima ed. 1921) per l'approccio psicoanalitico.

questa coesione sociale pone in situazioni di vantaggio/privilegio – mette a punto strategie comunicative e strumenti di diffusione dei racconti che sostengono i valori comuni.[3] Fanno, cioè, propaganda di sé stessi attraverso quello che d'ora in poi definiremo «racconto pubblico», vale a dire un sistema di rappresentazione di un gruppo umano in cui un insieme per lo più passivo di persone possa riconoscersi. Qualcuno che elabora una serie di valori condivisibili, miti fondativi, meccanismi identitari, simboli, tradizioni, luoghi, elementi culturali che nel loro complesso delineano una comune visione del mondo.

Qualcuno che dica a tutti «chi siamo».[4]

Gli sciamani che durante i riti narrano i miti fondativi di una tribù, i *Minnesänger* che cantano l'amore cavalleresco nelle corti medievali, gli storici che elaborano i manuali di storia «nazionale»,[5] sono tutti esempi di costruzione e propagazione del racconto pubblico a beneficio della sedimentazione di un'identità comune. Costruiscono e diffondono tematiche che per i più svariati motivi si pensa sia necessario propagare. Vale a dire, creano *propaganda*.

Questa operazione di diffusione solitamente avviene in regime di monopolio: il racconto deve essere uno, per non creare confusione, e deve dominare, per creare identità. Esso viene instaurato attraverso un solido controllo del ciclo della costruzione e diffusione delle informazioni e dei mezzi di produzione e propagazione di queste stesse informazioni.

A volte però, ad esempio quando il progresso tecnico porta un'innovazione nel mondo degli strumenti di comunicazione, può accadere che vi sia un lasso di tempo più o meno ampio tra la propagazione del mezzo e la sua presa di controllo da parte degli «spacciatori ufficiali» del racconto pubblico.

[3] L'evoluzione teorica di questo sistema di potere che designa gli elementi culturali essenziali per la compattezza sociale è già riscontrabile nei grandi teorici dello sviluppo sociale Otto e Novecenteschi. Per una veloce sintesi del tema cfr. A. Giddens, *Capitalismo e teoria sociale, Marx, Durkheim, Weber*, il Saggiatore, Milano 2009 (prima ed. 1971).

[4] Per lo sviluppo del concetto di gruppo umano organizzato e delle sue maggiori definizioni cfr. soprattutto J. Habermas, *Storia e critica dell'opinione pubblica*, Laterza, Roma-Bari 2005 (prima ed. 1971), B. Anderson, *Comunità immaginate, origini e fortuna dei nazionalismi*, Laterza, Roma-Bari 2018 (prima ed. 1983), E.J. Hobsbawm, T. Ranger, *L'invenzione della tradizione*, Einaudi, Torino 2022 (prima ed. 1983).

[5] Potente in questo ambito la definizione di Eric J. Hobsbawm, «gli storici sono per il nazionalismo ciò che i coltivatori di papaveri sono per gli eroinomani: forniamo la materia prima essenziale per il mercato», citata tra molti in D. Sassoon, a cura di, *Eric Hobsbawm, nazionalismo, lezioni per il XXI secolo*, BUR, Milano 2021, p. 10.

Che succede nel momento in cui chi domina non ha più il controllo dei mezzi di narrazione?

Può accadere che la produzione del racconto sfugga allo stretto controllo dei detentori del monopolio e si formi una sorta di narrazione «non certificata», che si propaga tra il pubblico senza che possa essere controllata sul breve periodo. Una sorta di «fuga di notizie» sul presente o sul passato che si avvale di strumenti e tecniche non ancora addomesticati da chi domina la società. Racconti altri, liberi di trasmettere valori non conformi o addirittura divergenti rispetto al solito.

Queste narrazioni possono per brevi periodi prendere il sopravvento, in una sorta di movimento diffusivo che oggi si definirebbe «virale»,[6] almeno fino a quando chi ha il potere di addomesticare questi strumenti non riesce a prenderne il controllo, inserendo questi nuovi mezzi nell'armamentario delle forme classiche di monopolio della comunicazione.

Il lasso di tempo che trascorre tra la diffusione virale di un nuovo strumento di comunicazione e il suo inserimento nel novero dei sistemi «ufficiali» è una sorta di spazio di possibilità, entro cui varie narrazioni concorrenti, scaturite dai più vari interessi, possono contribuire a costruire nuovi, inediti racconti, vale a dire nuovi modi di vedere il mondo o vere e proprie «rivoluzioni narrative».

Nel corso del tempo sono stati molti i momenti in cui si è assistito a cambi e accelerazioni nel modo di propagare contenuti significativi per il racconto pubblico, solitamente attraverso innovazioni tecniche che hanno presupposto un'elaborazione sofisticata e organizzata dei nuovi mezzi. La complessa ritualità sciamanica, le impalcature religiose, le saghe, la mitologia orale e poi quella scritta, la pittura, la scultura e la poesia rapsodica, i *social media* e la loro *netiquette*, sono tutte espressioni di un'evoluzione del modo di raccontare ciò che deve essere diffuso (la propaganda, appunto) che nel corso del tempo sono state prima inventate, poi istituzionalizzate e canonizzate e infine difese con apparati repressivi per impedire qualsiasi tipo di modifica.

Non appena si comprende la forza di un'innovazione tecnica nel campo della comunicazione essa viene coscientemente inglobata nel sistema del racconto pubblico di riferimento. Questo passaggio è decisamente più semplice nel momento in cui le caratteristiche tecniche del mezzo rendono accessibile il controllo del suo operato solo alle élite politi-

[6] Il concetto è significativamente mutuato dal mondo del gergo epidemiologico.

co-economiche: le cattedrali gotiche e la televisione necessitano di un bagaglio tecnico e soprattutto di fondi talmente vasti da poter essere praticabili quasi solo dal potere costituito. Il loro messaggio è per questo sempre legato a ciò che vuole essere espresso dal gruppo di potere che ha avuto la forza di attivarne la potenza comunicativa.

Nella storia umana vi sono però dei casi in cui l'innovazione tecnica (e il suo uso massivo) ha caratteristiche peculiari, che la rendono fruibile e manipolabile anche da persone estranee al potere: la scrittura, ad esempio, quando diviene patrimonio culturale esteso fuori dall'amministrazione religiosa e governativa delle civiltà complesse, è utilizzata per diffondere messaggi non sempre coerenti con le volontà e i ricordi della struttura gerarchica dominante: le scritte di insulto sui muri di Pompei sono un prodotto *altro* – ma non un sottoprodotto – della diffusione delle cultura scrittoria e della comprensione del suo potere.

Di certo, in una società in cui la lettura rimane capacità tecnica non universale, anche l'impatto di questo tipo di comunicazioni rimane limitato, oltre ad essere facilmente obliterabile (basta una mano di vernice...).

Che cosa accade invece quando grazie a strumenti di comunicazione relativamente a basso costo ma con ampia diffusione si propagano in modo virale racconti pubblici non controllati o difformi da quelli consueti?

Cosa succede, insomma, quando un nuovo strumento di comunicazione *contagia* un pubblico con un nuovo messaggio?

Nel momento in cui a una comunità o a una società viene proposta in maniera sufficientemente solida una lettura diversa del sistema di valori e quindi una diversa visione del mondo, gli individui si trovano a poter confrontare il racconto pubblico consolidato con altri modi di descrivere il senso e la realtà.

Le reazioni possibili a questo confronto sono grossomodo quattro:

– L'indifferenza da parte di chi ascolta e quindi la dispersione inefficace del nuovo racconto. Come accadde con la predicazione fallimentare di san Francesco nel campo del sultano d'Egitto durante la quarta Crociata.[7]

[7] Cfr. J.V. Tolan, *Il Santo dal sultano. L'incontro di Francesco d'Assisi e l'Islam*, Laterza, Roma-Bari 2009.

– Oppure l'arroccamento attorno alla vecchia narrazione, che si rafforza come appiglio identitario rispetto al possibile cambiamento. Come accade nel Giappone dei Tokugawa[8] di fronte ai tentativi di penetrazione occidentali.

– L'aderenza, più o meno fedele, al nuovo modello proposto. È il caso, sempre rimanendo alla storia del Giappone, al periodo della Restaurazione Meiji.[9]

– Infine può accadere che da questo scontro di racconti scaturisca una diversa, terza forma di racconto, derivata dalla contaminazione reciproca delle due narrazioni concorrenziali. La nascita della musica *Rap*, per dirne una.

In tre casi su quattro, vale a dire quando un nuovo messaggio risulta sufficientemente efficace, esso produrrà sempre degli effetti.

La perturbazione del vecchio racconto pubblico ha come risultato la diffusione – almeno in una parte della comunità – di un messaggio che mette in crisi rapporti che in precedenza erano ritenuti monolitici, e dunque una nuova visione del mondo o, quantomeno, una messa in discussione di quella vecchia.

Il ruolo storico delle emozioni nella costruzione sociale

Per secoli uno dei cardini del pensiero occidentale, trapassato dalla filosofia al senso comune, fu sintetizzato dalla definizione che dell'essere umano diede Aristotele quale *πολιτικὸν ζῷον*:[10] un «animale politico», vale a dire un essere per natura portato alla *politeia*, ciò che è necessario per la costruzione della *polis*, la comunità. E questo suo essere politico è legato, per Aristotele, all'unicità fisica dell'essere umano come dotato di *logos*, parola, sì, come suono, ma soprattutto come concetto significante (il *verbum* latino), che egli utilizza per rinforzare la comunità stessa.

L'essere umano aristotelico è un animale che discute coi suoi simili di argomenti su cui fondare il vivere comune.

Partendo da queste linee guida è facile comprendere il peso specifico della comunicazione nella costruzione di quella che verrà in se-

[8] R. Caroli, F. Gatti, *Storia del Giappone*, Laterza, Roma-Bari 2017.
[9] *Ibid.*
[10] Aristotele, *Politica*, Laterza, Roma-Bari 2019.

guito definita «civiltà occidentale» e l'attenzione maniacale ai modi e alle costruzioni del «linguaggio da indirizzare a tutti», vale per il linguaggio pubblico, di una società impregnata di queste premesse.

Ogni civiltà ha costruito sé stessa attraverso il racconto di sé e ha prosperato mantenendo saldo il controllo su come questo evolve.

Le genealogie imperiali cinesi, i racconti dinastici egizi, la nascita della scrittura cuneiforme come forma di controllo di ciò che lo Stato produce e commercia, e quindi della propria forza, fino ad arrivare alla tradizione greca e romana del racconto storico, che serve tra le altre cose a delineare il rapporto ufficiale, esclusivo, che un'intera società deve avere con la propria immagine nel passato e quindi con la proiezione dei propri valori.

Questi citati sono tutti esempi di come, per una larga parte della propria storia gli esseri umani, in quanto animali politici e comunicanti, siano stati immersi in un monopolio di informazione e formazione atto a fornire il collante necessario al mantenimento della società stessa.

Una struttura controllata direttamente o indirettamente da chi, di queste società, costituiva il segmento di comando.

Ovviamente, proprio per la natura dialogante degli esseri umani, non sono mancati nel corso del tempo racconti concorrenti a quelli calati dall'alto. Storie che, se vincenti, vanno a scalzare quelle pregresse. Ma molto spesso questo tipo di conflitto si esaurisce all'interno dei settori che si occupano della costruzione e propagazione del racconto pubblico, venendo poi presentati al pubblico dell'intera società per cui erano stati pensati come dei passaggi evolutivi della narrazione. Quelli che nel corso del tempo vengono definiti dibattiti tra intellettuali e che costituiscono la normale forma evolutiva dei racconti pubblici.

Ad esempio il forte conflitto ideologico sorgente nel mondo mediterraneo in seguito alla conquista macedone dell'impero persiano produsse un faticoso, lungo e mai del tutto esaurito conflitto tra la parte prettamente greca e quella orientale del possibile nuovo racconto pubblico da presentare alle società dei regni ellenistici. Conflitto che però, per l'egiziano medio, si esaurisce con la presentazione pubblica dei risultati di questa sintesi faticosa. La dinastia tolemaica si innesta, accettandone in gran parte il peso millenario, sul sostrato culturale e tradizionale delle dinastie egizie precedenti, plasmando col tempo la propria immagine in un *melting pot* culturale che ebbe per protagoniste le élite colte delle città come Alessandria, ma che per la maggior parte del popolo egizio si presenta, senza particolari scossoni, come il proseguimento di una storia consolidata.

Comunicare è una prerogativa del potere sovrano che ogni vertice di società sa di dover difendere con le unghie e con i denti, anche perché solitamente a bruschi cambi di racconto corrispondono spesso bruschi, cioè violenti, cambi di élite. Da questo assunto deriva che una parte non secondaria delle energie profuse da un regime per comunicare sé stesso, di qualsiasi tipo esso sia, va spesa nel controllo e nella eventuale repressione dei possibili racconti concorrenti e nel continuo affinamento del proprio.

La pratica della *damnatio memoriae*, in uso già presso le più antiche dinastie faraoniche, non è che uno dei molti modi con cui nel corso del tempo si rende necessario, per un gruppo di potere, stabilire i confini del proprio racconto e il modo in cui esso vada tramandato.

Quello che verrà definito e raffinato all'interno dell'esercizio secolare della censura non è nient'altro che il continuo lavorio di ricerca e controllo della parola pubblica e della sua utilità per il mantenimento, o lo sviluppo controllato, della società. Controllo dei contenuti, ma anche dei mezzi di propagazione.

Quando la fine dell'autorità imperiale romana in Occidente provocò una caduta di tensione nell'apparato pubblico, nel panorama europeo rimase in piedi un sistema frammentato di comunicazione innervato da quello che si trovò ad essere il solo produttore di racconto stabile per buona parte del Medioevo europeo: la Chiesa.

Il Medioevo cristiano è un mondo solidamente ancorato a pochi punti fermi superstiti del racconto classico: tra essi, ovviamente, Aristotele. L'idea dell'animale sociale parlante e quindi dell'importanza del controllo del racconto è ben esemplificata dall'inserimento nella liturgia cristiana del momento di predica pubblica, l'omelia.

In un mondo di penuria di tecnologie di propagazione del sapere, quali la scrittura, e di quasi totale assenza di figure che sappiano fruire di questi messaggi tecnologici, cioè ad esempio di lettori, la cultura orale e la predominanza del racconto ecclesiastico sono la nuova cifra della socialità dell'animale uomo per quasi un millennio.[11]

[11] Per quanto riguarda il peso culturale di questo tipo di pratiche orali, relativamente al caso italiano è esemplificativo lo studio di R. Rusconi, *Predicazione e predicatori in Italia nel medioevo e in età moderna*, Viella, Roma 2023.

Quando timidamente le strutture di potere laico provano a produrre un proprio racconto, come nel periodo carolingio, sono limitate nel proprio esplicitarsi dal fatto di doversi servire di specialisti della comunicazione provenienti dalle file della Chiesa (Paolo Diacono, Eginardo, Ottone di Frisinga)[12] o, in momenti più recenti, provano a costruire una versione laica delle cancellerie ecclesiastiche, dando l'avvio a un rafforzamento del racconto secolare accanto a quello religioso e a volte in concorrenza con esso.

La cosiddetta lotta per le investiture altro non è che un immane scontro di preminenza tra due poteri che pretendono di raccontare sé stessi come universali ma che si trovano a fare i conti con la necessità di sopravvivere entrambi in un regime di convivenza, per quanto mal sopportata.

Il frutto di questo faticoso compromesso porta all'equilibrio narrativo che è, nei fatti, il concetto di cristianità occidentale. Una grande mitologia di potere in cui spada e croce idealmente si sostengono per la creazione del regno di Dio.

Fino a quando qualcuno non riesce a trovare lo strumento per mandare all'aria questo equilibrio.

Non è mai bello quando le idee che sostengono il tuo mondo vengono messe in discussione: a livello psicologico la sensazione di smarrimento dovuta alla svalutazione del nuovo punto di vista può suscitare sgomento, disorientamento e paura. Da questo può scaturire il rifiuto del nuovo messaggio e l'arroccamento su quello conosciuto. Se però il nuovo messaggio è sufficientemente forte da sopravvivere all'istinto di autoconservazione delle proprie convinzioni, esso si insinua e svelle le certezze radicate in profondità, creando una coscienza del cambiamento che può essere interpretata positivamente (attraverso la voglia di aderire al nuovo racconto e «progredire») o negativamente (col rifiuto del nuovo racconto e la necessità di «conservare»). Questo insieme di emozioni, a volte concomitanti, crea un senso di smarrimento da cui è possibile uscire in più modi. Uno di questi è la rabbia: un'emozione di base, comune a tutto il genere umano, derivante, secondo gli studi di psicologia, dall'istinto di difendersi per sopravvivere.

[12] Cfr. E. D'Angelo, *La letteratura latina medievale. Una storia per generi*, Viella, Roma 2011, pp. 175-216.

Un sentimento quindi preculturale e sicuramente prepolitico, che scaturisce dalla sensazione di trovarsi in un ambiente non più sicuro che mette a repentaglio la propria stessa sopravvivenza. La volontà primaria di reazione a quello che appare come un cambiamento dello stato di cose in negativo.

In situazioni culturalmente e socialmente più strutturate, il meccanismo della rabbia è individuabile nel momento in cui viene a mancare l'identità tra l'immagine del mondo suggerita dalle nostre convinzioni (nelle situazioni, nei meccanismi sociali, nelle fasi di quotidiano confronto con l'alterità) e le stimolazioni che derivano dal confronto empirico con la realtà circostante. Insomma, ci arrabbiamo quando le cose sembrano non andare come vorremmo che andassero.

A livello di singoli individui questa emozione si manifesta molto spesso, e altrettanto spesso vengono attivati tutti i procedimenti necessari, sviluppati nel corso del tempo, per ridurne l'impatto sociale. Freni, autocensure o repressione dall'esterno che bloccano la rabbia dei singoli. Gli stessi sistemi si innescano a livello di gruppi umani più o meno estesi. E anche in questo caso migliaia di anni di civilizzazione hanno prodotto interi sistemi di blocco e regressione di questa emozione.

A volte però questi meccanismi non funzionano.

In questo libro prenderemo in rassegna alcuni esempi di quei circoscritti momenti della storia nei quali, soprattutto a causa dell'introduzione di nuove tecniche e nuovi strumenti comunicativi, i detentori del discorso pubblico non sono riusciti a gestire versioni alternative del racconto tradizionale e vengono travolti dalla rabbia. Si prenderanno in considerazione le cause e si cercherà di valutare l'impatto di medio e lungo periodo nelle società che li hanno prodotti, in modo da delineare i modi e i tempi in cui «una rabbia virale» ha cambiato la storia.

Parte prima

Rabbia contadina (1524-1526)

... chiunque può, deve, in questo caso, ammazzare,
strozzare, trafiggere, in pubblico e in segreto,
e, facendolo, pensare che non c'è niente di più velenoso,
pericoloso e diabolico di un ribelle,
proprio come se uccidesse
un cane rabbioso: se non lo colpisci tu, allora
ti colpisce lui, e con te un intero paese.

Martin Lutero, *Contro i contadini che si sono raccolti in bande di briganti e assassini*, 1525[1]

[1] La traduzione integrale italiana è in H. Eilert, *Riforma protestante e rivoluzione sociale. Testi della guerra dei contadini tedeschi (1524-1526)*, Guerini e Associati, Milano 1988, pp. 167-74.

1.1. *I contadini come protagonisti dell'immaginario pubblico tedesco*

Nell'inverno tra il 1524 e il 1525 alcuni contadini dei territori del Sacro Romano Impero si ribellano alle angherie dei signori feudali, dando l'avvio al più grande movimento popolare della storia tedesca e tra i più significativi del continente. Due anni di scontri sui territori di buona parte dell'Europa centro-meridionale che sconvolgono la vita di milioni di sudditi dell'impero, mettendo a ferro e fuoco campagne e città e toccando lo spaventoso bilancio finale di oltre centomila morti.

Venne chiamata *Bauernkrieg*, vale a dire *guerra dei contadini*, dapprima con scherno – i contadini non dovrebbero fare la guerra –[1] poi, in sede storiografica, come riconoscimento esplicito dell'estensione e della forza del movimento. Nel corso del tempo l'episodio raccolse altri nomi significativi: rivoluzione contadina, rivolta nazionale e, da ultimo, *rivoluzione dell'uomo comune*.[2] Sono espressioni che servono a raccontare l'eccezionalità di un evento che però, da un punto di vista storico, appare tutt'altro che una novità. Le rivolte contadine sono anzi una costante della storia europea,[3] soprattutto nel periodo che va

[1] Il termine *Krieg*, così come il corrispettivo italiano *guerra*, ha in epoca tardomedievale accezione diversa da quella odierna: ricorda lo storico Giorgio Politi che «pesantemente ideologico è innanzitutto il termine guerra, il cui significato poco ha a che spartire con quello che la parola possiede nel linguaggio odierno: i contemporanei lo intendevano piuttosto nel senso di guerra privata, faida, assimilandola a un vetusto istituto, privilegio della piccola nobiltà militare, i cosiddetti cavalieri, i quali avevano goduto appunto della prerogativa di poter dichiarare, secondo certe norme e forme, guerra ai loro avversari». Cfr. G. Politi, *Gli statuti impossibili. La rivoluzione tirolese del 1525 e il «programma» di Michael Gaismair*, Einaudi, Torino 1995.

[2] P. Blickle, *Der Bauernkrieg: die Revolution des Gemeinen Mannes*, C.H. Beck Verlag, Monaco 2018.

[3] J.R. Myking, G. Thoma, T. Iversen, *Bauern zwischen Herrschaft und Genossenschaft/Peasant relations to Lords and Government*, Tapir Akademisk Forlag, Trondheim 2007.

dalla fine della Peste Nera al Cinquecento, e l'area tedesca ne incuba di particolarmente strutturate.[4] Il movimento non si mostra risolutivo nemmeno nelle sue conseguenze: non si possono registrare effetti tangibili che indichino un complessivo mutamento delle strutture politiche o sociali e anzi, la brutale repressione che soffoca i moti farà sì che le condizioni dei contadini tedeschi rimangano sostanzialmente immutate fino alle soglie della Rivoluzione francese.[5]

Eppure la rivolta del 1525, o guerra, o rivoluzione che dir si voglia, è destinata a lasciare il segno soprattutto nell'immaginario collettivo, prima, e nella memoria storica, poi. Mentre i protagonisti sconfitti della sollevazione vengono fin da subito mitizzati attraverso saghe e racconti che ne narrano o ne inventano le gesta, i cronachisti e gli storici inseriscono questo periodo di tempo relativamente breve all'interno del grande mosaico della storia tedesca «necessaria». Il *Bauernkrieg* diventa un tassello imprescindibile per raccontare la «storia tedesca» ufficiale.

La differenza fondamentale tra questo e i molti altri scontri sociali avvenuti nell'Europa tardomedievale e moderna sta nell'incontro fortuito tra le ragioni dei contadini e un'innovazione tecnica di cui fino a quel momento si aveva avuto solo un'applicazione relativamente limitata: la stampa.

È infatti sulle pagine dei fogli volanti, i *Flugblättern*, che corrono le idee e le esortazioni dei ribelli, i quali approfittano di un mercato in espansione non ancora controllato dal potere costituito e di un pubblico già sufficientemente preparato per accogliere i messaggi circolanti attraverso la carta, ma non abbastanza abituato alla sua potenza immaginifica.

La «rivoluzione dell'uomo comune» è una «rivoluzione di carta», che si espande con la velocità produttiva dei torchi da stampa e che riesce a collegare attraverso un sistema di informazione una serie di realtà prima isolate, che scoprono così all'improvviso di essere, tutte insieme, una comunità.

Attraverso la circolazione di questi documenti informativi, antenati dei giornali e anche, per linguaggio e potenza immaginifica, dei *tweet* e dei post su *Facebook*, non solo prende forma e coscienza una comu-

[4] P. Blickle, *Studien zur geschichtlichen Bedeutung des deutschen Bauernstandes*, Gustav Fischer Verlag, Francoforte 1989.

[5] J.R. Myking, G. Thoma, T. Iversen, *Bauern zwischen Herrschaft und Genossenschaft/Peasant relations to Lords and Government* cit.

nità di persone che si percepiscono come la parte vessata della società, ma acquista voce, e senso, la rabbia antica dei sudditi che per secoli si era scaricata sporadicamente attraverso proteste e scontri isolati ma che ora, specchiandosi nei problemi e nei desideri dei singoli, diventa sentimento comune e raggiunge la massa critica necessaria a un'esplosione generale, violenta e imprevedibile.

Questa rabbia non solo riunisce attorno a sé gli insorti, ma li rende partecipi di un comune soffrire che diventa fattore identitario. Dalla loro rabbia si riconoscono gli *uomini comuni*,[6] e attraverso la rabbia identitaria essi accettano di morire gli uni per gli altri.

La storia della grande rivolta dei contadini tedeschi da questo punto di vista rappresenta il primo esempio concreto di azione di massa, coordinata da un ideale diffuso attraverso le innovazioni tecnologiche della comunicazione. Sorge un gruppo di persone che è «comunità», animato da un sentimento comune (la rabbia) e che punta a obiettivi comuni (il ripristino della propria serenità).[7]

1.2. *L'evoluzione storiografica del fenomeno Bauernkrieg*

Da quanto affermato sopra è evidente che l'analisi di un fatto storico si caratterizza come una grande *battaglia tra racconti*. Uno scontro che prosegue anche dopo la fine della mattanza sul campo, in quanto la parte vincitrice cerca di cancellare le ragioni dell'altra per costruire una narrazione monolitica e moralmente indirizzata di quanto accaduto. È quello che qualcuno definirebbe «la storia scritta dai vincitori», ma che, nel caso dello scontro per il controllo della versione ufficiale del *Bauernkrieg* si è svolto in modo particolarmente acceso[8] perché la diffusione del racconto perdente è stata decisamente effi-

[6] *Gemeiner Mann, uomo comune*, è un'espressione che già all'epoca designava, in tono non necessariamente spregiativo, la parte di popolazione non coinvolta in quelle che venivano considerate le attività direttamente inerenti la struttura per ordini dell'immaginario medievale, vale a dire il clero (*Klerus*) e la nobiltà (*Adel*). Cfr. soprattutto P. Blickle, *Der Bauernkrieg: die Revolution des Gemeinen Mannes* cit.

[7] Per una lettura teorica dell'evoluzione da semplice ribellione a scontro dai tratti del tentativo di sovvertimento sociale oltre ai molti già citati cfr. Ruff, *Violence in Early Modern Europe 1500-1800*, Cambridge University Press, Cambridge 2001, pp. 207-15.

[8] Per una sintesi dell'approccio al racconto storico e alle motivazioni circa lo scrivere di storia nella Germania moderna cfr. M. Völkel, *German Historical Writing from the Reformation to the Enlightenment*, in J. Rabasa, M. Sato, E. Tortarolo, D. Woolf, a cura di, *The Oxford History of Historical Writing*, vol. 3, pp. 324-46.

cace. Si combatte per anni, a suon di trattati e pubblicistica filonobiliare, per cancellare anche il ricordo del momento in cui i contadini presero in mano il loro racconto.

Il primo problema che si incontra nella ricostruzione di questa, come di altre esplosioni di rabbia nei secoli precedenti l'alfabetizzazione di massa, è dato dal fatto che la quasi totalità delle fonti sopravvissute sono prodotte dalle autorità impegnate a contrastare il moto collettivo. Il monopolio del racconto è anche, nei suoi corollari pratici, monopolio degli archivi e in generale delle fonti durature. Ciò che non rientra nel racconto pubblico viene deliberatamente cancellato o va incontro a un deterioramento maggiore perché non può contare su una forma professionale di salvataggio (gli archivi, appunto). È quello che notava lo storico e archivista Claudio Pavone, già negli anni settanta del Novecento, riguardo la sistemazione degli archivi e la loro capacità di «raccontare la storia»: se non opportunamente interrogato, un archivio «rispecchia in realtà soltanto la storia di sé stesso».[9]

Nel ricostruire le vicende di un moto che per propria stessa genesi si pone in antagonismo con quella che sarà poi la narrazione imperante si deve perciò mettere in conto che la maggior parte di ciò che si potrà produrre sul tema delle fonti e delle testimonianze sarà probabilmente parte della narrazione messa in piedi per distruggere e cancellare un ricordo non conforme delle medesime vicende.

Per quanto riguarda le rivolte contadine di fine Medioevo ci si deve per lo più affidare alle fonti signorili che, dopo aver soffocato i moti, ne riportano in cronachistica le azioni più efferate e gli episodi utili a contestualizzare non tanto lo scontro, quanto la repressione, giustificandola più o meno esplicitamente.[10] Ci si trova pertanto di fronte a una vera e propria rassegna di incendi, violenze e ammazzamenti che turbano le placide campagne meridionali dell'impero. Sfuggono di solito le ragioni dell'insurrezione, mentre il clima di terrore che si propaga nel contado sembra giustificare le violentissime repressioni.

[9] C. Pavone, *Ma è poi tanto pacifico che l'archivio rispecchi l'Istituto?*, Rassegna degli Archivi di Stato XXX-1, gennaio-aprile 1970, p. 149. Sul tema anche C. Pavone, *Elaborazione della memoria e conservazione delle cose: un rapporto non facile*, in C. Pavone, *Gli uomini e la Storia, partecipazione e disinteresse nella storia d'Italia*, a cura di D. Bidussa, Bollati Boringhieri, Torino 2020.

[10] Sfogliando ad esempio il corposo *Quellen zur Geschichte des Bauernkrieges* (fonti per la storia della guerra contadina) di Günther Franz (Wissenschaftliche Buchgesellschaft, Darmstadt 1963) si può notare come la stragrande maggioranza dei documenti sopravvissuti sia stata prodotta da cronachisti ecclesiastici, consigli cittadini in lotta coi contadini e in generale da singoli e istituzioni rappresentanti il mondo signorile.

Nel corso del tempo le fonti primarie si cristallizzano, passando dalla cronaca alla storia e divenendo le basi riconosciute del racconto pubblico. Le interpretazioni, cioè le riletture continue del passato, si assommano le une alle altre in una stratificazione che permette di seguire l'evoluzione della memoria pubblica e del ricordo comune dei fatti più che i fatti stessi.

Per lo più le rivolte rurali, piuttosto frequenti in tutto il basso Medioevo, disperdono la loro forza evocativa nel tempo e scivolano fuori dall'immaginario pubblico dei secoli successivi. Fa appunto eccezione la rivolta dei contadini nelle terre del Sacro Romano Impero del 1524-26, che acquista nel tempo un proprio valore all'interno della memoria pubblica tedesca, e di conseguenza in quella europea, fino a diventare un *topos*.[11]

A portare fortuna memoriale a questa particolare vicenda è stato in gran parte il suo utilizzo come esempio formale nella costruzione bisecolare dell'identità nazionale tedesca. Benché il tema della guerra contadina non passi mai davvero in secondo piano nei secoli successivi, la cristallizzazione dei temi e la canonizzazione, per così dire, dei fatti, avviene quando il teologo, politico e storico Wilhelm Zimmermann manda alle stampe la corposa *Allgemeine Geschichte des Großen Bauerkrieges*, tra il 1841 e il 1843.[12]

Il saggio, destinato ad avere grossa eco non solo nelle élite intellettuali germaniche, parte dall'assunto che l'insieme di scontri e rivendicazioni che infuocano la Germania meridionale fino ai confini d'Italia sia, in sostanza, il primo grande moto popolare propriamente «tedesco». Dietro questa affermazione vi è il tentativo di costruire un passato comune alle molte anime riformiste e liberali che in quegli

[11] Il padre della moderna storiografia tedesca, Leopold von Ranke, parla del «più grande evento naturale [*Naturereignis*] degli stati tedeschi» (*Deutsche Geschichte in Zeitalter der Reformation*, Berlino 1839, vol. 2, p. 210), con un'accezione nettamente negativa. Lo scrittore e politico socialdemocratico August Bebel senza mezzi termini la dichiara «l'evento più importante della storia tedesca medievale» (*Der deutsche Bauernkrieg mit Berücksichtigung der hauptsächlichsten sozialen Bewegungen des Mittelalters*, Braunschweig 1876, p. 1). Ancora nel 1933 Günther Franz, uno dei più famosi storici tedeschi della prima metà del Ventesimo secolo ribadisce che «ogni generazione di scrittori di storia tedesca si è confrontata con la guerra dei contadini tedeschi, le sue origini e il suo senso» (*Der deutsche Bauernkrieg*, Oldenbourg Verlag, Monaco-Berlino 1933, p. V).

[12] Il primo testo organico sulla guerra contadina definibile come ricerca in senso moderno è in realtà *Versuch einer Geschichte des deutschen Bauernkrieges* (ricerca per una storia della guerra dei contadini tedeschi) di Georg Friedrich Sartorius, professore all'università di Gottinga. Scritto nel 1795, aveva come tesi di fondo un parallelo tra i *contemporanei* avvenimenti della Rivoluzione francese e il conflitto tedesco di inizio Cinquecento.

anni manovrano per l'unificazione tedesca e che esploderanno con i moti del 1848 e la convocazione del parlamento di Francoforte.[13]

La seconda opera per importanza è quella che porta sul tavolo dei marxisti di mezzo mondo il tema dei contadini tedeschi, facendolo diventare un tema «canonico» per lo studio dei rapporti di classe. Si tratta del lavoro di Friedrich Engels, *Der Deutsche Bauernkrieg* (1850) in cui il filosofo renano esplicita non solo la teoria delle classi applicata alla Germania di età protomoderna, ma ritiene che quella dei contadini sia la prima vera «rivoluzione tedesca» della storia. «Anche il popolo tedesco ha la sua tradizione rivoluzionaria», esordisce con orgoglio Engels nel suo saggio.[14] Un'affermazione che sembra un'aperta sfida al racconto della grande rivoluzione borghese dei moti del '48, all'epoca appena fallita.

Il contesto pubblico di queste due opere, vale a dire i sommovimenti politici di metà Ottocento, potrebbe da solo giustificare la scelta dell'argomento *Bauernkrieg* agli occhi della pubblicistica coeva. Una grande rivolta di popolo che avviene grossomodo nelle stesse terre in cui si cerca di avviare il processo di unificazione tedesca su base popolare. Un *exemplum* più che adatto quindi, seguendo il solco della *storia maestra di vita* che tanto piaceva ai primi teorici europei della Storia come scienza.

Ma la questione dovrebbe essere approfondita ulteriormente, dato che gli avvenimenti del 1524-26 sono tutt'altro che un episodio isolato nel panorama degli scontri economici di Quattro e Cinquecento. Si sarebbero potuti portare altri esempi, alcuni perfino vittoriosi. Nonostante molte caratteristiche della rivolta permettano di inserirla all'interno di un più ampio contesto di lunga durata nella storia tedesca, la guerra contadina diviene un *topos* germanico come pochi altri. Basti pensare all'utilizzo che si fa di questi fatti in uno dei momenti più complessi anche della storiografia tedesca: il periodo della suddivisione della Germania in Est e Ovest.

Con la divisione fisica delle due Germanie si ha anche uno iato negli studi sulla Guerra contadina, che all'Est si assestano sulle posizioni di Engels, approfondite e perfezionate dal saggio di Smirin, e all'Ovest si allineano alle intuizioni portate avanti dallo scritto di

[13] Sulla *rivoluzione borghese* del 1848 dal punto di vista del racconto pubblico contemporaneo e posteriore cfr. tra i molti D. Otten, *Die deutsche Revolution von 1848/49 als "Kommunikationsrevolution"*, GRIN Verlag, Monaco 2010.

[14] F. Engels, *Der deutsche Bauernkrieg*, Lipsia 1870 (prima ed. Londra 1850), p. 12.

Günther Franz senza innovare di molto i contenuti del discorso storico. Gli storici della Repubblica Democratica si trovano impegnati in un lavoro di lima inteso a rendere sempre più affinato lo studio marxista anche degli aspetti più secondari della guerra dei contadini tedeschi. Nella DDR gli studi sulla Guerra Contadina divengono funzionali all'apparato culturale che va formando la «coscienza storica» dei tedeschi dell'Est: in occasione degli anniversari delle fasi salienti degli scontri o della nascita e morte dei protagonisti che l'animarono avvengono cerimonie ufficiali intese a fissare nella mentalità comune il filo diretto che, per gli storici marxisti e i dirigenti del S.E.D.,[15] erano le radici nobili sulle quali far attecchire lo sviluppo della Repubblica Democratica Tedesca.

A questo proposito può essere interessante citare un opuscolo stampato dall'Accademia delle Scienze della DDR nel 1974 per i quattrocentocinquant'anni dallo scoppio della Guerra Contadina: si tratta di un libretto di una cinquantina di pagine in cui vengono spiegate le ragioni che hanno portato il Comitato Centrale del Partito Socialista Unito di Germania a proclamare delle celebrazioni in onore di tale anniversario; tra le altre spicca, per autorità e significato, la motivazione che di tale scelta dà il primo Segretario del Comitato Centrale del S.E.D., Erich Honecker, che con questo intervento chiarisce quali siano le linee guida dello studio storico in Germania Est, citando brevemente a quale tradizione culturale interna alla storia tedesca la DDR si senta d'appartenere: «Die Deutsche Demokratische Republik ist heute die staatliche Verkörperung der besten Traditionen der deutsche Geschichte –der Bauernerhebungen des Mittelalters, des Kampfes der revolutionären Demokraten von 1848, der von Marx und Engels, Bebel und Liebknecht begründeten deutschen Arbeitbewegung, der Heldentaten im antifaschistischen Widerstandskampf».[16] Il libretto continua presentandosi come un vero e proprio *vademecum* che spiega in quale modo le celebrazioni per l'anniversario debbano essere compiute per meglio chiarire la volontà da parte della Repubblica Democratica Tedesca di

[15] *Sozialistiche Einheitspartei Deutschlands*, il Partito Socialista Unito di Germania (1949-1990), egemone nel sistema socialista tedesco orientale per tutto il secondo dopoguerra.

[16] «La Repubblica Democratica Tedesca è oggi l'incarnazione statale delle migliori tradizioni della storia tedesca: le rivolte contadine del Medioevo, la lotta dei democratici rivoluzionari del 1848, il movimento operaio tedesco fondato da Marx e Engels, Bebel e Liebknecht, le gesta eroiche nella lotta di resistenza antifascista». La citazione di Honecker riportata qui è ripresa da AA.VV., *Aus Politik und Zeitgeschichte, Beilage zur Wochenzeitung "Das Parlament"*, B 52-53/81, 26 dicembre 1981, p. 30.

dichiararsi unica erede di quella che Honecker chiama «la miglior tradizione della storia tedesca» (pare implicito che vi sia una nemmeno tanto velata polemica con i vicini della Germania Federale, che evidentemente non hanno, per i dirigenti tedesco-orientali, alcun diritto di richiamarsi agli avvenimenti del 1525 pensandoli come passato «proprio»); al di là del frasario tipico della propaganda e agli immancabili riferimenti alla *Bruderbund*, alla fratellanza, con l'Unione Sovietica, paladina della rivoluzione di classe contadina prima ancora che proletaria, dal testo spicca la volontà di rivendicare l'appartenenza della DDR al solco della migliore tradizione rivoluzionaria tedesca di cui più volte si dice che essa è lo *Höhepunkt*, il punto più alto. La Guerra Contadina è spiegata all'interno di una serie di tappe già fissate da Engels più di cento anni prima e divenuti postulati.

Le ricerche si incentrano sulla definizione corretta da dare agli avvenimenti del 1525 e alla valutazione esatta del ruolo della *Volksreformation*, come l'ebbe chiamata Smirin, rispetto alla Guerra Contadina in senso proprio. Gli studi in Germania orientale approdano alla conclusione che quella del 1525 sia da considerarsi a tutti gli effetti una rivoluzione proto-borghese e che la Riforma protestante stessa sia una rivoluzione.[17] Lutero e Müntzer sono esponenti entrambi della rivoluzione contadina, anche se Lutero con evidenti limiti quando si appoggerà ai principi per continuare il proprio progetto di Riforma. In questo senso, ad esempio, gli studi dello storico Max Steinmetz[18] portano a una datazione degli avvenimenti della rivoluzione contadina ancor più larga che non quella del semplice 1525, arrivando a comprendere le date fondamentali della Riforma, da Wittemberg alla conclusione della cosiddetta «Riforma dei Principi» nel 1535. Da notare però che questa interpretazione viene accantonata dalla maggior parte degli storici della Germania Est in quanto eteromarxista e sminuente nei confronti della massa contadina in armi. Gli studi devono proseguire nell'alveo delle conclusioni engelsiane.

Ancora nel 1989, quando la marcescenza dell'apparato statale della DDR è ineludibile e si tenta di sciogliere definitivamente la soffocante *Bruderbund* con Mosca, Gerhard Brendler, invitato a parlare al con-

[17] Per il tentativo di sintesi dei due fenomeni tentato dalla storiografica tedesco-orientale cfr. J. Foschepoth, *Reformation und Bauernkrieg im Geschichtsbild der DDR*, Duncker & Humblot, Berlino 2021.

[18] M. Steinmetz, *Thomas Müntzer Weg nach Allstedt. Eine Studie zu seiner Frühentwicklung*, Deutscher Verlag der Wissenschaften, Berlino 1985.

vegno di Ferrara su «Thomas Müntzer e la rivoluzione dell'uomo comune» spiega come, a proposito delle celebrazioni per l'anniversario della nascita di Müntzer, la DDR abbia inteso di celebrare i cinquecento anni dalla nascita del teologo tedesco in quanto «uno Stato nuovo deve trovare, definire e manifestare la sua identità, affinché la sua popolazione possa diventare popolo di uno Stato e comprendersi come nazione».[19] A questa affermazione seguiranno poi parole che avranno la funzione di scollegare in un certo qual modo Müntzer dal presente senza caricarlo troppo di anacronismi, forzandolo cioè ad essere specchio perfetto nel passato di una realtà che di lì a poco non sarebbe più esistita, quella del socialismo reale tedesco. Le parole di Brendler sono esplicative della posta politica e immaginifica attribuita al Bauernkrieg in salsa socialista: esso «deve trovare, definire e manifestare...» l'appartenenza di un popolo, quello tedesco orientale, che trova forti difficoltà a ridefinirsi.

Mentre le vicende del 1525 divengono un cardine dell'immaginario socialista germanico (Thomas Müntzer finisce anche sulle banconote da cinque marchi della DDR), la Germania occidentale prova a inserire nel suo pantheon le rivolta tedesca non senza qualche difficoltà.

La gran parte dei lavori riguardanti la Guerra Contadina in ambito occidentale tra gli anni cinquanta e gli anni ottanta non si discosta dalla concezione della guerra contadina come uno scontro politico con le sue motivazioni più profonde nel rapporto tra il potere e i suoi tentativi di trasformazione da feudale a territoriale in senso moderno. Il rapporto tra Guerra Contadina e Riforma viene, da molti storici occidentali, abbandonato come argomento obsoleto all'interno del dibattito, preferendo puntare di più l'attenzione sui problemi di natura politica che nascono dall'impatto tra la volontà di cambiamento del potere e la resistenza posta dai contadini, presentati per lo più come benestanti o quantomeno agiati, e quindi maggiormente interessati al mantenimento dello *status quo*. Molto maggiore in Germania Federale l'attenzione per la storia locale collegata ai fatti della Guerra Contadina: da tante ricerche su aree ristrette si sono avuti spesso spunti interessanti per proseguire con l'approfondimento di alcune tematiche collegate ai modi di vita e alla situazione sociale coevi agli avvenimenti del 1525 in regioni dell'impero in cui essa si sviluppò.

19 G. Brendler, citato in T. La Rocca, a cura di, *Thomas Müntzer e la rivoluzione dell'uomo comune*, Claudiana, Torino 1990, p. 103.

Una sorta di anestetizzazione del quadro di insieme e un approfondimento dei temi locali, atto a far calare la realtà degli scontri in una dimensione meno impattante rispetto alla «grande storia» tedesca.

Un filone che ha prodotto una mole importante di studi microstorici e che è stata la base, dopo la riunificazione, per un riallargamento del contesto contadino rispetto alle ultime teorie storiografiche sul tema. Soprattutto, come vedremo, sull'idea di *Rivoluzione dell'uomo comune* che caratterizza gli studi oggi.

Ma perché questo avvenimento è stato così centrale per l'immagine stessa che l'immaginario tedesco si è dato? Che cos'ha di speciale il *Bauernkrieg*? Sicuramente vi è il tema del suo impatto immediato nell'immaginario collettivo, come ammette lo stesso padre della storiografia tedesca Leopold von Ranke, che lo definisce «il grande movimento [...] che minacciava di capovolgere completamente l'essenza tedesca».[20] Poi ci sono le dimensioni, sovraregionali, e infine la sua virulenza.[21]

Sono tutte caratteristiche di sicuro effetto immaginifico, ma da sole forse non sono sufficienti a spiegare il grande interesse che soprattutto a partire dall'Ottocento questi episodi – perché non si sta parlando di un unico grande movimento, ma di un insieme di scontri a volte molto distanti e che hanno protagonisti diversi – riscuotono tra gli studiosi.

Con la fine del Medioevo il regime di piccola nobiltà terriera presente in molte zone agricole tedesche si irrigidisce in minute signorie territoriali che aumentano la pressione fiscale sul contado per mantenere il proprio status, per di più nel contesto di una disastrosa serie di crisi agrarie che si protraggono nel corso dei secoli finali dell'Età di mezzo.[22] In particolare, si riscontra in molte regioni tedesche il tentativo da parte dei signori di instaurare, al posto della tradizione pattizia consuetudinaria, alcune norme derivate dal diritto romano che pongono su basi nuove la contrattualistica relativa alla terra.[23] Da parte dei feudatari lo scopo è quello di costruire a proprio vantaggio un nuovo sistema normativo che, basandosi sui concetti universali del diritto romano, eroda

[20] «Die große Bewegung [...] welche dem deutschen Wesen eine vollständige Umkehr drohte», L. von Ranke cit., p. 223.

[21] Tra i primi lo storico Günther Franz riporta dati per una somma di quasi centomila morti tra le fila dei rivoltosi, cifra confermata dagli studi più recenti, come quello di Peter Blickle, *Bauernkrieg: die Revolution des Gemeines Mannes* cit., p. 104.

[22] Per una visione di insieme cfr. W. Rösener, *Agrarwirtschaft, Agrarverfassung und ländliche Gesellschaft im Mittelalter*, Oldenbourg Verlag, Monaco 1992.

[23] Per il caso dei contadini della Bassa Germania in particolare P. Blickle, *Studien zur geschichtlichen Bedeutung des deutschen Bauernstandes*, Gustav Fischer Verlag, Francoforte 1989, pp. 3-36.

le libertà formali e la miriade di eccezioni particolari elaborate nel corso dei secoli di confronto quotidiano tra potere locale e sudditi; un tentativo di introduzione di normative e contratti di carattere generale che cancellino i privilegi particolari dei singoli gruppi.[24]

Questo atteggiamento per i contadini sconfina nel tradimento del ruolo sociale che i nobili sono chiamati a ricoprire e giustifica la resistenza, anche armata, alle pretese signorili: «il diritto dei contadini alla resistenza era appunto legittimato quando i signori venivano clamorosamente meno ai propri doveri».[25] Anche in questo caso non è che accadesse per la prima volta: la natura pattizia della struttura signorile è un continuo, faticoso trattare e accusarsi reciprocamente di inadempienze. Ma la differenza fondamentale di questo specifico moto è proprio la sua simultaneità e l'apparente coordinazione, estesa su aree tra loro molto distanti.

Una sorta di *febbre* che travolge una buona parte dei territori imperiali e che mette da subito in discussione il racconto pubblico dominante, andando però al di là della semplice richiesta di ripristino delle vecchie consuetudini, ma elaborando nuove forme di condotta sociale e teorizzando nuovi rapporti reciproci di potere. I contadini sembrano acquisire una nuova, estesa «voce», attraverso cui raccontano non solo sé stessi ma anche il mondo che immaginano, e lo fanno con un uso sapiente del racconto pubblico e delle sue tecnologie.

Probabilmente il fattore di impatto maggiore nell'immaginario degli storici e dell'opinione pubblica è proprio quello che riguarda le «voci» che costituiscono il racconto e il modo in cui queste sono sopravvissute.

Ma prima di tutto qualche coordinata.

1.3. *Una possibile cronologia dei fatti*

– Nell'estate del 1524 si dà notizia[26] di sollevazioni contadine scoppiate in alcune località della Foresta Nera. L'andamento della rivolta pare essere quello classico dei moti contadini di quel tempo: i lavora-

[24] Cfr. T. Robisheaux, *Rural society and the search for order in early modern Germany*, Cambridge University Press, Cambridge 2002 e W. Achilles, *Landwirtschaft in der frühen Neuzeit*, Oldenbourg, Monaco 2010.

[25] W. Rösener, *I contadini nel Medioevo*, Laterza, Roma-Bari 1987, p. 280.

[26] G. Franz *Quellen zur Geschichte des Bauernkrieges*, Wissenschaftliche Buchgesellschaft, Darmstadt 1963, p. 85.

tori della terra, guidati da alcuni capipopolo, si rifiutano di prestare gli obblighi di corvée dovuti ai signori e contestano l'entità delle pretese dei proprietari sul raccolto.

– Durante gli ultimi mesi dell'anno 1524 i contadini della Foresta Nera mettono per iscritto le loro richieste e, in cerca di sostegno, diffondono questi «articoli» attraverso volantini a stampa.

– La rivolta si allarga alla Svevia, alle regioni del Reno, Alsazia, Baviera, Baden, Sassonia e domini asburgici. I contadini si organizzano in *schiere*,[27] formazioni paramilitari,[28] e cercano di darsi carattere sovralocale.

– Tra il febbraio e il marzo 1525 i rappresentanti dei contadini di Memmingen, in Svevia, mettono per iscritto e diffondono un documento programmatico che intitolano *I fondamentali e legittimi articoli principali di tutti i contadini e dipendenti sottoposti all'autorità spirituale e mondana, per cui essi ritengono di doversi lamentare*,[29] che passeranno alla storia come i *Dodici Articoli*. È il primo documento redatto dai rappresentanti del movimento che pretende esplicitamente di parlare a nome di tutti gli insorti senza suddivisioni o particolarismi locali.

– I *Dodici Articoli* vengono respinti dai rappresentanti della Lega Sveva, organismo consultivo e militare dei signori della regione.[30] In alcune località si cerca di espandere la rivolta dall'ambito rurale: gli *Articoli dei cittadini e dei contadini di Bamberga*,[31] stilati nella prima metà di aprile, sono un insieme di punti, sul modello dei *Dodici*

[27] «Haufen».

[28] Le nozioni militari, totalmente sconosciute di norma ai contadini, vengono spesso impartite loro da rampolli di piccole famiglie nobiliari caduti in disgrazia, come nel caso dei reduci della cosiddetta *rivolta dei cavalieri* di Franz von Sickingen scoppiata appena un anno prima, nel 1523 (cfr. K. Andermann, *Ritter! Tod! Teufel? Franz von Sickingen und die Reformation*, Schnell und Steiner Verlag, Regensburg 2015).

[29] «Dye Grundtlichen Und rechten haupt Atickel aller Baurschafft unnd Hynderessen der Gaistlichen ūn Weltlichen oberkayten von wölchen sich beschwert vermainen» (G. Franz, *Quellen zur Geschichte des Bauernkrieges*, Wissenschaftliche Buchgesellschaft, Darmstadt 1963, p. 174).

[30] La Lega Sveva (*Schwäbischer Bund*) fu un organismo sovraterritoriale che riuniva i signori del territorio svevo, particolarmente frazionato, in una sorta di alleanza politico militare. Viene fondata con la dieta imperiale di Esslingen am Neckar nel 1488; riconosciuta a livello imperiale e dotata di organi consultivi, assunse compiti di difesa, di risoluzione di contrasti tra signori e anche di *peace keeping* all'interno dei confini degli stati aderenti. La guerra contadina fu il suo ultimo intervento ufficiale: poco dopo la sconfitta degli insorti una parte dei signori locali sceglie di aderire al luteranesimo ponendo fine alla Lega. Per un quadro di insieme riguardante questa istituzione intermedia nell'ordinamento imperiale che nasce col compito di mantenere la pace nella regione cfr. H. Carl, *Der Schwäbische Bund 1488-1534. Landfrieden und Genossenschaft im Übergang von Spätmittelalter zur Reformation*, DRW Verlag, Leinfelden-Echterdingen 2000.

[31] *Artikel der Bamberger Bürger und Bauern.*

Articoli, in cui alle richieste contadine si affiancano questioni relative allo scontro di potere di ambito comunale.[32]

Nel frattempo si organizza la reazione signorile: la Lega Sveva forma un esercito anticontadino alla cui testa viene messo Giorgio III, siniscalco di Waldburg-Zeil: cadetto della nobiltà sveva, governatore del Württemberg e soprattutto veterano delle guerre imperiali in Francia e Italia. Per la sua azione di repressione si guadagnerà l'ironico soprannome di *Bauernjörg* (*Giorgio dei contadini*); le truppe al suo comando, poco meno di cinquemila mercenari veterani delle guerre di Francia, collaborano attivamente alla «pacificazione» delle campagne che porta all'uccisione di decine di migliaia di persone per tutto il 1525.[33]

– Il 17 marzo Thomas Müntzer viene messo a capo di un *Consiglio Eterno*[34] nella città di Mühlhausen, dando il via al primo esperimento nella storia tedesca di quello che si potrebbe definire *comunitarismo partecipativo*.[35]

– Ai primi di aprile infuriano gli scontri in molte zone della bassa Germania e cominciano a circolare, anche attraverso fogli volanti, descrizioni delle atrocità commesse dalle bande contadine. Uno degli episodi più famosi è la cosiddetta strage di Weinsberg, in cui il 16 aprile 1525 le schiere contadine tra il Neckar e l'Odenwald massacrano Ludwig von Helfenstein, signore di Weinsberg e il suo seguito dopo che si era rifiutato di venire a patti coi rivoltosi. Il fatto diviene in breve tempo uno degli argomenti di contropropaganda signorile, impegnata a dipingere i contadini come violenti. Sopravvive la cronaca del fatto redatta dal parroco del paese, Johannes Herolt, in cui si narra che i contadini

> portarono in aperta campagna, sulla strada per Heilbronn, il nobile e Illustrissimo conte di Helfenstein, a quel tempo balivo, e con lui 13 Nobili, tra i quali

[32] Se il primo articolo dichiara che «la parola di Dio deve essere predicata in modo libero, chiaro e schietto», e l'ottavo che «le acque correnti attorno alla città che non sono proprietà privata, devono essere libere a tutti», l'articolo quinto ad esempio dichiara che «i signori del consiglio cittadino devono avere le chiavi della città e non invece nostra grazia il signore o i membri del capitolo» (H. Eilert, *Riforma protestante e rivoluzione sociale* cit., p. 132).

[33] P. Blickle, *Der Bauernjörg. Feldherr im Bauernkrieg*, C.H. Beck, Monaco 2015.

[34] *Ewiger Rat*.

[35] L'esperimento, decisamente effimero – dura meno di due mesi e porta alla distruzione della città da parte delle truppe della reazione signorile – è però destinato a una grande fortuna storiografica grazie soprattutto alla lettura che ne danno gli storici di ispirazione marxiana, su tutti Engels (*Der deutsche Bauernkrieg* cit.) e, nel Novecento, Ernst Bloch (*Thomas Münzer teologo della rivoluzione* cit.).

c'erano Rudolf von Eltershofen e Pleickhart von Ruchzingen. Qui fecero un cerchio e costrinsero nobili e cavalieri con tutti i loro servi, in tutto 24 persone, a passare sotto un giogo. Il conte si offrì di pagare loro una grande quantità di denaro, se lo avessero lasciato in vita, ma non servì a niente, se non a morire. Quando il conte se ne rese conto non disse più nemmeno una parola, finché non lo trucidarono. Rudolf von Eltershofen si fece il segno della croce e andò serenamente incontro alla morte. E così i contadini hanno mandato costoro sotto il giogo contro tutte le norme di guerra; poi li hanno svestiti e li hanno lasciati così.[36]

Il leader della riforma protestante, Martin Lutero, disconosce il movimento, prendendone le distanze. Tra il 6 e il 10 maggio scrive addirittura una perorazione dal titolo *Contro le bande brigantesche e assassine dei contadini*,[37] in cui esorta la nobiltà tedesca a prendere le armi per schiacciare e distruggere la rivolta senza pietà. Nel documento identifica il predicatore Thomas Müntzer, da tempo suo rivale negli ambienti della Riforma, come capo e sobillatore delle schiere contadine.

– Il 22 aprile le autorità comunali della città imperiale di Francoforte pubblicano i loro 46 articoli, *Die Artikel der Frankfurter Gemeinde*, sul modello contadino.[38]

– Tra l'8 e il 9 maggio la città di Würzburg, nella bassa Franconia, delibera la sua adesione alle ragioni dei contadini e mette a disposizione dei rivoltosi le sue truppe e la protezione delle sue mura.[39]

– Il 12 maggio Giorgio di Waldburg, *Bauernjörg*, a capo delle truppe della Lega Sveva, affronta le schiere contadine a Böblingen, nel Württemberg. Lo scontro si risolve con il più grande massacro della guerra contadina: oltre quindicimila contadini vengono trucidati durante e dopo la battaglia.

– Il 13 maggio Michael Gaismair, segretario del Principe Vescovo di Bressanone, viene eletto comandante (*Feldhauptmann*) del movimento antisignorile nelle terre del Tirolo. È l'inizio della rivolta contadina, la *guerra rustica*, nelle terre imperiali asburgiche.[40]

[36] H. Eilert, *Riforma protestante e rivoluzione sociale* cit., p. 157. All'episodio, ad esempio, dedicherà ampie pagine già Wilhelm Zimmermann, che lo definirà un grave errore politico dei contadini (W. Zimmermann, *Der deutsche Bauernkrieg*, Das Bergland-Buch Verlag, Graz-Vienna-Lipsia-Berlino 1933, pp. 369-82 [prima ed. 1841]), interpretazione su cui concorda Engels.

[37] *Auch widder dier reubischen und mördisschen rotten der andern bawren*, H. Eilert, *Riforma protestante e rivoluzione sociale* cit., p. 167.

[38] Cfr. G. Franz *Quellen zur Geschichte des Bauernkrieges* cit., pp. 455-61.

[39] *Der Anschluß der Stadt Würzburg an die Bauernschaft* cit., pp. 353-56.

[40] Cfr. G. Politi, *Gli statuti impossibili* cit.

– Il 14 maggio Florian Geyer, a capo della rivolta contadina nella regione della Franconia, rivolge un appello alle libere città tedesche per la costituzione di una alleanza tra città e campagne contro i nobili.[41] L'idea è che ai contadini sia affidata la sicurezza del territorio, ipotizzando quindi l'inutilità del ruolo sociale della nobiltà.

– Il 15 maggio le truppe del langravio Filippo d'Assia prendono d'assalto le schiere contadine accampate tra le colline di Frankenhausen. Tra questi ultimi c'è Thomas Müntzer, che era partito pochi giorni prima da Mühlhausen per andare incontro all'esercito dei signori.

Si è molto dibattuto sulle reali intenzioni di Müntzer e in generale del fronte contadino. Gli studiosi per lo più concordano nel leggere lo schieramento contadino a Frankenhausen come una mossa militarmente suicida; gli insorti hanno poche armi da fuoco, scarso munizionamento e il loro numero non è sufficiente a soverchiare le truppe nemiche, che erano militari di professione (le cronache parlano di ottomila contadini, contando non solo i combattenti, ma anche le loro famiglie, di fronte a seimila veterani imperiali). Le testimonianze contemporanee concordano nel dare alla battaglia i connotati di un vero e proprio macello, con le truppe signorili che lamentano, a seconda delle cronache, dai 3 ai 6 morti, a fronte di seimila corpi rimasti sul campo da parte contadina. Molti sottolineano il fatto, soprattutto da parte dei più stretti seguaci di Müntzer, che ci si attendesse di poter vincere la battaglia con un diretto aiuto divino: in molti si affidano alla preghiera mentre i lanzichenecchi caricano e lo stesso Müntzer, dicono le cronache, dichiarandosi «portatore della spada di Gedeone»,[42] immagina lo scontro come un giudizio in cui Dio saprà salvare il suo popolo. Alcuni cronachisti riportano un episodio che avrebbe fatto poi sconfinare Frankenhausen nella leggenda: nel cielo sopra il campo di battaglia, poco prima dell'assalto, sarebbe apparso un arcobaleno, simbolo che compariva anche nella bandiera dell'esercito contadino.[43]

[41] *«Florian Geyer Rede in Rothenburg vor Rat und Ausschuss der Stadt über die Ziele der fränkischen Bauern»*, in *ibid.*, pp. 365-68.

[42] Firma così, «Thomas Müntzer con la spada di Gedeone», due lettere mandate il 12 maggio a Albrecht e Ernst von Mansfeld, membri dello schieramento nobiliare che gli si pareranno contro sul campo di Frankenhausen, col proposito di convertirli.

[43] Per una panoramica riguardante la simbologia e le manifestazioni artistiche che accompagnano lo sviluppo e poi il ricordo del Bauernkrieg cfr. H. Entner, *Bundschuh und Regenbogenfahne. Schriftsteller und Künstler im Bauernkrieg*, Tribüne Verlag, Berlin 1975.

– Il 17 maggio le schiere contadine alsaziane vengono sconfitte nella battaglia di Saverne.

– Il 25 maggio le truppe signorili prendono d'assalto Mühlhausen, considerato il cuore della rivolta a causa della vicinanza delle autorità cittadine a Müntzer. Il predicatore di Stolberg, catturato vivo a Frankenhausen e prigioniero dell'armata signorile, scrive alla città consigliando i suoi seguaci: «Siate sempre in buoni rapporti con tutti e non amareggiate ulteriormente le autorità [...]». Consiglia cioè di arrendersi.[44]

– Il 27 maggio, a Mühlhausen, Thomas Müntzer è torturato e giustiziato.

– L'8 giugno l'ultima roccaforte della rivolta della Germania centrale, Würzburg, viene presa d'assalto e conquistata.

– Ai primi di agosto l'arciduca Ferdinando d'Austria, dopo aver tergiversato per mesi accogliendo e poi respingendo le richieste dei contadini tirolesi, fa imprigionare Michael Gaismair e dà il via alla repressione, che viene guidata dal capitano delle truppe imperiali Georg von Frundsberg (1473-1528). Gaismair riesce a fuggire prima in Svizzera e poi nella Repubblica di Venezia, da cui tenterà senza successo di rianimare la rivolta. Viene ucciso a Padova nel 1532, dopo che l'arciduca Ferdinando aveva posto una taglia sulla sua testa.

Nell'inverno tra il 1525 e il 1526 si celebrano gli ultimi processi e si spengono gli ultimi focolai di resistenza. La fase acuta della rivolta è durata meno di sei mesi ma ha avuto conseguenze devastanti: vengono uccise centomila persone, più dell'uno per cento dell'intera popolazione del Sacro Romano Impero. Benché alcune delle proposte più basilari vengano infine accolte dalla controparte signorile, l'impianto complessivo delle richieste, che mirano a ripristinare il diritto consuetudinario e ad arginare l'allargamento del potere signorile nei confronti delle comunità, viene sostanzialmente ignorato. Le terre comuni continuano a essere oggetto delle mire signorili e alcune norme del diritto romano considerate tutelanti nei confronti della controparte nobiliare vengono assunte come base del diritto feudale che continuerà a rimanere in vigore fino al Settecento inoltrato, quando verrà soppiantato non da un'apertura verso il basso ma dall'applica-

[44] *Thomas Müntzer alla comunità cristiana e al consiglio di Mühlhausen, Heldrungen, 17 maggio 1525*, in C. Martinuzzi, a cura di, *Thomas Müntzer, Scritti, lettere e frammenti* cit., p. 182.

zione del controllo territoriale tipico dell'assolutismo che accompagna i tentativi di formazione degli Stati centralizzati e protonazionali alla fine della cosiddetta epoca degli assolutismi.

1.4. *Le richieste contadine*

Vi sono molti modi per interpretare gli avvenimenti che vanno sotto il nome di *Bauernkrieg* e, nel corso della storia, essi sono stati variamente commentati e ricollocati all'interno di diverse interpretazioni. L'attrattiva che ancora oggi esercitano quei fatti è probabilmente il punto di forza per la sopravvivenza del racconto contadino e contemporaneamente il punto debole riguardante la sua molteplice e spesso contraddittoria memoria pubblica.

Tradizionalmente gli scontri si fanno iniziare nella primavera del 1524, quando i sudditi del conte Sigmund von Lupfen, signore della contea di Stühlingen, nell'odierno Baden-Württemberg, si rifiutano di prestare il lavoro gratuito al loro padrone richiedendo in più il diritto di caccia e pesca sulle proprietà che Sigmund dichiara proprie ma che i contadini rivendicano come bene comune. Per chiarire le loro posizioni, i contadini si presentano in massa al castello, ben decisi a non smobilitare. Scene di questo tipo sono comuni, anche se non consuetudinarie, nei rapporti di potere tra signori e sudditi in tutto il basso Medioevo, specie in periodi di difficoltà e crisi agricola. Ma questa volta c'è una differenza sostanziale che apre la strada a un nuovo tipo di confronto. Quando si impone loro di esplicitare le proprie ragioni, i contadini presentano un documento scritto, suddiviso in sedici punti, in cui mettono nero su bianco le loro richieste.

Nemmeno questo modo di confrontarsi «via carta» è una novità assoluta: per tutto il Medioevo, con il rafforzamento delle strutture di governo locale e regionale all'interno dell'impero, i rappresentanti dei rivoltosi, per far valere le proprie ragioni in tribunali e consigli locali, sono costretti a ricorrere alla carta per accedere all'amministrazione della giustizia.[45] Richieste per punti, proclami e *cahiers de doléances* devono pervenire ai giudici in forma scritta, spesso attra-

[45] Su rapporti di potere e sistema decisionale tra la fine del Medioevo e gli inizi dell'Età moderna in ambito tedesco cfr. i saggi contenuti in W.E. Wagner, a cura di, *Entscheidungsfindung in spätmittelalterlichen Gemeinschaften*, Vandenhoeck & Ruprecht, Gottinga 2021.

verso la mediazione di un professionista della scrittura che le reimposta in modo da poterle sottoporre all'apparato giudiziario in una forma considerata opportuna.[46]

Si tratta quindi di una modalità di gestione dei contenziosi di per sé già mediata da parte di professionisti della giustizia che fungono da primo, fondamentale filtro.[47] Inoltre i contadini che presentano le proprie rimostranze attraverso i canonici canali di gestione del conflitto sociale accettano implicitamente l'autorità del tribunale e lo fanno incanalandosi all'interno dello schema, precostituito, della giustizia secolare in mano al potere contro cui essi stessi stanno teoricamente «facendo causa».

È un meccanismo che impone ai contadini il proprio linguaggio, che li costringe a servirsi dei propri funzionari accettandone l'autorità e che è espressione diretta del sistema di potere che li ha portati a contestare. L'unica, e in molti casi fondamentale, garanzia concessa ai contadini querelanti è la possibilità di appellarsi a un grado superiore di potere: il superiore gerarchico del signorotto locale o il potere superiore rispetto a quello presente direttamente sul territorio. Con tutte le difficoltà date dalla distanza e dall'irrigidimento delle forme di professionalizzazione della giustizia, senza considerare il fatto che i poteri maggiori spesso mostrano interesse a preservare, nel proprio complesso, l'ordine costituito e a dare quindi più facilmente ragione alla parte avversa ai contadini.[48]

Anche quello di Lupfen è un documento che sembra essere destinato a seguire la trafila della collaudata giustizia del tempo: viene presentato il 18 novembre 1524 al Consiglio della città di Villingen, che secondo i vigenti ordinamenti è competente a dirimere le contro-

[46] Sulla costruzione formale dei documenti riguardanti le richieste e le suppliche di area tedesca cfr. gli esempi contenuti nei saggi di Karl Härter, Andrea Griesebner e Renate Blikle in C. Nubola, A. Würgler, a cura di, *Suppliche e gravamina. Politica, amministrazione, giustizia in Europa (secoli XIV-XVIII)*, il Mulino, Bologna 2002.

[47] Per una visione d'insieme dell'evoluzione della giustizia nel periodo cfr. tra gli altri D. Quaglioni, *La giustizia nel medioevo e nella prima età moderna*, il Mulino, Bologna 2004, C.M. Radding, *Le origini della giurisprudenza medievale, una storia culturale*, Viella, Roma 2013. Per un inquadramento del caso germanico G. Annas, M. Rothmann, P. Schulte, *Gerechtigkeit im gesellschaftlichen Diskurs des späteren Mittelalters*, Duncker & Humblot, Berlin 2012 e J.R. Myking, G. Thoma, T. Iversen, *Bauern zwischen Herrschaft und Genossenschaft/Peasant relations to Lords and Government* cit. Per un esempio di funzionamento della giustizia laica d'ambito tedesco del periodo cfr. A. Krey, *Die Praxis der spätmittelalterlichen Laiengerichtsbarkeit. Gerichts- und Rechtslanschaften des Rhein-Main-Gebietes im 15. Jahrhundert im Vergleich*, Böhlau Verlag, Köln-Weimar-Wien 2015.

[48] Cfr. J.R. Myking, G. Thoma, T. Iversen, *Bauern zwischen Herrschaft und Genossenschaft* cit.

versie tra i contadini della Foresta Nera e il loro signore, Sigmund von Lupfen. Non è però un avvocato o un esperto legale che lo presenta, ma, stando alle cronache dell'epoca[49] è l'intera massa indistinta dei sottoposti a muoversi in forze, capitanata da un ex soldato imperiale, Hans Müller. Una sottolineatura che da parte signorile vuole dimostrare la caoticità del movimento e la sua pregiudiziale propensione alla violenza, ma che soprattutto, a posteriori, sembra chiarire il carattere organizzato su base militare della sollevazione.

Il documento in sedici punti che viene presentato al consiglio cittadino[50] contiene una serie di rivendicazioni piuttosto consuete per quanto riguarda i confronti tra contadini e autorità nel tardo Medioevo: per lo più contestazioni sull'uso dei beni comuni e sui limiti dei reciproci obblighi tra signore e sudditi.

Accanto alle richieste classiche ve ne sono alcune che raccontano un modo diverso di voler intendere il proprio ruolo sociale e, si potrebbe dire, un approccio prospettico al concetto stesso di libertà, come si legge ad esempio nel terzo punto: «[I contadini] ... devono essere liberi di portare schioppi e balestre»; e nel quindicesimo: «Colui che ha del vino in casa propria ha il diritto di offrirlo ad altri, senza essere punito».

[49] La principale ricostruzione giuntaci di questo primo atto della guerra contadina è di tale Heinrich Hug, membro della corporazione dei costruttori della città e del consiglio cittadino per oltre vent'anni. Scrisse una cronaca della sua città dal 1495 al 1533, *Villinger Chronik* (prima ed. a stampa 1883). Una copia dei brani della cronaca riferiti all'inizio della rivolta contadina si trovano in G. Franz, *Quellen zur Geschichte des Bauernkrieges* cit., pp. 89-96.

[50] «Primo: che essi non debbono più essere obbligati a prestare alcun servizio di caccia ai loro signori, e che ogni specie di selvaggina, di acque e di uccelli devono essere liberi a tutti. Secondo: che non devono essere obbligati a tenere legati i cani. Terzo: che devono essere liberi di portare schioppi o balestre. Quarto: che non devono essere puniti da guardaboschi o guardiacaccia. Quinto: che non devono prestare alcun servigio al loro signore, o spargere il letame. Sesto: a suo beneficio non devono più mietere, falciare, tagliare [il fieno] o trasportarlo all'interno dei fienili. Settimo: che non devono sottostare alla rigida disciplina del mercato o delle corporazioni. Ottavo: che nessuno debba essere rinchiuso nella fortezza o messo in ceppi, se c'è qualcuno che garantisce per lui. Nono: che non devono essere versate né tasse, né imposte e né gabelle, se non vengono ritenute legittime. Decimo: non si dovranno dare rimesse di grano in forma di tributo, né si dovrà più lavorare nei suoi campi. Undicesimo: non deve essere punito per disobbedienza colui o colei che sposa una donna o un uomo suddito di un altro signore. Dodicesimo: i beni di coloro che si tolgono la vita impiccandosi non deve prenderseli il signore. Tredicesimo: il signore non dovrà ereditare alcunché, quando sono ancora in vita i parenti. Quattordicesimo: che vengano annullate tutte le trattenute e anche la cosiddetta tassa del balivo. Quindicesimo: colui che ha del vino in casa propria ha il diritto di offrirlo ad altri, senza essere punito. Sedicesimo: se un balivo accusa qualcuno per una piccola infrazione, costui non è tenuto a dare alcunché, finché non viene dimostrata, con testimonianze e prove inconfutabili, la sua colpa». Cfr. H. Eilert, *Riforma protestante e rivoluzione sociale* cit., p. 58. Il testo originale riportato da Heinrich Hug si trova riportato nella *Villinger Chronik* cit., pp. 109-10.

Il tentativo di farsi riconoscere il diritto a portare armi, oltre all'utilità pratica di difesa personale, ha anche una forte componente simbolica e sociale. Non si tratta solo di poter garantire la sicurezza personale di sé e della propria comunità, ma di scalfire quello che viene fino a quel momento sentito come un monopolio della violenza, costruito nel corso del tempo. La vecchia ripartizione classica della società teorizzata da Adalberone di Laon ancora nell'XI secolo, tra *Bellatores*, *Oratores* e *Laboratores*, rimane molto spesso una costruzione teologico-filosofica più che una pratica. Ma è pur sempre una visione posta alla base della lettura ideale del mondo per secoli e come tale ha un forte impatto su quella che si potrebbe definire la mentalità pubblica. Ancora nel 1520, a ridosso dei sommovimenti contadini, un ispirato Martin Lutero ribadisce la visione rigidamente gerarchica della struttura sociale imperiale, facendola derivare dalla volontà divina: «Da questo deriva perciò che si dica al papa e ai suoi: devi pregare. All'imperatore e ai suoi: devi proteggere. All'uomo comune: devi lavorare».[51]

Agli albori dell'Età moderna rivendicare da parte di un gruppo di *Laboratores* il diritto di portare armi significa mettere in dubbio l'ordine pubblico. Allo stesso tempo si tratta di una accusa nemmeno troppo velata al sistema: chiedere di poter portare le armi significa dichiarare che l'ordine preposto alla difesa e a cui è teoricamente demandato il monopolio della violenza non sta svolgendo il proprio compito. I nobili non fanno sentire al sicuro i loro sottoposti, benché la sicurezza che devono garantire sia il motivo fondante del loro privilegio di farsi mantenere proprio dalle classi subalterne che ora li contestano. Chiedere di poter portare le armi, per una massa di contadini, dal punto di vista della mentalità pubblica è come minimo un atto di insubordinazione; nelle sue possibili estreme conseguenze è un atto rivoluzionario.[52] Tanto più che non può sfuggire il fatto che la richiesta abbia anche un forte valore pratico, oltre che simbolico: si specifica la volontà di portare armi – «schioppi e balestre» – che con

[51] «Daher kommt es, dass man zum Papst und den Seinen sagt: "tu ora", du sollst beten. Zum Kaiser und den Seinen: "tu protege", du sollst schützen. Zum gemeinen Mann: "tu labora", du sollst arbeiten». Cfr. K. Benrath, *An den christlichen Adel deutscher Nation von den christlichen Stande Besserung (alla nobiltà cristiana della nazione tedesca per il miglioramento dell'ordine cristiano)*, DOGMA Verlag, Brema 2012, p. 30.

[52] Qui da intendere non nell'accezione ormai canonica proposta da Engels e dalle molte letture di scuola marxiana, ma nel senso più generale di tentativo di sovvertimento politico e sociale mutuato da un contemporaneo dei moti contadini, Niccolò Copernico, che la porta alla ribalta mutuandola dal gergo scientifico (il moto di rivoluzione planetario).

un minimo di addestramento sono efficaci anche contro i cavalieri, vale a dire la prima linea della supremazia nobiliare. Strumenti per difendersi da chiunque, anche (soprattutto?) da quelli a cui, nell'ordine divino ancora presentato come fondamento della costruzione sociale, era stato chiaramente ordinato «tu protege».

Allo stesso tempo chiedere di poter «dar da bere il proprio vino a chi si desidera» è un gesto che serve a ribadire il senso del possesso di ciò che si produce, ribaltando una concezione relativa al rapporto con la terra, col lavoro e con ciò che si produce nella società agraria. Si esce dai concetti giuridici riguardanti i contratti che regolano il lavoro nei campi per entrare in quella che si profila come una teoria dei rapporti di produzione, per quanto rudimentale.

Nei contratti agricoli come la mezzadria e nelle forme di servitù della gleba in vigore all'epoca i campi sono possesso esclusivo del signore, che li dà da lavorare al contadino.[53] Quest'ultimo paga la possibilità di sostentarsi col lavoro attraverso una serie di obblighi, tra cui il prodotto della terra stessa. Ciò che rimane fuori dagli accordi col signore è il sostentamento che il contadino tiene per sé e la sua famiglia.

Ma di chi è realmente quel che rimane fuori dagli accordi? Se il signore lo percepisce come proprio perché frutto della sua campagna, allora nella signorile visione dell'accordo egli concede al contadino parte del raccolto affinché quest'ultimo non muoia di fame e possa continuare a lavorare. È una concessione, come il fieno dato al bue che ha trainato l'aratro. Se le cose stanno così, allora il contadino è parte di un sistema in cui tutto è teoricamente del signore e tutto è percepito in sua funzione. Nel caso di eventi eccezionali è possibile quindi pensare che la quota di prodotto spettante al contadino possa essere ridotta o addirittura eliminata in favore dei bisogni del signore. Chiedere invece che «il vino che si ha in casa» possa essere dato a chi si vuole significa averne il pieno ed effettivo possesso.

È un ribaltamento dei rapporti contrattuali, in cui si sottende che il prodotto della terra è di chi la lavora e che la parte ceduta al signore è il pagamento per la possibilità di lavorare il campo. Contemporaneamente, è un modo per rileggere i rapporti di produzione in base all'origine del prodotto: ciò che non finisce nel magazzino del feudatario *non è* del feudatario, che non ne può quindi disporre a suo piacimento.

[53] Cfr. Warde, *Ecology, Economy and State Formation in Early Modern Germany* cit., pp. 99-160.

Lo scontro sulla proprietà effettiva dei prodotti e sulla libertà di disporne è fondamentale non solo per la contingenza della protesta dei contadini della Foresta Nera, ma per l'impostazione del sistema economico signorile e dei conseguenti rapporti di forza.[54]

Il contenuto degli articoli dei contadini della Foresta Nera è un mix di rivendicazioni classiche e di proposte che presuppongono un possibile cambio nei rapporti di forza, pur avendo lo scopo dichiarato di ripristinare le norme consuetudinarie che i signori stanno cercando di forzare attraverso nuove imposizioni. Si intravedono qui i contorni teorici di una tipica rivolta contadina sullo stile delle *jacqueries* medievali,[55] che vorrebbe ripristinare lo *status quo*, a volte immaginario, dei bei tempi andati. Ma al contempo racchiude un tentativo di ripensare il ruolo della propria categoria sociale, ridefinendone i contorni attraverso atti pratici e prese di posizione. Tenta, in altre parole, di costruire un *nuovo racconto* dei contadini nel loro mondo.

La cronaca di Heinrich Hug rileva il fatto che gli articoli furono accettati solo in parte e che tale decisione scatenò la rivolta generale.[56]

Se ci si affida ai resoconti dei nemici della sollevazione, che peraltro come in questo caso ne parlano a guerra vinta, è difficile distinguere questa dalle molte rivolte precedenti, almeno nella sua genesi. Nella sola Germania imperiale nei cinquant'anni precedenti il *Bauernkrieg* si contano movimenti di protesta anche piuttosto estesi, come quello scoppiato nel vescovado di Würzburg nel 1476,[57] oppure il *Bundschuh* di Lehnen del 1513[58] o il cosiddetto movimento dell'*Armer Konrad*, il «povero Corrado», dell'anno seguente, il 1514.[59]

[54] Sullo sviluppo di tali rapporti nella prima Età moderna cfr. *ibid.*, pp. 161-22.

[55] Per un inquadramento di temi e azioni della più estesa di questo tipo di rivolte, la *jacquerie* della zona di Parigi del 1358, cfr. tra i molti J. Firnhaber-Baker, *The Jacquerie of 1358, a French Peasants' Revolt*, Oxford University Press, Oxford 2021.

[56] H. Hug, *Villinger Chronik* cit., p. 110.

[57] La sommossa, capeggiata dal predicatore laico Hans Böheim, detto «il pifferaio (*der Pfeiffer*) di Niklashausen», aveva anche rivendicazioni di carattere religioso e si esaurì con l'arresto e condanna dello stesso Böheim. Cfr. S. Hoyer, *Hans Böheim, der revolutionäre Prediger von Niklashausen*, in *Zeitschrift für Geschichtswissenschaft*, 1970, n. 18, pp. 185-96.

Il suo epiteto, insieme con la facilità con cui si scatenò e propagò la rivolta, trova interessanti echi nella mentalità tedesca più tarda con racconti e fiabe come quella poi riportata dai fratelli Grimm nel loro *Pifferaio di Hamelin*.

[58] Cfr. P. Blickle, T. Adam, a cura di, *Bundschuh. Untergrombach 1502, das unruhige Reich und die Revolutionerbarkeit Europas*, Franz Steiner Verlag, Stoccarda 2004.

[59] Cfr. A. Schindling, R. Kretzschmar, S. Hirbodlan, *"Armer Konrad" und Tübinger Vertrag im interregionalen Vergleich. Fürst, Funktionseliten und "Gemeiner Mann", am Beginn der Neuzeit*, Kohlhammer Verlag, Stoccarda 2016.

Vi è però una differenza sostanziale tra i contadini della Foresta Nera del 1524 e quelli del Württemberg di solo un decennio prima. L'esplosione del «caso Lutero».

Sono state scritte miriadi di pagine sulla rivoluzione culturale portata dall'avvento della Riforma protestante nella Germania di inizio Cinquecento e anche sul suo rapporto con le contemporanee rivolte sociali che sconvolsero in particolare il sud del paese. Qui, al momento, interessano soprattutto due elementi centrali nello sviluppo di quella che si potrebbe definire una *protomassa* ormai già post-medievale, formata dalle popolazioni rurali e semiurbane della bassa Germania. La prima innovazione, già accennata, è quella di avere una voce potente che mette in discussione la lettura monopolistica di uno degli aspetti più importanti della vita continentale dell'epoca, vale a dire la visione teologica della società.

Quando Martin Lutero rivendica il diritto di leggere e interpretare le Sacre Scritture, attenta al monolite del sapere ecclesiastico e contemporaneamente apre alla possibilità della costruzione dell'interpretazione individuale del reale. Un principio alla base di un movimento spontaneo di racconto pubblico «dal basso» che vedrà ben presto sorgere voci più o meno potenti. Voci utilizzate dai contadini come matrice di senso, oltre che come simbolica bandiera; su tutti, come si vedrà, Thomas Müntzer.

Questo primo e fondamentale aspetto può aiutare a spiegare la profondità dell'elaborazione di nuovi sistemi sociali e anche buona parte di quella che potremmo chiamare la *filosofia* della rivolta contadina; ma non riesce, da solo, a spiegare l'estensione della protesta e la rapidità della sua diffusione. Anche senza Martin Lutero, infatti, si erano prodotti negli anni campioni della riflessione sulla possibile evoluzione in senso popolare della società nel suo complesso, con caratteristiche anche di riforma religiosa.

Hans Böheim, il citato pifferaio di Niklashausen, già nel 1476, secondo le spie messegli alle calcagna dai signori locali, aveva elaborato una propria visione del mondo per cui «nella valle del fiume Tauber [piccolo affluente del Meno nella regione della Franconia] c'era una grazia più perfetta che non a Roma o in qualsiasi altro luogo», concetto che mette in dubbio il sistema delle indulgenze papali, e inoltre che era «l'imperatore a dare ai principi, ai conti, ai cavalieri e ai suoi servitori, temporali o spirituali, il potere di imporre dazi e gravami sul popolo», idea che mette in discussione la validità divina dell'ordine signorile.[60] Gugelbastian, uno dei capi della rivolta del «povero Corrado»,[61] nel 1514 sotto tortura dà una sua versione per punti del nuovo ordine che avrebbe voluto instaurare, in cui i debiti dei poveri sarebbero stati rimessi e i tribunali locali non avrebbero più potuto spadroneggiare in spregio alla legge.[62]

La differenza, enorme, che in meno di dieci anni aveva cambiato per sempre il volto della Germania rurale e le sue consapevolezze collettive, non è di carattere politico, né religioso, ma tecnologico.

1.5. *L'impatto della stampa a caratteri mobili sulle dinamiche della rivolta*

Quando nel 1517 Martin Lutero affigge le sue 95 Tesi sul portale della cattedrale di Wittenberg la stampa a carattere mobili inventata da Gutenberg a Magonza è una tecnologia che ha poco più di sessant'anni. La sua diffusione, che si espande attraverso la valle del Reno, sta lentamente prendendo piede ma ha ancora dei vincoli materiali legati soprattutto alla costruzione dei torchi da stampa, macchinari che richiedono costi di impianto notevoli e hanno rese economiche frenate da un pubblico ancora decisamente limitato: «Per almeno cinquant'anni dopo il cambiamento, non esistono prove decisive di mutamento culturale; bisogna aspettare un intero secolo dopo Gutenberg perché comincino ad apparire contorni di nuove concezioni del mondo».[63]

La situazione cambia nel momento in cui le teorie luterane divengono parte della grande battaglia per il potere all'interno del Sacro Romano Impero. I principi come Federico III di Sassonia utilizzano la questione religiosa per mettere in crisi il potere del giovane imperatore Carlo V e la diffusione delle idee che pongono in discussione l'ordine ecclesiastico-imperiale che domina da mezzo millennio è funzionale alla conquista di nuovi spazi per la grande nobiltà.[64] Mentre i signori territoriali com-

[60] H. Eilert, *Riforma protestante e rivoluzione sociale* cit., p. 45.

[61] Per una sintesi delle rivolte contadine precedenti il *Bauernkrieg* cfr. P. Blickle, T. Adam, a cura di, *Bundschuh. Untergrombach 1502, das unruhige Reich und die Revolutionerbarkeit Europas*, Franz Steiner Verlag, Stoccarda 2004.

[62] *Ibid.*, p. 54.

[63] E.L. Eisenstein, *La rivoluzione inavvertita. La stampa come fattore di mutamento*, il Mulino, Bologna 1985, p. 45.

[64] Per il rapporto tra Riforma e diffusione della stampa cfr. tra i molti A. Seidler, I. Monok, *Reformation und Bücher. Zentren der Ideen – Zentren der Buchproduktion*, Harrassowitz Verlag, Wiesbaden 2020.

battono per costruire una propria realtà statale all'interno della compagine imperiale, ecco che la stampa a caratteri mobili diviene un'industria di Stato per molti potentati locali. Un processo non solo di capitali, indispensabili per un'industria con notevoli costi di partenza come quella dei torchi, ma anche di interesse pubblico per lo sviluppo. I grandi nobili non solo vogliono entrare nel mercato delle pubblicazioni, ma vogliono che questo mercato abbia successo. Un doppio volano che avvia il circolo virtuoso: la spinta alla diffusione che stimola il mercato, il quale a sua volta espande la diffusione.[65]

Improvvisamente la stampa risulta non solo centrale nei meccanismi del racconto pubblico signorile, ma pure redditizia; l'evidente accelerazione degli investimenti sull'*hardware* aiuta l'industria della stampa a consolidarsi, mentre le committenze di carattere politico aumentano la mole di contenuti fruibili. A una velocità straordinaria per l'epoca si verificano le condizioni per l'apertura di una sorta di mercato libero della comunicazione, alimentato da decine di torchi da stampa che ben presto si diffondono, divenendo una solida realtà nel panorama dell'epoca.[66]

Questa vera e propria rivoluzione della comunicazione ha un impatto enorme sulla società sottostante, cambiandone per sempre i tratti costitutivi.

Il mercato aperto dall'immissione di capitali signorili nell'industria della stampa e poi l'allargamento della base produttiva degli stampatori non si fonda su un aumento della qualità del libro a stampa, sulla sua veste grafica o sulla sua contenutistica. Non cresce tanto il numero dei «libri importanti», e a ben vedere nemmeno dei libri in generale.[67] Si sviluppa invece un mercato particolare, composto da *fogli volanti* (*Flugblättern*):[68] degli opuscoli di poche pagine, a volte un solo foglio,

[65] Per un quadro dello sviluppo economico dell'industria della stampa in Germania nel Cinquecento cfr. F. Mathis, *Die Deutsche Wirtschaft im 16. Jahrhundert*, Oldenbourg Verlag, Monaco 1992, pp. 86-97.

[66] Pur non essendo il paese più popoloso dell'Europa del Cinquecento, l'insieme dei territori tedeschi rappresenta la realtà che domina il mercato della produzione dei libri a stampa, con il 29% della produzione. Seguono Francia (26,5%) e Stati italiani (26%); è proprio la tecnologia a caratteri mobili a permettere alla Germania di conquistare il primato, che al tempo degli incunaboli, appena mezzo secolo prima, era dominato dagli Stati italiani, i quali da soli producono il 40% di tutti i libri in commercio (cfr. L. Braida, *Stampa e cultura in Europa*, Laterza, Roma-Bari 2001, pp. 21-22).

[67] E.L. Eisenstein, *La rivoluzione inavvertita. La stampa come fattore di mutamento* cit., pp. 44-45.

[68] Per una panoramica su usi e diffusione dei fogli volanti nella Germania della prima Età moderna cfr. W. Harms, M. Schilling, *Das illustrierte Flugblatt der frühen Neuzeit. Tradition, Wirkungen, Kontexte*, Hirzel Verlag, Stoccarda 2008, M. Schilling, *Bildpublizistik der frühen*

contenenti brevi testi, spesso con immagini, destinati ad amplissima diffusione e quasi sempre provocatori nei contenuti o con intenti di polemica politica.[69] Il processo di ampliamento del pubblico attraverso un allargamento della base di lettori è impressionante:

È un dato acquisito il fatto che l'alfabetizzazione del popolo tedesco sia avvenuta in modo notevole soprattutto nel periodo 1518-1523, allorché si registrò un enorme aumento di produzione libraria in lingua tedesca: mentre negli anni 1513-1517 venivano stampati circa 100 libri in tedesco per ogni anno, nel 1523 se ne contano già oltre 950. Un processo addirittura più accelerato si registra per i fogli volanti. Considerando una tiratura media di mille copie per ogni foglio volante, si può calcolare che negli anni venti del Cinquecento circolassero in Germania come minimo tre milioni e come massimo oltre dieci milioni di fogli volanti, quindi da un foglio ogni tre tedeschi a uno ogni tedesco.[70]

Il primo e più famoso foglio volante «virale» è proprio quello costituito dalle novantacinque tesi di Lutero, che rappresenta una sorta di primo canone per lo sviluppo di questo tipo di prodotto tipografico, non solo nella composizione, ma anche nelle modalità di diffusione: il dicembre 1517 è il «mese in cui furono stampate quasi simultaneamente, da stampatori stabiliti in tre diverse città, tre edizioni distinte [delle novantacinque tesi]... fratello Martin bene conosceva i nuovi poteri della stampa».[71]

Il leader della Riforma protestante diviene il primo caso editoriale nella storia della stampa: «Tra il 1517 e il 1520, le trenta pubblicazioni di Lutero vendettero probabilmente ben più di trecentomila copie [...] complessivamente».[72]

L'effetto più immediato dell'invasione di questo mare di carta nella Germania degli anni venti del Cinquecento è l'alterazione dei confini psicologici dell'immaginario popolare: i fogli circolanti penetrano capillarmente nelle città come nelle zone rurali, dove si concentra la gran

Neuzeit. Aufgaben un Leistungen de Illustrierten Flugblatts in Deutschland bis um 1700, Max Niemeyer Verlag, Tubinga 1990 e K. Te Heesen, *Das Illustrierte Flugblatt als Wissensmedium der Frühen Neuzeit*, Budrich Unipress, Leverkusen 2011.

[69] Un interessante studio sull'utilizzo dei *fogli volanti* con intenti di diatriba su temi di pubblico interesse è J.R. Westphal, *Die Darstellung von Unrecht in Flugblättern der Frühen Neuzeit* (la raffigurazione dell'Ingiustizia sui fogli volanti della prima Età moderna), Forum Verlag Godesberg, Mönchengladbach 2008.

[70] H. Eilert, *Riforma protestante e rivoluzione sociale* cit., p. 25.

[71] E.L. Eisenstein, *La rivoluzione inavvertita. La stampa come fattore di mutamento* cit., p. 359.

[72] A.G. Dickens, *Reformation and Society in Sixteenth Century Europe*, citato in E.L. Eisenstein, *La rivoluzione inavvertita. La stampa come fattore di mutamento* cit., p. 355.

parte dei fedeli da convincere. Il medesimo messaggio finisce per uniformare il proprio pubblico: parlando a tutto il *popolo di Cristo*[73] Lutero «inventa» quello stesso popolo, ridisegnandolo sulla falsariga della cristianità cattolica ma rimodellandolo nel momento in cui dal messaggio universale egli stacca «chi sta sotto», i *laboratores*.[74]

Lutero parla al popolo di Dio contrapponendolo all'élite di potere ecclesiastico, e così ne definisce l'identità. Separando la gerarchia, messa sotto accusa, dal resto, crea una sorta di uditorio che finisce, leggendosi, per percepirsi come corpo distinto e separato. Un popolo di Cristo diviso dai propri pastori e dal concetto di potere che essi rappresentano. Questa, accanto alla portata rivoluzionaria dei contenuti, è la grande innovazione luterana: la costruzione di un pubblico attraverso l'uso di uno strumento che diventa, per la prima volta, *massmedia*.[75]

Si tratta di un vero e proprio nuovo mercato delle idee, e come ogni mercato non regolamentato ai suoi esordi, sfugge al controllo dell'ordine costituito.

La voracità con cui i prodotti a stampa prendono a circolare tra la popolazione e l'efficacia con cui trasmettono i messaggi induce molti, soprattutto quelli che fino a quel momento non avevano trovato spazio per diffondere i propri contenuti, a tentare di sfruttare il nuovo canale. Agli stampatori si rivolgono sempre più persone, interessate a far circolare le proprie idee, mentre le botteghe da stampa, dal canto loro, approfittano della richiesta di mercato per aumentare il volume dei loro affari. Di più: questa tecnologia, che sfugge per la sua velocità al controllo del potere, si accaparra e riproduce le idee che mostrano la maggior possibilità di propagazione, cioè, in sintesi: chi stampa si mette a caccia di possibili contenuti virali. Così la carta stampata diviene il mezzo perfetto per chi ha bisogno di far girare la propria idea.[76]

[73] Viene chiamato *Populum Christi* nelle 95 Tesi, tradotto *Volk Christi* nelle versioni in volgare (cfr. www.luther.de/en/95th-lat.html).

[74] Come ricorda lo storico Thomas Lau riferendosi al caso svizzero ma estendendo il concetto a tutta l'Europa cristiana, «fino al tardo XVI secolo comunque, l'idea di un'identità di gruppo secolare esistente indipendentemente da qualsiasi legame religioso era unanimemente rifiutata» (T. Lau, *Appartenenza nazionale e confessione nella Svizzera moderna*, in P. Prodi, W. Reinhard, a cura di, *Identità collettive tra Medioevo ed Età Moderna*, Quaderni di discipline storiche 17, CLUEB, Bologna 2002, pp. 147-48).

[75] Nel senso letterale di «mezzo per la massa», cfr. R.G. Cole, *The Reformation Pamphlet and Communication Process*, in H.J. Köhler, a cura di, *Flugschriften als Massenmedium der Reformationszeit. Beiträge zum Tübinger Symposion 1980*, Klett Cotta Verlag, Stoccarda 1981, pp. 139-61.

[76] Per avere un esempio dell'orientamento del mercato, 3396 fogli volanti cinquecenteschi conservati nella Stadt- und Universitätsbibliothek di Francoforte sul Meno, 1018 sono di argomento

È un'innovazione destinata, sul lungo periodo, a cambiare il modo in cui l'intero continente europeo racconterà sé stesso. Il passaggio, chiaro, da «popolo di Dio» a popolo che ha la stessa opinione è la fase essenziale per la secolarizzazione del concetto di un determinato gruppo umano. Quello che ci unisce non è essere tutti figli di Dio, ma pensare e dire le stesse cose. Un meccanismo che spalanca le porte all'idea di Stato in senso moderno.[77]

Si crea così il primo embrione di quel *pubblico*[78] dal corpo complesso ma con caratteri comuni che prenderà prima parola come folla e poi come opinione pubblica.[79]

Con questa premessa il quadro in cui si accende la rivolta dei contadini della Foresta Nera dell'autunno 1524 diventa più chiaro. La bassa Germania del tempo è una polveriera: le pressioni economiche da parte delle élite terriere erodono sempre più le possibilità di sostentamento di migliaia di contadini, le cui condizioni sono peggiorate dall'aumento della popolazione e da crisi agricole ricorrenti.[80]

Gli echi della Riforma stanno mettendo in discussione l'idea della presunta immutabilità dell'ordine divino che aveva cristallizzato e postulato come eterni i rapporti sociali.[81]

I venditori girovaghi di fogli volanti hanno facilitato l'accesso alle informazioni tanto da rendere una consuetudine il fatto di tenersi informati su quel accade attraverso testi che di volta in volta presentano

polemico (invettive religiose, proclami, inviti all'insurrezione ecc.), mentre 454 sono scritti di Lutero (cfr. R.G. Cole, *The Reformation Pamphlet and Communication Process* cit., pp. 155-56).

[77] Sul concetto di identità politica e formazione dello Stato, Pierangelo Schiera sintetizza così: «Si è andato insomma verificando – coll'ampliamento della sfera dei soggetti interessati alla politica – un crescente (se non esponenziale) raffinamento delle pretese e delle richieste di soddisfazione di quello stesso bisogno politico da cui ha preso le mosse la ricerca d'identità di cui stiamo parlando. Da una generica, benché importantissima, rivendicazione di autonomia della "forma" politica di azione e comportamento sociale, rispetto a quella a dominanza teologica o giuridica (secoli XII-XVI) che stava all'inizio della modernità, si è passati all'individuazione, per via dottrinaria e istituzionale, di una "forma" più regolata e stringente, quindi anche più vincolante e mirata allo scopo, in rapporto sia al territorio che ai soggetti implicati: quella dello Stato, inteso nella sua accezione storica di "Stato moderno"» (*secoli XVI-XIX*) (P. Schiera, *Dall'identità individuale all'identità collettiva. O piuttosto problemi di legittimazione?*, in P. Prodi, W. Reinhard, a cura di, *Identità collettive tra Medioevo ed Età Moderna* cit., p. 200).

[78] Nella vetusta definizione che ne dà già Gabriel Tarde (*L'Opinion et la foule*, 1901).

[79] Cfr. S. Curti, *Critica della folla*, Pearson, Torino 2018.

[80] Per un quadro di insieme, P. Warde, *Ecology, Economy and State Formation in early modern Germany*, Cambridge University Press, Cambridge 2006, T. Robisheaux, *Rural society and the search for order in early modern Germany* cit., pp. 41-67, W. Achilles, *Landwirtschaft in der frühen Neuzeit*, Oldenbourg, Monaco 2010, F. Mathis, *Die Deutsche Wirtschaft im 16. Jahrhundert* cit.

[81] Per una sintesi dell'impatto di questa nuova visione del mondo cfr. M. Miegge, *Martin Lutero (1483-1546). La riforma protestante e la nascita delle società moderne*, Claudiana, Torino 2013.

articoli o anche le molto apprezzate stampe colorate, che allargano il mercato delle informazioni ad analfabeti e semianalfabeti.[82] Sono messaggi che varcano l'orizzonte dei piccoli villaggi sperduti, portando letteralmente «il mondo» nelle mani di persone che spesso non si sono mai allontanate da casa più di una giornata di cammino.[83]

Quando i contadini della Foresta Nera decidono di cercare appoggio presso le comunità di contadini circostanti, trovano naturale far entrare la loro protesta nel flusso ormai consueto dell'informazione a stampa.

Hans Müller von Bulgenbach (1485?-1525) è il leader dei contadini del Württemberg che presentano i loro articoli a Villingen. Un passato da lanzichenecco nelle guerre di Francia,[84] forte della propria formazione militare e probabilmente memore delle potenzialità propagandistiche dei fogli volanti all'interno delle eterogenee formazioni dell'esercito imperiale, è pensabile che abbia da subito puntato alla diffusione dei sedici articoli dei contadini della Foresta Nera per raccogliere consensi e uomini armati per lo scontro imminente. Le cronache del tempo non danno la possibilità di ricostruire quali siano stati i passaggi legati alla scelta dei contadini di «socializzare» la propria protesta, ma è possibile comunque rilevare due fatti: il primo è che i sedici articoli vengono immediatamente diffusi, tanto che fungono da base per le successive rivendicazioni anche in altre regioni; la loro diffusione è tale da riuscire a lasciare traccia nelle fonti documentali primarie sfuggendo, o meglio vincendo, la *damnatio memoriae* signorile.

Di più, costituiranno una sorta di prototipo da cui prendere esempio nelle agitazioni contadine che seguiranno. Dopo quelli dei contadini della Foresta Nera si ha notizia di ventitré articoli scritti il 14 feb-

[82] Sull'impatto di lungo periodo di queste pratiche e del loro contrasto da parte delle autorità cfr. anche A.F. Creasman, *Censorship and Civic Order in Reformation Germany, 1517-1648: Printed Poison & Evil Talk*, Routledge, Londra 2017 e E.L. Eisenstein, *La rivoluzione inavvertita. La stampa come fattore di mutamento* cit.

[83] La realtà rurale nella Germania della prima Età moderna varia a seconda delle regioni ma può essere sostanzialmente descritta come imperniata su insediamenti di piccole dimensioni (fino a 40-50 edifici e qualche centinaio di abitanti), con un'economia estremamente sbilanciata, a livello di attività produttiva, sul settore agricolo e sulla produzione per autoconsumo con pochi, limitati esempi di artigianato specializzato, che invece caratterizzava i centri maggiori. Una popolazione dedita alla sopravvivenza attraverso la terra, con relativamente pochi motivi per spostarsi (cfr. il capitolo *Das Leben in Dorf*, in R. van Dülmen, *Kultur und Alltag in der Frühen Neuzeit*, C.H. Beck Verlag, Monaco 2005, vol. 2, *Dorf und Stadt, 16-18 Jahrhundert*, pp. 11-60).

[84] Cfr. la voce *Hans Müller (gennant von Bungelbach)* in www.deutsche-biographie.de.

braio dai contadini di Rettenberg,[85] in Algovia, seguiti il 24 febbraio da quelli che vengono definiti gli «undici dell'Algovia»;[86] ancora, composti tra il 24 febbraio e il 3 marzo 1525, arrivano quelli di Memmingen,[87] solo per citare i più famosi. Tra il novembre 1524 e il maggio 1525 sono almeno ventidue i documenti redatti dai contadini arrivati fino a noi e strutturati sul modello delle dichiarazioni per articoli, vale a dire richieste stilate per punti da presentare ai signori. A essi possono essere aggiunte quasi altrettante testimonianze cronachistiche, per lo più di parte avversa, che riportano sommariamente esperienze di *produzione di articoli* da pare delle masse contadine, di lavoratori salariati come i minatori e addirittura di libere città.[88]

Il secondo indicatore che dà la misura della viralità del messaggio è la sua capacità attrattiva analizzando le truppe messe in campo nel corso del tempo per contrastare la rivolta. Se nell'estate del 1524 viene ritenuto sufficiente (a torto) un contingente di un centinaio di uomini a cavallo per avere ragione dei contadini sparsi nei villaggi della Foresta Nera, tra l'inverno 1524 e la primavera del 1525, a più riprese, si mandano contro le nuove schiere ribelli formazioni di duemilacinquecento e più *Fußknechten und Pferden*,[89] il tutto mentre la militarizzazione del contado non riesce ad avere ragione di un movimento che è ormai di massa e prenderà i connotati di un vero e proprio scontro militare.

La potenza della diffusione del messaggio in questi primi mesi è fondamentale, perché passa attraverso la viralizzazione di un contenuto che le autorità non hanno ancora la capacità né i mezzi per controllare.[90] Nell'inverno tra il 1524 e il 1525 una massa sempre più

[85] *Artikel des Tigens Rettenberg*, in G. Franz *Quellen zur Geschichte des Bauernkrieges* cit., pp. 163-64.

[86] *Die Allgäuer Artikel*, *ibid.*, pp. 166-67.

[87] *Die Artikel der Memminger Bauern*, *ibid.*, pp. 168-69.

[88] Stima ricavabile dalle ricerche del già citato Günther Franz.

[89] «Soldati appiedati e cavalli», Heinrich Hug, *Villinger Chronik* cit., pp. 110 e sgg.

[90] La storia della censura libraria corre parallela alla storia del libro stesso. I tentativi di controllo della diffusione e dei contenuti di ciò che esce dai torchi delle botteghe di stampatori e cartolai insegue, dapprima con scarso successo, lo slancio del mercato editoriale; inoltre, non in tutte le regioni d'Europa tale rincorsa avviene nei medesimi tempi e modi. Come sottolinea Mario Infelise nel suo *I padroni dei libri. Il controllo della stampa nella prima età moderna*, Laterza, Roma-Bari 2014, in territori in cui la stampa si era diffusa come attività commerciale già dalla seconda metà del Quattrocento, come la Repubblica di Venezia, «non c'era voluta la spinta della Riforma protestante per animare i primi tentativi di abbozzare forme di controllo preventivo, del tutto svincolate da quelle ecclesiastiche» (p. 25). In territori, come quello della Serenissima, con una forma di Stato relativamente organizzato e accentrato già nella prima Età moderna, la censura ap-

grande di contadini legge delle rivendicazioni comuni ed è pronta a prendere le armi per portarle a compimento. Nel micromondo del villaggio i testi dei reclami dei contadini della Foresta Nera portano a conoscenza di molti il fatto che da qualche parte ci sono persone non solo disposte a mettere in discussione l'ordine costituito, ma anche a battersi per farlo.

Ribellarsi all'autorità costituita è in realtà una cosa che già fanno in quel periodo dei dotti predicatori come *fratel* Martin Lutero per questioni complesse che riguardano più l'Aldilà che l'Aldiquà. Ma si tratta di un atteggiamento diverso da quello che svilupperanno i contadini ribelli. Lutero, e in generale i predicatori protestanti, si atteggiano a restauratori del vero ordine, che giudicano corrotto dalla simonia papale, o ancor meglio vedono sé stessi come riformatori di una situazione di decadimento.

Riformatori, non rivoluzionari.

Per questo, all'interno dei fogli volanti che circolano nelle campagne a firma dei leader protestanti si trovano soprattutto dotte disquisizioni teoriche sui principi che guidano la struttura della Chiesa e conseguentemente della società che da esse deve promanare.

A differenza dei passaggi dottrinali dei riformatori che solo in seconda battuta sembrano avere effetti sulla vita quotidiana della società tedesca – come la riforma delle gerarchie ecclesiastiche o l'opportunità di allargare alla comunità dei fedeli la lettura e l'interpretazione dei testi sacri –[91] la differenza è che questi nuovi fogli volanti prodotti dai contadini parlano non solo la lingua del popolo, ma la usano per parlare dei problemi del popolo. Non si tratta di decidere se sia potestà papale condonare ai fedeli anni di purgatorio dietro acquisto di apposite indulgenze, ma del più pressante bisogno di accedere liberamente ai boschi comuni per rimpinguare con la cacciagione i magri pasti quotidiani.

pare come uno strumento indispensabile di governo. Nei frammentati territori imperiali la reazione del potere alla libera circolazione dei testi a stampa e delle idee che essi portano si scontra invece con la difficoltà di applicare norme comuni a regioni contigue ma con forme di potere diverse e spesso tra esse conflittuali (cfr. R. Wittmann, *Geschichte des deutschen Buchhandels*, C.H. Beck Verlag, Monaco 2019).

[91] Uno dei temi centrali della predicazione luterana, su cui si incardina il tentativo protestante di scardinare la pretesa universalista papale e il monopolio del racconto pubblico della Curia romana. Cfr. Martin Lutero, *Scritti religiosi*, UTET, Torino 2013 per i testi e V. Reinhardt, *Lutero l'eretico. La riforma protestante vista da Roma*, Marsilio, Venezia 2017 per la visione della lettura luterana da parte delle gerarchie ecclesiastiche del tempo.

Le questioni sollevate contro i soprusi del signorotto di Lupfen sono le stesse che interessano da vicino i contadini di mezza Germania: grazie ai fogli volanti che corrono tra i villaggi, all'improvviso si scopre che quelle che sono le deprecabili condizioni di ognuno sono in effetti le condizioni di molti, così come una battaglia di alcuni diventa la guerra di tutti.

È in questo momento che il meccanismo psicologico della rabbia entra in gioco e si espande. Quando prende atto che la visione del mondo che gli è stata insegnata dai pulpiti delle chiese viene tradita proprio da chi dovrebbe proteggerlo, il contadino si arrabbia. Così come si arrabbia quando comprende che l'attacco ai suoi diritti è portato avanti proprio da chi ha sempre approfittato della propria posizione per godere dei privilegi che lo stato di cose garantisce ai nobili.

Un sentimento forte, che provoca sbigottimento e confusione: lo stato d'animo di chi si sente tradito non tanto da un singolo ma da un intero sistema che pensava costruito per accoglierlo. È la rabbia di chi vede la realtà cambiare e si sente, letteralmente, fuori dal mondo. È frustrazione ampliata dalla solitudine dei villaggi dispersi nelle foreste.

Il misero contadino della Foresta Nera si vede di fronte non solo, e non tanto, il proprio signore, ma l'intera struttura del dominio feudale: le regole del mondo. Una sfida troppo grande per le forze di un singolo individuo o anche di uno sparuto insieme di villaggi, che diventa però affrontabile nel momento in cui ognuna di queste comunità viene a sapere della realtà diffusa al di là del ristretto contesto locale. La condivisione del proprio sentimento con altri che, come lui, sentono il peso di questa condizione, può indurre sollievo e volontà di riscatto.

Quando la tecnologia porta a conoscenza dei contadini isolati l'idea che il sentimento che viene provato in uno sperduto angolo di Germania è diffuso e sentito da molti altri in tutto il paese, quando cioè si riesce a percepire attraverso i fogli volanti, i proclami e le immagini dissacranti, che il proprio sentire è sentire «comune», allora la prospettiva della rabbia del singolo cambia e apre a una possibile azione collettiva.

Grazie alla diffusione della stampa i contadini con le loro rivendicazioni particolari prendono atto, finalmente, di essere essi stessi parte del sistema comune non solo come individui ma come massa sociale e, benché le loro rivendicazioni siano così particolareggiate e calate nelle realtà di villaggio da sembrare scollegate le une dalle altre, esse si ritrovano riunite sotto una cappa di insoddisfazione e risentimento nei confronti del mondo e del modo in cui sembra voler cambiare. Finalmente anche il terzo degli ordini del mondo medievale trova il proprio collante: decine di migliaia di contadini al centro del continente europeo che non condividono né le stesse condizioni di vita, né le stesse leggi e nemmeno la stessa lingua trovano un minimo comune denominatore per sentirsi gruppo, e questo è la rabbia che provano.

Il ceto signorile imperiale ha sempre saputo, perché ne ha continue prove quotidiane, di essere parte di un sistema più ampio che, nel caso tedesco, arriva fino alla corte imperiale e alla sua consacrazione divina. Anche quando si ribella all'ordine costituito, come fanno i piccoli signori senza terra nella cosiddetta rivolta o guerra dei cavalieri[92] del 1522-23, non lo fa per mettere in discussione l'ordine nel proprio complesso, ma per pretendere che l'ordine continui a garantire loro la sopravvivenza come casta guerriera.

Allo stesso modo il parroco di campagna sa bene di essere l'ultimo anello di una catena ininterrotta che lo collega gerarchicamente alle strutture della Chiesa che a loro volta hanno in Dio il punto primo di legittimazione. Questo suo appartenere a tale potenza immaginifica gli dà il diritto a un ruolo di preminenza all'interno della società del tempo, che per questo motivo egli non ha grossi motivi per mettere in discussione.

Invece il contadino vede sé stesso rappresentato all'interno della piramide sociale come esistente in quanto obbligato al lavoro (*tu labora!*). Una condizione misera, che può essere sopportata solo se garantisce la sopravvivenza individuale e la dignità personale. Da cui appare difficile smarcarsi se la si interpreta come condizione esistenziale dei singoli che non hanno altri ruoli prestabiliti. La massa dei lavoratori è un insieme di singoli che si confrontano quotidianamente con la sfortuna di non far parte degli ordini con scopi precisi e diretti. Almeno fino a quando la circolazione delle informazioni si intensifica mettendo in evidenza che i problemi sono di tutti e che il risentimento covato in secoli di soprusi e ingiustizie reali o percepite è comune e perciò unificante. I contadini, anche per ragioni diverse, si arrabbiano tutti allo stesso modo e si scoprono, per così dire «comunità di rabbia».

[92] *Ritteraufstand* o *Ritterkrieg*, una serie di scontri che tra il 1522 e il 1523 coinvolse gruppi di cadetti della bassa nobiltà tedesca che si battevano contro il declino socioeconomico del proprio ceto. Venne facilmente stroncata dall'azione congiunta dei grandi signori feudali e per alcuni fu di ispirazione alle velleità rivoluzionarie dei contadini tedeschi. È possibile ricavare una panoramica della vicenda e dei suoi risvolti politico-sociali attraverso la biografia di uno dei capi più famosi della rivolta, Franz von Sickingen (1481-1523), cfr. per questo K. Andermann, *Ritter! Tod! Teufel?* cit.

Lo stesso lessico a cui si fa affidamento, quell'*uomo comune*[93] che viene utilizzato nella comunicazione ufficiale e pubblica, come ad esempio quella normativa,[94] e che sottintende la mancanza di una collocazione diretta di questo immenso gruppo di uomini all'interno dello schema sociale, diventa nel parlare corrente una sorta di tratto unificante che viene accettato e anzi esaltato. Essere *uomini comuni* è un tratto identificativo rivendicato dai contadini ribelli e utilizzato per riconoscersi e marcare la propria comunicazione pubblica. È così che tra loro si chiamano e definiscono i rivoltosi ed è partendo da questa non definizione che costruiscono una buona parte delle loro proposte e rivendicazioni.

Perché essere *uomini comuni* significa anche poter far sentire la propria voce come *Comunità*,[95] vestirsi cioè di un abito collettivo che dà identità e soprattutto riconoscimento.

1.6. *I «Dodici Articoli»: un Manifesto dell'Uomo comune*

I *Dodici Articoli* arrivano sulla scena della rivolta tra la fine di febbraio e i primi di marzo del 1525, quando sono già decine di migliaia i contadini in armi nelle zone della Germania prealpina e altre realtà extraregionali si stanno organizzando per seguire l'esempio delle *schiere*[96] di Svevia. Non possono essere quindi ritenuti un fattore scatenante nella guerra di comunicazione messa in piedi accanto a quella combattuta sul campo. La compagine contadina presenta già i tratti di quell'unità di intenti che trasforma in azioni comuni la rabbia ac-

[93] Il concetto di *uomo comune*, già presente con tratti peculiari negli studi di Günther Franz negli anni trenta del Novecento, viene però indubbiamente ricostruito e plasmato dalle indispensabili ricerche dello storico Peter Blickle (1938-2017), su tutti ovviamente il suo *Der Bauernkrieg: die Revolution des Gemeinen Mannes*, C.H. Beck Verlag, Monaco 2018.

[94] Nelle fonti tardomedievali il termine *Gemeiner Mann* identifica coloro i quali *non hanno altre* definizioni specifiche da presentare: negli statuti cittadini è «uomo comune» ad esempio chi non appartiene a una corporazione o non svolge un'attività lavorativa riconosciuta. Viene addirittura utilizzato, a volte, come sinonimo di «non speciale», o «povero» (cfr. B. Kink, *Armer Mann/Gemeiner Mann* in www.historisches-lexikon-bayerns.de).

[95] Un tema, quello della *Gemeinschaft*, che avrà risvolti potenti nella storia del pensiero tedesco e che verrà inquadrato a partire dagli esordi delle scienze sociali in contrapposizione evolutiva con *Gesellschaft*, società (cfr. su tutti F. Tönnies, *Gemeinschaft und Gesellschaft*, 1887).

[96] *Haufen*, letteralmente «mucchio», «banda», «schiera», è il termine con cui già all'epoca vengono designati i gruppi di contadini che si oppongono al potere signorile dandosi una disciplina quanto più possibile militare. Termine usato in senso negativo dalla parte nobiliare e dei professionisti della guerra, viene poi adottata dagli stessi contadini.

cumulata dai singoli: si sono già formati i primi comandi militari, espressione di una volontà di riunificare e organizzare le forze. La rivolta diviene ben presto una questione sovraregionale.

La stesura dei *Dodici Articoli* non è un'iniziativa contadina: ne viene richiesta una sintesi direttamente dalla compagine signorile rappresentata dai delegati della Lega Sveva,[97] la quale si rifiuta di accogliere in maniera disgiunta le centinaia di richieste fatte dai singoli villaggi. Con questa mossa il potere locale compie un fondamentale passo di riconoscimento del movimento contadino, fattore che avrà ripercussioni non solo sul piano militare, ma anche su quello dell'autocoscienza dei sudditi. Costringendoli a fare sintesi tra loro, i rappresentanti del potere danno agli insorti la possibilità di mettere nero su bianco non solo le motivazioni della rivolta ma anche le ragioni costitutive del loro gruppo sociale.[98]

Il testo che deriva da questa richiesta formale è quindi una sorta di *Manifesto*[99] dei contadini: non solo una raccolta delle questioni che stanno a cuore a chi combatte ma anche uno specchio della visione del mondo che essi hanno e per cui, insieme, sono disposti a lottare.

L'autore del testo è con ogni probabilità Sebastian Lotzer (1490-post 1525), letterato e autore di scritti critici nei confronti della Chiesa cattolica originario dei dintorni di Sigmaringen, nell'attuale Baden Württemberg.[100] A lui viene affidato l'incarico di stendere la sintesi delle richieste dei contadini nelle forme tipiche dei documenti di supplica e richiesta previsti dal sistema giuridico dell'epoca. Dopo aver vagliato circa trecento liste di doglianze preparate per essere presentate da ventisette villaggi del contado di Memmingen, il capo dei rivoltosi, un fabbro di Sulmingen di nome Ulrich Schmid,[101] con-

[97] Cfr. H. Carl, *Der Schwäbische Bund 1488-1534* cit.

[98] Per una analisi del sostrato sociale che fa da base alle specifiche richieste contenute nei *Dodici Articoli* P. Blickle, *Die Zwölf Artikel und ihr wirtschaftlicher, sozialer und politischer Hintergrund*, in P. Blickle, *Die Revolution von 1525*, De Gruyter, Berlino 2014, pp. 32-89.

[99] Su tale definizione, ma con accenti altri rispetto a quelli che qui verranno esplicitati, insiste ovviamente la storiografia marxiana a partire da Engels.

[100] Cfr. la voce *Sebastian Lotzer* in www.deutsche-biographie.de.

[101] Incerti gli anni di nascita e quello di morte (avvenuta prima del 1541), era figlio del fabbro di Sulmingen, vicino Tubinga, nell'attuale Baden Württemberg, e fabbro egli stesso. Durante la guerra contadina lo si trova a capo del *Baltringer Haufen*, la schiera, o banda, di Baltringer, una formazione paramilitare di contadini che si sarebbe formata attorno alla notte di Natale del 1524 e sarebbe stata una delle più temibili avversarie delle armate signorili. Viene tuttavia descritto come uno dei capi contadini che cercarono un accordo con i rappresentanti della nobiltà. Dopo la disfatta contadina a Leipheim, del 12 aprile 1525, Ulrich «il fabbro» ripara in Svizzera con la moglie

vince Lotzer a porre in sintesi l'insieme delle istanze dando loro una struttura presentabile di fronte a un tribunale pubblico.

Interessante leggere di come sarebbe partita l'iniziativa della stesura degli articoli, riportata da un testimone dell'epoca, il monaco dell'abbazia di San Gallo Johannes Kessler (1503-1574). Questa cronaca, che copre gli anni dal 1523 al 1539 e intitolata *Sabbata*, risulta particolarmente preziosa perché vicina alle istanze dei contadini e, almeno secondo quanto riportato dallo stesso Kessler, ricostruita attraverso il racconto diretto di alcuni dei protagonisti.

... le autorità richiesero che i contadini eleggessero una rappresentanza con la quale incontrarsi a metà strada [...]. Il sindaco di Ulm riferì la risposta della Lega con le seguenti parole: «a voi, Ulrich Schmid, capo [dei contadini]. Riguardo a ciò che avete detto otto giorni fa chiedendo a nome di tutta l'assemblea comprensione e moderazione per i vostri gravami, ho l'incarico di non riferirvi nessun'altra risposta se non questa: che i sudditi, i quali vogliono presentare rimostranze sull'oppressione subita dai loro signori e superiori, dovranno definire tali questioni secondo diritto» [...].
Allora Ulrich Schmid domandò loro quale diritto proponessero, ed essi risposero: «Quello dei tribunali»,[102] e domandarono a loro volta quale diritto egli desiderasse. Rispose Ulrich: «Il diritto divino, che dice agli uomini di ogni condizione ciò che possono o non possono fare». Replicarono allora i signori con tono beffardo: «Caro Ulrich, tu invochi il diritto divino. Ma di' un po': chi amministrerà tale diritto? Dio non si darà certo la premura di scendere dal cielo per presiedere un'udienza giudiziaria». Ulrich rispose: «Cari signori, mi è difficile, nella mia ignoranza, indicarvi qui su due piedi i giudici o giuristi adatti; ma cercherò di farlo: voglio fissare un termine di tre settimane, nel quale esortare tutti i preti di tutte le parrocchie affinché uniti preghino Dio di indicarci e di consentirci di scegliere uomini pii e dotti che sappiano giudicare e dirimere la controversia secondo il contenuto della Sacra Scrittura». I rappresentanti dei signori acconsentirono a questa proposta e si dichiararono pronti a pregare uniti e a impegnarsi nella scelta degli uomini più dotti.
Allora Ulrich Schmid, da solo in questa fatica senza l'aiuto di nessuno, si diresse verso Memmingen, fiducioso di trovarvi chi lo potesse aiutare nel suo proposito. Cercava gli uomini più dotti della nazione tedesca per affidare loro l'incarico di risolvere la questione secondo la parola di Dio, riportandola tutta in una forma adeguata, insieme ad altri articoli, onde presentarsi di fronte ai signori. Gli fu

e i figli, scomparendo dalle cronache. Cfr. la voce Schmid(t) (genannt *Schmid von Sulmingen*), *Ulrich* (*Huldrich*) in www.deutsche-biographie.de.

[102] Nell'originale *Camergricht*, odierno *Kammergericht*, qui utilizzato nel senso di «tribunale civile», «secolare», non di giurisdizione ecclesiastica.

allora raccomandato Sebastian Lotzer, un pellicciaio,[103] come uomo versato nella Sacra Scrittura e pratico di quelle faccende. Ma come si rivolse a lui, questi respinse la richiesta di Ulrich dicendo, come mi disse lui stesso quando passò da San Gallen mentre stava scappando con altri pentiti: «Caro Ulrich, tu sai bene di quale poderoso esercito sei a capo. Ti occorrono dunque uomini molto abili dotti. Ora, io sono un semplice garzone artigiano che non ha mai fatto pratica presso tribunali né cancellieri né mi sono mai sostituito a un notaio e per questi ti sarei di scarso aiuto in una questione così importante». Ma finalmente, messo alle strette, acconsentì, rinunciando a qualsiasi compenso purché ci si accontentasse del suo impegno e della sua serietà.[104]

Redatti ai primi di marzo del 1525, i *Dodici Articoli* sono dati subito alle stampe, probabilmente nei torchi della libera città imperiale di Augusta. Vengono diffusi sul mercato delle idee dell'intera Germania con uno straordinario successo editoriale. Gli Articoli «... conobbero in tre mesi oltre 25 edizioni, raggiungendo la straordinaria tiratura di 25 000 copie. La diffusione in tutte le regioni fu immediata: un'edizione stampata a Ulm il 19 marzo, per esempio, fu proibita cinque giorni dopo a Monaco.[105]

Il testo, come si vedrà, contiene non solo la summa delle rivendicazioni contadine ma anche un abbozzo di teoria di rinnovamento sociale e religioso. Un vero e proprio manifesto politico.

I fondamentali e legittimi articoli principali di tutti i contadini e dipendenti[106] *sottoposti all'autorità spirituale e mondana, per cui essi ritengono di doversi lamentare.*[107]

[103] Lotzer è definito da Kessler «*an kursiner*» *[Küschner]*, pellicciaio, conciatore. Un'occupazione artigiana che godeva di un certo prestigio, oltre che di una redditività che evidentemente permetteva la prosecuzione di studi teologici. Erano pellicciai anche i predicatori anabattisti Melchior Hoffmann e Jacob Groß. La preparazione di Lotzer è attestata, oltre che dai dotti riferimenti inseriti nel testo dei *Dodici Articoli*, anche dalle sue altre pubblicazioni del tempo. Il passaggio in cui Kessler riporta il suo dialogo con un Lotzer *in fuga con altri pentiti*, a rivolta contadina fallita è uno degli ultimi episodi in cui le cronache lo menzionano prima che le fonti dell'epoca perdano le sue tracce (*Sebastian Lotzer* in www.deutsche-biographie.de).

[104] E. Goetzinger, a cura di, *Johannes Kesslers Sabbata. Chronik der Jahre 1523-1539. Das dritt buch, XXV jar.*, Scheitlin & Zollikofer Verlag, St. Gallen 1866, pp. 326-27.

[105] H. Eilert, *Riforma protestante e rivoluzione sociale* cit., p. 81. Le città distano l'una dall'altra poco meno di 150 chilometri.

[106] «Aller Baurschaft und Hindersessen». *Bauernschaft* è nome singolare collettivo che non ha un corrispettivo diretto in italiano, sul modello di borghesia. Per mantenere la forza immaginifica dell'unione dei singoli lo si sarebbe potuto tradurre col poco musicale «contadinità». *Hintersessen* è parola della contrattualistica agraria medievale che definisce chi lavora la terra signorile con particolari contratti di affitto stabiliti dalle regole locali. I *Dodici Articoli*, quindi, vogliono definirsi come espressione di tutto il mondo del lavoro rurale.

[107] La frase decora, a guisa di titolo, le copertine dei fogli volanti delle varie edizioni. Solitamente sormonta una serie di immagini, alcune delle quali diventate classiche, come ad esempio l'immagine dei contadini in armi o in piedi di fronte ai rappresentanti del potere.

Al lettore cristiano la pace e la grazia di Dio in Cristo.
Ci sono molti anticristiani che in questi tempi, a causa delle assemblee contadine, colgono l'occasione per offendere il Vangelo, dicendo che questi sarebbero i frutti della nuova predicazione: nessuno obbedisce più, dovunque ci sono sollevazioni e ribellioni e si corre con tutte le armi a formare delle schiere, a radunarsi, a riformare, a scacciare, anzi forse addirittura ad ammazzare l'autorità, sia quella ecclesiastica sia quella laica. A tutti questi giudici empi e scellerati rispondono gli articoli, trascritti qui di seguito innanzitutto per controbattere questa infamia della parola di Dio e poi per giustificare cristianamente la disobbedienza, anzi la ribellione di tutti i contadini.[108]
Per prima cosa il Vangelo non è causa di rivolta e di ribellione, bensì parola di Cristo, il Messia, la cui voce e la cui vita non insegna altro che amore, pace, pazienza e concordia. Per questo motivo tutti coloro che credono in questo Cristo devono essere pronti all'amore pacifici pazienti e concordi. [Romani, 1].[109]
E così il senso di tutti gli articoli e dei contadini (come risulterà chiaro in seguito) va in questa unica direzione: ascoltare il Vangelo e vivere conforme ad esso. Come possono allora gli anticristiani ritenere il Vangelo causa di ribellione e di disobbedienza? Che però parecchi anticristiani e molti nemici del Vangelo si rivoltino contro una simile intenzione, contro questo desiderio non ha la sua causa nel Vangelo, bensì nel demonio, più pericoloso nemico del Vangelo. è lui che provoca nei suoi miscredenti seguaci queste convinzioni, affinché venga sopraffatta e dispersa la parola di Dio, la quale insegna amore, pace e concordia. In secondo luogo ne consegue molto chiaramente che i contadini, i quali nei loro articoli aspirano ad avere il Vangelo come dottrina e a vivere conforme ad esso [Romani, 11], non possono essere chiamati disobbedienti e ribelli. Se però Dio vuole prestare ascolto ai contadini [Isaia, 40] (i quali chiamano timoratamente a vivere secondo la sua parola) [Romani, 8] chi vorrà allora biasimare la volontà di Dio? [Mosè, 3 e 14] Chi avrà da ridire sul suo giudizio? O, meglio, chi vorrà contrastare la sua Maestà? Non ha Egli forse ascoltato e liberato dalla mano del faraone i figli d'Israele che lo imploravano? E non può egli forse anche oggi salvare i Suoi? Sì, egli li salverà [Luca, 18] e ciò avverrà tra breve, perciò lettore Cristiano, leggi i seguenti articoli con attenzione e poi giudica.
Questi sono gli articoli

Articolo primo. Per prima cosa avanziamo umilmente la preghiera e la richiesta, essendo questa la nostra opinione e volontà, che d'ora in poi l'intera comunità possa esercitare il potere e il diritto di scegliere e di nominare diretta-

[108] Questa premessa ha la necessità di stornare dai contadini l'accusa più pericolosa, quella di eresia, che metterebbe la rivolta fuori dal recinto della legge imperiale. Una premessa che quindi non risponde semplicemente alla richiesta di fare sintesi tra le richieste dei vari gruppi di insorti, ma vuole dare una copertura teorico/teologica a quello che viene espresso come il diritto alla ribellione.

[109] Nelle versioni a stampa, come quella conservata all'archivio della città di Memmingen, accanto al testo appaiono in forma di glossa i riferimenti dei passi biblici su cui si basano le affermazioni contenute nel testo.

mente il suo parroco; che la stessa comunità abbia inoltre il potere di destituirlo, se questi non si dovesse comportare adeguatamente [Luca, 18]. Il parroco scelto deve predicarsi il sacro Vangelo [Luca, 18], senza aggiunte umane e senza insegnamenti e obblighi ad esso estranei [Atti, 14]. Poiché se ci viene insegnata sempre e soltanto la vera Fede, allora avremo un fondamento per pregare Dio, affinché ci conceda la grazia di darci la vera fede e di rafforzarla in noi. Infatti, se non si viene a formare in noi la grazia divina, continueremo a essere soltanto carne e sangue, ciò che non ci è affatto utile, com'è scritto chiaramente nella Bibbia, e cioè che noi possiamo arrivare a Dio soltanto attraverso la vera fede e possiamo salvarci soltanto attraverso la Sua misericordia. A questo scopo ci è necessario un tale parroco e maestro, e in questa forma trova giustificazione nella Scrittura.

Articolo secondo. Sebbene la decima reale ci sia stata imposta col Vecchio Testamento e abolita completamente col Nuovo, pure siamo disposti a dare di buon grado la decima sul grano, come è consuetudine. Essa la si offre a Dio e ai Suoi; sarebbe perciò giusto darla anche al parroco che predica con chiarezza la parola di Dio. Dichiariamo perciò nostra volontà che, d'ora in poi, questa decima venga raccolta dai membri del presbiterio scelto dalla nostra comunità, e lasciato al parroco, scelto da tutta la comunità, quanto basta per un sufficiente e adeguato sostentamento suo e dei suoi, secondo quanto stabilito da tutta la comunità. Ciò che rimane si deve dividerlo tra i poveri del paese a seconda dei loro bisogni e secondo la decisione della comunità. Quello che dovesse ancora rimanere, sarà conservato e utilizzato per una eventuale difesa della regione. Per non imporre una taglia a carico della povera gente, si userà l'avanzo a questo scopo. Inoltre, se si verificasse che uno o più villaggi, spinti dal bisogno, abbiano venduto in passato il diritto di riscossione della decima, e se gli attuali possessori lo possano dimostrare in modo incontrovertibile, allora non si dovrà espropriarli subito, ma si dovrà invece cercare di addivenire a un accordo giusto e adeguato, che riporti, col tempo, la decima nelle mani della comunità. Verso chi invece non ha affatto acquistato la decima da un villaggio, ma l'ha soltanto ereditata dai suoi antenati, non vogliamo, non dobbiamo e non siamo debitori di niente. Come abbiamo ricordato prima, in questo caso la decima servirà soltanto al sostentamento del parroco scelto da noi, mentre il resto sarà conservato o diviso tra i bisognosi secondo quanto risulta dalla Scrittura. Tutto questo vale sia se i presunti possessori sono laici sia se sono ecclesiastici.
La piccola decima non la vogliamo dare, poiché Dio, il Signore, ha creato gli animali liberi per l'uomo e perciò consideriamo questa decima illegittima, come qualcosa inventata dagli uomini. Perciò non la vogliamo più dare.

Articolo terzo. Finora è stata consuetudine quella di considerarci proprietà personale del signore, cosa riprovevole, se si pensa che Cristo, con il suo sangue prezioso, ci ha riscattato e redento tutti, il pastore allo stesso modo del signore, senza fare nessuna eccezione. E così si ricava dalla Scrittura che siamo liberi e che dobbiamo esserlo. Non che vogliamo essere liberi del tutto, che non vogliamo riconoscere nessuna autorità sopra di noi, poiché questo Dio non ce lo insegna. Noi dobbiamo vivere secondo la legge e non seguire liberamente solo la volontà e i desideri della carne, ma amare Dio, riconoscerlo come nostro Signore nel prossimo e fare tutto ciò che vorremmo fosse fatto a noi. Questo ha detto Dio durante l'ultima cena, quando ha esposto le sue ultime volontà. Perciò dobbiamo vivere secondo il Suo Comandamento, poiché esso ci mostra e ci insegna che dobbiamo obbedire all'autorità, sebbene non soltanto ad essa, ma dobbiamo comportarci umilmente con tutti. E perciò anche nei confronti dell'autorità scelta e di quella imposta [da Dio], verso la quale dobbiamo vivere ben disposti e obbedire volentieri in tutte le questioni temporali e in tutte quelle cristiane. Non dubitiamo che voi, in quanto veri e giusti cristiani, ci libererete della servitù della gleba, oppure ci dimostrerete, sulla base del Vangelo, che dobbiamo accettarla.

Articolo quarto. Era costume finora che il suddito non avesse diritto di cacciare la selvaggina, i volatili e i pesci delle acque correnti. Questo ci sembra molto ingiusto e nient'affatto un segno di fratellanza, bensì piuttosto qualcosa dettata da interessi egoistici e non conforme alla parola di Dio. Inoltre, in alcune località le autorità tengono degli animali selvatici che ci recano molto danno, mentre i prodotti del nostro lavoro (che Dio fa crescere, per i bisogni dell'uomo) se li divorano a loro piacere bestie stupide che non ne hanno bisogno. Tutto questo dobbiamo sopportarlo in silenzio anche se è sia contro Dio sia contro il prossimo. Quando il Signore Iddio creò l'uomo, gli ha dato il potere su tutte le bestie, sugli uccelli dell'aria e sui pesci dell'acqua. Perciò noi avanziamo questa richiesta: se uno ha un ruscello e, con sufficiente documentazione, può dimostrarne la proprietà, avendo comprato il corso d'acqua in buona fede, allora non vogliamo espropriarlo con la violenza, ma addivenire ad un accordo fraterno con lui. Chi però non può dimostrare adeguatamente tutto questo, deve restituirlo alla comunità, come è giusto.

Articolo quinto. Grava sulle nostre spalle anche tutto ciò che riguarda i boschi, poiché i nostri padroni si sono appropriati di tutti i boschi e così, quando la povera gente ha bisogno di legna, deve comprarla pagandola il doppio. È nostra convinzione che qualsiasi tipo di bosco, sia esso tenuto da laici o da ecclesiastici, posto che non sia stato acquistato, deve essere restituito a tutta la comunità; che una comunità abbia la libertà di permettere che ognuno possa raccogliere e portarsi a casa, senza pagare, la legna che gli è necessaria per il fuoco e anche quella che gli serve per costruire, ma con il permesso di coloro che la comunità ha scelto come guardaboschi. Se però non ci sono boschi, oltre quelli acquistati legittimamente, bisognerà arrivare cristianamente e fraternamente a un accordo con questi proprietari. Se però un bosco apparteneva in origine alla comunità ed è stato venduto in seguito, allora bisognerà contrattare tenendo conto del valore e sulla base di quanto viene riconosciuto dall'amore cristiano e dalla Sacra Scrittura.

Articolo sesto. Siamo enormemente gravati dal servigio [che dobbiamo prestare al signore e] che viene continuamente aumentato e di giorno in giorno intensificato. Facciamo richiesta che venga ammesso, com'è giusto, di non gravarci più in questo modo, ma di permetterci con benevolenza di prestare il servigio allo stesso modo dei nostri genitori e soltanto secondo la parola di Dio.
Articolo settimo. D'ora in poi un signore non deve più aumentare gli oneri a suo piacere. Se un signore ha dato un bene in affitto secondo le consuetudini, il contadino ne deve usufruire come è stato pattuito all'inizio tra lui e il signore. Il signore non deve più né pretendere né premere, per ottenere ulteriori servigi, né qualsiasi altra cosa che non venga da lui ricompensata, affinché il contadino possa usufruire e sfruttare il bene acquisito, senza ulteriori oneri e in tutta tranquillità. Quando però il signore ha bisogno di un servigio, il contadino lo fornirà obbediente e volentieri; lo farà però nei giorni e nelle ore in cui non gliene può venire del danno, e in cambio di adeguato compenso in denaro.

Articolo ottavo. Noi che deteniamo un bene siamo tanto gravati che i beni in questione non risultano più remunerativi in rapporto al canone, sicché i contadini devono rimetterci del loro e andare così in rovina. Noi chiediamo che il signore faccia esaminare questi beni da gente fidata, per decidere qual è il giusto canone, affinché il contadino non faccia un lavoro senza mercede, poiché chi fa un lavoro ha diritto ad essere ricompensato.

Articolo nono. Sulle nostre spalle grava l'obbligo di pagare una somma in denaro, come risarcimento per le trasgressioni più gravi: questa somma può venire continuamente aumentata, secondo nuove norme giuridiche, sicché noi non veniamo più condannati in relazione alla colpa commessa, ma lo siamo per motivi dettati, a volte da grande invidia, a volte da grande favore. È nostra convinzione che si debba fare riferimento alle pene del vecchio ordinamento giuridico scritto, il quale prevede un giudizio obiettivo e non uno dettato dall'arbitrio.

Articolo decimo. Siamo gravati dal fatto che alcuni si siano appropriati di pascoli e campi, che in passato appartenevano alla comunità. Questi noi ce li riprenderemo, rimettendoli nelle mani della comunità, a meno che non siano stati acquistati legittimamente. Se però sono stati acquisiti abusivamente, si dovrà arrivare a un accordo in modo sereno e fraterno, trattando sulla base del valore reale del bene.

Articolo undicesimo. Vogliamo abolire completamente l'usanza chiamata mortuario. Non vogliamo più ammettere né sopportare che si tolga e si derubi con ignominia vedove e orfani dei loro beni, come succede in modi diversi in molte regioni contro Dio e contro l'onore, e [questo i signori] lo strappano e lo arraffano da coloro che dovrebbero proteggere e difendere e, se [i signori] avessero soltanto un minimo di diritto, si prenderebbero certamente tutto. Dio non vuol più ammettere tutto questo, e perciò il mortuario deve essere completamente abolito; in futuro, per questo motivo, nessuno ha l'obbligo di dare qualcosa, né poco né molto.

Conclusione. Quale dodicesimo articolo: è nostra decisione e convinzione definitiva che, se uno o più articoli di quelli elencati non dovessero essere conformi alla parola di Dio, allora è nostra opinione che essi non debbano valere più. Se ci verrà dimostrato, sulla base della parola di Dio, come risulta dalla Scrittura, che essi non sono legittimi, li lasceremo cadere. Se ci vengono riconosciuti adesso alcuni articoli, che in seguito si dimostrassero illegittimi, allora essi saranno immediatamente invalidati e non avranno più valore. Lo stesso però vale anche per tutti gli usi e per tutte le consuetudini che in futuro, sulla base della Scrittura, si dovessero rivelare veramente contro Dio e contro il prossimo; perciò, noi ci riserviamo di elaborare altri articoli o di abolirne. E vivere così e seguire sempre la dottrina cristiana. Vogliamo pregare Dio, perché solo lui e nessun altro ci può dare tutto questo.
La pace di Cristo sia con tutti noi.[110]

L'arrivo sui banchi dei cartolai dei fogli volanti contenenti i *Dodici Articoli* ha effetti deflagranti: come si è già accennato la compagine contadina sfrutta al meglio la nuova tecnologia della stampa per diffondere il più velocemente possibile quella che a tutti gli effetti diviene una carta fondamentale delle richieste contadine. Il mercato risponde con altrettanta solerzia: le copie dei *Dodici Articoli* vanno a ruba, se ne riproducono edizioni su edizioni che in breve tempo diventano la base di rivendicazione per ogni comunità contadina tedesca. Le autorità provano a reagire con rudimentali tentativi di repressione ma sono ostacolati dalla frammentazione amministrativa del territorio tedesco. Senza un coordinamento centralizzato delle azioni di censura è praticamente impossibile per le autorità locali fermare il flusso delle informazioni: anche proibendo la stampa e la diffusione dei fogli volanti in una giurisdizione se ne possono trovare altre a poche ore di cammino in cui le regole del signore locale non hanno alcun effetto. Solo quando la minaccia al potere viene percepita a livello comune dai rappresentanti signorili si cominciano a intraprendere azioni comuni di contrasto.

Il successo della diffusione dei *Dodici Articoli* non è però solo frutto di una aumentata capacità dei mezzi di comunicazione unita alla

[110] Traduzione dell'autore sull'originale presente in G. Franz, *Quellen zur Geschichte des Bauernkrieges* cit., pp. 174-79.

ancora assente reazione del potere. Da soli i torchi non fanno la rivoluzione.

È l'impatto dei contenuti del messaggio a fare la differenza tra questa e tutte le altre (passate e future) rivolte contadine. Lotzer, infatti, nel fare sintesi delle miriadi di questioni pervenutegli, riesce a costruire una piattaforma di richieste comuni che fanno sentire i singoli parte di un gruppo più ampio e organizzato.

Engels e i suoi epigoni chiamarono questo passaggio *coscienza di classe*,[111] anche se non è possibile ancora, a questo punto, riscontrare nel movimento tutti i meccanismi tipici descritti dalla teoria marxiana. Si tratta più semplicemente di un allargamento del proprio orizzonte conoscitivo da parte di una fetta di popolazione amplissima ma che non sospettava, o non aveva interesse a riconoscere, la propria stessa esistenza. È per questa ragione che non si può rilevare la nascita di una solida compagine che continui a riconoscersi come parte omogenea e separata rispetto all'insieme della società.

Detta più semplicemente, i contadini non prendono a sentirsi «classe» secondo la visione marxiana. In modo più rudimentale sentono il peso del comune sentimento prepolitico della rabbia che li unisce ma che, pur dando vita a una piattaforma che potrebbe divenire anche politica, non riesce però a restare autonoma dal sentimento. Quando i contadini «fanno sbollire» la propria rabbia, tornano ad atomizzarsi nella realtà dei singoli villaggi. Per questo gli studi più recenti riguardanti la rivolta contadina mettono al centro l'espressione *uomo comune*, utilizzata dapprima con malcelato disprezzo dagli avversari della rivolta e poi assunta come definizione corretta ed efficace di quello che sarebbe diventato il maggior moto sociale premoderno della storia europea.

Uomo comune contiene in sé una doppia lettura: la prima, più evidente, è quella dell'essere umano che non si distingue in nulla dai suoi simili, che non ha nulla di speciale. Ma accanto a questa prima idea appare l'immagine di un essere umano comune nel senso di «sociale», che trova la sua natura e il suo senso stesso nell'essere parte di una comunità (*Gemeinschaft*). Nei *Dodici Articoli* la parola che designa l'istituzione in cui i contadini si riconoscono e per cui chiedono i di-

[111] Engels ovviamente, ma anche esponenti della scuola marxiana come Moisey M. Smirin (*Die Volksreformation des Thomas Münzer und der große Bauernkrieg*, Berlino Est 1952) o Ernst Bloch nei suoi studi su Thomas Müntzer (*Thomas Müntzer teologo della rivoluzione*, Feltrinelli, Milano 2010, prima ed. 1962).

ritti è appunto il *Gemeinde*, che è il comune ma anche quello che «è comune a tutti»,[112] che tutti condividono e a cui devolvono la propria rappresentanza pubblica.

La rivolta («rivoluzione», insiste il più famoso tra i recenti studiosi del tema, Peter Blickle)[113] contadina che scoppia in Germania nel 1525 è una sollevazione di «gente comune» che ha «qualcosa in comune», e quel qualcosa è un sentimento prepolitico scaturito dalla rabbia per i soprusi subiti. Rabbia che diviene condivisa attraverso uno strumento tecnologico innovativo di cui non si comprendono ancora appieno le possibilità, vale a dire la stampa.

Di più, la rabbia rinfocolata dalla stampa permette di alimentare una coscienza di sé allargata abbastanza da accettare anche di combattere per difendere diritti a cui non si avrà comunque direttamente accesso: non tutti, specie tra gli *Hintersessen*, i fittavoli servi della gleba, possono vantare diritti ai beni comuni come boschi e acque; pochi tra quelli che fanno parte del proletariato della terra hanno la preoccupazione di gestire un'eredità; è probabile poi che le questioni di carattere canonico come le nomine dei parroci siano apparse meno importanti del peso delle gabelle quotidiane imposte dai signori. Il collante è dato dalla comune rabbia per le proprie condizioni, condivise con molti, troppi altri. All'interno di quella che è una rivolta antisignorile vi sono le anime di praticamente tutti gli esclusi dal potere, inseriti in una categoria che è la stessa forgiata in secoli dalla visione del potere medievale. È la rivolta di tutti quelli che faticano per vivere, dei *Laboratores*.

Quello che prende il nome di *Bauernkrieg* si trasforma così a tutti gli effetti nella prima grande *rivoluzione* della storia moderna o, meglio, nella prima grande rivoluzione nel senso moderno del termine. Modernità che ancora oggi si riconosce a questo scontro e che ne fa una pietra di paragone con le altre grandi sollevazioni della storia.

[112] Per la traduzione italiana è bene specificare che il termine «comune» specie in ambito preindustriale, ha in Germania un'accezione diversa da quella italiana, in cui la parola appare legata all'esperienza dei comuni medievali e delle loro strutture di autogoverno. Il comune o, meglio, la comunità tipica del Sacro Romano Impero è una realtà con molta meno forza rappresentativa e per lo più soggetta alla potestà di signori locali. Discorso diverso per le cosiddette «città libere» (*Freie Städte* o, nei casi delle città maggiori e politicamente forti, *Reichsstädte*) che infatti scelgono di definirsi con un'apposita espressione che ne sancisce lo svincolo da qualsiasi dominazione esterna se non quella immediata imperiale (cfr. E. Isenmann, *Die deutsche Stadt im Mittelalter 1150-1550. Stadtgestalt, Recht, Verfassung, Stadtregiment, Kirche, Gesellschaft, Wirtschaft*, Böhlau Verlag, Köln-Weimar-Wien 2014).

[113] P. Blickle, *Der Bauernkrieg: die Revolution des Gemeinen Mannes* cit.

Ovviamente sono caratteristiche che non vanno esagerate: il suo essere primo momento di un modo nuovo modo di intendere il conflitto sociale in cui quella che poi si chiamerà massa non deve sovrastimarne le reali dimensioni né gli effetti di lungo periodo. Il movimento fu certamente esteso a livello spaziale ma non riuscì a durare più di due estati. Inoltre la sua eredità, complice una brutale e prolungata repressione, non riuscì a mutare il quadro di fondo nei rapporti di potere delle campagne tedesche fino a tutto il Settecento.[114]

1.7. *Una rivolta politica ma anche religiosa*

Tornando ai *Dodici Articoli* e al loro dispiegarsi nello scontro di racconti in atto nelle campagne sveve del tempo, una delle prime note interessanti di evoluzione rispetto ai documenti prodotti fino a quel punto è costituito dall'inserimento di *pronunciamenti* riguardanti alcuni temi allora in primo piano nella contemporanea lotta di carattere religioso.

I gravami e le *corvée* sempre più esose non sembrano più essere il solo oggetto del contendere, ma subentrano anche questioni che riguardano la canonistica e i riferimenti religiosi diventano fondamentali per la struttura del testo.

Il primo degli articoli contadini riguarda il diritto delle comunità a scegliersi il proprio parroco: una richiesta collegata direttamente al concetto di autogoverno – il parroco è spesso, nelle comunità contadine più piccole, il loro portavoce e il mediatore col potere signorile – ma basata sulle nuove interpretazioni del concetto di rappresentanza ecclesiastica che arrivano dai sermoni dei predicatori riformati. Il diritto a scegliere il proprio *pastore* è il primo atto di partecipazione «democratica» nella storia dei rapporti signorili. Una democrazia derivabile dall'idea che gli uomini – lo si ribadisce in più di un arti-

[114] Cfr. P. Blickle, a cura di, *Resistance, Representation and Community*, Oxford University Press, Oxford 1997, J.R. Myking, G. Thoma, T. Iversen, *Bauern zwischen Herrschaft und Genossenschaft* cit., C. Nubola, A. Würgler, a cura di, *Suppliche e gravamina. Politica, amministrazione, giustizia in Europa (secoli XIV-XVIII)* cit., T. Robisheaux, *Rural society and the search for order in early modern Germany* cit. Per un caso studio tipico dei rapporti economico-sociali nelle campagne nel corso dell'Età moderna cfr. G.P. Sreenivasan, *The Peasants of Ottobeuren, 1487-1726. A rural society in Early Modern Europe*, Cambridge University Press, Cambridge 2004.

colo dei *Dodici* – siano naturalmente uguali, cioè l'inizio della «modernità».[115]

Allo stesso modo tutto il testo cerca di basare le proprie richieste sulla dottrina evangelica e sul Vecchio Testamento, in una concezione della norma, e della sua discussione, che necessariamente parte dal diritto divino. Per questo un intero articolo, il dodicesimo e conclusivo, serve a chiarire in maniera netta che la validità di tutti i punti dipende dal fatto che essi siano, come credono i contadini, derivanti dalla legge divina, e «se ci verrà dimostrato, sulla base della parola di Dio, come risulta dalla Scrittura, che essi non sono legittimi, li lasceremo cadere».[116]

Non si tratta più nemmeno di ritornare alle vecchie consuetudini, ma di ristabilire dei rapporti di potere, e quindi dei diritti, sulla base della parola di Dio.

L'entrata prepotente della religione nell'autorappresentazione dei contadini tedeschi è comprensibile: in tutto l'impero si stanno propagando le idee della Riforma, che già a quel tempo vede in Martin Lutero un protagonista politico oltre che religioso.[117] Sull'impatto del movimento protestante sulla rivolta contadina e il loro reciproco influenzarsi molto è stato scritto: è indubbio che vi sia una correlazione tra l'ampliarsi delle questioni attorno alla crisi e alla possibile riforma della Chiesa e la contemporanea sollevazione dei ceti rurali.[118] In questa sede interessa soprattutto sottolineare il fatto che la Riforma in quei primi anni stava ancora avviando la propria discussione sulle strutture ecclesiastiche e appare estremamente frammentata attorno ai vari predicatori grandi e piccoli che si contendono la scena. Lutero è l'iniziatore e il più visibile tra i contestatori, e quella che in termini moderni si definirebbe *passerella mediatica* ne fa il fulcro non solo delle questioni teologiche, ma anche dell'immaginario ideologico di quello scontro.[119] Senza però dimenticare che in quel momento non solo la figura di Lutero ma tutto l'impianto della Riforma erano ancora un precario agente di conflitto e non una realtà che si potesse prevedere alla conquista di mezza Germania.

[115] Cfr. P. Blickle, *Das Alte Europa. Vom Hochmittelalter bis zu Moderne*, Beck, Monaco 2008.

[116] Art. 12, in H. Eilert, *Riforma protestante e rivoluzione sociale* cit., pp. 90-91.

[117] Sull'evoluzione della figura pubblica di Lutero si rimanda in particolare al secondo volume dell'imponente opera di Martin Brecht, *Martin Luther*, Calwer Verlag, Stoccarda 1981-1985 (voll. I-III).

[118] Tra i più recenti cfr. W, Greiling, T.T. Müller, U. Schirmer, a cura di, *Reformation und Bauernkrieg*, Böhlau Verlag, Wien-Köln-Weimar 2019.

[119] M. Brecht, *Martin Luther* cit., vol. II.

Negli anni venti del Cinquecento la sicurezza con cui *ex post* si può parlare di inizio della fine del monopolio romano cattolico sulla costruzione dell'identità dell'intero continente è tutt'altro che assodata: in questo periodo si mettono le basi per uno scontro che si risolverà solo un secolo abbondante più tardi con la pace di Westfalia e l'accettazione del principio che ogni signore (ma non ogni suddito) ha diritto alla propria confessione.[120] Ma l'idea che l'impianto immaginifico più che millenario su cui si regola la vita di tutti gli appartenenti alla Cristianità possa e anzi debba essere messo in discussione per ottenere dei mutamenti sul piano sociale si insinua nelle menti non solo dei riformatori ma anche di tutti coloro che a vario titolo desiderano il cambiamento.

L'esempio che Lutero sta dando alla Germania e in generale alla Cristianità sulla possibile critica del messaggio monopolistico della Chiesa cattolica e dell'ordine costituito che essa promuove è un volano per la contestazione nel proprio complesso: Martin Lutero demolisce una volta per tutte l'idea che sia possibile un'unica fonte di racconto pubblico accettabile e, così facendo, dà la stura a una serie di tentativi di rivolta sociale. Da questi assunti pare normale derivare la necessità, per il mondo contadino, di scommettere sulla forza delle idee luterane e affidare alla loro forza argomentativa le ragioni di una ribellione altrimenti relegata al contesto del sentimento di cieca rabbia nei confronti dell'ingiustizia percepita.

Il fatto che Cristianità e quello che oggi si definirebbe *società* in quel momento siano concetti quasi indistinguibili[121] fa sì che ogni contestazione di carattere sociale sia anche, anzi soprattutto, una messa in discussione dell'ordine cristiano. In un mondo governato dal volere divino lo scontro avviene in primo luogo attorno a chi e che cosa possa interpretare correttamente questo volere. Fino a quando ci si limitava a discutere le violazioni signorili del diritto consuetudinario in qualche villaggio della Foresta Nera poteva essere sufficiente l'eloquenza che si rifà a veri o presunti «antichi diritti comuni». Nel momento in cui un organismo signorile di emanazione imperiale –

[120] G. Kreuzer, *Der Augsburger Raligionsfriede 1555. Ein Epochenereignis und seine regionale Verankerung*, Wißner Verlag, Augusta 2005.

[121] Sul tema dell'impossibilità di separare l'immaginario religioso da quello quotidiano nei secoli a cavallo della fine del Medioevo e l'inizio dell'Età moderna rimane centrale il saggio di Lucien Febvre, *Il problema dell'incredulità nel secolo XVI. La religione di Rabelais*, Einaudi, Torino 1978 (prima ed. 1942).

quindi divina – come la Lega Sveva richiede spiegazioni circa il comportamento dei sudditi parlando apertamente di sedizione e di tradimento contadino dell'ordine naturale è necessario cambiare l'intero quadro di riferimento e mettersi a fare politica ad alto livello. E nel mondo europeo a cavallo tra il Medioevo e l'Età moderna occuparsi di teoria politica significa soprattutto occuparsi di teologia.

Il documento redatto da Lotzer ha una risonanza tale anche perché alza il livello dello scontro da pratico a teorico, mettendo in difficoltà la lettura degli avvenimenti della classe nobiliare. Fino a quando si trattava di concedere qualche antico diritto di legnatico o la possibilità di seguire una procedura prestabilita per la gestione delle eredità dei contadini, una parte consistente dei signori sembra disposta ad accomodamenti almeno parziali.[122] Quando la questione si allarga al senso stesso dell'ordine costituito la parola non può che passare alle armi.

I *Dodici Articoli* dei contadini tedeschi sembrano partire proprio dalla necessità di reimpostare i presupposti dello scontro, ribadendo che la sollevazione contadina non è contraria all'unica legge che essi al momento sono disposti ad accettare, quella divina. La aperta ribellione di cui sono accusati è giustificata dal fatto che essa deriva dalla necessità di seguire l'ordine divino tradito da chi avrebbe dovuto interpretarlo. La giustificazione dei gesti di insubordinazione che stanno già avvenendo nel preambolo degli *Articoli* è una mossa politica di autolegittimazione che pone la rivolta su un piano diverso, quello della discussione sul possibile nuovo assetto della società.

Da questo punto di vista non è tanto la religione a entrare nelle proteste contadine, ma è la politica degli assetti sociali a farlo. In un mondo in cui è direttamente Dio a dare il diritto e il potere è indispensabile dimostrare di avere Dio dalla propria parte.

È in questo delicato passaggio della rivolta che si salda, per la prima volta in modo evidente, la pratica della resistenza attiva ai soprusi dei signori alla teoria di una rifondazione dei rapporti sociali su basi diverse da quelle finora immaginate. Per la prima volta si fa sentire a livello mediatico su tutto il movimento contadino il peso della figura che diventerà il simbolo del *Bauernkrieg*, Thomas Müntzer.

[122] Già le richieste contenute nei *Sedici Articoli* dei contadini della Foresta Nera del novembre 1524 erano state in parte accolte (H. Hug, *Villinger Chronik* cit., pp. 110 e sgg.) e spesso, almeno in prima battuta, i signori concedono un parziale ritorno alle antiche consuetudini di fronte ai contadini in armi.

1.8. *Thomas Müntzer: da predicatore errante a icona della rivolta*

Thomas Müntzer nasce probabilmente da famiglia borghese attorno al 1489 a Stolberg, nello Harz, regione della Germania centro orientale (oggi Sassonia-Anhalt). La sua biografia, ricostruita nel corso dei secoli seguendone soprattutto le tracce scritte,[123] racconta di un giovane versato per le materie umanistiche e in particolare per la teologia: risulta iscritto all'università di Lipsia nel 1512 ma è nell'università di Francoforte sull'Oder che acquisisce il titolo di dottore in filosofia e teologia.[124] Ordinato sacerdote nel 1514, si trova impegnato nell'attività itinerante di predicatore e insegnante per i figli della piccola nobiltà e della borghesia. Dal 1517 al 1519 frequenta gli ambienti dell'università di Wittenberg, vale a dire nel momento in cui Martin Lutero sviluppa l'impianto della sua azione riformatrice.

Nei sermoni che tiene nelle parrocchie della Sassonia in cui trova lavoro entra spesso in conflitto con le autorità ecclesiastiche e con gli ordini, come quello francescano, che si occupano della predicazione ai ceti popolari. Un particolare che però viene sempre rimarcato nelle descrizioni, anche avverse, è la sua capacità di attirare fedeli in quantità inaspettate. È un predicatore popolare, sia nel senso che parla al popolo, sia nel senso che è particolarmente apprezzato e seguito. Nel 1520 è pastore a Zwickau, in Sassonia, posto da cui viene cacciato l'anno seguente con l'accusa di aver fomentato l'odio tra i cittadini.[125] Ripara in Boemia, terra imperiale che nel Cinquecento ha già accolto l'eresia hussita e che ha fama di maggiore tolleranza religiosa.

È qui che stende il suo primo documento organico pervenuto fino a noi, il cosiddetto *Manifesto di Praga*,[126] in cui attacca frontalmente non solo la Chiesa come istituzione ma anche alcuni dei capisaldi della teologia cristiana, come il sacramento del battesimo. Una posizione

[123] Una raccolta dei documenti coevi di e su Thomas Müntzer è in H. Junghans, *Quellen zu Thomas Müntzer*, Verlag der Sächsischen Akademie der Wissenschaften zu Leipzig, Lipsia 2004 contenente 176 trascrizioni di documenti originali.

[124] «Artium magister et sanctae Scripturae baccalaureus».

[125] M. Mehlhorn, *Das Wirken Thomas Müntzers in Zwickau (1520-1521) un die radikal religiöse Gruppierung de "Zwickauer Propheten"*, Friedrich Schiller Universität, Jena 2009.

[126] Sono note quattro versioni *originali* del testo: una in latino, una in ceco e due in tedesco. Una delle quattro versioni tedesche, datata 1 novembre 1521, si trova nel Sächsisches Staatsarchiv - Hauptstaatsarchiv di Dresda. Per la traduzione italiana cfr. E. Campi, *Thomas Müntzer, Scritti politici*, Claudiana, Torino 1972, pp. 75-87.

estremista che lo pone in conflitto fin da allora non solo con le gerarchie romane ma anche con una buona parte della Riforma protestante, su tutti Martin Lutero. Il manifesto è strutturato come un documento programmatico che probabilmente Müntzer spera di utilizzare per fomentare la sollevazione delle terre boeme,[127] luoghi già interessanti dai movimenti di rinnovamento della Chiesa medievale, ma pare che il tentativo non abbia successo: «il famoso Manifesto di Praga, datato al 25 novembre 1521, pervenutoci in quattro testimoni manoscritti e di cui non si sa se abbia mai circolato, più che testimoniare un'influenza boema su Müntzer testimonia il tentativo di Müntzer d'influenzare i boemi».[128]

Da questo primo testo noto si può comprendere la radicalità delle idee del predicatore di Stolberg, che dopo l'infruttuosa esperienza boema viene cacciato e si trasferisce dapprima in Assia e poi nuovamente in Sassonia, ad Allstedt, nel 1523. Qui abolisce, prima di Lutero, la messa in latino[129] e sposa la sua compagna Ottilie, contravvenendo alla norma del diritto canonico sul celibato ecclesiastico.[130] Nonostante il pubblico scandalo (o forse proprio per questo), i suoi sermoni infuocati riscuotono un enorme successo divenendo un problema di ordine pubblico per il signorotto del luogo, Ernst von Mansfeld (1479-1531). Mentre si cercano espedienti per cacciarlo, la sua fama cresce e diviene famoso con l'epiteto di *Satana di Allstedt* («Satan von Allstedt»). Particolare non secondario per la comprensione del-

[127] Come specifica egli stesso nella parte finale del manifesto: «sono venuto, diletti boemi, nella vostra terra non chiedendovi altro che di studiare con diligenza la Parola vivente di Dio dalla sua stessa bocca, mediante la quale voi stessi potrete udire e comprendere in che modo gli ottusi preti hanno traviato il mondo intero. Per amore del sangue di Cristo, aiutatemi a combattere codesti nemici della fede! Voglio svergognarli ai vostri occhi con lo spirito di Elia. Perché è nella vostra terra che comincerà la nuova chiesa apostolica che si estenderà in ogni luogo...», E. Campi, *Thomas Müntzer, Scritti politici* cit., p. 87.

[128] G. Politi, *La storia lingua morta. Il Manifesto. Il telaio incantato. Il caso Thomas Müntzer*, Unicopli, Milano 2011, p. 96.

[129] Nella sua gustosa ricostruzione del passaggio Ernst Bloch, un esaltatore della figura del predicatore di Stolberg, riporta il commento apologetico di Lutero nel suo *La messa tedesca* del 1525: «ho opposto resistenza alla messa tedesca per tanto tempo anche per non dare pretesti agli spiriti faziosi che avventatamente si gettano a capofitto senza valutare se ciò fosse il volere di Dio; ma era solo Lutero a non volere», afferma Bloch, «e la motivazione la si può rintracciare molto semplicemente, senza frapporre la questione della conoscenza della volontà divina, nella crescente invidia di Lutero per la popolarità, l'inflessibilità e la priorità di Münzer». (E. Bloch, *Thomas Münzer teologo della rivoluzione* cit., p. 45).

[130] L'abolizione della messa in latino viene giustificata da tre scritti, dati alle stampe in Allstedt tra il 1523 e il 1524, *Giustificazione della liturgia tedesca istituita in Allstedt da Thomas Müntzer pastore della Pasqua del 1523*.

l'esplosione del fenomeno Müntzer è il fatto che in Allstedt risulta attivo un torchio da stampa da cui cominciano a diffondersi le copie dei suoi sermoni.

Il 23 luglio 1524 Müntzer tiene un'orazione di fronte ad alcuni signori territoriali di passaggio nella cappella del castello di Allstedt. Il sermone passa alla storia come *la predica ai principi*,[131] in quanto ad assistervi si trova anche Giovanni di Sassonia, fratello del principe elettore di Sassonia Federico III, il protettore di Martin Lutero. Le parole infuocate di Thomas Müntzer non risparmiano né la Chiesa, né i principi né tantomeno *gli empi dottori* che seducono il popolo con *grandi chiacchiere*, chiaro riferimento a Lutero.

La reazione a questo punto non tarda ad arrivare: l'8 agosto Müntzer fugge da Allstedt prima di essere imprigionato; particolare interessante, dopo la fuga del predicatore la stamperia di Allstedt viene chiusa per ordine del signore. Da qui giunge a Mühlhausen, in Turingia.

La sua fama di incendiario è tale che al suo arrivo nella cittadina, in cui da qualche tempo era in corso uno scontro tra operai e corporazione degli artigiani per questioni di salario, scoppia una rivolta armata che punta ad abbattere le istituzioni locali. Per i manifestanti Müntzer, coadiuvato da quello che diverrà il suo fedele compagno di lotta, Heinrich Pfeiffer (?-1525), stila una serie di richieste in punti che prendono il nome di *Undici articoli di Mühlhausen*.[132] Il 27 settembre, sotto la reazione di nobili e borghesi coalizzati, Müntzer deve fuggire a Norimberga. Sfidato da Lutero a un confronto teologico, egli rifiuta e si dà all'attività di agitatore nelle città e nelle campagne tedesche, cercando di innescare la rivolta generale. È a Basilea,[133] poi torna a Mühlhausen che nel febbraio 1525 è nuovamente insorta proclamando addirittura una repubblica in cui vengono aboliti i privilegi nobiliari.

Mentre cerca di fomentare la rivolta tra le città il grosso di quella che sperava essere un'insurrezione generale arriva dalle forze contadine che fanno loro il grido di *Omnia sunt communia* («tutte le cose sono di tutti») e si schierano dalla parte del teologo rivoluzionario.

[131] La predica viene poi pubblicata, col titolo più esteso di «Spiegazione del secondo capitolo del profeta Daniele, predicato nel castello di Allstedt dinanzi ai laboriosi e diletti duchi e magistrati di Sassonia, da Thomas Müntzer ministro della parola di Dio» (cfr. C. Martinuzzi, a cura di, *Thomas Müntzer, Scritti, lettere e frammenti*, Claudiana, Torino 2017, pp. 236-56).

[132] C. Martinuzzi, a cura di, *Thomas Müntzer, Scritti, lettere e frammenti* cit., pp. 298-301.

[133] Uno dei maggiori centri della produzione e del mercato dei fogli a stampa dell'epoca.

Tra il 14 e 15 maggio del 1525 avviene la resa dei conti: l'esercito contadino, a cui si affiancano le scarse forze di alcune città ribellatesi ai signori, si scontra contro le truppe del langravio Filippo d'Assia, forti di duemila cavalieri e cinquemila lanzichenecchi a Frankenhausen. Più che di una battaglia si tratta di un massacro in cui trovano subito la morte cinquemila contadini (le perdite registrate dalle formazioni nobiliari ammontano, secondo le cronache, a sei morti). Müntzer è catturato, torturato e condannato a morte. Viene decapitato il 27 maggio 1525.

1.9. *L'uomo giusto al momento giusto, per entrambe le parti*

Appare chiaro che il mondo rurale fin qui analizzato sia in buona parte estraneo alle prediche di Müntzer. Già prima del loro arrivo, il movimento contadino ha una propria identità di lotta, ma quando prende forza e si espande sorge la necessità di costruirsi attorno a capi carismatici. Tra tutti il più interessante appare proprio il diavolo di Allstedt.

La prima caratteristica che ne fa il candidato ideale è sicuramente legata alla fama di predicatore incendiario: il suo estremismo è conosciuto in tutta la Germania ormai, a causa della diffusione dei sermoni e delle lettere attraverso i fogli volanti che permettono alle idee del predicatore di coprire in breve tempo gli ampi territori in fermento. Le capacità affabulatorie sono innegabili e contribuiscono ad alimentare l'immagine di capo politico e spirituale di un movimento che intende davvero cambiare le cose.[134]

Tanto più in quanto il campione iniziale della Riforma, Martin Lutero, il quale con la sua predicazione ha smontato per primo in modo pubblico il sistema di valori e pensiero che teneva milioni di contadini legati a una condizione di sudditanza, a rivolta iniziata si mostra dapprima perplesso nei confronti della fazione contadina e poi spietatamente contrario. La brutalità delle sue parole nella famigerata lettera *Contro i contadini che si son raccolti in bande di briganti e assassini* scritta tra il 6 e il 10 maggio 1525 sono un atto di accusa e condanna senza appello nei confronti del moto popolare.

[134] Sul ruolo più generale delle figure dei predicatori all'interno della rivolta contadina cfr. J. Maurer, *Prediger im Bauernkrieg*, Calwer Verlag, Stoccarda 1979.

Scritto dopo un viaggio attraverso la Turingia durante il quale Lutero ha probabilmente assistito alle distruzioni operate dagli scontri, il documento riporta con estrema crudezza la posizione del teologo di fronte alla piega che hanno preso gli eventi:

> ...quando meno me lo aspettavo, eccoli che passano all'azione e attaccano con il pugno, dimenticandosi delle loro affermazioni; imperversano e saccheggiano, comportandosi come cani arrabbiati. Da questo si può capire che cosa avessero nella loro mente falsa e come fosse soltanto una grande menzogna tutto ciò che essi in nome del Vangelo hanno proclamato nei 12 Articoli. In breve, è opera del demonio quello che fanno. E in particolare, l'arcidiavolo è colui che governa a Mühlhausen, istigando a nient'altro che alla rapina, all'assassinio e allo spargimento di sangue...[135]

L'arcidiavolo è Thomas Müntzer, indicato come il colpevole della sedizione contadina e collegato ai *Dodici Articoli*, benché non vi siano prove del coinvolgimento del predicatore di Stolberg nella stesura di quel testo: nessuna fonte dell'epoca mette in dubbio che l'autore sia Sebastian Lotzer e che la sua base di lavoro siano le centinaia di richieste degli insorti svevi.

Dal punto di vista del diritto canonico poi i *Dodici Articoli* sembrano nel loro complesso più vicini alle posizioni luterane classiche – la scelta dei parroci da parte delle comunità, una redistribuzione delle decime – che non alla piega estremista del pensiero di Müntzer. Infine, quando vengono elaborati, tra la fine di febbraio e gli inizi di marzo 1525, il teologo della rivoluzione si trova a oltre quattrocento chilometri di distanza da Memmingen, a Mühlhausen in Turingia, dove sta tentando di dirigere e difendere l'esperimento repubblicano della città.[136]

Eppure, da quel momento in poi per una buona parte degli spettatori della guerra contadina Müntzer appare se non il capo militare quantomeno l'ispiratore e il *teologo* della sollevazione.[137]

[135] H. Eilert, *Riforma protestante e rivoluzione sociale* cit., p. 169.

[136] Cfr. H.J. Goertz, *Thomas Müntzer, Revolutionäre am Ende der Zeiten*, C.H. Beck Verlag, Monaco 2015.

[137] Espressione che dà il titolo ad un famoso saggio di Ernst Bloch sulla teologia di Müntzer (il filosofo ne sceglie la variante *Münzer*) in chiave marxista, appunto *Thomas Münzer teologo della rivoluzione*, Feltrinelli, Milano 2010. In realtà in un testo di poco precedente e dai toni più concilianti nei confronti dei contadini, la *Esortazione alla pace, a proposito dei dodici articoli* (Eilert, *Riforma protestante e rivoluzione sociale* cit., pp. 93-119) Lutero se la prende anche col riformatore svizzero Huldrych Zwingli, definito, come Müntzer, «profeta di Satana»; sarà solo nel successivo (di pochi giorni) *contro i contadini*, che il bersaglio unico diverrà il predicatore di Stolberg.

Il collegamento diretto tra Müntzer e l'insieme delle rivolte contadine effettuato da Lutero ha una serie di risvolti sulla visione di tutto il moto antisignorile. Con la «benedizione» del padre della Riforma la guerra contadina passa definitivamente dal campo della rivendicazione di diritti politici – alcuni dei quali riconosciuti dagli stessi signori come legittimi – a quello dell'eresia. Dunque il testo sacro, brandito come arma dai rivoltosi per le proprie ragioni, viene utilizzato infine contro di loro per cercare di ripristinare un ordine antico. Il conflitto politico diviene indistinguibile da quello religioso.

La massa di coloro che si riconoscono nei *Dodici Articoli* diventa nemica pubblica della fede non solo, ed era scontato, per il vecchio *establishment* cattolico romano e i suoi interessati signori ecclesiastici, ma anche per la parte di ceto signorile che in quel momento, per i motivi più diversi, sta abbracciando le parole dell'ex frate agostiniano.

Quello tra Lutero e Müntzer sembra essere un odio di lunga data, probabilmente nato già negli ambienti della Wittenberg del 1517-1519 in cui si conobbero di persona e proseguito dopo il rinnegamento da parte del secondo delle teorie luterane su battesimo e interpretazione della Bibbia, giudicate troppo blande. Entrambi abili oratori e ottimi disputatori in campo teologico, i due sembrano impegnati in un dialogo a distanza che spesso scivola nell'insulto. Lutero attacca il suo avversario più volte e la sua dottrina in testi e lettere che diventano fogli volanti a larga diffusione;[138] un'attenzione ricambiata da Müntzer, che molto spesso in sermoni e scritti pubblici si riferisce all'avversario attraverso giri di parole – i già citati *empi dottori* – o con epiteti insultanti[139] che chiamano in causa il teologo di Wittenberg e le sue posizioni concilianti col potere signorile.

La questione della guerra contadina è l'apice di uno scontro teologico, certo, ma anche personale. Senza aderire all'interpretazione di

[138] Almeno sette scritti pubblici vengono esplicitamente dedicati da Martin Lutero alla confutazione delle tesi müntzeriane, oltre ai molti riferimenti impliciti, quale quello all'*arcidiavolo* dei moti contadini, che sono un chiaro attacco al predicatore di Stolberg (cfr. L. Fischer, a cura di, *Die lutherischen Pamphlete gegen Thomas Müntzer*, Max Niemeyer Verlag, Tubinga 1976).

[139] Nella sua *Confutazione ben fondata*, in cui attacca la dottrina di Lutero, Müntzer definisce il riformatore «empia carne senza spirito, dottor Menzogna, mascalzone lusinghiero di Wittenberg, dottor Ludibrio, astuto ladro delle Scritture, empia carne di Wittenberg, astuto corvo nero, padre Soppiattone, meschino adulatore, Satana e posseduto dal diavolo» (cfr. *Confutazione ben fondata e risposta alla carne senza spirito che vive mollemente a Wittenberg, il cui furto e perversione delle Scritture hanno inquinato gravemente la nostra povera chiesa cristiana*, in C. Martinuzzi, a cura di, *Thomas Müntzer, Scritti, lettere e frammenti* cit., pp. 278-97).

Ernst Bloch sulla «invidia luterana per la fama di Müntzer»[140] appare evidente che i due teologi siano, e si sentano, in competizione diretta sul terreno della Riforma. Con nessun altro riformatore Lutero arriva a utilizzare i toni che ha nei confronti di Müntzer, così come sembra che spesso, nelle invettive müntzeriane, Lutero sia un bersaglio ancora più pericoloso della stessa Chiesa cattolica.

Dal punto di vista di Lutero, addossare la responsabilità del moto contadino e delle sue atrocità al suo nemico più pericoloso ha la doppia funzione di dare una spiegazione a una rivolta così ampia e condivisa («i contadini, naturalmente muti e proni, sono stati sobillati»)[141] e di mettere pubblicamente sotto accusa quello che in quel momento è il suo principale rivale nella corsa alla costruzione di un nuovo tipo di Chiesa.

Come era già accaduto in Boemia, nel rapporto tra Müntzer e il *Bauernkrieg* sembra che sia il predicatore di Stolberg a cercare di accreditarsi nel mondo contadino che non il contrario. E questa volta sembra avere maggior fortuna. Il movimento contadino ha bisogno di figure simboliche: la predicazione di una realtà nuova in cui *omnia sunt communia*, «tutto è di tutti», è il messaggio perfetto per chi fin dai primi momenti dello scontro ha definito sé stesso come *uomo comune*, vale a dire parte dell'insieme indistinto degli esseri umani.

Condannati dalla gerarchia ecclesiastica, scaricati e poi pubblicamente accusati dallo stesso Lutero, ai contadini probabilmente non rimane molto altro da fare che accettare aiuto da chiunque lo offra. A possibile conferma del fatto che gli insorti siano alla ricerca di un capo a insurrezione già in essere, c'è la confessione dello stesso Müntzer; benché si tratti di un documento di complessa interpretazione perché stilato da un tribunale che lo avrebbe di lì a poco torturato, nelle sue dichiarazioni spontanee egli dice:[142] «[gli insorti] avrebbero voluto che egli si unisse a loro, ma egli declinò l'invito ringraziandoli. Non fu lui a iniziare la rivolta nella regione; essi erano già in rivolta».[143] Di certo,

[140] E. Bloch, *Thomas Münzer teologo della rivoluzione* cit., p. 45.

[141] È certo vero che all'insieme degli scontri partecipano, con varia intensità, anche gruppi rappresentativi dei ceti proletari urbani, di lavoratori specializzati, in particolar modo i minatori, e addirittura rappresentanti della bassa nobiltà. Ma la grande massa degli scontri *è sostenuta* dai contadini in nome delle istanze contadine.

[142] «In der gute», riporta il testo, cioè «con le buone», senza ricorrere alla tortura.

[143] C. Martinuzzi, a cura di, *Thomas Müntzer, Scritti, lettere e frammenti* cit., p. 302. Poco più avanti, sotto tortura, invece «Afferma di aver fomentato l'insurrezione per rendere tutta la cristianità uguale, di voler espellere o uccidere tutti i principi e tutti coloro che non avrebbero dato il loro sostegno alla diffusione del Vangelo» (*ibid.*, p. 304).

comunque, c'è che Thomas Müntzer compare come icona dei rivoltosi solo quando l'insurrezione è già una realtà avviata.

Una lotta di comunicazione affamata di concetti semplici da poter propagare trova finalmente un possibile campione riconosciuto nel già noto, e per alcuni già famigerato, Diavolo di Allstedt.

La personalizzazione dello scontro porta inevitabilmente alla soggettivizzazione delle narrazioni.

In un conflitto che, vista la mole di messaggi che produce, è anche uno scontro di propagande, incarnare in un unico soggetto lo schieramento avversario aiuta a galvanizzare il proprio campo semplificando di molto la presentazione dei torti e delle ragioni.

Al posto di una massa informe di contadini arrabbiati la pamphlettistica signorile può finalmente raccontare l'avversario col volto del Satana Thomas Müntzer, chiarendo obiettivi e necessità dello sforzo militare: il nemico è un individuo diabolico che ha sobillato migliaia di sciocchi ignoranti. Una narrazione utile anche per il «dopoguerra» contadino: una volta tolto di mezzo Müntzer si potrà procedere alla normalizzazione dei rapporti con il ceto contadino, che, per quanto sedizioso, non potrà essere passato tutto a fil di spada; chi lavorerà la terra, altrimenti?

Il collegamento diretto presentato da Lutero tra contadini e il protestantesimo müntzeriano è insomma il racconto giusto al momento giusto, vale a dire quando sta per appressarsi una battaglia che si vuole risolutiva.

Con Müntzer messo a capo della rivolta, le truppe dei signori hanno un obiettivo riconoscibile e localizzabile: quella che fino a quel momento era stata una sorta di conflitto frazionato, in cui ogni singolo signore aveva a che fare con i propri contadini arrabbiati, la costruzione narrativa di simboli fisici attorno a cui concentrare le forze dava finalmente alle armate nobiliari la possibilità di ricondurre lo scontro su un piano conosciuto. Thomas Müntzer è un uomo solo, con un luogo di rifugio preciso assediabile e conquistabile. È Mühlhausen, città che ancora accoglie il predicatore, il nodo della questione.

L'importanza della crescita carismatica della figura di Thomas Müntzer nell'immaginario comune è drammaticamente rappresentata dalla sua fine.

Quando il 14 maggio 1525 le truppe di Filippo d'Assia vengono a contatto con le migliaia di contadini accampati nella piana di Frankenhausen, a un paio di giornate di marcia da Mühlhausen, gli emissari degli insorti ricevono un'unica perentoria richiesta per aver salva la vita: la consegna di Thomas Müntzer. La parte signorile ha stabilito che è lui il fulcro dell'intera guerra, così come dichiarato da Lutero e propagato dai fogli volanti anticontadini.

La fazione contadina, dal canto suo, nel momento di scegliere tra consegnare quello che ormai a tutti appare come il simbolo stesso della rivolta o provare a combattere sceglie, a quanto sembra, la seconda opzione. Anche per i resistenti antisignorili a Frankenhausen, siano essi minatori, piccoli proprietari o semplici contadini, Müntzer è un simbolo troppo prezioso per essere ceduto.

Le cronache del tempo e le ricostruzioni consolidatesi nel mito della guerra contadina non sono unanimi nell'interpretazione degli eventi successivi allo scambio tra gli «ambasciatori contadini» e i rappresentanti signorili.[144]

Alcune fonti riportano il mancato rispetto dell'ultimatum da parte degli stessi signori, che dopo aver concesso tre ore ai contadini per confrontarsi li attaccano quasi immediatamente, scaricando quindi le responsabilità «morali» del massacro sui nobili. Ernst Bloch, chiaramente schierato dalla parte di Müntzer, riporta ad esempio che «quattro giorni dopo la battaglia, la comunità di Mühlhausen scriveva ai contadini franconi che il langravio «violando improvvisamente gli accordi di pace e di tregua, aveva ordinato di fucilare, pugnalare, ammazzare miseramente i fratelli di Frankenhausen, decimandoli così a tradimento».[145]

Altri resoconti pongono l'accento sull'arrendevolezza e la scarsa capacità combattiva dei contadini stessi, che di fronte alle alabarde dei principi si affidano alla sola preghiera. Di questa ingenuità mortale si incolpa ovviamente soprattutto Müntzer, che da sobillatore di anime primitive viene descritto come la vera causa del massacro, di cui gli armigeri signorili sarebbero mero, e innocente, strumento.[146]

[144] Essendo un racconto particolarmente mediatizzato già all'epoca si possono trovare diverse cronache, per lo più però di parte signorile o comunque antimüntzeriana. Penne molto acute si mettono subito all'opera per consegnare ai posteri una precisa lettura degli avvenimenti, dimostrando il fatto che in molti, al tempo avevano già colto la portata comunicativa di quel movimento. Una delle prima cronache è ad esempio *La storia di Thomas Müntzer (Die Histori Thome Muntzers)* dell'umanista luterano Filippo Melantone, già circolante in fogli volanti alla fine del 1525 e particolarmente severa con il predicatore di Stolberg (cfr. G. Vogler, *Thomas Müntzer in einer Bildergeschicht. Eine kulturhistorische Dokumentation*, Gütersloher Verlagshaus, Gütersloh 2010, pp. 29-35).

[145] E. Bloch, *Thomas Münzer teologo della rivoluzione*, Feltrinelli, Milano 2010, p. 83.

[146] Primo fra tutti il succitato Melantone, ma anche le *varie* cronache locali che ricostruiscono la vicenda dal punto di vista signorile una volta conclusa la repressione.

Thomas Müntzer viene catturato mentre tenta di fuggire, torturato, costretto a confessare i propri crimini,[147] ritrattare le proprie tesi teologiche[148] e messo a morte. Con la sua fine, descritta dai suoi sostenitori come stoica e dai detrattori come codarda,[149] le cronache tedesche sono solite mettere fine al *Bauernkrieg*. In realtà la fine di Müntzer non porta a una immediata pacificazione: strascichi della rivolta si possono riscontrare fino a tutto il 1526 e oltre, ma con intensità e soprattutto risonanza sempre più ridotte.[150] Il tema non sembra animare le *coscienze* né i torchi a stampa. I contadini sconfitti non producono contenuti diffusivi: dispersi e scoraggiati, vedono azzerate le loro possibilità di continuare a diffondere il proprio racconto nel contesto di una più organizzata e occhiuta censura. Mentre per i cartolai diventa rischioso stampare e diffondere le idee della sconfitta, essere in possesso di fogli volanti diventa ragione sufficiente per essere perseguitati. Inoltre, morto Müntzer e disperse le altre voci della rivolta, mancano alla propaganda le «teste pensanti» che elaborino testi facilmente fruibili. L'involuzione comunicativa del movimento è ben rappresentata ad esempio dal proclama *A tutti i contadini*[151] che vede la luce ai primi di maggio ed è di incerta attribuzione. Un testo corposo, denso – affronta aspetti controversi della teologia cattolica – e meno maneggevole rispetto alla produzione di poco precedente. Qualcuno all'interno della massa in movimento sente la necessità di una costruzione teorica (quindi teologico-politica) della rivolta, proponendo una lettura davvero rivoluzionaria dei rapporti di forza all'interno della società imperiale. L'idea però si deve scontrare con due ostacoli non sormontabili. Innanzitutto, lo strumento con cui viene diffuso il messaggio: i fogli volanti, così efficaci per i proclami a punti accompagnati da immagini significative, non sono adatti a supportare veri e propri trattati di teoria politica

[147] Cfr. C. Martinuzzi, a cura di, *Thomas Müntzer, Scritti, lettere e frammenti* cit., pp. 302-05.

[148] *Ibid.*, p. 306.

[149] Figura molto divisiva sia in vita che in morte, benché il suo millenarismo comunitario non abbia dato vita a nessuna corrente del protestantesimo ufficiale, la sua predicazione fu probabile esempio per una parte del movimento anabattista tedesco, che avrà esplosioni rivoluzionarie e proverà, nelle sue frange estreme, a costruire modelli di società alternativa a quella vigente. Il più famoso, e tragico, è quello del *Täuferreich von Münster*, la rivolta anabattista di Münster, del (1534-36).

[150] A livello di fonti si assiste a un crollo delle testimonianze scritte, mentre i racconti posteriori, come ad esempio le cronache cittadine o abbaziali, ripropongono lo schema del periodo, sconvolgimento culminato con una battaglia risolutiva, cui segue immancabilmente la pace (di questo tenore sono le cronache come quella già citata di Heinrich Hug per Villigen).

[151] H. Eilert, *Riforma protestante e rivoluzione sociale* cit.

lunghi pagine e carichi di significati multipli. Il secondo problema è quello del pubblico: pur trattandosi di una platea straordinariamente preparata ad accogliere messaggi virali, è abituata a contenuti più immediati e meno impegnativi dal punto di vista formale. Il modello che va per la maggiore è ancora e pur sempre quello a punti delle 95 tesi con enunciazioni chiare e lapidarie, poche subordinate e un filo logico facilmente perseguibile. I limiti di fruizione dati dal mezzo di comunicazione sono anche i limiti dell'evoluzione della rivolta, che non riesce a uscire del tutto dai caratteri del *ribellismo*.[152]

Questo problema evolutivo porta a una contrazione dello stesso mercato dei fogli volanti, che era cresciuto sull'onda della rabbia e che dopo gli scontri ne segue il declino:

> Complessivamente, gli anni 1521-1525 segnarono l'apogeo nella produzione di pamphlet nelle aree tedesche per l'intero XVI secolo, con un brusco calo dopo il 1525 e successivamente un significativo aumento a partire dagli anni '20 del '500, raggiungendo il picco di nuovo nel 1546 (ma ancora inferiore al 1524) e coincidendo con lo scoppio della Guerra Civile in Germania.[153]

Dopo la fiammata rivoluzionaria il mercato delle informazioni ritorna al tema che lo ha fatto esplodere e che alimenterà le discussioni – e i fenomeni di comunicazione virale – ancora per lungo tempo, vale a dire la Riforma protestante.

1.10. *Le declinazioni locali di un movimento universale: la Guerra rustica tirolese*

Una interessante eccezione a questo improvviso *cut off* negli scontri tra il potere e i lavoratori della terra è dato dalla rivolta dei contadini tirolesi capeggiata da Michael Gaismair. Nata sulla scia delle notizie provenienti dalla attigua Baviera nell'inverno 1524-25, la sommossa si estende a tutti i possedimenti asburgici delle Alpi centrali, scavalcando anche il confine linguistico e coinvolgendo una buona parte dei contadini del Principe vescovo di Trento, Bernardo Clesio.[154]

[152] Secondo la ormai classica definizione di Hobsbawm, nel suo *I ribelli. Forme primitive di rivolta sociale*, Einaudi, Torino 2002 (prima ed. 1959).

[153] R.G. Cole, *The Reformation Pamphlet and Communication Process* cit., p. 151. [*T.d.A.*]

[154] Cfr. G. Politi, *Gli statuti impossibili* cit., A. Stella, *Il Bauernführer Michael Gaismair e l'utopia di un repubblicanesimo popolare*, il Mulino, Bologna 1999 e J. Macek, *Der tiroler Bauernkrieg und Michael Gaismair*, Deutscher Verlag der Wissenschaften, Berlino 1965.

Molto simile nelle modalità di avvio e nelle forme di autogoverno datesi dai ribelli, la guerra contadina tirolese scoppia proprio alla vigilia della battaglia di Frankenhausen ed è considerata una propaggine meridionale ma collegata del movimento partito dalla Foresta Nera nell'inverno 1524.

Come il *Bauernkrieg*, la *Guerra rustica*[155] tirolese ha anche un capo carismatico che però non è un predicatore come Thomas Müntzer, bensì un laico, appartenente a quello che potremmo definire ceto impiegatizio del sistema signorile tirolese.[156]

Michael Gaismair (1490-1532), nato a Tschöfs, vicino a Vipiteno, è figlio di una famiglia di piccoli proprietari terrieri con interessi nell'economia mineraria della zona; dopo un percorso di studi che lo porta probabilmente a frequentare una non meglio identificata università[157] trova lavoro nella burocrazia vescovile che sovrintende lo sfruttamento delle miniere della zona attorno al Brennero fino ad essere, alla vigilia della rivolta, segretario del Principe Vescovo.[158] Come Müntzer non è tra i primi capi della rivolta: la sua figura emerge quando già i primi scontri tra i minatori e le autorità vescovili della zona di Schwaz, nel tardo inverno 1524-25, hanno portato a una sollevazione contadina che ha costretto Ferdinando a scendere a patti coi rivoltosi.

È in questo frangente che Gaismair sembra prendere le redini delle operazioni contadine.

Il 13 maggio 1525 viene eletto capo dei rivoltosi, ponendosi in marcia con le sue schiere alla volta di Bolzano, città strategica per il controllo della via di collegamento tra nord e sud. Non appena si sparge la voce, anche attraverso fogli volanti, della sollevazione contadina, ai rivoltosi tedescofoni arrivano i rinforzi dei contadini delle valli italofone di Non e Sole e della Valsugana. Il 15 maggio si regi-

[155] L'espressione è la trasposizione latinizzante (*bellum rusticum* o *rusticorum*) di *Bauernkrieg*. Termine coniato dai detrattori della rivolta, ne racconta la evidente continuità percepita dai contemporanei rispetto agli scontri a nord delle Alpi.

[156] Per una visione d'insieme della società dei principati vescovili di Trento e Bressanone tra Medioevo ed Età Moderna cfr. M. Bellabarba, G. Olmi, *Storia del Trentino*, il Mulino, Bologna 2003, voll. 3-4. Recentemente un quadro biografico sintetico di Michael Gaismair è dato da M. Forcher, *Michael Gaismair. Das Leben des Tiroler Bauernführers (1490-1532) und sein revolutionäres Gesellschaftsmodell*, Haymon Verlag, Innsbruck 2020.

[157] Lo si può presumere dagli impieghi che poi andrà a ricoprire nella burocrazia del Principato vescovile (G. Politi, *Gli statuti impossibili* cit.).

[158] Per l'inquadramento della figura di Gaismair prima della rivolta cfr. A. Bischoff-Urack, *Michael Gaismair. Ein Beitrag zur sozialgeschichte des Bauernkrieges*, Inn-Verlag, Innsbruck 1983.

strano i primi scontri armati all'imbocco delle valli attorno a Trento, sede del Principe vescovo Bernardo Clesio; scaramucce che i cronachisti identificano come l'inizio della *Guerra Rustica* per la parte italiana della regione.

La rivolta si diffonde tra le campagne con particolare virulenza. Le testimonianze dei contemporanei parlano di vero e proprio *furor* contadino. Il notaio Cristoforo Busetti, asserragliato in una rocca a Samoclevo (Val di Sole) riferisce al suo signore, il conte Sigismondo Thun, fuggito a Innsbruck:

> Sapia signoria vostra qualmente le c[o]se, da poi la partita de signorie vostre fin qua, hano male proceduto: levandose a populo tuti li populi de Val de Non e de Sole, exclamando contra li magnifici zentili homini, castelani e preti et [...] sforzandose de voler meter a saco et a botino li beni dei li casteli et populi, digando che ogni persona dovesse botinare in le sue pievi li preti e li zentili homini et se non botinavano eran menazati dal resto de populi che sarano sachezati lori. Per tanto ge stato assai contrasto.[159]

Cosa notevole, ricalcando le modalità del precedente svevo, i contadini non appena divenuti padroni della situazione si riuniscono per stilare un documento in cui raccogliere le proprie richieste: raduni locali avvengono a Bressanone (18 maggio) e a Innsbruck (23-28 maggio). A seguito di queste riunioni si decise di convocare una mai prima sperimentata «dieta contadina» (*Bauerntag*) a Merano, a cui partecipano rappresentanti di tutto il Tirolo, sia tedesco che italiano.[160] Bilingue sarà anche il testo prodotto,[161] i cosiddetti *Meraner Artikel*, ben sessantaquattro punti programmatici che raccolgono le richieste della base agraria e mineraria della rivolta. Come i *Dodici Articoli* dei contadini tedeschi, le deliberazioni meranesi partono dal presupposto che sia necessario ripristinare l'ordine divino: «In primis, perché zà longo tempo in spirituali et temporali stadi molte cative usanze cresude, et per questo el verbo de dio retardado, la amor de Christo et el ben dil proximo desmentigado, et solamente atendudo et solicitado al ben

[159] Biblioteca comunale di Trento, manoscritto n. 2187, «lettera di C. Busetti a Sigismondo Thun», 26 maggio 1525.

[160] Per una cronologia ragionata delle riunioni contadine durante la guerra rustica cfr. P. Blickle, *Der Bauernkrieg* cit., pp. 335 e sgg.

[161] La versione superstite, arrivata a noi manoscritta, porta il titolo *Gravamenti de li Comuni di Paesany del Contà de Tirol*, con una ripresa del termine «comuni» in un'accezione vicina al mondo semantico tedesco. Per il testo integrale in volgare italiano e per un'analisi della sua genesi cfr. M. Acler, *La completa versione in volgare italiano degli articoli di Merano*, in «Studi trentini di scienze storiche», 56/3 (1977), pp. 225-80.

proprio, et non al ben comune, la qual cossa l'onnipotente dio non ha volesto più suportare, ma per divina justicia cum una si fata crudel pena de defection et comotione demonstrata: et per questo, azoché lo honor et il verbo de dio sia predicado senza proprio commodo, et il fraterno amor mantenudo et publica utilità atendudo...».[162] Per portare a termine questa restaurazione si rivolgono direttamente al loro principe, Ferdinando d'Asburgo, fratello minore di Carlo V e allora conte del Tirolo. Gli articoli, sul modello transalpino, contengono punti riguardanti il ripristino degli antichi usi, oltre alla richiesta di disposizioni contro il clero corrotto e una maggiore immediatezza nel governo della Contea con l'espulsione sostanziale dei signorotti locali dalle pratiche di giustizia. Il documento non ha un unico estensore e si conclude con la speranza che il principe accolga questi punti per giovamento di *tute le citade, bachete*[163] *et singular persone*.[164]

La rivolta in realtà ha respiro breve: le manovre politiche della parte signorile, guidata con attenzione da Ferdinando d'Asburgo, invischiano la fazione in una serie di accordi interlocutori che sfaldano il fronte contadino. In più, dal punto di vista militare, la situazione è da subito sfavorevole ai *rustici*. Alla scarsa preparazione e disorganizzazione delle schiere si somma una variabile imprevista.

A Trento, capoluogo del Principato Vescovile ai confini d'Italia, si trovano acquartierate le truppe imperiali del capitano Georg von Frundsberg (1473-1528), reduci dalla recente vittoria di Pavia (febbraio 1525) contro il re di Francia. La furia contadina viene quindi annientata con poco sforzo dalla più potente macchina da guerra del tempo. A settembre 1525 cominciano anche nel Tirolo le rappresaglie e i processi ai presunti capi della rivolta. Gaismair riesce a mettersi in salvo. Sarà al soldo della Repubblica di Venezia, acerrima nemica degli Asburgo, fino a quando nel 1532 dei sicari lo uccidono a Padova sperando di incassare la taglia che gli era stata posta sulla testa da Ferdinando.

A Gaismair è stato attribuito un documento datato al principio del 1526: il *Landesordnung* (ordinamento territoriale), un testo in cui viene messo su carta un progetto di riforma strutturale della società tirolese che avrebbe in pratica affidato il controllo delle risorse eco-

[162] *Ibid.*, p. 238.

[163] Giurisdizione amministrativa sotto cui si riunivano le piccole comunità.

[164] M. Acler, *La completa versione in volgare italiano degli articoli di Merano* cit., p. 253.

nomiche – miniere ma anche produzione agricola – a un governo illuminato presieduto da componenti che avrebbero rappresentato tutti i ceti della Contea. Basato su una concezione completamente diversa rispetto al passato del rapporto tra potere e sudditi, con accenti estremamente moderni[165] e rivoluzionari nel senso più attuale del termine, segnano per quanto riguarda le fonti il punto finale della documentazione riguardante la guerra contadina. Non essendo sopravvissuto alcun originale del *Landesordnung* il testo tramandato è oggetto di discussione riguardo la propria autenticità.[166]

1.11. *Gli effetti sull'immaginario comune della rivoluzione contadina*

Il *Bauernkrieg* nel proprio complesso, come conflitto che travolge la pace sociale del Sacro Romano Impero dalla valle del Reno fino a Lipsia e dalle pianure della Turingia fino alle rive del lago di Garda, rappresenta il più esteso e partecipato moto contadino di tutta la storia europea.

Con il suo sviluppo fulmineo e la sua enorme produzione scritta diviene un *unicum* nella storia dei conflitti di potere della società continentale, rimanendo per lungo tempo una sovrastruttura immaginaria molto potente per i rappresentanti del potere in mezza Europa.

Una rivoluzione vera e propria che però, paradossalmente, per le sue stesse caratteristiche, è destinata a lasciare un segno sull'immaginario mentale più che un cambiamento politico e sociale. Se infatti gli ultimi echi del *cliché* della rabbia contadina si possono trovare addirittura nei forconi dei villani del paesino di *Frankenstein Junior* di Mel

[165] L'articolo quattro recita, ad esempio: «Tutti i privilegi devono essere aboliti, perché sono contro la parola di Dio e falsificano il diritto, secondo il quale nessuno deve essere avvantaggiato rispetto agli altri. L'articolo cinque prosegue ancora più radicalmente: «tutte le mura cittadine, i castelli e le fortificazioni che si trovano nella regione devono essere abbattute e non ci devono essere più in futuro delle città, bensì soltanto villaggi, affinché non esistano più differenze tra gli uomini; così nessuno potrà ritenersi più elevato e migliore dell'altro, poiché da ciò possono derivare discordia, superbia e sedizione, e affinché possa esistere completa uguaglianza nel paese». H. Eilert, *Riforma protestante e rivoluzione sociale* cit., p. 212.

[166] Giorgio Politi, nel suo *Gli statuti impossibili*, fa risalire la compilazione del documento più probabilmente a un commentatore del tardo Cinquecento che, nella foga di raccogliere dimostrazioni circa gli orrori contadini, mette insieme una serie di punti che vengono poi nel tempo scambiati per le reali intenzioni dei rivoltosi e attribuiti arbitrariamente al loro capo (cfr. G. Politi, *Gli statuti impossibili* cit.).

Brooks,[167] le rivendicazioni materiali sono seppellite dalla brutalità signorile, che dopo la sconfitta dei rivoltosi porta avanti inesorabilmente il progetto di compressione delle libertà individuali a favore dello sfruttamento delle terre una volta comuni. Un fenomeno che si arresterà solo col definitivo declino della stessa feudalità territoriale, ingoiata dallo sviluppo assolutista degli Stati europei nel corso del Settecento.

Non è possibile però spiegare la scarsa capacità di incidere concretamente di questo avvenimento con la sola efficacia della rappresaglia. Infatti, se è vero che non vi sarà mai più nulla di paragonabile ai moti del 1525, è anche vero che sommovimenti contadini e anche delle vere e proprie rivolte avvengono in tutta Europa anche nel corso dei secoli successivi. Non però con l'ampiezza né con la macchina organizzativa del *Bauernkrieg*.

L'evanescenza dell'idea contadina va ricercata molto più probabilmente, come si è cercato di mostrare, nei caratteri originali e non ripetibili della sua nascita. La rivolta non è un moto politico al proprio principio, né ha velleità politiche al suo formarsi. Si tratta di un sentimento di insoddisfazione alimentato dalla continua pressione dei signori che, invece di governare rettamente, con la complicità della Chiesa, distruggono quel mondo che i contadini percepiscono come proprio. È la *rabbia*, vale a dire il sentimento prepolitico di volontà di reazione nei confronti di una minaccia concepita come inesorabile, ad accomunare i contadini di mezzo Impero. Ma da solo questo sentimento non sarebbe sufficiente. La rabbia è, storicamente, un sentimento purtroppo assai comune tra quelle che marxianamente si definirebbero le classi inferiori.

La differenza con altre manifestazioni simili avvenute nella storia è data dal fatto che questo sentimento trova un modo per diffondersi, diventando fattore unificante di gruppi umani: se prima si sentivano impotentemente arrabbiati nei confronti di un nemico troppo grande, ora si riconoscono nella rabbia altrui e attraverso essa si danno una nuova identità, più estesa, ampia e funzionale. Sono loro gli arrabbiati, gli *uomini comuni*. E questo straordinario elemento di coesione è dato da un fattore strumentale del tutto nuovo che irrompe nelle vite di molti con le proprie potenzialità. La pubblicistica dei *fogli volanti* si diffonde in maniera virale sulle gambe dei cartolai ambulanti

[167] USA, 1974.

e dei venditori di cianfrusaglie che passano la vita a vagare da un villaggio all'altro, costituendo una sorta di sistema nervoso che collega tra loro mondi simili ma del tutto separati. Quando questa rete neurale viene messa in funzione, sollecitata da un messaggio che alcuni tra i contadini hanno elaborato e diffuso, è l'intero corpo a reagire, con una velocità e determinazione che lascia stupiti i suoi nemici. Una *reazione rabbiosa*, appunto, che non ha eguali.

Centinaia di migliaia di uomini comuni hanno accesso allo stesso messaggio e lo fanno proprio, anche perché non è ancora stato trovato un modo efficace per contrastare la diffusione di questo messaggio: i torchi lavorano con una libertà che presto perderanno, stampando i messaggi più viralizzabili, quindi più redditizi. Con una dinamica ben conosciuta dagli studiosi delle attuali tecnologie di comunicazione sociale (e senza nemmeno bisogno di un algoritmo *ad hoc*) sono le idee più incendiarie quelle che hanno maggiore diffusione.

Quando si tratterà di elaborare un messaggio comune e sufficientemente largo per poter essere riconosciuto dalla maggior massa di persone possibile quello che scaturirà dalla penna del redattore sarà un messaggio vago ma al contempo incisivo, corto abbastanza da mantenere alta l'attenzione e contenente una serie di appigli teorici veloci da enumerare e abbastanza efficaci da poter essere utilizzati come artificio retorico e arma dialettica. La stesura di un testo non normativo ma, sostanzialmente, di *slogan*,[168] che possano costituire la base di raccordo per tutto il movimento.

Quando la rabbia provoca movimenti organizzati nascono i primi leader i quali però, più che dominare il moto, lo incarnano, fungendo da esecutori e non da guide delle azioni contadine. Uomini d'arme o eruditi che, raccogliendo le forze e organizzandole, diventano fulcri di potere interno.

Quando poi la sollevazione si espande su strutture sovralocali è di figure carismatiche unificanti che ci si deve dotare. Icone più che capipopolo.

Come si è visto non si potrebbe definire altrimenti ad esempio la figura di Thomas Müntzer, che viene in qualche modo a trovarsi capo simbolico di una parte della rivolta.

[168] Da un punto di vista della costruzione sintattica è proprio di slogan che si può parlare nel momento in cui ci si trova di fronte alla produzione di documenti pensati per una larga diffusione popolare; sono slogan, ad esempio, in questo senso i *Dodici Articoli* prodotti a Memmingen.

Egli viene elevato a simbolo riconoscibile e riconosciuto, e come tale viene visto fino alle estreme conseguenze.

La genesi di questa particolare rivolta, o guerra, o rivoluzione che dir si voglia, porta inesorabilmente in sé anche le motivazioni della sua stessa sconfitta. Nata da un diffuso sentimento di carattere prepolitico che è difensivo e al contempo reattivo, la sollevazione contadina non riesce a valicare i confini dello sfogo cieco di questo sentimento.

Le rivendicazioni contadine frustrate portano al saccheggio di proprietà signorili e alla distruzione materiale dei simboli del potere, alla *rabbia contadina*, il *furor rusticorum*, ma questo, oltre a un danno materiale e a una generale impressione di cieca brutalità, non riesce a costringere la controparte a scendere seriamente a patti; anzi estremizza le posizioni signorili in uno scontro che diviene subito «di classe». Una *escalation* che però i contadini nel proprio complesso non hanno gli strumenti organizzativi per poter affrontare.

Mentre nel confronto a muso duro col singolo signore il terrore riesce a costringere il potere a piegarsi, la distruzione diffusa e le estese disobbedienze armate non sortiscono l'effetto di un consolidamento che si potrebbe definire politico dei rivoltosi. Quando la spinta emotiva dello spontaneismo rabbioso dovrebbe cedere il passo a una più solida ed efficiente organizzazione strutturata il moto contadino mostra tutti i suoi limiti, incapace nei fatti di essere soggetto e interlocutore politico a livello extralocale. E questo, ancora una volta, è dipeso dalla tecnologia. O meglio, dai suoi limiti.

Aver utilizzato come mezzo amalgamante la stampa a caratteri mobili ha permesso che si creasse una base molto vasta di fruitori di contenuti, si direbbe quasi di *spettatori attivabili*. Ma la possibilità di interazione veloce e diretta tra i rappresentanti di questi spettatori rimane pur sempre legata al resto della tecnologia di comunicazione dell'epoca. Se quindi il messaggio di base, sloganistico, si estende piuttosto facilmente attraverso i fogli volanti, la connessione del movimento data dallo scambio di informazioni puntuali e quindi la sua evoluzione grazie a quella che potremmo definire una dialettica interna atta a costruire una strategia di azione comune non è realizzabile per gli evidenti limiti della tecnica dell'epoca.

La corrispondenza febbrile intrattenuta da Müntzer nei giorni culminanti dello scontro[169] è solo uno degli esempi che danno la misura

[169] Sono arrivati fino a noi poco meno di una trentina di scritti da e per Müntzer tra il marzo e il maggio 1525 che hanno per oggetto esortazioni pubbliche e pubbliche risposte tra il predica-

della frenesia con cui sia lui che gli altri capi della rivolta cercano di mantenersi in contatto e reagire all'evoluzione del contesto non solo militare, ma anche politico. Una reazione che ha come scopo galvanizzare i propri seguaci e al contempo mantenere un dialogo con i nemici della sommossa. La tecnologia con cui questi passaggi avvengono è però priva della necessaria istantaneità, specie per un movimento così vasto: lo scarso coordinamento dei rivoltosi porta a un concentramento insufficiente di forze e a scelte sciagurate dal punto di vista tattico come quella di dar battaglia sulla collina di Frankenhausen a truppe meglio armate e organizzate.

La rabbia che ha sollevato centinaia di migliaia di contadini in mezza Germania non ha dato spazio alla costruzione di una struttura coordinabile e, nei fatti, ciò è impossibile dal punto di vista tecnologico. I signori, una volta avuto l'avvallo per l'inizio delle operazioni di annientamento della rivolta contadina, si trovano nel loro elemento naturale: hanno ben chiaro lo scopo della loro azione e senza bisogno di inventare catene di comando, già presenti e rodate all'interno dei ruoli della nobiltà tedesca, si dedicano al loro consueto lavoro, la guerra, non impacciati da necessità comunicative. Quando la parola passa alle armi, il fronte signorile produce assai pochi documenti: in sostanza la comunicazione da parte dei nobili si riduce alla proclamazione della vittoria e all'annuncio delle pene per gli sconfitti.

Questo modo di condurre lo scontro non può però essere portato avanti da parte contadina: un movimento nato sulla *doxa*, l'opinione, sulla sollecitazione allo scontro di quella che secoli dopo si sarebbe potuta definire un abbozzo di nascente opinione pubblica, ha bisogno di parlare, di comunicare e raccontarsi in maniera costante. Una volta che gli eventi bellici superano in velocità la possibilità dei rivoltosi di produrre racconto il fronte si sfalda e, di fronte a una grande sconfitta sul campo, con tanto di cattura ed esecuzione del presunto leader iconico opportunamente pubblicizzata, la rabbia che era stata la miccia della sollevazione lascia il posto allo smarrimento e al ritorno alla dimensione individuale di chi, percepito il disastro, si rifugia nel comprensibile sentimento egoista del «salvare la pelle».

Frankenhausen a ben vedere, pur con i numeri impressionanti riguardanti il massacro, avrebbe potuto non essere la fine della rivolta:

tore e i rappresentanti di città, minatori, contadini e principi. A questo va aggiunta la probabile corrispondenza privata e i messaggi per coordinare le azioni della campagna militare e propagandistica (cfr. C. Martinuzzi, a cura di, *Thomas Müntzer, Scritti, lettere e frammenti* cit.).

il movimento contadino combatteva su più fronti da quasi un anno, erano dalla parte degli insorti città e perfino qualche esponente della classe nobiliare e a molti principi una soluzione di compromesso sarebbe potuta sembrare più interessante della mattanza della propria forza lavoro proprio all'inizio di una nuova stagione agricola. Vi sono, in effetti, momenti di resistenza e scontro anche dopo il 15 maggio. Quel che passa, non solo nella cronachistica contemporanea ma anche nella gestione successiva a Frankenhausen, è che la guerra contadina sia finita e che siano stati i contadini a perderla, miseramente.

A Frankenhausen forse non finisce la rivolta, ma finisce il racconto pubblico della rivolta.

Si è avviato un tentativo rivoluzionario attorno a un sentire comune di ingiustizia e alla volontà di ripristinare *i bei tempi andati*, senza però riuscire a costruire una base decisionale sufficientemente riconosciuta e rappresentativa. Inoltre, aver animato il movimento quasi esclusivamente attraverso una intelligente, ma troppo effimera e poco coordinata campagna di stampa che fa leva su una visione del comune malessere è stata una mossa sufficiente a scaldare gli animi, ma non a preparare il terreno per uno scontro prolungato. Questi a ben vedere sono i limiti che diremmo *tecnici* del *Bauernkrieg*.

Questi limiti però non offuscano quello che in effetti i commentatori contemporanei colgono e che fino ai giorni nostri sancirà l'eccezionalità della rivoluzione contadina: una fetta consistente della massa senza voce di un pezzo di continente ancora medievale grazie a una fortuita serie di concause che hanno al centro la capacità di esprimere e divulgare il proprio racconto entra prepotentemente nella Storia, prendendo la parola per descriversi e invocando la dignità per lo spazio del proprio racconto. Un nuovo attore sociale, al momento ancora quasi inconsapevole e passivo, ha cominciato a calcare la scena del mondo attraverso la presa di coscienza della propria rabbia.

Nasce, tra i fogli volanti che percorrono le fangose strade del Sacro Romano Impero, un racconto di modernità potente tanto quanto, e forse di più, di quello che nello stesso momento naviga sui ponti delle caravelle oceaniche.

Parte seconda

Cinque secoli di racconto su carta (XVI-XX secolo)

Lei si preoccupa di quello che pensa la gente?
Su questo argomento posso illuminarla, io sono
un'autorità su come far pensare la gente.
Ci sono i giornali per esempio, sono proprietario
di molti giornali da New York a San Francisco.

Quarto Potere (*Citizen Kane*), USA 1941

2.1. *L'importanza del controllo assoluto sui mezzi di comunicazione*

Quando Martin Lutero percorre la campagna tedesca nella primavera del 1525 è ancora uno dei punti di riferimento delle lotte contadine che stanno trasformandosi in guerra civile. È il primo, grande propugnatore della libertà di interpretazione delle scritture, fondamento ontologico della possibilità di ribellarsi a un'autorità che si fa scudo della religione per rendere inattaccabile il proprio potere.

Tra i rivoltosi sono in molti a non avere idea di quali siano i passaggi dottrinali contenuti nelle 95 Tesi distribuite in tutto l'impero dai solerti torchi dell'Elettore di Sassonia; è però diffusa la convinzione che il monaco agostiniano abbia ingaggiato una battaglia per liberare le Sacre Scritture (e i dogmi di vita che da esse derivano) dal monopolio papale romano. Una liberazione che aiuterà la causa di tutti i buoni cristiani.

È quindi molto forte lo shock che investe le bande contadine quando nel maggio 1525 leggono la violentissima condanna di Lutero nei loro confronti: cani che non hanno alcun diritto e che ogni buon cristiano può legittimamente, anzi, deve uccidere nei modi peggiori.

La spaccatura all'interno di quello che sembrava poter essere un esteso fronte di contestazione del potere si amplia tanto da rendere inconciliabili delle posizioni che all'apparenza scaturiscono dalla stessa volontà di cambiamento.

L'attacco di Lutero ai contadini è stato per molto tempo uno dei grandi temi di dibattito tra storici, biografi e studiosi del pensiero del padre della Riforma protestante. Nel corso dei secoli e fino a oggi l'esegesi di quei passi brutali ha diviso i giudizi di valore attorno alla figura del frate agostiniano consegnandone un'immagine spesso più utile a un certo tipo di conservatorismo che non alla causa della costruzione della nuova identità tedesca.[1]

In questa sede pare però importante mettere a fuoco soprattutto uno dei molteplici aspetti *pamphlet* anticontadini di Lutero, vale a dire quello che ha implicazioni più collegabili all'evoluzione del contesto comunicativo dell'Impero cinquecentesco. Le Novantacinque tesi, come detto, segnano un passaggio epocale all'interno della visione dei modi e dei tempi della comunicazione.

Il *bestseller* wittenberghese travolge il consueto modo di intendere questo tipo di scontri dialettici all'interno della compagine ecclesiastica e spalanca il mondo dell'interpretazione biblica alle masse che ne erano escluse. Una sorta di democratizzazione forzata di molti argomenti fino ad allora di monopolio teologico che porta all'esplosione non solo del tema delle indulgenze, ma anche della più vasta partita riguardante il sistema di valori, e quindi di poteri, dell'Occidente come inteso oggi.

Questa deflagrazione non può non avere come conseguenza diretta non solo l'estensione della platea dei possibili spettatori della disputa, ma anche l'allargamento dei suoi possibili attori.

Il messaggio luterano sembra aprire la strada a quelle che saranno poi, effettivamente, alcune delle derivazioni più radicali della lettura protestante riguardanti il rapporto dei singoli con la divinità e la lettura delle Sacre Scritture.

Ma è probabile che l'idea di interpretazione più libera dei testi sacri che Lutero aveva nel 1517, resa concreta dalla traduzione in basso e alto tedesco della Bibbia tra il 1522 e il 1534,[2] non si incastri per nulla con quella intesa da parte ad esempio dei contadini dell'Algovia.

Martin Lutero comprende la potenza del proprio stesso fenomeno mediatico e non sembra avere intenzione di spartirlo con altri. La libertà di interpretare la Bibbia, e con essa quella di stabilire la liceità del sistema di valori sociale, non può né deve essere appannaggio di

[1] Su un certo «determinismo etnico» dato alla Riforma in ambito germanico e il suo peso nella costruzione di un certo tipo di identità tedesca basterebbe citare Max Weber, *L'etica protestante e lo spirito del capitalismo*, BUR, Milano 1991 (prima ed. 1904). Sulla manipolazione del pensiero luterano in ottica conservatrice il capitolo «una fede germanica» all'interno di G.L. Mosse, *Le origini culturali del Terzo Reich*, il Saggiatore, Milano 2015 (prima ed. 1964), pp. 45-70.

[2] La prima edizione della *Bibbia tedesca* di Lutero, a cura del teologo e umanista Johannes Bubenhagen, esce a Lubecca nel 1534 in basso tedesco; qualche mese dopo ne venne pubblicata la prima versione in alto tedesco. Cfr. L. Braida, *Stampa e cultura in Europa* cit., p. 104.

altri se non di chi questa libertà la può gestire. Il problema dell'apertura a nuove forme di racconto pubblico è centrale non solo nell'immaginario luterano ma perfino nella stessa teologia che ne scaturirà.

Per definire i limiti di quella che altrimenti sarebbe una vera e propria anarchia di pensiero Martin Lutero ricorre a costruzioni teologiche che riguardano gli aspetti della grazia divina e il rapporto tra il credente e la propria capacità di scelta. Non è un caso che il trattato *De Servo Arbitrio*,[3] in cui Lutero risponde all'opera di Erasmo da Rotterdam sul libero arbitrio, esca per la prima volta nel dicembre 1525, quando non sono ancora chiuse le fosse comuni della mattanza contro i contadini. Se da un punto di vista teologico il monaco agostiniano cerca di costruire un mondo valoriale concorrenziale a quello cattolico, dal punto di vista mediatico egli fa di tutto per difendere il suo ruolo di unico controcanto alla vulgata papale. Lutero non intende sostituire il monopolio della Curia romana con una sorta di democrazia dei racconti pubblici in cui il fedele è libero di scegliere, ma vuole diventare il secondo polo di una diarchia dei racconti basata su uno schema che, se non vede il trionfo della Riforma, almeno si assesti su una struttura bipartita.

Proprio perché Martin Lutero conosce la potenza del nuovo mezzo di comunicazione non ha la minima intenzione di lasciare questa potenza in mani che non siano quelle sue o dei suoi accoliti. Non c'è spazio per interpretazioni altre, proprio perché il frate agostiniano sa che questo spazio sarebbe occupato da forze e letture che sfuggirebbero al controllo della Riforma «canonica». Una parte consistente degli scritti di Lutero è composta da confutazioni di riformatori o da attacchi diretti a quelli che si inserirebbero nel movimento protestante. Solo una parte non maggioritaria degli scritti luterani prende di mira quello che ci si aspetterebbe essere il bersaglio principale dell'azione riformatrice, vale a dire la Curia cattolica.[4] In generale il teologo di Wittenberg si cura di smontare sul nascere ogni forma di devianza dalla sua dottrina con attacchi mirati e trattati *ad hoc* contro i vari predicatori che si diffondono nel corso del tempo. Nei confronti della massa dei contadini in rivolta Lutero scatena tutta la propria virulenta potenza di fuoco mediatica: l'intenzione è quella di stroncare e togliere qualsiasi tipo di legittimità

[3] Cfr. M. Lutero, *Il servo Arbitrio. Risposta a Erasmo*, a cura di Fiorella De Michelis, Claudiana, Torino 2017.

[4] Cfr. R.H. Bainton, *Martin Lutero*, Einaudi, Torino 2022.

a un movimento che, probabilmente, con la propria vocazione al «ripristino» di immaginate vecchie consuetudini, avrebbe sviluppato un proprio racconto tale da essere concorrenziale con la proposta protestante e da essa totalmente autonomo.

Come evidenziato, lo sviluppo del movimento contadino ha tratti marcatamente autonomi rispetto alla Riforma e si impossessa solo di alcune delle parole d'ordine del protestantesimo senza esserne indipendente. Per questo, come esperienza sociale è vista da Lutero non solo come un pericolo per l'ordine costituito – che egli intende sempre «riformare» e non sovvertire – ma anche come un pericoloso fenomeno di rivoluzione scarsamente controllabile.

Non è possibile sapere quali sarebbero stati gli sviluppi anche politici del movimento se fosse riuscito a sopravvivere alla brutalità signorile, né è lecito investire di più forza coesiva di quanto dimostrato le teorie protocomuniste di Müntzer, ma è certo che la reazione furibonda e mai ritratta di Lutero nei confronti dei moti contadini dimostri con una buona approssimazione il timore che questo movimento aveva scatenato nel leader protestante e la sua ferma volontà di stroncarlo fin da subito e con qualsiasi mezzo a disposizione. Il controllo del racconto pubblico diviene fondamentale per la sopravvivenza del movimento protestante, ancor più della stessa polemica antiromana.

2.2. *La reazione dei vecchi padroni del racconto: reprimere il dissenso, costruire il consenso*

Quando il ciclone luterano si abbatte sull'Europa cristiana la situazione del racconto pubblico portato avanti fino ad allora sembra a un passo dal rendere senza fine il proprio predominio.

La Chiesa cattolica all'alba del nuovo secolo può vantare una serie di successi che sembrano garantirne la solidità: nel 1453 la conquista di Costantinopoli ha spazzato via il principale concorrente organizzato all'interno della disputa per il controllo delle masse cristiane.

La Chiesa ortodossa, privata definitivamente del proprio appoggio secolare, si avvia verso la faticosa ricostruzione di un racconto millenaristico che sposta verso nord-est il proprio baricentro. L'esilio da Bisanzio alle steppe russe dell'ortodossia sembra lasciare campo libero a Roma.

Il continente si delinea in alcuni suoi confini come definitivamente cristiano (la conquista di Granada del 1492). Il Sacro Romano Imperatore, benché ormai legato a doppio filo alla «Deutsche Nation», continua a prendere la formale investitura papale (l'ultimo imperatore a farsi incoronare dal papa è Carlo V a Bologna nel 1530). I re europei fanno a gara per intestarsi benemerenze nei confronti della Chiesa: ancora nel 1521 Enrico VIII d'Inghilterra sollecita il titolo di *defensor fidei*, difensore della fede, da sfoggiare in sede diplomatica (evento che non gli impedirà, appena tre anni dopo, di fondare una autonoma Chiesa di Inghilterra).[5]

Alla Chiesa ci si rivolge come arbitro internazionale: i reami cristiani di Spagna e Portogallo chiedono al papa di dividere per loro il globo in zone di influenza.[6] Il Mondo Nuovo appena «scoperto» al di là dell'Oceano diviene palestra di nuova missione.[7] Infine, la crescente pressione ottomana sui Balcani e nel Mediterraneo permette alla Santa Sede di continuare a svolgere un ruolo preminente nello scacchiere geopolitico come promotore di azioni militari internazionali.[8]

Certamente, la corruzione della Curia romana e lo scandalo delle indulgenze che porta allo scoperto l'avidità della struttura ecclesiastica sono danni di immagine che offuscano il primato petrino, ma d'altra parte gli scandali della Chiesa del Cinquecento sembrano molto simili a quelli che hanno accompagnato per secoli il difficile rapporto tra i successori di Pietro e il potere.

La differenza epocale tra l'afflato riformatore che proviene dalla Germania e altri movimenti che nel corso del tempo avevano messo in discussione il primato del racconto pubblico della Chiesa, come i moti di tentato rinnovamento trecenteschi,[9] sta proprio nell'esplosione virulenta del messaggio luterano alimentata da un uso industriale della stampa. Una assoluta novità all'interno del quadro del racconto pubblico europeo, in cui la Chiesa era abituata ad avere non solo il monopolio del pensiero, ma anche il monopolio della sua diffusione.

[5] Sulle ondivaghe vicende del rapporto tra Enrico VIII e la sede papale cfr. M. Greengrass, *La cristianità in frantumi. Europa 1517-1648*, Laterza, Roma-Bari 2017.

[6] È il cosiddetto trattato di Tordesillas, del 7 giugno 1494. Trattato ratificato e reso operativo da Giulio II nel 1506.

[7] Cfr. C. Ferlan, *Storia delle missioni cristiane. Dalle origini alla decolonizzazione*, il Mulino, Bologna 2023.

[8] Sul ruolo dell'impero ottomano nella risignificazione del concetto di cristianità e sull'evoluzione del concetto di Europa in Età moderna cfr. G. Ricci, *Appello al Turco. I confini infranti del Rinascimento*, Viella Editrice, Roma 2014.

[9] Cfr. C. Azzara, A.M. Rapetti, *La Chiesa nel Medioevo*, il Mulino, Bologna 2009.

Quella protestante è da parte avversa descritta spesso come una pestilenza, come un morbo che avvelena le anime dei credenti.[10] E in effetti la capacità diffusiva e di contaminazione del messaggio stampato da Lutero mostra tutti i caratteri di quella che oggi, con singolare consonanza di termini, nel gergo del *web* viene definito «virale». La guerra contadina tedesca mette in mostra tutti i pericoli che questo tipo di diffusione può generare e le gerarchie ecclesiastiche non tardano a mettere in campo due strategie parallele per combattere questo fenomeno. Una doppia strategia che prevede l'affiancarsi di un approccio repressivo e di uno, per così dire, promozionale.

Il primo è il molto conosciuto e studiato fenomeno della censura, che si avvale di strumenti via via più sofisticati per cercare di arginare la contaminazione delle nuove idee in tutto il continente.[11]

Gli strumenti per applicare questo tipo di repressione sono in gran parte già esistenti e rodati: l'Inquisizione, organo della curia romana che si occupa di vigilare sulla rettitudine del messaggio cristiano e contemporaneamente di punire le devianze è attiva dal 1184, quando Lucio III emise la costituzione *Ad abolendam*.[12] L'efficacia dei metodi fin qui sperimentati è però messa in crisi dalla mole di messaggi culturali prodotti e diffusi in brevissimo tempo in tutto il continente. È evidente che la sfida è superiore alle forze della Chiesa. La stampa come tecnologia potenzialmente nociva al monopolio del racconto non era di certo stata sottovalutata dagli ambienti curiali e in generale dal mondo intellettuale: l'università di Colonia ad esempio già nel 1479 ottiene da papa Sisto IV il privilegio di applicare ai libri a stampa il diritto di controllo preventivo di cui già godeva per i manoscritti.[13] Innocenzo VIII nel 1487 promulga la *Inter multiplices*, costituzione che nei fatti pone le prime basi per la censura preventiva dei testi in pubblicazione, introducendo il concetto di *imprimatur* («si stampi») da utilizzare per i libri che hanno passato il vaglio dei controllori ecclesiastici. Su tutti, il controllo preventivo viene applicato alle edi-

[10] *Morbus* e *Pestis* nei libelli cattolici del tempo sono le metafore più usate. Cfr. AA.VV., *Languages in the Lutheran Reformation, Textual Networks and the Spread of Ideas*, Amsterdam University Press, Amsterdam 2019.

[11] Per uno sguardo più ampio sulle politiche di censura nei confronti della stampa cfr. M. Infelise, *I libri Proibiti. Da Gutenberg all'Encyclopédie*, Laterza, Roma-Bari 2013 e P. Allotti, *La libertà di stampa. Dal* XVI *secolo a oggi*, il Mulino, Bologna 2020.

[12] C.F. Black, *Storia dell'Inquisizione in Italia. Tribunali, eretici, censura*, Carocci, Roma 2018.

[13] L. Braida, *Stampa e cultura in Europa* cit., p. 109.

zioni della Bibbia in latino come nelle lingue volgari, ritenendo tale diffusione particolarmente perniciosa.[14] Linea confermata dal V Concilio Lateranense che nel 1515 struttura le misure necessarie al contenimento delle idee eterodosse in seno alla Chiesa, ribadendo implicitamente l'idea di monopolio del pensiero come appannaggio della sola Curia romana.[15]

Allo tsunami di carta che dopo il 1517 travolge gli argini posti dalla Santa Sede, la Chiesa risponde in maniera sempre più organica mettendo a punto strumenti nuovi contro la diffusione dell'eresia a mezzo stampa. Nel 1542, con la bolla *Licet ab initio*, Paolo III istituisce il Sant'Uffizio dell'Inquisizione, un organismo che rinnova le funzioni della vecchia Inquisizione e ricalca le specificità già presenti nell'Inquisizione spagnola (fondata nel 1478) e portoghese (1536). Attivo soprattutto in Italia centro settentrionale, il Santo Uffizio diviene ben presto la fucina dei provvedimenti atti a limitare e sorvegliare il commercio di libri illeciti all'interno dei vari Stati europei.

Un vero e proprio modello sperimentale, che verrà spesso copiato dagli Stati nazionali del continente, anch'essi impegnati in vario modo nel cercare di arginare l'ondata di racconti pubblici che rischiano di stravolgere l'ordine sociale vigente. Infatti che la libera circolazione dei libri a stampa, la cui mole aumenta enormemente a cavallo degli anni venti del Cinquecento, sia un problema non solo teologico, lo dimostrano i provvedimenti presi dai governi sulla falsariga delle azioni ecclesiastiche: nel marzo del 1521 Francesco I di Francia, che non mostra grandi scrupoli dottrinali alleandosi col Turco in funzione antimperiale, ordina al parlamento di Parigi di emanare una legge per proibire la diffusione di libri in latino e francese sulla fede cristiana o l'interpretazione delle Scritture senza previo assenso della facoltà di teologia.[16]

Nel 1559 una nuova stretta si abbatte sul mondo della stampa: Paolo IV istituisce l'*Index librorum prohibitorum*, l'indice dei libri proibiti, che, costantemente aggiornato, raccoglie tutte le letture considerate degne di essere messe al rogo perché pericolose per la fede.[17] Si tratta di una risoluzione presa all'interno del grande momento di

[14] G. Fragnito, *La Bibbia al rogo. La censura ecclesiastica e i volgarizzamenti della Scrittura (1471-1605)*, il Mulino, Bologna 2015.

[15] L. Braida, *Stampa e cultura in Europa* cit., p. 108.

[16] *Ibid.*, p. 110.

[17] Per una panoramica sulla creazione e sull'evoluzione delle caratteristiche dell'Indice cfr. H. Wolf, *Storia dell'Indice. Il Vaticano e i libri proibiti*, Donzelli, Roma 2006.

riflessione collettiva della Chiesa romana rappresentato dal Concilio di Trento (1545-1563), in cui le gerarchie ecclesiastiche cercano di far fronte alle capacità diffusive della tecnologia a stampa, sebbene con dubbio successo.[18]

2.3. *La controffensiva tridentina: «le cose che devono essere propagate»*

Comprendendo il potenziale dello strumento non ci si limita a cercare di proibire i libri dannosi, ma si cerca di sostenere il mercato di quelli virtuosi. Nel 1593 il gesuita Antonio Possevino pubblica la prima edizione della *Bibliotheca Selecta*,[19] che raccoglie una selezione, appunto, di opere consigliate dalla Chiesa cattolica perché ritenute non solo lecite ma funzionali all'ammaestramento del buon cristiano.[20] Un'opera che «rispecchia, secondo alcuni storici, il modello ideale della biblioteca della Controriforma in quanto si pone come speculare all'*Index* [...] accanto alle indicazioni per la *dispositio* e la buona conservazione dei volumi, accanto ai cataloghi delle opere alle nomenclature di autori, la *Bibliotheca selecta* offriva non solo le indicazioni per l'*emendatio* e l'*expurgatio* di quelle opere che altrimenti sarebbero state proibite, ma si impegnava anche a confutare opere e autori già messi all'indice».[21]

Operazione duplice, dunque, che non si limita a punire, ma cerca di sfruttare e reindirizzare a proprio favore il pubblico.

È evidente che quello della comunicazione di idee attraverso la tecnologia del torchio stia diventando il centro dell'azione repressiva papale e al contempo, proprio seguendo l'evoluzione dei sistemi coercitivi, sembra che quella punitiva sia una battaglia di rincorsa rispetto ai nuovi modi di commercializzazione del libro stampato.

Per la Chiesa non è possibile chiudere alla fonte questo mercato, sempre più redditizio, perché in molti Stati si dà libera accoglienza alle stamperie che garantiscono al contempo libertà di pensiero e in-

[18] Per un quadro di insieme almeno sul mondo italiano cfr. il già citato M. Infelise, *I padroni dei libri*.

[19] *Bibliotheca selecta qua agitur de retione studiorum in historia, in disciplinis, in salute omnium procuranda*, Romae, Stamperia Apostolica Vaticana, 1593.

[20] L. Braida, *Stampa e cultura in Europa* cit., p. 117.

[21] C. Carella, *Antonio Possevino e la Biblioteca "selecta" del principe cristiano*, in E. Canone, a cura di, *Bibliothecae Selectae. Da Cusano a Leopardi*, Casa Editrice Olschki, Firenze 1993, pp. 508-09.

troiti sostanziosi da parte di un'industria in crescita. Emblematico il caso di Venezia, che sulla tolleranza riguardante la censura libraria costruisce un vero e proprio mercato internazionale. Figure come quella dello stampatore Aldo Manuzio assurgono a notorietà creando dal nulla una nuova figura intellettuale che sarà poi centrale nello sviluppo del pensiero europeo, quella dell'editore.[22]

Che la sfida di richiudere il vaso di Pandora della comunicazione a stampa sia improba lo dimostra il fatto che nel 1571 sia necessario fondare una apposita congregazione, la *Congregatio pro Indice Librorum Prohibitorum*, che stia dietro alla mole di prodotti culturali edita in tutta Europa. L'*Indice* diviene simbolo della repressione e contemporaneamente della sua oggettiva inefficacia. La legislazione censoria papale, che sarà modello per quella secolare, mostra da subito i limiti di una concezione della diffusione del pensiero che pretenderebbe barriere e controlli materialmente inapplicabili. Si tratta di un freno al commercio legale e pure di uno spauracchio che tiene molti lontani dal libro in generale come oggetto di conoscenza, ma che nei fatti non riesce a contenere la potenza del nuovo mezzo di diffusione delle informazioni. L'Indice dei libri proibiti rimane attivo e costantemente aggiornato fino al 1917, quando Benedetto XV chiude la Congregazione dell'Indice e ne ritrasferisce le competenze al Santo Uffizio.

Se dal punto di vista della censura l'operazione portata avanti dalla Chiesa come proprietaria del sempre più traballante monopolio delle idee sembra destinata al fallimento, molto più interessante e duratura appare la serie di mezzi messi in campo per riguadagnare il terreno perduto.

È infatti evidente fin dal principio l'efficacia della stampa per la diffusione di idee e slogan che possano essere utili alla causa di questo o quel racconto pubblico e le gerarchie ecclesiastiche non tardano ad avvalersi degli stessi mezzi degli «eretici» per poterne contrastare la diffusione.

I primi *Flugblätter* antiluterani che diffondono feroci caricature del predicatore di Wittenberg girano per le piazze della Germania rurale già a partire dalla fine degli anni dieci del Cinquecento, come primo, diretto contrasto alla costruzione dell'immagine di Martin Lutero quale riformatore.[23] Il dileggio e gli attacchi personali sono il primo

[22] A. Marzo Magno, *L'inventore dei libri. Aldo Manuzio, Venezia e il suo tempo*, Laterza, Bari-Roma 2020.

[23] Cfr. W. Harms, M. Schilling, *Das illustrierte Flugblatt der frühen Neuzeit* cit., pp. 179 e sgg.

movimento di una strategia ben più ampia e articolata che nel corso del tempo si sviluppa su più direttrici: accanto al tentativo di distruzione dell'immagine pubblica di Lutero e di chi come lui affronta il tema della Riforma in senso radicale (saranno oggetto di feroci caricature anche Melantone, Carlostadio, Zwingli e lo stesso Müntzer), si attivano strategie di recupero del favore popolare attraverso pubblicazioni mirate, con il compito di confutare il pensiero protestante e di riprendere l'evangelizzazione del continente attraverso anche il mezzo della stampa. Nascono stamperie finanziate dalle autorità ecclesiastiche un po' in tutta Europa e, accanto alla produzione dottrinaria più elevata, si hanno produzioni di libri che oggi si definirebbero «di larga diffusione», destinate cioè a un pubblico più ampio di quello delle alte gerarchie ecclesiastiche e delle facoltà teologiche. Il Concilio di Trento in questo è il luogo in cui viene approntata una strategia di lungo periodo con al centro la nuova tecnologia informativa e che vedrà nella comunicazione uno dei campi di battaglia letteralmente più sanguinosi dell'Età moderna.

Il Concilio non dà spazio al movimento protestante, non ne riconosce le ragioni formali e ne condanna fermamente le posizioni teologiche, ma al contempo ne accetta, dopo averle subite, le tecniche di comunicazione.

Le Novantacinque Tesi sono il momento in cui la tecnologia di stampa esplode nelle sue reali potenzialità sociali; il *Bauernkrieg* del 1525 è il luogo fisico in cui viene dispiegata tutta la potenza di fuoco dello strumento a stampa per la costruzione di nuove identità valoriali; il Concilio di Trento è la sede istituzionale in cui queste potenzialità vengono descritte, studiate e istituzionalizzate all'interno della costruzione del racconto pubblico dominante.

Si tratta della chiusura di un cerchio, in qualche modo, resa possibile dal fatto che, dopo lo stupore iniziale e a fronte di un esempio sul campo del potere riguardante la viralità del mezzo, le élite di potere che governano il racconto pubblico si appropriano del mezzo cercando di addomesticarlo per i propri interessi particolari.

E anche in questo caso il principale *player* e costruttore di narrazione pubblica attraverso lo strumento a stampa è proprio la Chiesa cattolica.

Il Concilio di Trento, accanto alle norme che irrigidiscono la censura sulla diffusione del sapere, pone le basi per la costruzione della risposta diretta all'uso sistematico della stampa come mezzo di rafforzamento del racconto pubblico. Alle sessioni del Concilio partecipa un numero consistente di religiosi appartenenti a un ordine appena fondato, quello della Compagnia di Gesù,[24] il cui scopo dichiarato è quello di ricattolicizzare un continente che si percepisce ormai come in balia di letture eretiche del messaggio cristiano. Questa «ripresa» della cristianità cattolica passa necessariamente attraverso una serie di messaggi semplici con la massima efficacia.

In un regime di monopolio universalistico del messaggio la Chiesa si era limitata a un controllo formale di eventuali deviazioni. Uno degli assunti più immediati della dottrina conciliare tridentina è che questo monopolio nei fatti non esista più e si debba riconquistare il terreno perduto, combattendo contro la Riforma se necessario con i suoi stessi mezzi e impostando un messaggio che contenga le cose che debbono essere *propagate*. «Propaganda», come termine centrale della teoria della comunicazione, nasce proprio in questo contesto, traslandosi poi in tutti i meccanismi dell'informazione come oggi li conosciamo.

Nel 1622 questo metodo di comunicazione viene addirittura istituzionalizzato con la fondazione della *Congregatio de Propaganda Fide*,[25] che unisce all'opera di evangelizzazione dei possibili nuovi credenti la necessità di solidificare la dottrina cattolica e standardizzarla anche attraverso un uso sempre più attento e controllato della stampa.

Nel 1561 nasce a Roma la *Stamperia del popolo romano*, sotto l'egida di papa Pio IV, che si occupa di editare e diffondere i principali testi conciliari, tra i quali il *Catechismo* in italiano e latino, il *Breviario*, il *Messale*, l'*Officium Mariae*. Testi che divengono al contempo dei *best-seller* a stampa e degli strumenti standardizzati di propaganda religiosa, atti a sfruttare le potenzialità tecnologiche a favore della difesa del racconto pubblico cristiano.[26]

2.4. *La stampa diventa per tutti: leggere «a mente», cioè pensare da soli*

In questo secolare moto di addomesticazione della cultura della stampa, grazie alla Chiesa cattolica nascono particolari forme d'uso della tecnologia del torchio. La diffusione dei libri devozionali, già presenti nella tradizione libraria manoscritta medievale (i libri d'ore)

[24] Approvato da papa Paolo III con la bolla *Regimini militantis Ecclesiae* nel 1540 e confermato nella sua forma definitiva nel 1550 con la bolla *Exposcit debitum* da papa Giulio III.

[25] Attraverso la bolla *Inscrutabili Divinae* del 22 giugno 1622.

[26] L. Braida, *Stampa e cultura in Europa* cit., p. 118.

favorisce una delle più grandi rivoluzioni dell'apprendimento registrabili nella storia dell'umanità: comincia a diffondersi a livello continentale la pratica della *lettura endofasica*, vale a dire del «leggere a mente».[27] Una pratica intima, individuale, che comincia a diffondersi nel basso Medioevo ma esplode come attività comune proprio attraverso la propagazione dei piccoli libri devozionali, in versione si definirebbe *tascabili*, i quali contribuiscono alla costruzione del concetto di individualità che sarà tipico dell'Illuminismo. Grazie a questo nuovo modo intimo di fruire la lettura si modifica il modo stesso di scrivere, favorendo punteggiatura e costruzioni fraseologiche facilmente riconoscibili.[28]

Una pratica anche pericolosa, come suggeriscono le storie di grandi e piccoli eretici. Domenico Scandella, il mugnaio Menocchio eternato dalla ricerca di Carlo Ginzburg, è al contempo costruttore della propria fortuna e vittima dell'interpretazione individualistica delle Scritture e della lettura di libri proibiti.[29] Una scelta di libertà presa in solitario che lo condannerà a morte.

Questa spasmodica ricerca, da parte di quello che è ancora, per tutta l'Età moderna, il principale produttore di racconto pubblico europeo, ha come effetto una sempre maggiore standardizzazione dell'uso della tecnologia a stampa attraverso linee guida che si fissano nel tempo e divengono riconoscibili.[30] La novità della stampa diffusa diviene col tempo parte del panorama pubblico europeo, sia per quanto riguarda i lettori che per tutti coloro che lettori continuano a non essere. Nonostante un analfabetismo ancora maggioritario in Europa, la stampa diviene non solo il modello principale di diffusione delle idee, ma anche un elemento abituale all'interno del panorama culturale. Da strumento di rivoluzione a *medium* normalizzato o, addirittura, megafono del potere.

Di certo l'operazione di inglobamento del mezzo nell'equilibrio sociale europeo non è né immediata né senza danni, tutt'altro: guerre

[27] Su questa particolare forma di evoluzione culturale G. Cavallo, R. Chartier, a cura di, *Storia della lettura nel mondo occidentale*, Laterza, Roma-Bari 1995, R. Loretelli, *L'invenzione del romanzo. Dall'oralità alla lettura silenziosa*, Laterza, Roma-Bari 2014, M. Lyons, *Storia della lettura e della scrittura nel mondo occidentale*, Editrice Bibliografica, Milano 2019 e L. Braida, B. Ouvry-Vial, *Leggere in Europa. Testi, forme, pratiche (secoli XVIII-XXI)*, Carocci, Roma 2023.

[28] G. Antonelli, *Storia della punteggiatura in Europa*, Laterza, Roma-Bari 2008.

[29] C. Ginzburg, *Il formaggio e i vermi. Il cosmo di un mugnaio del '500*, Adelphi, Milano 2019 (prima ed. 1976).

[30] Nasce, in questo periodo, il «libro» come lo si intende anche ai nostri giorni. Cfr. F. Formiga, *L'invenzione perfetta. Storia del libro*, Laterza, Roma-Bari 2021.

di religione e scontri tra Stati caratterizzano in maniera drammatica l'attecchimento e la normalizzazione del sistema di comunicazione, spesso con brutali scossoni.

Si aprono filoni nuovi all'interno dell'utilizzo del mezzo a stampa proprio grazie alla sua efficacia e diffusione: esplosa come mezzo di contestazione tutto interno all'ambito ecclesiastico e debordato in maniera quasi inaspettata nell'agone politico con la guerra contadina del 1525, il torchio diviene ben presto uno strumento utile, anzi, necessario, anche per gli emergenti Stati europei che proprio in questo momento cominciano a concepirsi come entità che devono raccontarsi sistematicamente per crescere o anche solo per sopravvivere.

La Guerra dei Trent'anni rappresenta al contempo il fiorire e il sedimentarsi di un certo tipo di uso pubblico della stampa. L'invettiva si standardizza in forme codificate: il *pamphlet*, il foglio volante, la denuncia anonima, la stampa satirica accompagnano e a volte anticipano i libri e le varie pubblicazioni destinati a fare da sfondo alle azioni politiche e poi ai racconti pubblici.[31]

Quando Gustavo Adolfo, re di Svezia, intraprende la sua spettacolare campagna nominalmente in difesa della Riforma durante la Guerra dei Trent'anni (il cosiddetto «periodo svedese», 1630-1635) la sua calata viene accompagnata e per molti versi preparata da una campagna di stampa incessante, in cui il re viene presentato al contempo come Alessandro Magno per le sue capacità militari e come Giuda Maccabeo per la sua risolutezza contro i nemici della vera fede.[32] Contemporaneamente le ragioni del campo imperiale vengono difese da pubblicazioni che esaltano le gesta dei comandanti cattolici e ne fanno, come ad esempio per Albrecht von Wallenstein e Johann Tserclaes, conte di Tilly, delle vere e proprie *star*.[33]

Questi prodotti di lotta politica sono nel Seicento già uno standard riconosciuto e riconoscibile, parte integrante del confronto sociale e culturale in gran parte del continente divenuto ormai strumento imprescindibile per la conquista e il mantenimento del potere

[31] Per uno sguardo di insieme al processo di sviluppo dell'informazione attorno e durante la Guerra dei Trent'anni cfr. J. Hillgärtner, *News in Times of Conflict. The developement of the German Newspaper (1605-1650)*, Brill, Leida-Boston 2021.

[32] F. Formiga, *L'invenzione perfetta* cit., pp. 289 e sgg. e, monograficamente, T. E. Hämmerle, *Flugblatt-Propaganda zu Gustav Adolf von Schweden. Eine Auswerunt zeitgenössischer Flugblätter der Königlichen Bibliothek zu Stockholm*, Büchner Verlag, Marburgo 2019.

[33] Cfr. W. Harms, M. Schilling, *Das illustrierte Flugblatt der frühen Neuzeit* cit.

o, quantomeno, per il racconto della conquista e del mantenimento del potere.

Con la fine della Guerra dei Trent'anni e il ristabilimento di una sorta di equilibrio europeo sulle sponde del Reno che avrà effetti, tra alterne vicende, grossomodo fino alla fine della seconda guerra mondiale, si può dare per definitivamente acquisito e inglobato nel racconto pubblico questo strumento di coesione sociale oltre che di informazione. Sono infatti già stabiliti in questo periodo i modi e i tempi di diffusione dei prodotti cartacei e sono già codificati i principali supporti attraverso cui lo strumento della stampa si estende: i libri nelle loro varie forme e strutture, ma anche la pubblicistica di strada, le riproduzioni di immagini sacre e profane e una componente che sarà poi centrale nella storia del mercato delle informazioni, il «giornale».

Nella sua forma originaria il concetto di foglio di notizie a carattere periodico nasce già (e non a caso) nella Venezia degli stampatori della seconda metà del Cinquecento, dove una paginata di informazioni viene distribuita al costo di una moneta da due soldi, popolarmente chiamata *gaxeta* o *gazzetta*, nome che rimarrà legato a questo tipo di pubblicazione.[34] Ma è in Germania che prende forma l'idea di produrre in maniera continuativa fogli di dimensione standardizzata in cui inserire le notizie di interesse a carattere sia locale che più esteso. Tra la prima uscita nel 1609 a Strasburgo del *Relation alle Fürnemmen und gedenckwürdigen Historien* e l'arrivo nelle strade di Lipsia della *Liepziger Zeitung*, il primo foglio di notizie giornaliero, sta tutto lo sviluppo non solo del concetto, per nulla scontato, della necessità di diffondere determinate notizie a cadenze regolari, ma anche tutta la tecnica tipografica e la struttura formale di quello che ancora oggi si riconosce come «giornale». Titoli, sottotitoli, impaginazione, numero e dimensione delle pagine, sono tutte innovazioni che nella prima metà del diciassettesimo secolo attecchiscono in larga parte d'Europa rendendo quotidiana la fruizione della stampa da parte di una fetta sempre maggiore di popolazione. L'idea del giornale da un lato è spia di uno sviluppo impensabile delle tecniche di stampa e della loro relativa economicità, dall'altro è sintomo di un cambiamento epocale nel rapporto tra la conoscenza dei fatti e i singoli individui. Il «conoscere i fatti» diviene ben presto un diritto di ogni singolo abitante di un determinato luogo ed essere più o meno informati implica una distin-

[34] M. Infelise, *Gazzetta, storia di una parola*, Marsilio, Venezia 2017.

zione all'interno della società stessa. Anche chi non sa leggere viene a conoscenza, quasi per captazione, delle notizie del giorno che dopo essere state raccolte su carta vengono diffuse nei luoghi di comunità informali come le piazze (i titoli dei giornali vengono gridati dagli *strilloni* per invogliarne l'acquisto) o più strutturati come le osterie e i caffè. Mentre il giornale diviene parte del panorama familiare dei principali luoghi di ritrovo e nasce una nuova categoria di raccontatore pubblico, il giornalista, la distanza dalle fonti di informazione diviene un discrimine sociale non secondario: le comunità isolate rispetto ai grandi flussi di informazioni acquistano nell'Età moderna lo stigma di arretratezza tipico della campagna interna, che viene sempre più criticato da chi invece vive nel costante flusso di informazioni. Non sapere le cose, essere «ignorante», diviene un epiteto sempre più offensivo non solo tra chi si occupa di sapere a livello professionale, ma anche nel resto della popolazione. La figura del contadino isolato, quindi ignorante, quindi abietto, che verrà cristallizzata tra Sette e Ottocento nelle fiabe dei fratelli Grimm, si forma attorno all'immaginario barocco di un mondo che si divide sempre più tra città e campagna, confine sovrapponibile a quello che passa tra chi conosce e chi no. Mentre una classe intellettuale si sviluppa attorno alla diffusione delle notizie a stampa è possibile notare come l'immaginario pubblico decreti l'emergere di questa sezione di società sulle altre aprendo ad esse le porte del potere. Si inaugura, sulle pagine dei giornali, la stagione di coloro che *amano il sapere* o, come essi stessi si definirono nei caffè della Parigi settecentesca, i *philosophes*.

L'ascesa delle classi intellettuali, legata in buona parte dell'Europa allo sviluppo delle strutture burocratiche statali che richiedono con sempre maggior insistenza capacità tecniche come il saper leggere e scrivere,[35] accompagna non solo la diffusione della stampa ma anche lo sviluppo come attività socialmente ben vista dello stesso atto del leggere, alimentando non solo la rivoluzione scientifica europea ma anche la sua valorizzazione a livello sociale.[36]

Mentre percentuali sempre molto alte di popolazione europea rimangono escluse dalla lettura e quindi sostano ai margini del mercato della stampa, la conoscenza libresca e «l'essere informati» diviene

[35] Cfr. S.A. Conca Messina, *Profitti del potere. Stato ed economia nell'Europa moderna*, Laterza, Roma-Bari 2016.

[36] Cfr. S. Shapin, *La rivoluzione scientifica*, Einaudi, Torino 1996 e P. Greco, *L'idea pericolosa di Galileo. Storia della comunicazione della scienza nel Seicento*, UTET, Milano 2009.

un tratto distintivo delle classi elevate di cui potersi far vanto in società.

La stampa trionfa sotto la luce del secolo dei Lumi, divenendo parte integrante delle attività più consone ai rappresentanti della buona società.

Quando il concetto di conoscenza attraverso la lettura diviene sinonimo di levatura sociale è possibile affermare che la rivoluzione culturale innescata dall'esplosione della tecnologia a stampa a inizi Cinquecento si sia conclusa. Un nuovo racconto pubblico diffuso imperniato non solo sulla stampa come strumento ma sulla stampa come «valore» è destinato a dominare per secoli il modello culturale occidentale lanciato verso la colonizzazione del mondo.

2.5. *Rivoluzioni stampate: la guerra civile che inventa gli Opinion Makers*

L'espansione del mercato della lettura e l'evoluzione del rapporto tra stampa e società può essere analizzata non solo attraverso il modo in cui lo strumento informativo su carta si diffonde tra gli strati della società ma anche attraverso l'utilizzo che di esso si fa nei momenti in cui questi stessi strati entrano in conflitto tra loro. In tre dei grandi sovvertimenti politici che caratterizzano alcuni Stati occidentali tra Sei e Settecento possiamo leggere l'evoluzione del mezzo a stampa come motore di evoluzione dei sommovimenti politici e sociali.

Tra la prima guerra civile o Rivoluzione inglese (1642-1651) e la Rivoluzione francese (1789), passando per la Guerra di indipendenza americana (1776) è possibile seguire l'evoluzione nell'uso del mezzo a stampa per caratterizzare le idee di fondo che guidano questi moti, rendendo la comunicazione parte integrante del cambiamento in atto e fondamentale per interpretare la sua direzione.

In altre parole, le tre grandi rivoluzioni tra Seicento e Settecento sono anche il frutto, nella loro genesi quanto nei loro esiti, del peso che la comunicazione cartacea ha avuto in esse.

Quando nel 1642 le fazioni parlamentari si oppongono con le armi alla deriva assolutista di Carlo I e il regno di Inghilterra precipita nella guerra civile, la tecnologia a stampa subisce una repentina accelerazione non solo nella sua diffusione ma anche nei modi in cui viene declinata. Agli esordi degli scontri prima politici e poi campali lo sviluppo della stampa inglese è paragonabile a quello delle coeve realtà continentali e sostanzialmente solidificata attorno a quelle che sono le consuetudini invalse durante il periodo delle guerre di religione europee. Quando però lo scontro entra nel vivo e da parte delle varie fazioni si sente il bisogno di ampliare e consolidare il proprio specifico racconto pubblico si hanno ben presto modifiche sostanziali nella distribuzione, e quindi nella fruizione, dei mezzi a stampa. L'occasione per l'allargamento del mercato della stampa è data proprio dalle turbolenze politiche delle isole britanniche che all'inizio degli anni quaranta del Seicento, complice la perdita di controllo sul territorio della censura della monarchia inglese, apre nuovi spazi di espressione (e mercato) per l'industria del torchio.[37]

Accanto ai fogli volanti analoghi a quelli del continente che denigrano gli avversari politici (si diffondono in questo periodo le caricature dei principali protagonisti della guerra come re Carlo I, Oliver Cromwell e gli esponenti di spicco di aristocrazia e *Roundheads*,[38] i membri del parlamento) sorge la necessità di mantenere costantemente alta l'attenzione della popolazione sugli avvenimenti e di dare di essi delle interpretazioni utili alla causa. Nel 1643 appare in Inghilterra il primo tentativo di attivare una pubblicazione periodica di notizie funzionali alla causa dei vari partiti della guerra civile: il «Mercurius Aulicus», una pubblicazione settimanale stampata a Oxford e attiva dal febbraio 1643 al 1645, viene considerata il primo vero giornale inglese.[39] Fatto da notare: questo periodico nasce per iniziativa di George Digby, membro del partito realista e consigliere di re Carlo I; esponente, quindi, della fazione che oggi si definirebbe «di governo» e ostile al parlamento rivoluzionario. Una stampa «di regime», che si inserisce nel dibattito pubblico dell'epoca per denigrare gli oppositori del re e alimentare il racconto pubblico favorevole agli Stuart.[40] Una importante presa di coscienza per la stessa corte. Come ricorda lo storico inglese Charles John Sommerville «a king who had always disdained public opinion had finally concluded that he needed

[37] C.J. Sommerville, *The News Revolution in England. Cultural Dynamics of Daily Information*, Oxford University Press, Orford 1996, p. 34.

[38] Letteralmente «teste rotonde», così definiti dal taglio di capelli corto che alcuni membri puritani del parlamento portavano in contrasto con la moda, invalsa nella corte di Carlo I, di sfoggiare folte capigliature a ricciolo (cfr. www.britannica.com/topic/Roundhead).

[39] Cfr. C.J. Sommerville, *The News Revolution in England* cit., p. 38.

[40] Sul movimento di opinione realista attraverso la stampa periodica inglese nell'epoca delle guerre civili cfr. R. Wilcher, *The writing of royalism 1628-1660*, Cambridge University Press, Cambridge 2001.

to appeal to that public».[41] Si dà atto del crescente peso dell'opinione pubblica nel dibattito politico e contemporaneamente l'assunzione della potenza del mezzo a stampa per poterla indirizzare.

Il «Mercurius», che viene venduto alla cifra poco più che simbolica di un centesimo, acquista sempre maggior peso e visibilità all'interno dello scontro, anche culturale, tra le fazioni della guerra civile, tanto da venire diffuso non solo nelle zone controllate dai realisti, ma anche contrabbandato nelle zone a favore del parlamento, come la città di Londra. Un successo che al di là dei contenuti è anche commerciale, tanto da essere emulato da altre pubblicazioni e dare così un forte impulso all'industria della stampa inglese nel proprio complesso. Già nell'agosto del 1643 la fazione parlamentare comprende il peso della propaganda del «Mercurius Aulicus» nella creazione di dibattito e tenta di avviare una pubblicazione ad esso concorrente, il «Mercurius Britanicus»,[42] che non ha però lo stesso *appeal.* L'operazione di controinformazione parlamentare ricalca nei modi e nei ritmi la stampa realista, confermandone implicitamente l'efficacia: «Il "Mercurius Britannicus" (agosto 1643-maggio 1646) usciva il giovedì, era pubblicato a Londra e, come il giornale rivale "Mercurius Aulicus" veniva distribuito in tutto il paese. Di fatto, la presenza di "Britannicus" nel titolo del giornale parlamentare sottolinea l'intenzione di riportare e difendere le notizie e i diritti della nazione nel suo insieme».[43] Una sorta di duello tra testate concorrenti che fa nascere in Inghilterra quello che poi sarebbe divenuto il «giornalismo di opinione».

Non un semplice elenco di notizie ma un insieme di articoli che hanno per esplicito intento quello di dirigere l'opinione pubblica verso una parte politica o un'altra servendosi non solo dell'invettiva satirica data da caricature e prese in giro dell'avversario, ma anche da commenti discorsivi con lo scopo di costruire consenso o creare dissenso. La base di quello che poi diverrà il giornalismo d'opinione, dalle gazzette fino ai *talk show* televisivi.

Il «Mercurius Aulicus» cessa le pubblicazioni nel 1645, quando le ripetute sconfitte delle truppe di Carlo I rendono sempre più difficoltosa la stampa e la diffusione del giornale. Poco più di un anno

[41] C.J. Sommerville, *The News Revolution in England* cit., p. 38.

[42] *Ibid.*, p. 39.

[43] N. Brownlees, *The Language of Periodical News in Seventeenth-Century England*, Cambridge Scholars Publishing, Cambridge 2011, p. 100. [*T.d.A.*]

dopo, nel 1646, la stessa sorte toccherà alla sua nemesi, il «Mercurius Britanicus».

Quella del «Mercurius» è una storia limitata nel tempo e nello spazio e non è qui intenzione allargarne troppo il peso all'interno di una guerra civile che vede coinvolti gli strati superiori della società inglese, ma è fuor di dubbio che l'arrivo sul mercato della lettura di un periodico con la dichiarata funzione di costruire opinione pubblica avrà un impatto di lungo periodo sull'immaginario e sulla produzione di racconto pubblico in Inghilterra e non solo.

2.6. *Rivoluzioni stampate: una nazione «su carta», società protoborghesi e nascita del giornalismo professionista*

Quando il 16 dicembre 1773 un gruppo di coloni americani travestiti da nativi assalta alcune navi nel porto di Boston e getta a mare 342 casse di tè per protestare contro le tasse imposte dalla corona inglese sono molti i giornali del Nuovo Continente pronti a riprendere la notizia. L'industria della stampa nelle tredici colonie americane a quel tempo ha già più di un secolo e mezzo di storia alle spalle e può vantare un seguito di lettori affezionati.

Il primo torchio da stampa arriva a Boston, capitale delle colonie britanniche, già nel 1639. Nel 1690, importando una moda ben consolidata nella Madrepatria, sempre nel capoluogo del Massachusetts nasce il «Pubblick Occurences, Both Foreign and Domestick», un mensile composto da quattro pagine di cui l'ultima lasciata in bianco per poter permettere ai lettori di appuntare le notizie di interesse prima di passare di mano il giornale. L'idea di fondo era quella di limitarsi a dare notizia delle vicende coloniali e inglesi: «the prospectus of the America's first newspaper, Publick Occurences, was mainly a publisher's promise to get the facts right».[44] Una pretesa neutralità che forse però non viene così percepita dalle autorità coloniali, che bloccano temporaneamente la diffusione del periodico appena dopo la prima uscita.

Sono molteplici i motivi per cui la forza pubblica si dimostra così attenta e occhiuta nei confronti di una pubblicazione apparentemente

[44] D.P. Nord, *Communities of Journalism. A History of American Newspapers and their Readers*, University of Illinois Press, Urbana-Chicago 2001, p. 6.

innocua come un mensile di notizie, una delle componenti di novità che pesa sulla funzione pubblica degli stampati sta nell'evoluzione di chi si occupa di costruire i loro contenuti in una società sempre più alfabetizzata.

Durante la guerra civile scoppiata in Inghilterra, i due «Mercurius» si erano serviti di notizie che avevano caratteristiche tali da poter influenzare le vicende sociali e politiche. Per costruire ciclicamente questo racconto pubblico su carta ben presto ci si era resi conto della necessità di avere degli specialisti della scrittura che si sarebbero occupati per lavoro di trovare (o forgiare) notizie utili alla causa di chi nella pubblicazione investiva denaro ed energie. Nasceva, in maniera più o meno informale, la professione di giornalista.

Ora, un quarantennio abbondante dopo quei fatti e dall'altra parte dell'oceano, alle autorità così come agli estensori dei giornali è già evidente la forza propulsiva e potenzialmente distruttiva di un'informazione fatta da specialisti: è la figura del «giornalista» che non solo sa scrivere pezzi che si adattino alla forma del supporto a stampa, ma lo sa fare in un modo utile alla diffusione e alla vendita del periodico.

Questo tipo di attrattiva passa sempre più spesso attraverso due linee che saranno poi fondamentali per lo sviluppo del giornalismo: una buona storia e un modo efficace di raccontarla.

Lo sviluppo della professione di giornalista ha una particolare risonanza nella realtà del racconto pubblico delle colonie americane a partire dagli inizi del Settecento, grazie al considerevole ampliamento del mercato dei giornali. Una fetta piuttosto grande di società, quella più impegnata nelle attività di sviluppo commerciale e industriale, viene messa di fronte a un sempre più veloce racconto pubblico specificamente pensato per il pubblico delle colonie.[45] Un pubblico la cui composizione, grazie anche al filtro imposto dall'immigrazione, si trova ad essere diverso nella pratica da quello del vecchio continente: nella composizione della società coloniale vi è, per ragioni economiche legate allo sviluppo stesso della colonia, uno squilibrio demografico a favore dei ceti imprenditoriali o coinvolti nello sfruttamento industriale della terra a base schiavile.

Anche tra chi fa parte del mondo agricolo sono assai pochi i coltivatori che non hanno terra sufficiente da lavorare, come invece accade

[45] Cfr. J.A. Smith, *Printers and Press Freedom. The ideology of the Early American Journalism*, Oxford University Press, Oxford 1988.

ai colleghi europei; ci si ritrova quindi in una situazione mediamente più spostata verso gli interessi dei ceti imprenditoriali e preindustriali. Una sorta di società protoborghese, che non solo si serve della stampa per informarsi, ma trae da essa una buona parte del racconto pubblico necessario ad autoidentificarsi.[46] In una società come quella coloniale, quasi priva di un'aristocrazia indigena basata sul sangue che si occupi di politica e che vede nelle gazzette un apporto sociale così diffuso, sono molti i rappresentanti dei coloni che fanno carriera nel mondo politico americano svolgendo, spesso come attività principale, quella di giornalista. Per tutti basti ricordare Benjamin Franklin, che tra i suoi molti interessi annovera l'editoria e il giornalismo professionale, occupazione che gli dà la notorietà necessaria (e anche un adeguato megafono) per concorrere alla politica continentale fino a diventare uno dei padri fondatori del nuovo Stato americano.[47]

La diffusione (e il potenziale pericolo) della stampa viene in parte imbrigliato dal potere costituito attraverso pratiche come la censura o freni economici. La tassazione degli strumenti a stampa, il cosiddetto *Stamp Act*,[48] entra in vigore nelle tredici colonie nel 1765 come del resto nelle isole britanniche. A differenza che in Inghilterra però, in cui un mercato della carta e una diffusione più capillare dei torchi permette di accogliere con meno problemi l'imposta di un penny ogni quattro fogli stampati (la misura classica del giornale del tempo) e di due scellini per ogni annuncio pubblicitario, il solo annuncio della nuova tassa in America provoca una forte opposizione.

La vicenda dello *Stamp Act* è interessante dal punto di vista di questa analisi per due motivi distinti ma concomitanti. Il primo è che dimostra indirettamente la diffusività degli strumenti a stampa, ormai considerati all'epoca elementi essenziali della vita quotidiana di colonia: la tassa, introdotta per finanziare i debiti contratti dall'Inghilterra con la Guerra dei Sette anni (1756-1763), intende colpire un

[46] Sul peso dell'evoluzione della stampa per la nascita dell'identità americana prima della rivoluzione cfr. M.L. Daniel, *Scandal and Civility. Journalism and the Birth of American Democracy*, Oxford University Press, Oxford 2009.

[47] Le biografie di Ben Franklin sono innumerevoli. Per l'attività specifica di giornalista si rimanda al primo volume dell'opera di J.A. Leo Lemay, *The Life of Benjamin Franklin, Journalist (1706-1730)*, University of Pennsylvania Press, Philadelphia 2006, vol. 1.

[48] Per il peso della vicenda come prologo della Guerra di indipendenza si rimanda al classico E.S. Morgan, H.M. Morgan, *The Stamp Act Crisis. Prologue to Revolution*, University of Carolina Press, Chapel Hill 1995 (prima ed. 1953) e Z. McLeod Hutchins, *Community without consent. New perspectives on the Stamp Act*, University Press of New England, Lebanon 2016.

bene voluttuario di larga diffusione, di cui si ritiene la popolazione non vorrà comunque privarsi nonostante il balzello. Un po' allo stesso modo in cui in molti paesi si impongono tasse su prodotti quali le sigarette: beni voluttuari ma di cui non ci si intende privare. Come a dire che gli americani hanno «il vizio» della lettura già nella seconda metà del Settecento.

Il secondo motivo di interesse, altrettanto significativo, è che la tassa provoca una protesta generalizzata in tutte le tredici colonie, tanto da costringere il governo inglese a ritirare il provvedimento. Si tratta di uno smacco per la Corona e di una fonte indiretta ma piuttosto chiara per definire la diffusione e il radicamento del fenomeno della stampa all'interno della società americana. Essa è componente ormai inscindibile dal resto del corpo sociale americano e uno dei punti fondativi del concetto stesso di nazione intesa come elemento separato rispetto all'Inghilterra.[49]

Quando nel 1773 le tensioni tra le due sponde dell'Atlantico riesplodono in violenza armata, gli americani hanno già pronta la loro grancassa informativa attraverso cui galvanizzare i coloni alla resistenza. Megafono che va espandendosi in maniera esponenziale proprio grazie alla guerra. Se nel 1765 teoricamente sono ventitré i giornali sottoposti alla tassa dello *Stamp Act*, all'inizio delle ostilità tra inglesi e continentali nel 1775 le testate attive sono trentasette, aumentate dopo i primi scontri addirittura a settanta.[50]

Le stamperie diventano uno degli obiettivi primari dell'esercito britannico, che si trova a dover combattere una guerra asimmetrica all'interno di un territorio in cui la popolazione viene mantenuta ostile anche grazie al continuo afflusso di informazioni da parte della stampa antinglese.

Le strategie di consenso e dissenso (dare molta visibilità alle vittorie, nessuna alle, all'inizio molte, sconfitte), le campagne di propaganda che alimentano la guerra e le prese di posizione che mantengono desta l'attenzione anche di chi non è direttamente coinvolto negli scontri rappresentano una forma di «guerriglia informativa» i cui aspetti peculiari sono rimasti pressoché uguali fino ai giorni nostri.

[49] Per un inquadramento del fenomeno del giornalismo americano alle sue origini si rimanda ai già citati J.A. Smith, *Printers and Press Freedom*, e M.L. Daniel, *Scandal and Civility*.

[50] E.S. Morgan, H.M. Morgan, *The Stamp Act Crisis* cit.

La rivoluzione americana è anche una «guerra di carta», in cui, a differenza che sul campo di battaglia vero e proprio, la supremazia è sempre nelle mani degli indipendentisti americani, che la sfruttano sapientemente sia dal punto di vista della diffusione delle notizie utili alla causa sia, ed è una delle prime volte che questo avviene a livello continuativo e professionale, attraverso la propagazione di notizie inventate *ad hoc* per influenzare l'opinione pubblica.[51] Un'intera società abituata a un linguaggio comune conosciuto e alla visione di racconti pubblici estesi dalla stampa si ritrova unita e solidale attorno a un conflitto in cui i giornali non solo si impegnano a diffondere le parole d'ordine della propaganda, ma che hanno a suo tempo contribuito a forgiare.

Il peso della stampa in questo scontro è riconosciuto anche dai numeri totali delle pubblicazioni e dalla loro distribuzione. Anche negli anni della Guerra di indipendenza una quota attorno al cinque per cento della popolazione americana compra un giornale.[52] I quotidiani caleranno poi, dopo la dichiarazione di Indipendenza (1776) e la definitiva cacciata degli inglesi, ad appena otto testate, quasi che il compito primario della stampa del tardo Settecento vada in buona parte a esaurirsi con la nascita della Nazione e il consolidamento della sua identità.

2.7. *Rivoluzioni stampate: in Francia il «quarto potere» è il primo potere*

La Guerra civile inglese rappresenta un caso di studio per comprendere come la stampa entri a far parte dell'armamentario della lotta politica sia a vantaggio del potere costituito che della sua opposizione.

La Rivoluzione americana mostra un esempio di come la stampa possa fornire un alimento costante per la costruzione di un nuovo racconto pubblico che vada in conflitto con quello espresso dal potere costituito.

[51] Sul tema, da poco esplorato dalla critica storiografica, si veda soprattutto il recente J.E. Taylor, *Misinformation Nation. Foreing News and the Politics of Truth in Revolutionary America*, John Hopkins University Press, Baltimore 2022.

[52] Per comprendere il peso di questo dato basti il paragone con l'Italia di oggi (2024), in cui a fronte di una popolazione di poco meno di sessanta milioni di abitanti quasi totalmente alfabetizzata vengono vendute 1,5 milioni di copie di giornali. Si tratta di appena il 2,5% della popolazione che acquista quotidiani.

La Rivoluzione francese incarna invece il rapporto indissolubile tra il mondo dell'informazione e la politica nel proprio complesso in ambito occidentale. Un modello che grossomodo, con minimi cambiamenti tecnologici e formali, perdura tutt'oggi.

La «Gazette de Paris» nasce nel 1631: settimanale di notizie diffuso nella capitale francese a opera di Théophraste Renaudot, medico di corte di Luigi XIII, è considerata uno dei primi giornali francesi.[53] A differenza di buona parte dei periodici che fioriscono contemporaneamente a metà del Seicento nel resto d'Europa, scorrendo l'elenco dei collaboratori della «Gazette» se ne può intuire un taglio tutt'altro che oppositivo al racconto pubblico dominante nella Francia di *Ancien Régime.* Tra le penne abituali del giornale figurano niente meno che Richelieu e lo stesso re di Francia Luigi XIII. L'intento della pubblicazione è quello di fare da cassa di risonanza al regime del cardinale, entrando in un mercato da cui il governo francese non era intenzionato a rimanere escluso ma in cui faticava a penetrare con la sola produzione di stampe di leggi e proclami reali:

> Anche se la sua stampa politica [di Richelieu] stava lavorando come mai prima, verso la metà del 1631 era evidente per Richelieu che questi metodi propagandistici avevano un effetto limitato. La «Gazette» di Renaudot risale a quest'epoca. Fu a causa di esigenze politiche che nacque la stampa moderna.[54]

Nel tempo la «Gazette» diviene l'organo di informazione ufficiale del regno di Francia: nel 1762, anno in cui cambia il proprio nome in «Gazette de France», nel sottotitolo appare la scritta *Organe officiel du Government royal*, passando sotto il controllo diretto del *Département des Affaires Étrangères*, il Ministero degli Esteri.[55] Cesserà le pubblicazioni, dopo molti cambi di mano, soltanto nel 1915.

La parabola della «Gazette de Paris» dimostra come il clima all'interno dello Stato assoluto francese sia fin dall'inizio diverso da quello sperimentato in altre realtà continentali. Siamo di fronte alla costruzione di uno Stato che mira ad avere un racconto pubblico solido e afferente agli interessi del potere. Dotato in più di una propria burocrazia sufficientemente estesa da permettere ai governanti di poter

[53] Cfr. H.M. Salomon, *Public Welfare, Science and Propaganda in 17th-Century France. The Innovations of Theophraste Renaudot*, Princeton University Press, Princeton 2015 (prima ed. 1972).

[54] *Ibid.*, p. 112. [*T.d.A.*]

[55] *Ibid.*, p. 217.

entrare in prima persona nel mondo dell'informazione e cercando di utilizzarlo a proprio vantaggio attraverso un apparato pubblico di sfruttamento e diffusione delle notizie.

Non si tratta, dunque, di un'esperienza in cui incanalare uno scoppio di rabbia popolare e capace di prendere in contropiede il potere costituito. È quest'ultimo che ha in mano la gestione dei sentimenti da far passare attraverso la carta.

Mentre i periodici che sorgono durante e subito dopo la Guerra dei Trent'anni nei territori del Sacro Romano Impero sono o fogli che vanno poi ad esaurirsi con la fine del conflitto o protogiornali ideati con l'intenzione di essere una fonte di guadagno per i propri editori privati, la produzione informativa all'interno del regno di Francia anche quando si avvale dell'iniziativa privata, lo fa all'interno di un mercato delle notizie, e quindi delle opinioni, dominato e controllato dalla mano pubblica. A differenza di altri Stati in cui si riscontra una saturazione del mercato delle informazioni nei momenti di conflitto, interno o esterno, nella Francia assolutista la stampa di Stato prosegue la diffusione della propria *Weltanschauung* sia in tempo di guerra che in tempo di pace, senza soluzione di continuità. Impegno narrativo di lungo periodo guidato da un ente coeso e che ha i mezzi per investire in maniera continuativa nel racconto di sé e delle proprie motivazioni. Una tale macchina va alimentata con contenuti sempre nuovi e quindi non è un caso che in concomitanza con la nascita dei periodici «governativi» si sviluppino enti di costruzione di racconto come l'*Académie française* (1635), che hanno tutti lo scopo di applicare un maggiore controllo sulle opinioni dei propri sudditi parallelamente all'ampliamento delle competenze, e quindi alla pervasività, dello Stato:

> La coïncidence entre la croissance institutionnelle et la mise en place d'une information ritualisée repose sur deux plans, celui des enjeux, celui des moyens: d'un côté, le gouvernement des esprits est bien considéré comme indispensable a la tranquillité du royaume, et en témoignent évidemment dans les mêmes années les débuts de la Gazette de France et la fondation de l'Académie française; de l'autre, l'information ritualisée non moins besoin pour s'étendre de la réduction des pouvoirs locaux, de l'obéissance des gouverneurs, de la soumission des sujets rebelles qu'ils soient protestants, nobles, bourgeois, ou paysans.[56]

[56] «La coincidenza tra crescita istituzionale e affermazione di un'informazione ritualizzata si regge su due livelli, quello delle questioni, quello dei mezzi: da un lato, il governo delle menti è considerato essenziale per la tranquillità del regno, e testimonia ovviamente questo negli stessi anni dagli esordi della Gazette de France e dalla fondazione dell'Académie française; dall'altro,

Viene messo in pratica, nella Francia della «Gazette», il moderno concetto di identità statale immaginato non solo in quanto funzione di un potere regio, ma come corpo identitario attorno a cui raccogliere le forze della nazione, anche se la nazione stessa non sembra ancora efficacemente definita.

La stampa diviene un momento centrale non solo dell'azione politica, ma anche della costruzione dell'identità collettiva e della memoria pubblica, in un intreccio che diverrà tipico dello Stato nazione e dei suoi eredi.[57] Proprio come il tentativo di dominio del racconto europeo messo in atto dalla Chiesa comprende una *pars costruens* relativa alla diffusione del proprio messaggio e una *pars destruens*, ossia la censura, così anche gli Stati assoluti europei mettono in campo una forte componente censoria nei confronti della stampa.[58]

Quando le ristrettezze economiche dello Stato francese costringono Luigi XVI a convocare gli Stati Generali del regno l'apertura di visibilità politica concessa dal sovrano viene riempita in modo sorprendentemente veloce da un esplodere di informazione a mezzo stampa che sposta su giornali più o meno autorizzati gran parte del dibattito politico. Sebbene siano le riunioni dei tre Stati e poi quelle dell'Assemblea nazionale i luoghi in cui si decidono le sorti del paese, è la diffusione di queste decisioni – o il loro racconto partigiano – a determinare gli umori della popolazione parigina e quindi il successo o meno delle varie iniziative.

Non è un caso se, in un clima di cambiamento delle regole istituzionali, uno dei primi provvedimenti adottati dall'Assemblea francese sia quello di proclamare la libertà di stampa.[59] Una primitiva forma di opinione pubblica, riguardante una fascia ancora ristretta di sudditi

l'informazione ritualizzata non ha meno bisogno di diffondere la riduzione dei poteri locali, l'obbedienza dei governatori, la sottomissione dei sudditi ribelli, siano essi protestanti, nobili, borghesi o contadini». H. Méchoulan, a cura di, *L'État baroque. Regards sur la pensée politique de la France du premier* XVII *siècle*, Librairie J. Vrin, Parigi 1985, p. 340.

[57] Per un quadro di insieme allo sviluppo parallelo di giornalismo e governo dello Stato in ambito occidentale cfr. O. Bergamini, *La democrazia della stampa. Storia del giornalismo*, Laterza, Roma-Bari 2013.

[58] Cfr. P. Delpiano, *La censura nel secolo dei lumi. Una visione internazionale*, UTET, Milano 2011.

[59] Come recita l'articolo 11 della Dichiarazione dei diritti dell'uomo e del cittadino del 1789 «La libera manifestazione dei pensieri e delle opinioni è uno dei diritti più preziosi dell'uomo; ogni cittadino può dunque parlare, scrivere, stampare liberamente, salvo a rispondere dell'abuso di questa libertà nei casi determinati dalla Legge» (testo tratto da P. Biscaretti di Ruffia, *Le Costituzioni di dieci Stati di "democrazia stabilizzata"*, Giuffrè, Milano 1994).

alfabetizzati e disposti ad acquistare un giornale (il cosiddetto Terzo Stato, o borghesia), è investita da un fronte di fuoco di fila di notizie, opinioni e propaganda. L'abitudine, ormai secolare alle soglie della rivoluzione del 1789, di trovare su carta i più importanti riferimenti all'attualità politica, viene sfruttata da chi intende cambiare il racconto pubblico del paese a proprio vantaggio. Se è dallo «strumento giornale» che arrivano le indicazioni sul modo di *vivere e pensare*, allora chiunque voglia incidere negli avvenimenti politici della Francia di fine Settecento *deve* avere a disposizione una stamperia e della carta per farsi sentire. Il rivoluzionario «tipo», nel 1789, è molto spesso anche giornalista o editore.[60] Di sicuro lo sono i rivoluzionari più famosi. Figure come quelle di Danton e Robespierre, avvocati di professione, devono una parte consistente della loro fortuna, e poi anche della loro caduta, all'attività di stampa che si sviluppa attorno al club dei Cordiglieri, guidata da personaggi quali Camille Demoulins, avvocato e giornalista a lungo megafono della violenza rivoluzionaria e poi da essa stessa fagocitato, o Jean Paul Marat, fondatore e animatore del battagliero giornale «L'Ami du peuple», rappresentano lo standard medio dei principali fomentatori della folla parigina.[61] Non ci si limita a guidare il popolo attraverso articoli di opinione o notizie presentate ad arte per ingenerare emozioni più o meno utili nella folla: durante il periodo che segue la fine del monopolio statale sull'informazione si ha uno sviluppo sistematico della satira politica e fenomeni come la demolizione degli avversari attraverso la calunnia a mezzo stampa.[62]

Si istituzionalizza, anche attraverso il potere della stampa, non solo l'uso della comunicazione per i suoi effetti dal punto di vista dell'informazione, ma addirittura delle emozioni più potenti e primordiali come arma di lotta politica. Come analizza Remo Bodei, «la paura rivoluzionaria, istituzionalizzata, burocratizzata e nazionalizzata, si metamorfizza in Terrore»;[63] e lo fa attraverso l'indispensabile strumento della stampa, perché è quello della stampa il ritmo di diffu-

[60] Cfr. J.D. Popkin, *News and Politics in the Age of Revolution. Jean Luzac's Gazette de Leyde*, Cornell University Press, Ithaca 2015 (prima ed. 1989).

[61] J.R. Censer, *Prelude to Power. The Parisian Radical Press (1789-1791)*, John Hopkins University Press, Baltimora 2019 (prima ed. 1976).

[62] Cfr. C. Walton, *Policing Public Opinion in the French Revolution. The culture of Calumny and the Problem of free Speech*, Oxford University Press, Oxford 2009.

[63] R. Bodei, *Geometria delle passioni. Paura, speranza, felicità: filosofia e uso politico*, Feltrinelli, Milano 2003 (prima ed. 1991), p. 385.

sione delle idee e dei sentimenti che da esse scaturiscono, ed è dal mondo della stampa l'esercito di costruttori e alimentatori di questi sentimenti.[64]

Una valanga di parole sempre più brutali che investe il dibattito pubblico nel momento in cui il racconto della vecchia Francia si spezza sotto il peso della rivoluzione, tanto da plasmare i caratteri fondamentali di quella che d'ora in avanti verrà identificata come «opinione pubblica», vale a dire le linee di pensiero prevalenti all'interno della società con le loro conseguenze politiche. Linee di pensiero che, come dimostrano le fluttuazioni all'interno delle fasi della rivoluzione stessa, possono essere create, plasmate e indirizzate a seconda delle necessità di questa o quella fazione, in una corsa all'eccitazione della folla. Da questo punto di vista è possibile affermare che la stampa, forse, non sarebbe stata un elemento indispensabile per lo scoppio della rivoluzione – troppe le tensioni sociali accumulate e irreversibile la crisi del modello di governo – ma sicuramente è un elemento indispensabile per la sua evoluzione giacobina prima, dittatoriale (direttorio e impero napoleonico) poi. Lo strumento della stampa nei suoi vari aspetti formali e sociali raggiunge nella Francia rivoluzionaria le caratteristiche tipiche del mezzo di costruzione e guida delle masse nelle forme che poi saranno quelle dei seguenti due secoli.

Seguendo questa analisi, è evidente come la situazione si sia completamente ribaltata rispetto agli esordi esplosivi dell'invenzione di Gutenberg all'interno delle lotte sociali.

Agli inizi del Cinquecento questo strumento viene utilizzato per catalizzare e mettere in rete un'emotività negativa diffusa nei confronti dello *status quo* della società rurale.

La Rivoluzione francese ne fa l'oggetto politico attraverso cui fomentare e diffondere un sentimento di emotività negativa da utilizzare, opportunamente guidato, per gli scopi di questa o quella fazione.

Col crollo della monarchia borbonica un rapporto già secolare ma non del tutto istituzionalizzato raggiunge il grado di industria all'interno del panorama economico, culturale e sociale divenendo una parte imprescindibile per l'autorappresentazione della società occidentale.

[64] Sulla teorizzazione e l'applicazione sistematica del Terrore nella comunicazione della Francia rivoluzionaria cfr. T. Tackett, *The coming of the Terror in the French Revolution*, Harvard University Press, Cambridge (MS) 2015.

Mentre nelle sale dei palazzi del potere parigino si cerca di stabilire il principio della separazione dei tre poteri rappresentanti lo Stato, fuori, nelle piazze, nei caffè e dietro le barricate, quello che verrà definito il quarto potere acquista la sua fisionomia definitiva.

Se agli esordi dell'Età moderna è la Rabbia a servirsi della stampa, il secolo dei Lumi si spegne su una realtà in cui è la stampa a servirsi della Rabbia.

2.8. *La lettura come bene di massa*

Lo sviluppo del *Nation Building* a livello di Stati europei e la costruzione delle grandi narrazioni che porteranno all'epoca del predominio globale bianco, «l'età degli imperi», come la definiva Hobsbawm,[65] si accompagna a un'espansione sistematica della stampa come mezzo di comunicazione e costruzione di racconto a ogni livello della vita pubblica. Se la storia del processo di alfabetizzazione delle masse è un avvenimento di lunga data e non ancora concluso,[66] nel corso del XIX secolo cambia il paradigma stesso del modo di intendere lettura e scrittura. Il lungo Ottocento degli Stati che si vestono da nazioni si caratterizza per un'accezione sempre più marcata della parola scritta come base di consenso. Leggere innanzitutto, e poi scrivere, sono azioni che escono dall'ambito specialistico per assumere un valore sociale comune.[67] La creazione del concetto di istruzione universale è al contempo utile all'estensione delle forme di amalgama identitarie tipiche degli Stati moderni e funzionale alla necessità capitalista di una classe operaia acculturata e consumatrice. Da qui parte la costruzione di quello che potremmo definire welfare culturale: scuola elementare estesa a tutti, proliferazione di biblioteche pubbliche, allargamento quasi universale del mercato letterario che va incontro alle esigenze, e ai sogni, dei suoi nuovi clienti.[68]

Con il trionfo delle borghesie commerciali continentali[69] le condizioni politico-economiche vedono un allargamento della base sociale

[65] E.J. Hobsbawm, *L'età degli imperi*, Laterza, Roma-Bari 2005 (prima ed. 1987).

[66] Cfr. H.J. Graff, *Storia dell'alfabetizzazione occidentale*, il Mulino, Bologna 1989 (3 voll.).

[67] Cfr. L. Braida, B. Ouvry-Vial, *Leggere in Europa* cit.

[68] Per un focus sul caso italiano, per lo più convergente col quadro europeo, G. Genovesi, *Storia della scuola in Italia dal Settecento a oggi*, Laterza, Roma-Bari 2004.

[69] Anche qui si mutua una fortunata definizione di E.J. Hobsbawm, che dà il titolo a un suo saggio, *Il trionfo della borghesia (1848-1875)*, Laterza, Roma-Bari 2004 (prima ed. 1992).

«consapevole»: le aspirazioni politiche e sociali di una fetta sempre maggiore di popolazione allargano al grande pubblico alcuni temi fino a quel momento appannaggio degli strati sociali più alti. Si assiste nella seconda metà dell'Ottocento, allo sviluppo di un pensiero che sarà poi dominante per un secolo e mezzo: l'idea che la cultura sia un «bene di massa». Si fa strada, grazie all'industrializzazione, l'assunto che chiunque abbia il diritto di accedere al panorama culturale espresso dalla propria società; vale a dire, in buona sostanza, che tutti dovrebbero poter frequentare gli elementi portanti del racconto pubblico.

Questo allargamento di aspirazioni, che lo stesso immaginario pubblico europeo alimenta – la scienza positivista, il ruolo sempre più valorizzato dell'individuo, lo sviluppo del concetto di cittadino attivo nel contesto di comunità – vede attivarsi uno dei grandi paradossi concettuali della modernità, vale a dire la continua corsa, da parte di chi detiene il monopolio del racconto pubblico, alla libera circolazione di una sempre maggior quantità di idee e parallelamente la volontà di mantenere sempre più serrato il controllo dei modi e dei tempi di costruzione dell'identità pubblica.

In una società che dice di voler fare della libera circolazione delle idee un valore collettivo da preservare non è semplice trovare il modo di mantenere stabile, nelle mani di chi comanda, il regime di costruzione formale del sistema di valori condivisibili. Tanto più che, nel secolo del trionfo borghese, proprio grazie alla libera circolazione delle idee si diffondono racconti pubblici concorrenti che cercano di svellere il monopolio di potere attraverso i mezzi ormai consueti: l'ideologia marxiana, primo, grande racconto pubblico ottocentesco concorrente a quello liberale adottato, anche ipocritamente, dagli stati europei, deve la sua capacità diffusiva alla stampa.[70]

Si potrebbe quindi affermare che la stampa continua a svolgere, come nei secoli precedenti, un ruolo di grimaldello sociale contro le costruzioni immaginifiche del potere costituito. E questo è innegabile pensando al ruolo di *pamphlet*, gazzette clandestine e pubblicazioni pirata nei sommovimenti del diciannovesimo secolo; tuttavia, è bene notare come, nella fase matura della ideologia liberale che domina lo spazio europeo almeno dalla seconda metà dell'Ottocento, la stampa

[70] J. Chapman, *Comparative Media History. An Introduction: 1789 to the Present*, Polity Press, Cambridge 2005.

assurge anche, contemporaneamente, a principale strumento di «addomesticamento» della società in cui circola.

Se nel lontano Cinquecento l'atto di stampare su carta le proprie idee per diffonderle era considerato un atto rivoluzionario (chiunque lo portasse avanti, i contadini dell'Algovia o l'Elettore di Sassonia), durante il lungo Ottocento la stampa diviene un fattore di stabilizzazione costante della società europea.

Centinaia di pubblicazioni si occupano di diffondere il racconto pubblico maturato dalle classi dirigenti: per ogni pubblicazione clandestina che diffonde idee pensate come sovversive esiste tutta una serie di pubblicazioni che hanno libera circolazione con lo scopo di contrastare possibili fughe in avanti da parte di basi sociali turbolente. Sì, le varie ideologie progressiste diffondono con sempre maggior efficacia il verbo dell'eguaglianza e del possibile sovvertimento sociale, ma è un fatto che queste ideologie non riescano a prendere piede se non in parti marginali della società. Mentre l'immaginario collettivo progressista si affanna nel proporre nuovi modi e metodi per cambiare la struttura classista una fetta sempre maggiore di popolazione si trova immersa nel brodo di coltura del racconto pubblico dominante, fatto di parole d'ordine solide ed efficaci e ammantato di valori forti e condivisibili: nella lotta ingaggiata dalle ideologie libertarie contro il monolito narrativo dello Stato nazionale borghese quest'ultimo per lungo tempo non sembra avere molto da temere, nei fatti.

Di certo il monopolio della violenza impostato ed esaltato dai fautori dello Stato moderno impedisce qualsiasi sovvertimento dell'ordine costituito se non a costo di un copioso bagno di sangue. Costo che nelle società europee nessuno sembra voler davvero pagare fino al crollo dell'Impero russo sotto i colpi della guerra mondiale. Ma accanto a questa nemmeno troppo mascherata violenza di Stato,[71] si sviluppa un intenso lavorio di costruzione di identità sociale su più livelli che coinvolge lo strumento della stampa in maniera diretta: se, a livello di memoria pubblica, spesso si pone l'accento sulla diffusione delle idee che contrastano il racconto pubblico dominante, si deve a

[71] Un caso giornalistico italiano rilevante da questo punto di vista è costituito dalla campagna di stampa attorno ai cosiddetti moti di Milano del 1898, che vennero raccontati dalla stampa filogovernativa come un sacrosanto atto di polizia e mantenimento dell'ordine. La discrasia tra questa visione e la realtà di impatto verso la nascente opinione pubblica italiana porterà a una polarizzazione del clima sociale tale da costare la vita a re Umberto I (cfr. M. Albeltaro, *29 luglio 1900*, Laterza, Roma-Bari 2019).

maggior ragione tenere conto della proliferazione eccezionale di tutta una serie di pubblicazioni che invece si adoperano per mantenere in piedi lo *status quo* e diffonderne l'ideologia.

La seconda metà dell'Ottocento vede il trionfo della carta come elemento di amalgama sociale, attraverso la diffusione di periodici e libri specificamente pensati per inserirsi nella narrazione del racconto pubblico dominante. Sono molti gli esempi di pubblicazioni funzionali alla pubblica quiete, per così dire, che si diffondono nel periodo del trionfo dell'imperialismo borghese.

Negli anni novanta dell'Ottocento e quasi in contemporanea sulle due sponde dell'Atlantico nasce ad esempio un'evoluzione del consueto concetto di giornale che si sviluppa contestualmente all'allargamento del mercato dei lettori. Sempre in quegli anni il redattore del «New York Press», Erwin Wardman, in polemica con altri giornali ad alta diffusione della sua città, utilizza in senso spregiativo l'espressione *Yellow Journalism*,[72] per inquadrare un modo di fare giornalismo basato su notizie sensazionalistiche, poca ricerca e cura per le fonti e tentativo di mantenere alta la diffusione tra il pubblico con ogni mezzo. Questo tipo di giornalismo, sorto non a caso negli Stati Uniti che, come si è visto, sono la patria del giornalismo diffusivo con una forte vena commerciale, si espande rapidamente nel resto dell'Occidente. I *tabloid* inglesi[73] diventano una componente fondamentale nella costruzione della vita pubblica del Regno Unito, aizzando i lettori su questo o quell'argomento a seconda degli interessi editoriali o politici. Una caratteristica che si consolida in determinata stampa e che ancora oggi risulta essere la cifra di molti dei giornali più diffusi del pianeta.

[72] Letteralmente «giornalismo giallo». L'etimologia di questa definizione non è del tutto verificabile, perché il termine pare attestato anche prima del suo utilizzo da parte di Wardman, ma è opinione comune che si riferisca al «New York Journal», testata concorrente del «NY Press», in cui, tra le altre cose, si pubblicava una striscia di fumetti che aveva per protagonista un bimbo cinese, *the Yellow Kid*, appunto. La definizione passa a comprendere, più in generale, il giornalismo sensazionalistico e basato su notizie spesso non verificate utili a titillare la curiosità del lettore. Ha un corrispettivo più o meno fedele nella definizione, utilizzata in Europa sulla scorta del modello britannico, di *Tabloid journalism* (giornalismo da tabloid). (www.britannica.com/topic/yellow-journalism).

[73] Così definiti dalle misure dei fogli su cui vengono stampati, (30 cm × 43 cm circa), grandi circa la metà rispetto alle misure della stampa allora tradizionale. Il formato, più funzionale al trasporto e quindi pensato per una lettura «da strada», si diffonde tra le testate delle grandi città occidentali. Ancora oggi è utilizzato per i giornali scandalistici inglesi e per i giornali a diffusione gratuita come quelli che si trovano nelle metropolitane (www.treccani.it/vocabolario/tabloid/).

La stampa a larga diffusione indirizza gli umori e anche gli atteggiamenti di una vasta fetta di società e impone spesso il dibattito su quelli che diventano i temi di pubblico interesse.[74] Questo tipo di giornali ad esempio porta al livello di arte la ricerca e la diffusione di notizie «esplosive» (*scoop*), così come la definizione di nuovi tipi di intrattenimento su carta, dai cruciverba alle rubriche dell'oroscopo.

Questo tipo di azione alimenta la pervasività della notizia e facilita il successo economico dei giornali. Basti pensare alle inchieste più o meno specializzate su casi di cronaca che rendono seriale l'informazione e fidelizzano i lettori: sono molti i casi di cronaca che con questo schema routinario assurgono a veri e propri spezzoni di cultura popolare di massa. Simbolico di questo modo di fare giornalismo è il caso di Jack lo squartatore (*Jack the Ripper*) che per mesi tiene la Gran Bretagna incollata alle pagine dei giornali.[75] Un esempio di come si possa costruire un vero e proprio mito culturale a partire dalla rilettura di un fatto di cronaca. Nel caso specifico si tratta di una notizia nemmeno troppo eccezionale: allo squartatore di Whitechapel le forze dell'ordine attribuiscono cinque vittime tra le prostitute londinesi, a cui proprio i giornali sommano un'altra decina di casi tra l'agosto e il novembre 1888, più altri delitti irrisolti fino al 1891. Un numero non molto alto per gli standard dei bassifondi della Londra vittoriana. L'attenzione posta dai giornali alla vicenda e la sua apparente serialità sono materiale perfetto per costruire un caso mediatico che diventa non solo un punto di coagulazione dell'interesse pubblico, ma si trasforma in un *topos* culturale che sopravvive all'incidentalità del momento. C'è tutto un modo di «costruire le notizie», cui i giornalisti specializzati mettono molta cura: soprannomi a effetto, storie pruriginose, il coinvolgimento di strati sociali solitamente non sospettabili (per molti, anche se non per la polizia, all'epoca e dopo i delitti uno dei principali indiziati rimane il principe di Galles), tutti parametri di una certa cronaca nera che ben conosciamo anche oggi.

[74] Si pensi all'impatto della polemica tutta giornalistica scaturita in Francia dal caso Dreyfus (cfr. A. Silvestrini, *Il caso Dreyfus e la nascita dell'intellettuale moderno*, Franco Angeli, Milano 2013 e il capitolo ad esso dedicato in G. Gozzi, *Storia del giornalismo*, Bruno Mondadori, Milano 2000).

[75] Per uno studio dell'impatto mediatico della vicenda cfr. fra i molti A. Warwick, M. Willis, *Jack the Ripper. Media, Culture, History*, Manchester University Press, Manchester 2007, A. Chisholm, C.M. DiGrazia, D. Yost, *The News from Whitechapel. Jack the Ripper in The Daily Telegraph*, McFarland, Jefferson 2009.

La stampa assume sempre più un ruolo di intrattenimento accanto a quello che le si riconosce fin dagli albori, vale a dire il carattere informativo. E questa forma di intrattenimento, pur con varianti specifiche e notevoli eccezioni, costituisce il modo in cui una parte molto consistente delle società europee imbastisce il proprio rapporto con l'informazione in generale. Siamo già alle soglie, almeno nei meccanismi di funzionamento, di quella che una definizione piuttosto cinica ma efficace delinea come «arma di distrazione di massa».[76]

In un sistema di informazione diffusa e capillare, il fatto che buona parte dell'informazione venga dirottata su temi di temporalità ristretta e di interesse sensazionalistico è funzionale alla gestione del potere e al rafforzamento del racconto pubblico dominante. Anche quando si tratta di casi che possono coinvolgere membri delle élite di potere, il modo in cui la stampa affronta le notizie è caratterizzato da una ricerca di stabilità e conferma. Il politico corrotto che viene colto sul fatto viene posto a pubblica gogna e punito a livello di opinione pubblica, in modo da farne un simbolo. Caratteristica tipica dei simboli è quella di non essere estremamente diffusi e quindi, per paradosso, le campagne di stampa contro questo o quel politico rafforzano nei lettori la concezione di fondo che il mondo in cui vivono sia sostanzialmente immutabile e che le perturbazioni date dall'eccentricità di questo o quel caso non sono altro che parte del panorama di casi in cui può essere declinata la realtà. La stampa dell'età degli imperi, almeno quella a larga diffusione, non arriva mai ad essere giornalismo di rottura rispetto al racconto dei quadri dominanti e anzi si presta spesso e volentieri ad accompagnare le azioni concrete attraverso cui si esplicita questo racconto pubblico.

Sono note e particolarmente importanti, ad esempio le campagne di stampa occidentali in momenti particolarmente significativi alle avventure imperiali europee: gli attacchi condotti dai *tabloid* britannici contro l'imperatore di Germania, il Kaiser Guglielmo, noto *gaffeur* che in più occasioni a causa delle sue improvvide dichiarazioni mette in imbarazzo la diplomazia tedesca.[77] Ma il movimento della stampa dimostra

[76] *Weapons of mass Distraction*, secondo la fortunata espressione mutuata da un film americano del 1997 sullo scontro tra due magnati dell'informazione.

[77] L'immagine dell'imperatore come commentatore inopportuno rimarrà incollata a Guglielmo II a causa di improvvide dichiarazioni date soprattutto alla stampa estera, che il governo tedesco non poteva preventivamente controllare: celebre l'intervista al «Daily Telegraph» del 1908 in cui il Kaiser espresse le sue strampalate idee attorno alla geopolitica mondiale offendendo mezza Europa (cfr. G. Corni, *Guglielmo II*, Salerno editore, Roma 2022, pp. 203 e sgg.).

di avere una omogeneità che valica i confini nazionali: il *battage* attorno alla spedizione internazionale per sedare la rivolta dei *Boxers* in Cina è un esempio di coordinamento del racconto pubblico su più mercati di lettori dagli esiti efficacissimi. È il trionfo del suprematismo imperiale bianco, accomunato da una visione di sé compatta e bellicosa e che dà vita a quello che si potrebbe definire il primo *Clash of Civilizations* combattuto dall'Occidente.

2.9. *La carta istituzionalizzata*

Oltre ai giornali, il movimento di «normalizzazione narrativa» impostato dai grandi costruttori di immaginario è costituito da altri strumenti del mondo della stampa che concorrono, in misure diverse ma con diffusione capillare, a rendere il discorso pubblico un «discorso su carta».

I grandi romanzi di massa si propagano proprio durante l'età imperiale e sono caratterizzati da temi che portano all'amalgama dei gusti: l'amore, la guerra, il dovere verso patria e/o famiglia sono componenti immancabili di tutti i grandi *bestseller* europei, che si parli di narratori inglesi, francesi o russi. Anche prima del secolo che per la prima volta si immagina come globale, l'Ottocento, vi erano stati esempi di letteratura a diffusione transnazionale. La grande differenza è che prima del processo di alfabetizzazione gestito a livello pubblico, il mercato dei grandi prodotti librari era numericamente limitato a chi poteva permettersi il denaro e il tempo necessari al processo di lettura. Durante l'età degli imperi, l'alfabetizzazione di massa e l'ulteriore abbattimento dei costi di produzione di carta e libri fa esplodere ed allargare enormemente la cosiddetta *galassia Gutenberg*. Nascono nuovi generi di largo consumo che si discostano dalla cosiddetta letteratura alta ma vengono premiati da un vastissimo seguito di pubblico: autori come Jules Verne ed Emilio Salgari diventano dei marchi di fabbrica legati a produzioni come i romanzi di avventura e di intrattenimento.[78] Pur essendo per lungo tempo visti come letteratura popolare (leggi volgare) è innegabile che le opere di Verne siano per l'epoca un

[78] Per una visione degli schemi narrativi e dell'impatto culturale di questo tipo di letteratura si veda la raccolta di saggi di Umberto Eco, *Il superuomo di massa. Retorica e ideologia nel romanzo popolare*, La Nave di Teseo, Milano 2016.

modello di fiducia nel progresso e una dimostrazione del possibile trionfo della scienza positivista sull'oscurantismo dei secoli passati. Il mirabolante viaggio di Phileas Fogg intorno al mondo è al contempo un omaggio all'audacia europea che parte alla conquista del mondo e una celebrazione del trionfo imperiale bianco che ha reso, letteralmente, il mondo più piccolo. E oltre ai romanzi troviamo i manuali scolastici, prodotti librari sempre più sofisticati, a cui si affida direttamente la costruzione dell'immaginario dei giovani cittadini. Perfino oggetti un tempo eccezionali dell'industria della stampa acquistano una sempre maggior quota di palcoscenico narrativo entrando con forza nella lotta per plasmare la massa popolare. Con sempre più forza i capisaldi del racconto pubblico che si sta omogeneizzando attorno all'idea borghese-capitalista bianca vengono trasmessi dai mezzi a stampa in nuove forme pervasive: guide turistiche, cartine geografiche, manuali di istruzioni di tutti i tipi, sono solo alcuni dei molti modi attraverso cui la stampa contribuisce alla costruzione dell'uomo moderno, quello che si deve inserire, pur con le proprie libertà individuali, all'interno del racconto pubblico.

In una società che si caratterizza attraverso l'alfabetizzazione, il ruolo della stampa assume connotati sempre più istituzionalizzati e, pertanto, sempre meno incendiari. Il mondo della carta raggiunge quella che è possibile definire la sua piena maturità come mezzo di costruzione sociale all'inizio del Ventesimo secolo a causa di una sorta di circolo vizioso attivato dal progressivo allargamento dell'opinione pubblica: più il racconto pubblico assume come un valore la lettura e l'istruzione generalizzata, più il mondo della stampa viene chiamato a sopperire alla fame di contenuti che la platea in espansione dimostra; più i contenuti e i mezzi per diffonderli si diversificano, più la società viene spinta verso il consumo di questi prodotti, aumentando ulteriormente il mercato.

La stampa a inizio Novecento è parte integrante del racconto pubblico e della *forma mentis* delle società europee che contribuisce a plasmare e imbrigliare.

Il trionfo di questa funzione della carta è sicuramente dato dalla Grande Guerra. Il conflitto che vede scontrarsi gli imperialismi europei in una lotta fratricida richiede alla stampa dei singoli paesi sforzi enormi per sostenere e propagare le differenti versioni di racconto.

I giornali ampliano le tirature, i governi sovvenzionano l'uscita di quelli a loro favore e censurano senza pietà quelli contro. La carta si insinua letteralmente all'interno delle trincee, con periodici prodotti dalle stesse strutture interne degli eserciti. I giornali di trincea sono una realtà peculiare del conflitto, al contempo organi di propaganda ma anche oggetti di quotidianità di cui si cerca di dotare i soldati al fronte.[79] È nel crogiolo della guerra di posizione che l'informazione su carta tocca il suo apice narrativo: giornalisti e scrittori raccontano la guerra agli altri soldati e anche sé stessi in guerra, contribuendo più o meno coscientemente al racconto bellicista e quindi al rafforzamento del sistema che alimenta la guerra. Gli scrittori eroi e i giornalisti che raccontano il mondo della nobiltà di trincea sono funzionali alla costruzione di un'identità collettiva, la spina dorsale del racconto europeo.[80] La *trincerocrazia* che alimenta i sogni di un mondo diverso da quello imperiale sarà il comburente per la svolta narrativa che porterà ai totalitarismi Novecenteschi. Un racconto che, ancora una volta, risulterà funzionale a una fetta consistente delle élite di molti paesi per mantenere il potere di fronte alla dinamicità delle masse alfabetizzate e vedrà nella stampa, ancora una volta, molto più un fattore di conservazione che di cambiamento.

2.10. *Una falsa concorrenza: i canali di comunicazione massmediale sono davvero alternativi?*

Quando nel 1962 Marshall McLuhan scrive *The Gutenberg Galaxy. The making of the Tipographic Man*,[81] il dibattito attorno alla stampa si sta interessando della forte concorrenza che i nuovi strumenti di comunicazione stavano facendo al vecchio mondo del torchio. Una paura giustificata dalla migrazione sempre più massiccia dalla carta verso radio e televisione, i due mezzi di comunicazione che prendono piede nel Ventesimo secolo.

McLuhan nel suo saggio affronta con un approccio innovativo dal punto di vista antropologico l'impatto dell'avvento della stampa sulla costruzione dell'uomo moderno sottolineandone l'importanza e arri-

[79] G. Seal, *The Soldiers Press. Trench Journals in the First World War*, Palgrave, Londra 2013. Per il caso italiano R.H. Rainero, *La lettura del soldato. Propaganda e realtà nei Giornali di trincea 1915-1918*, Franco Angeli, Milano 2020.

[80] S. Magherini, *In trincea. Gli scrittori alla Grande Guerra. Atti del Convegno internazionale (Firenze 22-24 ottobre 2015)*, Società Editrice Fiorentina, Firenze 2017.

[81] M. McLuhan, *La galassia Gutenberg* cit.

vando a interrogarsi, a livello comparativo, sulle possibili conseguenze del tramonto della *galassia tipografica* per l'evoluzione sociale umana.

Il libro pone in particolare l'accento sui cambiamenti nei modi di fruizione del messaggio informativo passando dalla carta ad altre forme di supporto a partire proprio dall'impatto che le nuove tecnologie hanno avuto sullo sviluppo della stessa stampa:

> ... il giornale dell'800 subì una completa trasformazione con l'avvento del telegrafo. La pagina stampata meccanicamente veniva attraversata da una nuova forma organica che cambiava l'impaginazione allo stesso tempo in cui cambiavano la politica e la società.[82]

A distanza di più di sessant'anni da questa analisi, mentre si è alle prese con una rivoluzione della comunicazione di ben più vasta portata, è possibile affermare, come hanno già fatto molti critici delle teorie di McLuhan, che l'impatto di telegrafo, radio, cinema e soprattutto televisione se è stato per la stampa un sicuro acceleratore di declino, dall'altro non ha prodotto la fine del mondo cartaceo e del suo impatto sul modo di percepire la realtà e il suo racconto.[83]

Il telegrafo rappresenta un'innovazione soprattutto dal punto di vista tecnico, con la sua velocità e immediatezza, ma il cui impatto sul mondo culturale non sembra aver modificato in modo radicale l'immaginario, se non altro perché esso rimane gestito pubblicamente, dato che nessun paese arrivò mai ad avere «un telegrafo in ogni casa». Radio e televisione hanno dimostrato che le società avanzate del Ventesimo secolo possono assorbire più tecnologie rimanendo ancorate a quelle che le hanno plasmate.

Quando alla stampa si sono gradualmente sostituiti i mezzi «a onde», radio e TV, questi non hanno portato a modifiche sostanziali nella distribuzione del potere comunicativo e nel suo riequilibrio. All'interno del sistema di controllo si hanno forze propulsive che si impossessano del mezzo di racconto e ne guidano le mosse grazie a un limite di fondo dei nuovi mezzi espressivi quali il cinema, la radio e la TV, cioè, banalmente il capitale. Una stazione radio, un set cinematografico, uno studio televisivo, sono spazi che richiedono molti fondi per essere allestiti e manodopera altamente specializzata per essere

[82] *Ibid.*, p. 209.

[83] Per una visione più strutturata del rapporto tra evoluzione tecnologica ed evoluzione sociale tra Otto e Novecento cfr. P.J. Hugill, *Le comunicazioni mondiali dal 1844. Geopolitica e tecnologia*, Feltrinelli, Milano 2005.

messi in produzione. Registi, sceneggiatori, cineoperatori, fonici, truccatori, tecnici, maestranze: un intero settore industriale per costruire racconti sempre più sofisticati che necessitano di capitali sempre più ingenti.

Ha fatto scalpore, ma non dovrebbe, il fatto che l'agenzia spaziale indiana nel 2023 ha speso per il progetto Chandrayaan-3 che ha fatto arrivare con successo una sonda sul suolo lunare meno – 75 milioni di dollari – di quanto abbiano speso i produttori di Interstellar (2014) per girare un film che parla di avventure spaziali (165 milioni di dollari).[84]

Oltre alla questione costi, contrariamente ad alcune previsioni già citate,[85] la comunicazione a onde ha prodotto sì un mutamento nella fruizione delle informazioni e quindi anche nella produzione dei contenuti del racconto, ma nel senso di una generale passivizzazione del pubblico. Essendo mezzi più completi e diretti nella trasmissione del linguaggio, radio e soprattutto TV hanno costruito, nel corso del tempo, un pubblico sempre più abituato a contenuti che richiedano un grado minimo di rielaborazione. L'atto interpretativo richiesto dalla lettura viene sostituito dall'essere semplice spettatore.

Un cambio di rapporto che ha favorito la contenutistica ad alta specializzazione (leggi più efficace e quindi più costosa) e la fabbricazione di prodotti di mero intrattenimento, limitando la possibilità di penetrazione di narrazioni estemporanee e potenzialmente divergenti dal flusso che oggi si definirebbe *mainstream*. Il pubblico dei media a onde «subisce» l'intrattenimento, mantenendo solo la possibilità di scelta tra l'assumere o non assumere il contenuto dato: tra il «guardare quel che c'è» o il «cambiare canale».

Certo, come si è sottolineato, in determinati ambiti e condizioni, anche attraverso questi mezzi di comunicazione è stato possibile inserire voci dissonanti. Le esperienze dei nuovi tipi di trasmissioni televisive che nel corso del tempo cambiano il panorama dell'offerta di solito seguono il percorso di un fenomeno dapprima dirompente e quindi di forte interesse, poi assorbito nel racconto pubblico corrente e infine divenuto routinario rispetto alla produzione: si tratta di esperienze di breve durata e il cui impatto, quando non trascurabile, è stato riassorbito nella narrazione dominante. Alla fine della Guerra

[84] www.independent.co.uk/space/chandrayaan-3-budget-interstellar-cost-b2399815.html.
[85] M. McLuhan, *La galassia Gutenberg* cit.

Fredda, con il crollo di uno dei due grandi produttori di immaginario globale, il blocco sovietico, questo monopolio arriva al punto, in qualche sua frangia estrema, di dichiarare vinta per sempre la battaglia sul racconto pubblico e quindi, in sintesi, di poter proclamare la «fine della Storia».[86] Una fine della storia che sembra passare anche da una fine o, meglio, da un assestamento in senso monolitico, del modo stesso di vedere la realtà. L'autodefinito capitalismo liberale ha vinto e quel che resta fuori da questo flusso di informazioni sembra destinato a estinguersi o a rimanere una sorta di piccola eccezione che conferma la regola.

Televisione e radio non hanno decretato la fine della carta, anzi, ne hanno preso per molti versi le forme mutuandone i modi di interazione e di propagazione dell'informazione. Basti pensare al fatto che, quando i colossi televisivi scelgono di avventurarsi nel mondo dell'informazione le strutture di trasmissione delle notizie si servono di giornalisti riuniti in redazioni con direzioni responsabili, una linea editoriale e dei servizi sul modello di articoli trasmessi poi in quelli che, non si trova miglior definizione, si chiamano, per esempio in italiano, *telegiornali*.[87] Lo stesso si può dire per le redazioni radiofoniche che attraverso parametri già fissati nel giornalismo su carta sviluppano «radiogiornali» a cadenza spesso molto ravvicinata.

Se da un punto di vista della storia del costume le innovazioni tecnologiche della prima metà del Ventesimo secolo portano sicuramente un cambiamento nelle abitudini e negli stili di vita della popolazione, per quanto riguarda la diffusione e la fruizione di messaggi come le notizie di pubblico interesse o la trasmissione della conoscenza di determinati fatti, possiamo dire che il solco tracciato dalla secolare abitudine costituita dalla stampa non vede i nuovi *media* discostarsi più di molto da parametri e stili consolidati da un'abitudine plurisecolare.

I nuovi mezzi cambiano i modi e tempi di fruizione delle notizie, ma non ne cambiano né la contenutistica né l'approccio che con esse le persone hanno. Si guarda il telegiornale la sera come prima si leggevano le edizioni serali dei quotidiani (che infatti per lo più vanno a estinguersi nel tempo). Si riconoscono i giornalisti televisivi per i

[86] F. Fukuyama, *La fine della storia e l'ultimo uomo*, Rizzoli, Milano 1992.

[87] L'applicazione del prefisso «tele» alla parola che identifica il giornale è variamente utilizzata nelle lingue neolatine (ad esempio *téléjournal* in francese), mentre nelle lingue germaniche generalmente si affianca il termine «notizia» con l'acronimo «TV» (*TV news* in inglese).

propri commenti proprio come prima si seguivano le grandi firme su carta e anzi, oggi spesso le due figure coincidono.

La pervasività di questo modello è dimostrata dal fatto che una cinquantina di anni di TV non ha estinto le figure del giornalismo di carta, costituendo anzi, a volte, un doppio palco attraverso cui i professionisti dell'informazione possono svolgere il proprio lavoro.[88]

Non è intenzione del presente lavoro addentrarsi in un'analisi puntuale del rapporto antropologico tra nuovi media e società, argomento già abbondantemente trattato e che ha prodotto studi di prestigio. In questa sede può essere di maggior interesse invece sottolineare come le dinamiche dell'informazione via carta e via altri mezzi abbiano, alla fine, preso nel corso del tempo strade convergenti. E non solo nel modo di affrontare il pubblico e di diffondere le notizie, ma anche nel modo in cui strutturare l'industria della comunicazione dei *media* novecenteschi.

Attorno ai nuovi mezzi di comunicazione si pone innanzitutto l'interesse degli Stati che per primi vengono spinti a mettere ingegno e soprattutto capitali per dare il via alla diffusione di massa di questi strumenti. Una situazione di monopolio *de jure* (in Italia fino al 1975)[89] o anche *de facto* (per via della necessità di capitali ingenti per veder operare il mezzo in maniera efficiente) che costringe i messaggi all'interno di un mercato con regole fisse e con una concorrenza limitata a una serie di contenuti.

Radio e TV, nei fatti, non sono mai riusciti ad essere «mezzi rivoluzionari» quanto la stampa delle origini, sia perché non hanno seguito uno sviluppo autonomo nel proprio presentarsi come mezzo di comunicazione, mutuando modi e ritualità dalla carta, sia perché il loro utilizzo non è mai stato accessibile autonomamente a una grande massa di persone. Fare un programma TV non è come stampare un *pamphlet* e l'affitto di un torchio a stampa nel primo Cinquecento, per quanto oneroso, non è paragonabile al noleggio di uno studio televisivo e alla propagazione di un messaggio a immagini attraverso l'etere.

Una breve, interessante eccezione, si è avuta ad esempio in Italia con la diffusione, dovuta soprattutto a un buco normativo, delle cosiddette «radio libere» negli anni settanta e ottanta.[90] Strumenti sem-

[88] Cfr. G. Gozzi, *Storia del giornalismo* cit.

[89] Il monopolio della comunicazione pubblica è abolito con la Legge 14 aprile 1975, n. 103, *Nuove norme in materia di diffusione radiofonica e televisiva*, G.U. n. 102 dd 17-04-1975.

[90] R.A. Doro, *In Onda. L'Italia dalle radio libere ai network nazionali*, Viella editore, Roma 2017.

plici e relativamente economici permisero a molti nell'Italia di quegli anni di concorrere alla produzione di racconto pubblico attraverso l'emissione nell'etere di programmi radio autoprodotti. Il problema principale di quel tipo di trasmissioni era di carattere tecnologico: la scarsa potenza degli apparecchi trasmettitori rendeva in molti casi l'esperienza qualcosa di quasi intimo (si parlò, non a caso, di «radio di condominio»). Una scarsa diffusione del messaggio che impedisce a questo tipo di esperienza di essere un comburente sufficiente allo scoppio di eventuali nuovi racconti sociali e che difficilmente, nella stragrande maggioranza dei casi, riesce ad andare al di là del semplice *divertissement*.[91]

Mentre il peso delle regole del sistema di controllo mutuate dal mondo della stampa pesa sul libero sviluppo delle tecnologie novecentesche, i loro costi di mantenimento e l'onerosità di diffusione le trasforma da possibili agenti del cambiamento a strutture di conservazione. Radio e TV liberalizzati diventano strumenti «da ricchi». Per di più, in moltissimi casi, quasi degli *status symbol* in quanto proprietà diretta di rappresentanti delle élite di sistema. I *tycoon* della comunicazione, alla Rupert Murdoch o alla Silvio Berlusconi, che dominano il mercato e contribuiscono in maniera determinante alla costruzione del racconto pubblico.

Se da un punto di vista tecnologico radio e soprattutto TV rivoluzionano la vita di miliardi di persone, le regole e i modi di gestioni di questi nuovi mezzi di comunicazione fanno sì che essi diventino col tempo non il megafono di una possibile rabbia popolare, come fu la stampa delle origini, ma al contrario i cantori della necessità del mantenimento dello *status quo*, il tutto condito da sofisticato intrattenimento. Nuovi mezzi utili alla conservazione, perché, come ricordava Tancredi Falconeri vestendo la camicia rossa dei garibaldini ne *Il Gattopardo*, «bisogna che tutto cambi, affinché tutto rimanga com'è».

[91] F. Colombo, *Il paese leggero. Gli italiani e i media tra contestazione e riflusso (1967-1994)*, Laterza, Roma-Bari 2012.

Parte terza

L'inizio di una nuova era? (XXI secolo)

«Internet è il posto dove qualunque mona scrive per l'universo».

Marco Paolini, *Tecno Filò - Technology and me*, 2017

3.1. *Mezzo millennio di impero. L'Occidente e la battaglia globale per il controllo dei mezzi di comunicazione*

Per quasi mezzo millennio l'Europa e le sue proiezioni globali sono state il centro di una articolata battaglia attorno ai mezzi di produzione comunicativa.[1]

In Occidente[2] il controllo delle informazioni via carta è stato terreno di scontro tra chi deteneva il potere e attraverso di esso gli strumenti per stampare e propagare idee e chi cercava di scalzare questo monopolio attraverso il tentativo di diffondere e far attecchire nuovi tipi di racconto pubblico.

[1] All'ormai proverbiale diade «vele e cannoni» coniata da Carlo M. Cipolla per inquadrare i punti di forza della conquista bianca del globo, andrebbe opportunamente collegata una funzione strumentale di appoggio a questa conquista, vale a dire i luoghi del pensiero che hanno prodotto i contenuti necessari al racconto dell'egemonia bianca e i mezzi che hanno permesso la diffusione di questa propaganda (cfr. C.M. Cipolla, *Vele e cannoni*, il Mulino, Bologna 2011, e, per un quadro più esteso, J. Diamond, *Armi, acciaio, malattie. Breve storia del mondo negli ultimi diecimila anni*, Einaudi, Torino 2013).

[2] Un concetto, quello di Occidente, che ha avuto ampie variazioni nel corso del tempo e che appare ancor oggi difficile sintetizzare in maniera netta. Dalla sua esaltazione come concetto squisitamente europeo (F. Chabod, *Storia dell'idea di Europa*, Laterza, Roma-Bari 2001, J. Le Goff, *La civiltà dell'Occidente medievale*, Einaudi, Torino 1999) al tentativo illuminista di una proiezione dell'Occidente come sintesi stessa del concetto di civiltà (J.J. Rousseau, *Il contratto sociale*, Mondadori, Milano 2015), proseguita nell'età degli imperialismi bianchi (E.J. Hobsbawm, *L'età degli imperi 1815-1914*, Mondadori, Milano 1996) e la sua probabilmente prematura condanna a morte (O. Spengler, *Il tramonto dell'Occidente*, Longanesi, Milano 2015), fino alla rilettura plasmata attorno agli equilibri dettati dalla Guerra Fredda (S. Cavazza, *L'Occidente come forma di costruzione del consenso politico*, Rubbettino, Soveria Mannelli 2006). Occidente è un concetto che ha solcato e segnato le costruzioni concettuali globali in senso positivo e oppositivo. Nel presente testo lo si intenderà per lo più nella sua accezione geografico-politica, così come si inquadra nei maggiori studi di *global history* contemporanea (cfr. N. Ferguson, *Occidente. Ascesa e crisi di una civiltà*, Mondadori, Milano 2012, R.J. Young, *Mitologie bianche. La scrittura della storia e l'Occidente*, Meltemi, Sesto San Giovanni 2007).

La chiave di questo scontro è risultata essere, per secoli, il possesso fisico dei mezzi di produzione e il controllo della sua diffusione.[3] Come qualsiasi altro bene, anche il racconto pubblico della realtà è stato oggetto di supervisione, legislazione, controllo e oppressione nel corso della lunga storia del capitalismo europeo.

Fino a quando questa sostanziale fissità non si scontra con la diffusione di una nuova tecnologia.

3.2. *Ma poi arriva Internet*

... è il 16 febbraio 1946, siamo in una sala di 135 metri quadrati, presso il poligono di tiro del comando di artiglieria di Aberdeen (Maryland): sta entrando in funzione il primo elaboratore elettronico a valvole termoioniche, denominato ENIAC (Electronic Numerical Integrator and Calculator). Finanziato [...] dall'esercito statunitense all'università della Pennsylvania, ha il compito di calcolare le tabelle balistiche di ogni tipo di cannone e di proiettile.[4]

L'idea di una condivisione di informazioni da realizzarsi via computer è parallela allo sviluppo stesso della tecnologia dei calcolatori. Dagli anni cinquanta si discute di come poter far lavorare «in rete» (*networking*) i primi laboratori informatici e con essi le attività di ricerca di vari istituti sparsi per il mondo (ovviamente in condizioni «stagne», vale a dire con divisioni nette tra l'informatica occidentale e quella dell'allora blocco sovietico).

Quando si cominciano a vedere i frutti della capacità elaborativa dei primi grandi computatori a valvole l'idea di mettere in condivisione (*sharing*) i risultati di queste elaborazioni si fa strada tra gli addetti ai lavori, così da poter sfruttare in modo economicamente proficuo i dati raccolti. L'idea di una rete di computer che possa risultare più efficiente e utile della somma stessa dei calcolatori che ne fanno parte è la base, si oserebbe dire filosofica, di quello che poi sarà *Internet*.

Con un curioso parallelo storico, così come era accaduto all'invenzione di Gutenberg, anche per la rete informatica ci vuole un buon cinquantennio di rodaggio e di convivenza con gli altri modi di scambio informativo prima che, grazie a un avanzamento delle tecnologie e all'abbassamento dei costi di costruzione e diffusione dei terminali,

[3] Cfr. M. Infelise, *I padroni dei libri* cit.
[4] N. Di Nardo, A.M. Zocchi, *Internet. Storia, tecnica, sociologia*, UTET, Torino 1999, p. 14.

si passi dai calcolatori a scheda che occupano intere stanze all'invenzione di postazioni portatili, significativamente definite PC, *Personal Computer*.[5] Una evoluzione tecnico-scientifica portata avanti soprattutto da aziende private, per quanto riguarda la costruzione del mercato, e dall'apparato militare e industriale USA riguardante l'approccio teorico di quella che poi diventerà per antonomasia «the Net».

Il nuovo mezzo di comunicazione nasce ufficialmente nel 1994 come supporto alle attività di ricerca e scambio di informazioni della comunità scientifica internazionale.[6]

All'epoca della sua attivazione l'idea di far comunicare dei centri di conoscenza e ricerca produce i primi risultati importanti dal punto di vista scientifico ma anche politico:[7] parte la gara per la costruzione (e quindi per il controllo) delle infrastrutture necessarie alla messa in opera dello scambio del sapere globale. Gli ingenti mezzi e le conoscenze necessari alla messa in opera di una tale infrastruttura delineano chiaramente chi potrà dominare questo tipo di racconto grazie a una indiscussa supremazia tecnologica: gli Stati Uniti divengono il centro di una nuova rivoluzione. Ovviamente il diffondersi di un nuovo e così particolare sistema di informazione suscita anche tentativi di contrasto all'idea di un dominio assoluto per tale tipo di comunicazione: esempi significativi di ribellione allo strapotere informatico statunitense nascono da più parti, e anche se oggi possono sembrare goffi tentativi di fermare un'onda di marea con le mani, all'epoca ebbero un impatto non del tutto trascurabile. È il caso ad esempio di *Minitel*, il servizio di informazioni telematico in videotext attivo in Francia, su stimolo statale, dal 1981 al 2012. Una piattaforma di condivisione dati che sfrutta la

[5] N. Di Nardo, A.M. Zocchi, *Internet. Storia, tecnica, sociologia* cit., G. O'Regan, *A brief History of Computing*, Springer, Londra 2008, M. Campbel-Kelly, W.F. Aspray, J.R. Yost, H. Tinn, G. Con Diaz, *Computer. A history of the Information Machine*, Routledge, New York 2023, e, in italiano, D. Casalegno, *Uomini e Computer. Storia delle macchine che hanno cambiato il mondo*, Hoepli, Milano 2010.

[6] Tra i moltissimi cfr. A. Briggs, P. Burke, *A Social History of the Media. From Gutenberg to the Internet*, Wiley-Blackwell, Hoboken 2009, M.T. Poe, *A History of Communications. Media and Society from the Evolution of Speech to the Internet*, Cambridge University Press, Cambridge 2011, M. Castells, *The Internet Galaxy. Reflections on the Internet, Business and Society*, Oxford University Press, Oxford 2002, J. Sherman, *The History of the Internet*, J. Ryan, *Storia di Internet e il futuro digitale*, Einaudi, Torino 2011, T. Detti, G. Lauricella, *Le origini di Internet*, Bruno Mondadori, Milano 2013.

[7] Cfr. K. Hafner, M. Lyon, *La storia del futuro. Le origini di Internet*, Feltrinelli, Milano 1998. Interessante l'esempio di esperimenti «altri», come le reti informatiche sovietiche, cfr. B. Peters, *How Not to Network a Nation: the Uneasy History of Soviet Internet*, MIT Press, Cambridge (MS) 2016.

rete telefonica definita da alcuni «l'Internet francese» e che cerca di contrastare la diffusione della tecnologia statunitense. Negli anni ottanta su questo esempio in Italia nasce *Videotel*, in Gran Bretagna *Prestel* e in Germania BTX (*Bildschirmtext*).

Tentativi che dopo brevi stagioni di successo devono cedere il passo allo sviluppo di Internet e delle sue implicazioni sociali. *The modem World*,[8] il mondo del modem, dall'apparecchio che permette di collegare il computer di casa con la rete del telefono, nasce e si sviluppa nella parte di Ovest statunitense in cui si trovano ottime infrastrutture di telefonia e vasti spazi che rendono più difficoltoso il contatto umano diretto e più utile un mezzo di raccordo sociale da gestire attraverso gli schermi di casa.

Sono gli stessi luoghi in cui nascono le principali idee, e le aziende che le sviluppano, attorno a questa nuova tecnologia. In questo modo quello che oggi definiamo Internet prende forma attraverso «la rete di lavoro di vecchie e nuove reti e computer che è la dimensione infrastrutturale e materiale di Internet».[9]

Questa dimensione prende corpo nell'America della *Silicon Valley* ed essa per prima plasma la cultura degli scambi informativi, e lo si può ancor oggi vedere dai molti capisaldi culturali che in tutto il mondo si tendono a identificare con l'ambiente virtuale di Internet. L'avanzamento tecnologico di un mezzo il quale, almeno in progetto, promette di essere la realizzazione più qualificante del moderno concetto di libertà di espressione si accompagna al trionfo di quella visione post-storica eminentemente statunitense declinata dal neoliberismo a stelle e strisce: un mix, «libertà di parola e libertà di commercio» che ben si accompagna al racconto mitico della vittoria definitiva del modello del Primo mondo.

La centralità della collocazione geopolitica della nascita della rete è bene spiegata dall'impostazione stessa della struttura: alla sua ideazione il sistema di identificazione dei cosiddetti domini di primo livello di codice paese (*Country code top level domain-TLD*) vide come primo dominio registrato il codice *.us*, identificativo degli Stati Uniti d'America. Il fatto che all'epoca la stragrande maggioranza dei siti fosse allocata negli USA fece diventare superflua la dicitura per molte

[8] K. Driscoll, *The modem World. A Prehistory of social media*, Yale University Press, New Haven 2022.

[9] G. Balbi, P. Magaudda, *A history of Digital Media. An intermedia and Global perspective*, Routledge, New York 2018, p. 68, traduzione mia.

attività; venne ad esempio omesso per le istituzioni governative federali del paese, quasi a significare che gli Stati Uniti fossero «la patria» di Internet e le diversità territoriali dovessero essere espresse solo se divergenti dal centro. Ancor oggi i siti Internet informativi di Casa Bianca (www.whitehouse.gov), Congresso (www.visitthecapitol.gov) e Corte Suprema (supremecourt.gov) degli Stati Uniti non riportano il dominio-paese *.us*, a differenza delle istituzioni analoghe degli altri stati (www.quirinale.it, www.parliament.uk, www.elysee.fr, www.bundestag.de, www.gov.cn ecc.).

Internet quindi nasce post-ideologico, anglofono, anzi meglio, americano, e fortemente legato, almeno a livello di facciata, ai valori ispirati dal modello di sviluppo statunitense, quindi vocata a una spiccata attenzione per la libertà di scambio (non solo commerciale) e opinione. Ovviamente, accanto a questa descrizione teorica e piuttosto ottimistica, si deve sottolineare il fatto che Internet si trasformi ben presto nel grimaldello utilizzato da chi controlla la rete per scardinare i racconti pubblici concorrenziali a quello neoliberista e imporre la propria egemonia culturale: «Internet ha indubbiamente determinato uno straordinario aumento della velocità e della quantità dei flussi di informazione e parlare di informazione significa anche, e forse soprattutto, parlare di potere: il potere di diffondere informazione e disinformazione, di influenzare milioni di persone».[10]

Quando, a partire dalla prima metà degli anni novanta, si assiste alla lenta ma inesorabile diffusione di Internet e lo stesso racconto pubblico mondiale va mutando con una preminenza di messaggi rivolti all'apertura dei mercati e alla conseguente omogeneizzazione di gusti e valori che ne deriva, Internet è uno dei molti modi in cui i valori diffusivi dell'omologazione e dell'elevazione a universali degli standard occidentali prendono corpo: le notizie si diffondono attraverso i sempre più estesi canali della rete e contemporaneamente si espandono gli esempi di omologazione globale; l'industria cinematografica dominante, *Hollywood*, domina la scena mondiale non solo in termini di diffusione ma anche come vero e proprio «archetipo». Le industrie di intrattenimento concorrenti alla statunitense vengono riconosciute come emergenti nel panorama prendendo il nome della dominante e adattandolo al contesto locale: *Bollywood*

[10] N. Di Nardo, A.M. Zocchi, *Internet. Storia, tecnica, sociologia* cit., pp. 173-74.

per la cinematografia indiana, *Nollywood* per quella nigeriana e così via.

Il gusto diventa omogeneo grazie alla diffusione di beni mobili che diventano simili, se non uguali, per tutti: il mercato globale si uniforma per la gioia di cantanti pop, produttori di auto e catene di mobili e arredamenti che costituiscono nuovi modelli standard da esportare o copiare. Al contempo si creano identità, differenze ed esclusione in base alle effettive possibilità di ognuno di accedere ai beni e servizi, i quali vengono raccontati come il nuovo standard.[11] Tutto questo, suddivisione sociale inclusa, è parte di un flusso di racconto pubblico, la cosiddetta «globalizzazione»,[12] di cui Internet è strumento privilegiato.[13]

Non è scopo di questo libro ripercorre anche solo per punti sintetici la storia della globalizzazione né tantomeno affrontare le sue contraddizioni più o meno latenti. Si è fatto velocissimo cenno a questo moto di riscrittura del racconto pubblico mondiale in quanto funzionale alla rappresentazione del quadro di fondo utile a comprendere l'ultima, in ordine di tempo, rivoluzione della comunicazione di impatto davvero, questa volta, globale. La globalizzazione è un fenomeno che vede in Internet una espressione concreta dei precetti teorici di velocità e interconnessione del mondo, divenendone uno degli aspetti più caratteristici e, col tempo, più problematici, perché produce un cambiamento non solo nel modo di raggiungere le informazioni, ma nel modo stesso di comprenderle e quindi di conoscere.

3.3. *L'inizio del grande cambiamento*

Nella storia della rivoluzione della comunicazione a stampa è possibile identificare una data precisa che rappresenta in maniera plastica il punto di svolta del rapporto tra gli esseri umani e questa particolare tecnologia: il 31 ottobre 1517, quando Lutero invia ai vescovi tedeschi le sue novantacinque tesi e poi le diffonde in tutto il mondo tedesco.

[11] F. Dahrendorf, *Quadrare il cerchio. Benessere economico, coesione sociale e libertà politica*, Laterza, Roma-Bari 1997, p. 33.

[12] Cfr. AA.VV., *A big History of Globalization. The emergence of a global World System*, Springer, New York-Berlino 2019.

[13] N. Di Nardo, A.M. Zocchi, *Internet. Storia, tecnica, sociologia* cit., pp. 193-211.

Per quanto riguarda l'ultima grande rivoluzione dell'informazione abbiamo una data ancor più precisa a cui far risalire il terremoto culturale che sparigliera definitivamente le carte del modo dell'uomo di interfacciarsi – è proprio il caso di dirlo – con l'esperire la conoscenza. È il 9 gennaio 2007 e di fronte al pubblico incuriosito della MacWorld Conference & Expo di San Francisco Steve Jobs presenta ufficialmente il primo *iPhone*.[14] Pensato per essere una sintesi delle principali funzioni «sociali» del tempo, vale a dire l'ascolto di musica, la telefonia e l'accesso a Internet attraverso la tecnologia 3G,[15] l'*iPhone* cambia per sempre il modo di comunicare, divenendo in breve tempo il benchmark di riferimento di quelli che sarebbero diventati noti come *telefono mobile* (*mobile phone*) o come *telefono intelligente*, lo *smartphone*.[16] Questo nuovo tipo di strumento di comunicazione rende possibile a miliardi di persone di usufruire di Internet e di interagire con la Rete sfruttando una rivoluzione altrettanto significativa che stava già diffondendosi negli ambienti virtuali, vale a dire quella del cosiddetto *web dinamico*, o web 2.0, che permette agli utenti di interagire con le pagine che visitano modificandole. Una tecnologia che permette lo sviluppo di siti come Wikipedia e la nascita degli stessi *social network*.[17]

I telefoni cellulari a tecnologia avanzata che permettono di accedere alla rete Internet in maniera molto più veloce e diretta rispetto al passato rendono la conoscenza più immediata e fruibile: non è più necessario sedersi a un tavolo e procedere al rito della connessione del proprio personal computer alla rete, ma è un'operazione che si riesce a fare fuori casa e addirittura in movimento. La conoscenza ce la si trova in tasca. È un mondo di informazioni sempre più vasto, simile a un vero e proprio oceano, in cui, non a caso, in inglese si *fa surf* (*surfing*) e in italiano si *naviga*. Contemporaneamente, grazie all'esplosione del mercato dei possibili fruitori, Internet stesso muta la sua estetica cercando di diventare più accattivante: lo schermo via via più definito dei telefoni portatili permette di godere meglio delle imma-

[14] Una gustosa ricostruzione del modo in cui si arriva all'invenzione del telefono *Apple* si trova in B. Merchant, *The One Device. The Secret History of the iPhone*, Little Brown, Boston 2018.

[15] G. Balbi, P. Magaudda, *A history of Digital Media* cit., pp. 135 e sgg.

[16] *Ibid.*, pp. 118 e sgg.

[17] Sulla trasformazione della rete da web a web 2.0 cfr. T. Berners-Lee, *L'architettura del nuovo web: dall'inventore della rete il progetto di una comunicazione democratica, interattiva* e intercreativa, Feltrinelli, Milano 2001.

gini digitali, che divengono parte integrante di quello che viene caricato in rete.

Mentre le principali aziende della rete curano con maggior attenzione l'architettura dei propri siti a livello cromatico e contenutistico, altri luoghi di Internet cambiano sotto la spinta della domanda: i siti dei giornali in linea accolgono non solo immagini, ma contenuti video e le principali piattaforme di comunicazione si attrezzano per essere presenti su questo nuovo pianeta della conoscenza che è «l'Internet da tasca».

Una valanga sempre più ampia e intensa che finisce con l'autoalimentarsi: nascono e si sviluppano in modo impressionante i luoghi in cui stare su Internet in maniera più o meno scollegata da necessità contingenti. La rete non è più un luogo in cui si entra per andare alla ricerca di informazioni o a cui si accede per questioni di lavoro ma diviene sempre più un posto in cui «vivere», passando il tempo in molti modi diversi, anche lavorando. Esplodono fenomeni destinati a cambiare per sempre il modo in cui si intende il concetto stesso di interazione umana. *Facebook* nasce nel 2004 come strumento interno di conoscenza degli studenti dell'università di Harvard. È il primo esempio di quelli che verranno significativamente definiti *social network*, cioè «reti di connessione *sociale*». Internet diviene così, ufficialmente, anche (e nel corso del tempo soprattutto) un luogo in cui si crea e rafforza la socialità. Quello fondato da Marc Zuckerberg è il primo grande social network davvero globale: si propaga con rapidità sconcertante grazie allo sviluppo della tecnologia di rete diventando popolare tra i possessori di connessioni Internet statunitensi. Ma è con gli smartphone che esplode a livello planetario, passando dall'essere la sessantesima pagina più cercata in Internet nel 2006 a diventare il sito più visitata dagli utenti statunitensi nel 2007. Da quell'anno non uscirà mai più dalla classifica dei dieci spazi virtuali più cercati a livello globale.[18] A esso, in rapida successione, si uniranno gli altri social che costruiranno l'immaginario comune di una fetta sempre più ampia di popolazione mondiale. Gli ultimi dati disponibili parlano di 5,3 miliardi di persone, il 66% della popolazione mondiale, che hanno accesso a Internet, con disparità che variano dal 33% della popolazione online nel continente africano all'87% di quella europea.[19]

[18] Cfr. www.similarweb.com/top-websites/.

[19] Fonte www.itu.int/itu-d/reports/statistics/facts-figures-2022/#:~:text=As%20the%20world%20is%20welcoming,2.7%20billion%20are%20still%20offline.

Nel giro di pochi anni questo nuovo pianeta virtuale diviene il luogo di scambio privilegiato per numeri sempre più alti di popolazione, occupando settorialmente tutte le fasce d'età che hanno accesso ai contenuti: le ultime ricerche CENSIS, relative al solo caso italiano, riportano che 26,8 milioni di italiani, il 53% del totale, dichiarano di informarsi attraverso i social media; il 49,7%, 24 milioni, lo fa attraverso altri siti Internet. Seppure quasi due terzi degli italiani, (36,9 milioni, il 74,1%) continuano a dichiarare di utilizzare per informarsi i cosiddetti media tradizionali, vale a dire TV, radio e quotidiani cartacei, l'esplosione dei nuovi mezzi nel giro di poco più di un decennio è evidente. E questi dati si riferiscono a una società, come quella italiana, più anziana e meno «online» della media dei paesi avanzati.[20]

Nel brevissimo (dal punto di vista storico) lasso di tempo che va dalla fine della Guerra Fredda all'elezione presidenziale statunitense del 2008 l'intero mondo della comunicazione che produce il racconto pubblico si trova di fronte a una rivoluzione copernicana che scardina le regole stesse del passaggio delle informazioni.

Barack Obama è il primo presidente eletto che ha una pagina Facebook e un profilo Twitter attraverso cui instaura un contatto diretto coi propri cittadini e per estensione col resto del mondo,[21] una «marcia in più» che sarà una cifra politica le cui ricadute non sono ancora state pienamente studiate.[22] Le conferenze stampa vengono sostituite dai messaggi via social e l'intermediazione giornalistica che è stata uno dei cardini del rapporto tra politica e informazione fin dai tempi delle gazzette settecentesche viene improvvisamente meno. E il presidente degli Stati Uniti non è l'unico ad avere questo accesso privilegiato a un palco diretto e non filtrato. È una possibilità che viene data a chiunque abbia un accesso a Internet. In maniera subitanea non solo il pubblico di fruitori si allarga a dismisura, ma fa letteralmente esplodere il bacino dei possibili produttori di informazioni; quelli che poi, in una logica che vede Internet come «grande contenitore», verranno appunto definiti «contenuti» (*contents*).

[20] Fonte www.censis.it/comunicazione/disinformazione-e-fake-news-italia.

[21] M. Mezza, *Obama.net: new media, new politics? Politica e comunicazione al tempo del networking*, Morlacchi, Perugia 2009.

[22] Cfr. M. Del Pero, *Era Obama. Dalla speranza del cambiamento all'elezione di Trump*, Feltrinelli, Milano 2017.

Accade, lo abbiamo visto, all'alba dell'odierna civiltà occidentale, quando centinaia di migliaia di abitanti delle campagne del Sacro Romano Impero scoprono di avere la possibilità non solo di accedere a dei contenuti grazie alla loro diffusione e a una piattaforma facilmente condivisibile, ma anche, con uno sforzo di poco superiore in termini di tempo e costi, di poter essere in prima persona dei produttori di propri contenuti del tutto slegati da quello che fino a quel momento era stato un flusso monolitico di racconto pubblico che non solo aveva stabilito il quadro del sistema valoriale di fondo, ma anche costruito i confini entro i quali questo sistema doveva operare.

Allo stesso modo, ma su scala infinitamente maggiore in termini di individui interessati e di velocità di propagazione del fenomeno, a metà degli anni 2000 una platea di fruitori di contenuti facili da raggiungere si ritrovano a poter interagire direttamente col flusso di racconto immettendovi un proprio, specifico contenuto.

Dopo aver fatto saltare il monopolio di racconto che per comodità definiremmo occidentale, sono le caratteristiche stesse della rete a non permettere a questa proposta di immaginario di solidificarsi come unico e dominante: il fatto che tutti possano, almeno in teoria, partecipare alla costruzione e diffusione di contenuti, impedisce la possibilità di identificare un singolo flusso di racconto valido per tutti. Un terremoto culturale compresso in pochissimo tempo. Si passa da una comunicazione polarizzata in senso ideologico, quella della Guerra Fredda, a un decennio scarso di illusorio monopolio valoriale, gli anni degli USA sola superpotenza, a una situazione di conflitto di racconti in cui al modello che definiremmo «americano-occidentale» si contrappongono molti altri esempi ad esso concorrenti.

Come nel Sacro Romano Impero degli inizi del Cinquecento ci troviamo di fronte a una tensione creata da forze totalizzanti (come quelle del sogno imperiale di Carlo V in parte, ma non del tutto, sovrapponibile a quello della Chiesa cattolica) a cui si contrappongono nuovi racconti finalizzati non solo a scardinare l'ordine costituito non più accettato come unico, ma che hanno l'ambizione di costruire nuovi racconti dominanti.

Certo, i due fenomeni hanno punti comparativi interessanti ma anche delle importanti specificità: una differenza non secondaria tra i contadini del Cinquecento e gli odierni utenti Internet è relativa alla fortissima polverizzazione della produzione di contenuti: se per mettere insieme un *Flugblatt* nel 1525 è necessario il concorso almeno di uno stampatore a cui affidare l'elaborazione grafica e spesso formale del messaggio, sui media digitali basta un minimo di pratica con le funzioni di interfaccia dei contenitori scelti per diventare produttori in solitaria di oggetti di comunicazione potenzialmente globali. I social, e più in generale la rete, sono pensati proprio per favorire questo tipo di interazione facilitata,[23] stimolando i «navigatori sociali» a interagire anche attraverso la produzione originale.

Subito dopo lo strappo luterano nei confronti delle gerarchie ecclesiastiche abbiamo un'accelerazione esponenziale della diffusione di prodotti a stampa di facile composizione e contenuto di interesse pubblico; al contempo la platea di possibili fruitori viene stimolata dall'interesse generale suscitato e viene spinta a dotarsi degli strumenti necessari per entrare nel terreno della comunicazione diretta, vale a dire a leggere. Questo accresce il bacino di utenza di un possibile mercato di scrittura che quindi si amplia, varia l'offerta e abbatte i costi di produzione, aumentando la capacità di incidere sulla società e creando anzi un nuovo gruppo sociale, in buona parte trasversale a quelli preesistenti, la «società dei lettori».

Allo stesso modo la potente coincidenza data dall'incrocio tra l'aumento dell'estensione della rete Internet portatile, la nascita dei primi social network unita alla poderosa spinta tecnologica e di marketing nei confronti degli smartphone innesca un circolo (vizioso o virtuoso?) in cui si ha un'accelerazione esponenziale nella produzione e diffusione di contenuti virtuali, alcuni addirittura pensati per la sola rete; contemporaneamente la platea dei possibili fruitori di questi contenuti si allarga perché Internet diventa «più facile» con gli smartphone e «di moda» grazie alla presa sempre più diretta dei contenuti web sull'intero racconto pubblico; all'aumentare degli utenti aumentano i contenuti e le possibili interazioni ad essi collegati che finiscono per creare un nuovo gruppo diffuso su tutto il pianeta (almeno quello «connesso»)[24] e trasversale alle categorie già esistenti. Nascono i «cittadini digitali».

[23] K. Driscoll, *The modem World* cit., pp. 58-89 e 132-67.

[24] Continuano a sussistere enormi disparità tra paese e paese in termini di possibilità di accesso alla rete, con conseguenze evidenti nello sviluppo economico ma anche socioculturale (cfr. G. Balbi, P. Magaudda, *A history of Digital Media. An intermedia and Global perspective*, Routledge, New York 2018, pp. 232-39).

La cittadinanza digitale (*digital citizenship*),[25] per certi versi ricalca il concetto di McLuhan sugli abitanti del «villaggio globale»,[26] una definizione che, con l'intento di analizzare questo nuovo concetto di appartenenza, comprensivo di diritti e doveri, in concreto sancisce però l'esistenza di una vera e propria nuova categoria di individui «abitanti» con caratteri identitari di un luogo virtuale ma non per questo meno concreto come il «web».

Proprio come ogni altro tipo di cittadinanza, anche quella digitale produce senso di appartenenza e costruisce tradizioni, cultura, linguaggio. Rispolverando la definizione sempre assai efficace di Benedict Anderson, in rete prende vita una nuova «comunità immaginata».[27]

Pur non potendo, per limiti di ricerca, collegare direttamente l'espansione di Internet al declino dell'idea cara a Fukuyama della fine della storia uccisa dal trionfo del liberalismo democratico, è un fatto che a partire dall'inizio degli anni 2010 si sia interrotta la crescita della diffusione dei sistemi a democrazia liberale nel mondo.[28] Anche il livello di «democratizzazione globale» ha subito una battuta di arresto e dal picco del 2005 ha registrato un costante calo nella diffusione mondiale dei sistemi democratici.[29]

Questo stimolo indotto è stata una delle molle più potenti per un cambiamento radicale nel modo di intendere non solo la fruizione dell'informazione e del racconto pubblico, ma anche il ruolo di ciascuno nella costruzione dell'informazione stessa e quindi nella responsabilità di produzione del racconto pubblico. Milioni di persone hanno avuto la possibilità prima e sentito il bisogno poi di partecipare alla costruzione del racconto attraverso un'interazione consapevole che potremmo definire in maniera piuttosto diretta «dare la propria opinione». Una forma di partecipazione attiva che ha contribuito, se non proprio a far nascere, quanto meno a caratterizzare in senso pubblico le dinamiche dell'odierna società online e delle maggiori correnti di pensiero, o quanto meno di opinione, che a essa afferiscono.

[25] La definizione è coniata dalla scienziata politica statunitense Karen Mossberger (cfr. K. Mossberger, C.J. Tolbert, R.S. McNeal, *Digital Citizenship. The Internet society and participation*, MIT Press, Cambridge 2007).

[26] M. McLuhan, *Gli strumenti per comunicare*, il Saggiatore, Milano 2023 (prima ed. 1964).

[27] Cfr. B. Anderson, *Comunità immaginate. Origini e fortuna dei nazionalismi*, Laterza, Roma-Bari 2020 (prima ed. 1983).

[28] Cfr. P. Norris, R. Inglehart, *Cultural Backlash. Trump, Brexit and autoritharian populism*, Cambridge University Press, Cambridge 2019, p. 412. Dati riferiti all'arco temporale 1900-2016.

[29] *Ibid.* p. 413. Dati riferiti all'arco temporale 1972-2017.

3.4. *Socialsociety, costruire società in rete, una globalizzazione delle relazioni*

La già citata definizione di McLuhan riguardante il *villaggio globale* ha voluto porre l'accento sulle trasformazioni che la tecnologia ha portato nel modo stesso, da parte dei singoli, di intendere il proprio ruolo all'interno di una società sempre più estesa; una società che al contempo allarga e restringe il campo di azione e interazione delle persone e lo fa mediare dagli apparati tecnologici.

La *cittadinanza digitale* di cui gli scienziati sociali discutono sulla scia degli studi di Mossberger e altri è, altresì, il tentativo di ricomprendere, normandolo almeno in maniera teorica, quella che ormai è definita *onlife*,[30] vale a dire il tempo trascorso all'interno dei processi di scambio e interazione in rete: un tentativo che tende a ricalcare i modi in cui in passato si è gestito il fatto che moltitudini di persone stessero contemporaneamente in uno spazio pubblico condividendo esperienze.

Villaggio globale e cittadinanza digitale sono due aspetti di un mondo, quello extra-Internet, che cerca di comprendere e ridefinire un altro mondo, quello virtuale; per necessità culturali, sociali e, come vedremo, di ordine pubblico.

La necessità di ricondurre a racconti noti il nuovo tipo di narrazione che sta espandendosi in rete anche in questo preciso momento è frutto di quel bisogno di riordinare (leggi razionalizzare ma anche incasellare) tipico di una scienza che vuole avere un impatto pubblico utile. E il tentativo di ricomprendere in categorie conosciute fenomeni all'apparenza non conformi è un modo per provare a ricondurre la novità all'interno di percorsi già testati. Queste definizioni sembrano però poco calzanti di fronte allo sviluppo dell'odierna società digitale.

Anche di fronte all'esplosione luterana le gerarchie di potere del tempo, sia secolari che ecclesiastiche, hanno avuto la necessità di ricomprendere entro termini noti quello che stava accadendo: la ribellione del monaco agostiniano trattata prima come disputa teologica, poi come eresia e la rivolta contadina gestita come la consueta esplosione di rabbia degli inferiori.

Sono poi le dimensioni e la portata dei fenomeni che ne impongono una risemantizzazione: *protestanti* sono chiamati quelli che tentano di

[30] Cfr. L. Floridi, a cura di, *Onlife Manifesto. Being Human in a Hyperconnected Era*, Springer, Londra-Berlino 2014.

costruire un racconto alternativo della realtà; *guerra* è l'insurrezione armata e il suo diretto contrasto da parte dell'autorità costituita. Interessante notare come entrambe le definizioni siano condivise dai protagonisti stessi dei due momenti, a testimonianza dell'efficacia di una risemantizzazione che possa attagliarsi sulle realtà in divenire senza portarsi dietro tutta la storia del vocabolo scelto.

La scelta di «villaggio» per parlare della società digitale ha richiamato un senso di comunità che francamente appare ancora improprio e stenta a mostrarsi all'interno degli odierni luoghi di interazione online; al contempo parlare di cittadinanza digitale, con il proprio bagaglio non solo semantico ma anche giuridico, appare poco utile in un luogo virtuale popolato da una massa di individui di cui una buona parte privi di identità singola rintracciabile o addirittura veri e propri *fake*.[31] Per questo motivo, prima di avviare analisi sulle possibili definizioni, pare più opportuno inquadrare quale sia l'oggetto di definizione: chi sono, gli abitanti della rete?

Risposta breve, e massiva, potrebbe essere un semplice «siamo noi», vale a dire tutti coloro i quali frequentano il web per qualsiasi tipo di motivo. Questo, in base al principio di indeterminazione di Eisenberg, complica però le cose: non si riuscirà a dare una definizione concreta senza intervenire direttamente e cambiando così prospettiva all'oggetto analizzato, proprio perché l'oggetto analizzato è anche l'analizzante. Avendo necessità di ricostruire una risposta più articolata si può smontare la definizione di «popolo della rete»: la rete è abitata da utenti il cui profilo cambia a seconda dei motivi per cui decidono di accedere al web. Lo stesso utente di Internet ha un approccio diverso a seconda dei motivi per cui si mette a navigare: una semplice ricerca di base, intrattenimento, comunicazione diretta, autopromozione, informazione generale («leggere le notizie») o specifica (ricerche puntuali). Una stessa persona può, nell'arco di una giornata, ricercare una ricetta per il pranzo e firmare una petizione per una moratoria globale della pena di morte. Atteggiamenti diversi dello stesso utente che però, nella *onlife*, diventano soggetti diversi nel senso che il loro impatto agito nella rete è diverso.[32]

[31] Cfr. S. Natale, *Macchine ingannevoli. Comunicazione, tecnologia, intelligenza artificiale*, Einaudi, Torino 2022.

[32] L. Floridi, a cura di, *Onlife Manifesto* cit.

Partendo da tale presupposto, quindi, pare interessante concentrare l'attenzione sulla profilazione, almeno sommaria, delle esigenze espresse da parte degli utenti più che cercare di mettere in piedi un'antropologia dell'utente medio.

Scorrendo l'ultima lista dei siti più visitati al mondo disponibile online (ottobre 2023)[33] pare evidente quali siano gli scopi principali che portano gli utenti a interfacciarsi con la rete: ricerca e intrattenimento (considerando il fatto che una parte di queste potrebbe essere essa stessa riferita alla necessità di svago). Questa lista dà ovviamente un'immagine parziale e bloccata di quella che è la fruizione giornaliera della rete da parte di ciascuno, ma può comunque fornire alcuni dati di base per comprendere lo spirito con cui molti decidono di trasportare parte della loro vita attiva in luoghi virtuali: ricerca e interazione, vale a dire «risposte e socialità».

	Dominio	*Visite (miliardi)*	*Quota da desktop*	*Quota da mobile*
1	google.com	132,20	26,26%	73,74%
2	youtube.com	75,15	29,15%	70,85%
3	facebook.com	13,89	47,76%	52,24%
4	instagram.com	6,96	43,06%	56,94%
5	wikipedia.org	6,70	24,35%	75,65%
6	pornhub.com	5,49	6,48%	93,52%
7	reddit.com	5,27	32,24%	67,76%
8	twitter.com	5,07	33,86%	66,14%
9	xvideos.com	4,02	6,11%	93,89%
10	whatsapp.com	3,97	82,74%	17,26%

Due richieste degli utenti medi allo strumento rete che per molti versi coincidono con quelle fatte per mezzo millennio a tutti gli strumenti di informazione/formazione costruttori e collanti della società occidentale: Internet è il luogo in cui si spostano oggi i bisogni sociali più diretti e intimi e a cui una parte sempre più consistente della società globale si affida, in sostanza, per «comprendere il mondo».

Come la TV, la radio, il cinema, e ancora prima e in parallelo i giornali, le gazzette, i libri, i fogli volanti e tutti gli strumenti diffusivi

[33] https://it.semrush.com/trending-websites/global/all?fbclid = IwZXhobgNhZWoCMTAA-AR3ySbsws4Jh-s1PhN-pkoV18-ajdSmyEvMCEuLIZsP__qw9ECOInLWy9aso__aem__AWi-QM7lO9VXnvs64mfnSuZB__o5W6Nm8eTEmzCsshw__ZJ9rO1sVQgImolsPl3oQscxari7tB-GooFsvdVVUj517SdA (consultato a maggio 2024)

che nel corso del tempo hanno svolto la funzione di collanti sociali e descrittori della realtà o, meglio, del racconto di realtà dell'epoca che li produceva, così piuttosto velocemente la rete ha iniziato a essere interprete e specchio di chi la utilizza.

Con molte analogie ma anche un paio di importanti differenze rispetto a quasi tutti i media qui citati: per una buona parte dello sviluppo del mondo della comunicazione occidentale questa è rimasta saldamente in mano a gruppi di potere. La moderna comunicazione massiva è stata un procedimento che procedeva dall'alto verso il basso, dal centro del potere alla periferia verso cui doveva irradiarsi. Le lotte per il controllo di questi messaggi sono state condotte per lo più all'interno del centro stesso di questo potere, mentre alla periferia arrivavano solo gli echi dei possibili cambiamenti. L'appagamento del bisogno di «risposte e socialità» giungeva da un sistema rodato che al proprio interno cercava di produrre tutto quel che serve per autorappresentarsi e per continuare a sopravvivere: le gazzette settecentesche approvate dalle norme di censura contenevano il necessario per «spiegare la realtà» del tempo e giustificarla, oltre a momenti di intrattenimento e spunti di discussione attorno ai fatti di cui era lecito discutere. Allo stesso modo i programmi televisivi oggi ripropongono, con accenti modificabili ma incasellati nella logica sociale dominante, i vari temi utili al mantenimento dello status quo. Non è un caso che ad esempio nei programmi definiti *reality* in un paese al centro di un confronto sociale e valoriale intenso come l'Italia a tutt'oggi si permettano – e a volte si incoraggino – i nudi femminili ma si continuino a sanzionare pesantemente il turpiloquio e la bestemmia.[34]

Un codice di controllo che crea diversi tipi di lettura del concetto di scandalo ed è frutto di un sapiente equilibrio, tale da far sì che non vengano toccati i punti fondamentali della costruzione sociale che mantiene al potere un determinato racconto pubblico. Esempi simili sono riscontrabili in ogni mezzo informativo di racconto pubblico.

Solo un sistema non ancora controllato può produrre e anzi favorire una moltiplicazione dei racconti che possano concorrere tra loro per l'egemonia. Fu così agli albori di questa civiltà quando, lo abbiamo visto, per un breve periodo si è registrato un riflusso dalla periferia del

[34] Una carrellata dell'evoluzione e, in alcuni casi, involuzione del gusto televisivo e dei canoni di liceità nel comportamento all'interno del mezzo televisivo di ambito italiano cfr. I. Piazzoni, *Storia delle televisioni in Italia. Dagli esordi alle web* TV, Carocci, Roma 2014 e T. Vagni, *Abitare la* TV*. Teorie, immaginari, reality show*, Franco Angeli, Milano 2017.

sistema al suo centro: un periodo ristretto (appena un anno e mezzo) ma significativo e al contempo impattante per gli equilibri sociali: l'esperienza della guerra contadina è stata un esempio di proliferazione unico nel suo genere, che è stato soffocato nel sangue e ha contribuito, come esempio negativo, alla costruzione di tutto il complesso secolare sistema di controllo dei flussi di informazioni fino al contemporaneo.

Oggi, su scala molto maggiore, si è alle prese con un'analoga incapacità del sistema dominante di gestire il racconto pubblico come fatto in passato. Internet è stato pensato dalla volontà di stimolare l'interazione tra utenti, la possibilità teorica di produrre autonomamente contenuti condivisibili e la necessità di mantenere, per ragioni meramente economiche di profilazione, lo spazio della rete accessibile e «libero»: per questo «peccato originale» di Internet l'attuale racconto dominante non può che ritrovarsi a concorrere con miriadi di racconti altri che popolano lo spazio virtuale.

Pare già partita la corsa a irreggimentare questo tipo di viralizzazione dei contenuti[35] e in alcuni sistemi chiusi all'interno dell'universo Internet si sta già seguendo la strada della censura e della persecuzione dei racconti non conformi; il caso cinese, per dimensioni e potenza di controllo, è l'esempio più significativo riportabile.[36] Ma è un esempio che mette in crisi il presupposto culturale di Internet, che sul modello nordamericano pretende di essere aperto e plurale. La moderna costruzione del racconto pubblico si è per secoli basata su un ferreo controllo del «messaggio dominante»: si è inserito il contesto di formazione e pensiero all'interno di meccanismi a cui poter dare o togliere patenti di autorità. Il sistema di valori occidentale viene costantemente prodotto ad esempio dentro e attorno alle università, il cui dipendere dalle strutture di potere dal punto di vista economico e sociale ne ha costituito uno dei cardini principali. Il controllo si estende ai mezzi che costituiscono la cosiddetta «filiera di diffusione» del racconto: anticamente torchi per la stampa, cartiere specializzate, rilegatori, e nel corso del tempo l'istituzione di albi professionali per i giornalisti, concessione delle frequenze di emissione, studi radio e televisivi, controlli sui set cinematografici ecc.

[35] Nell'Unione Europea, ad esempio, nel 2022 è entrato in vigore il *Digital Services Act*, la legge europea sui servizi digitali (cfr. www.commission.europa.eu/strategy-and-policy/priorities-2019-2024/europe-fit-digital-age/digital-services-act_it).

[36] Cfr. J. Griffiths, *The Great Firewall of China. How to build and control an alternative version of the Internet*, Zed Books, Londra 2021 e M. E. Roberts, *Censored. Distraction and diversion inside China's great Firewall*, Princeton University Press, Princeton 2018.

Un sistema di controllo minuzioso e rodato in secoli di continua pressione su ciò che veniva prodotto che improvvisamente non vale più per la nuova, enorme fonte di creazione e diffusione di racconto pubblico che corre in rete. Non solo perché la rete è ancora troppo giovane per aver trovato modi efficaci attraverso cui bloccare o controllare il flusso di informazioni, ma anche perché essa è nata con lo statuto implicito, post-ideologico e da fine della storia, di essere il luogo in cui il racconto pubblico esaltativo della libertà prendeva vita e corpo.[37] Quando però in questa stessa rete cominciano a circolare contenuti in contrasto con la lettura dominante, i suoi dominatori e i possibili controllori si trovano in una versione riveduta e corretta del paradosso che Karl Popper avvertì attorno al concetto di tolleranza:[38] proprio come la tolleranza illimitata porta alla scomparsa della tolleranza, la costruzione di un messaggio dominante che propugna l'illimitata libertà di espressione sta portando all'erosione, se non proprio alla scomparsa, di questo messaggio di libertà. E con i tempi estremamente accelerati di Internet.

Questo vicolo cieco semantico al momento sta comprimendo le possibilità di contrastare efficacemente, da parte di chi detiene le leve maggiori del racconto pubblico occidentale, i possibili concorrenti, esponendo al contempo a critiche chi, tra i detentori del potere, cerca di definirne limiti e possibilità d'impiego.[39] Per citare solo il più famoso di questi casi, si pensi al cambio di proprietà di X, ex Twitter, social da decine di milioni di utenti attivi giornalieri, che sta attualmente provocando una serie di cambiamenti nella policy di utilizzo e censura dei contenuti del mezzo con particolare attenzione ai temi politici.[40]

La comunicazione portata avanti proprio sui social da gruppi di sviluppo di immaginario alternativo come il sedicente Stato Islamico nella seconda metà degli anni dieci[41] in questo senso è paradigmatico:

[37] T. Tierney, *The public space of social media: connected cultures of the network society*, Routledge, New York 2013.

[38] K. Popper, *La società aperta e i suoi nemici*, Armando Editore, Roma 2002 (prima ed. 1945).

[39] www.nytimes.com/2022/12/02/technology/twitter-hate-speech.html, www.nytimes.com/2022/12/22/technology/musk-twitter-bans.html, www.aljazeera.com/news/2023/6/13/india-threatened-to-shut-down-twitter-founder-says.

[40] www.english.elpais.com/international/2023-05-24/under-elon-musk-twitter-has-approved-83-of-censorship-requests-by-authoritarian-governments.html.

[41] M. Maggioni, A. Colombo, P. Magri, a cura di, *Twitter and Jihad: the Communication Strategy of ISIS*, ISPI, Milano 2017.

con una ottima conoscenza degli strumenti e dei linguaggi, questo gruppo terrorista internazionale ha sfruttato la rete per mettere in circolo la propria propaganda di paura attraverso video e messaggi che, spesso malgrado le accortezze delle varie *intelligence*, sono diventati virali a causa del sistema di funzionamento e propagazione dei contenuti. Esecuzioni, proclami, immagini di violenza che erano un diretto attacco all'insieme dei valori occidentali hanno sfruttato i meccanismi di sviluppo e diffusione dei contenuti che quegli stessi valori hanno contribuito a produrre.

3.5. *Il nemico in casa, ovvero il problema dell'uno vale uno*

La fine delle ideologie, l'apertura di un enorme mercato di possibili idee, la costruzione, all'interno di questo mercato, di grandi conglomerati narrativi che cercano di conquistarsi uno spazio, sono parte integrante del brodo di coltura in cui chiunque abbia a che fare oggi con Internet si trova immerso.

Che il web sia diventato il luogo in cui l'Occidente e i suoi principi sono messi maggiormente in discussione è forse la più grande dimostrazione della capacità di un determinato strumento di rivelarsi duttile a tal punto da sfuggire al progetto entro cui era stato concepito. Internet oggi è anche un grande spazio di pensiero multipolare, nonostante tutte le criticità del caso, dato che potrebbe avere addirittura un effetto evolutivo per un racconto pubblico che si era creduto e imposto come dominante – quello dell'Ovest – e si trova ora alle prese con la messa in discussione del proprio primato e della legittimità stessa di averlo rivendicato.

Ma le implicazioni non si limitano a questo: se infatti la rete fosse solo un luogo in cui i racconti pubblici altri spiegano le ragioni della propria richiesta di alterità e resistenza al mondo occidentale in sé e per sé, Internet sarebbe nient'altro che uno dei tanti strumenti di scontro geopolitico all'interno del panorama della paventata Guerra Fredda globale che si sta sviluppando.

Basterebbe applicare il cosiddetto «metodo cinese»,[42] chiudendo ermeticamente la rete alle influenze altre per poter continuare a con-

[42] Cfr. Yu Hong, E. Harwit, *China's globalizing Internet. History, power and governance*, Routledge, New York 2023 e S. Shi, *China and the Internet. Using New Media for Development and Social Change*, Rutgers University Press, New Brunswick 2023.

trollare e dominare il racconto. Nell'Europa di antico regime si cercava di mettere in piedi sistemi di comunicazione chiusi attraverso, ad esempio, la proibizione di circolazione di prodotti a stampa sul territorio, la chiusura delle stamperie e l'incarcerazione dei produttori di contenuti non conformi. Addirittura si tentò una censura sovranazionale, pensata dall'ente che per secoli si arrogò il monopolio di costruzione di un messaggio preteso come universale; ci si riferisce ovviamente alla Chiesa cattolica attraverso l'Inquisizione e le sue branche specifiche. Una questione di capacità degli apparati di essere coercitivi, in buona sostanza.[43] La quale non a caso si sviluppa in concomitanza con la nascita della società dei lettori e dell'affinamento del racconto del concetto di Stato.

La questione però oggi è più complessa, perché concedendo l'ipotetico diritto a ognuno di diffondere i propri contenuti su Internet la società occidentale ha reso virtualmente tutti gli utenti possibili bersagli di censura, continuando allo stesso tempo a promuovere un uso condiviso e interattivo della rete e ampliando la gamma di azioni che si possono fare online.

Il messaggio è contraddittorio: da una parte si invitano gli utenti a gestire forme di socialità sempre nuove *online* e si creano possibilità di soddisfazione dei bisogni usufruendo della rete. Il web si attrezza per soddisfare bisogni primari, come cosa, dove e quando mangiare, dormire, abitare, come pagare le bollette, gestire i rapporti bancari, quelli fiscali, quelli anagrafici ecc. Dall'altra parte si stanno mettendo a punto possibili forme di contrasto all'uso smodato di Internet allo scopo di limitare i modi d'uso di questa tecnologia che potrebbero generare racconti considerati pericolosi.

Mentre la rete ci racconta che si può facilmente diventare ricchi e «influenti» (*influencer*) con contenuti virali e, attraverso specifici meccanismi (sensazionalismo, violazione delle regole sociali, abbassamento del livello di scambio, umorismo provocatorio ecc.), si moltiplicano i tentativi di instaurare una sorta di etica della rete di cui esempi come la già citata cittadinanza digitale dovrebbero essere parte.

I famosi «discorsi d'odio» (*hate speech*) che si cerca di arginare all'interno degli scambi sulle reti sociali sono un esempio di come, sospendendo per qualche momento l'indispensabile giudizio valoriale, sia oggi necessario da parte di chi gestisce il racconto pubblico bloc-

[43] Cfr. M. Foucault, *Sorvegliare e punire. Nascita della prigione*, Einaudi, Torino 1993 (prima ed. 1975).

care dei contenuti che potrebbero, alla lunga, mettere in discussione le basi stesse della convivenza attuale così come è pensata.

Quando Lutero mise in discussione i fondamenti stessi della teoria universalistica papale/imperiale attraverso una critica che dimostrava la contraddizione interna tra i principi della Chiesa e la sua attività mondana, un'intera società mise in discussione il sistema valoriale e in poco tempo, grazie alla diffusione di una comunicazione sufficientemente efficace, cominciò a costruire nuove fonti di racconto che portarono a uno scontro diretto con l'autorità.

È possibile notare più di qualche punto di contatto e di possibile analisi tra questa situazione e quella che stiamo vivendo oggi. Con doverose differenze negli approcci di scala possiamo dire che sta avvenendo tutto con basi più ampie, conseguenze più estese e cambiamenti più veloci.

3.6. *America profonda. La middle class bianca esce dal centro della narrazione*

Il modello di racconto pubblico statunitense poggia da decenni su alcune solide basi: la promessa di prosperità, la sicurezza interna, la stabilità, un nazionalismo aconfessionale e civico che nel corso del tempo ha soddisfatto le necessità di un continente «da popolare». Più volte nella storia questo racconto è venuto platealmente meno dal punto di vista ufficiale: l'isolazionismo degli anni venti e trenta, gli internamenti di cittadini nippoamericani durante la seconda guerra mondiale, la battaglia anticomunista della Guerra Fredda, il modo in cui sono stati affrontati i diritti civili delle minoranze, fino alle restrizioni delle libertà arrivate in seguito all'11 settembre 2001 che hanno preso di mira i musulmani; ma si è sempre trattato di una narrazione che, riconoscendo una implicita maggioranza (il «Noi»), si era diretta contro minoranze considerate o condannate come divergenti rispetto a quella pubblica dominante.[44]

In questo senso, la maggioranza della popolazione non solo non si è sentita toccata da questo tipo di discriminazione, ma si è sentita ricompresa e accudita dal racconto pubblico. Anche se la visione

[44] Sulla costruzione di questo «noi» su basi pseudoscientifiche e razziali cfr. S.E. Chinn, *Technology and the logic of American racism. A cultural history of the body as evidence*, Continuum, Londra 2000.

dell'*american dream* e dell'*american way of life*[45] è stata per lo più funzionale a una immagine del mondo portata avanti e sostenuta da contenuti cristallizzati nell'acronimo WASP (*White Anglo-Saxon Protestant*), vale a dire rappresentante il gruppo sociale privilegiato, bianco e di derivazione ancestrale britannica o comunque nord europea, tuttavia questo racconto pubblico opportunamente sostenuto è riuscito a farsi strada e sopravvivere anche in una società decisamente pluriculturale come quella nordamericana e ad attagliarsi, con qualche correttivo regionale, all'intero mondo occidentale.

Almeno fino a quando il meccanismo di rinnovo e sviluppo del racconto non si è inceppato.

L'elezione del primo presidente nero nella storia degli Stati Uniti ha segnato un potente punto di svolta nel racconto pubblico del paese: vi è stata, in maniera concreta e sul piano più alto possibile sul terreno della rappresentatività pubblica, la realizzazione del sogno americano. Per la prima volta la più alta istituzione pubblica statunitense è stata occupata dal figlio di un immigrato proveniente da una zona periferica del mondo, con una famiglia non tradizionale né agiata alle spalle e soprattutto incarnazione del più forte e controverso simbolo dell'alterità interna con cui il paese e il suo racconto pubblico si erano dovuti confrontare: l'essere nero.

Questa apparente vittoria del sistema di valori americano ha esaltato gli animi di coloro i quali erano sottoposti all'immaginario statunitense ma non ne erano direttamente compresi. È stato un momento galvanizzante per la periferia di questo racconto: che fosse periferia

[45] Il concetto di *via americana al vivere*, o di *modo di vita americano*, si sviluppa in modo organico durante i prodromi della sfida tra USA e URSS per il predominio nella Guerra Fredda negli anni cinquanta. La prima definizione specifica di cosa si intenda, esattamente, per stile di vita americano, è data nel 1955 dall'intellettuale statunitense William Herberg: «Lo stile di vita americano è individualista, dinamico, pragmatico. Esso afferma il valore supremo e la dignità della persona, ma sottolinea incessante l'attività da parte sua, perché non è mai a riposo, ma sta sempre cercando di "andare avanti", e definisce l'etica della fiducia in sé stessi, il merito, e il carattere, e la realizzazione: "fatti, non credo" sono ciò che contano. La "American Way of Life" è umanitaria, "guardando avanti", ottimista. Gli americani facilmente sono le persone più generose e filantropiche del mondo, in termini di pronta risposta e senza riserve alla sofferenza ovunque sul globo. L'americano crede nel progresso, nell'auto-miglioramento, ed è abbastanza fanatico in materia di istruzione. Ma soprattutto, l'americano è idealista. Gli americani non possono continuare a fare soldi o raggiungere il successo mondano semplicemente in base ai propri meriti; queste cose "materialistiche" devono, nella mentalità americana, essere giustificate in termini "superiori", in termini di "servizio" o "gestione" o "benessere generale"... È perché sono così idealistiche, che gli americani tendono a essere moralisti, ma sono inclini a vedere tutte le questioni come questioni della morale chiare e semplici, in bianco e nero»: W. Herberg, *Protestant, Catholic, Jew. An Essay in American Religious Sociology*, Doubleday, New York 2012 (prima ed. 1955), pp. 79 e sgg.

spaziale (il grande seguito che la figura di Barack Obama ha avuto a livello globale) o periferia valoriale (un segno molto importante per le minoranze all'interno del paese). Ma un intero sistema di racconto che si basa sulla possibilità di realizzazione del sogno difficilmente riesce a gestire la realizzazione del sogno stesso da parte di chi si trova al centro della narrazione e ne era stato fino a quel momento esaltato. Se un nero arriva alla Casa Bianca, la narrazione pubblica di chi non si sente direttamente rappresentato dal modello proposto comincia a scricchiolare. Per qualcuno, paradossalmente, la realizzazione del sogno si trasforma rapidamente nella fine del sogno:

L'elezione di Obama è stata una chiara indicazione del progresso incostante che la nazione ha fatto nell'incorporare minoranze razziali ed etniche nel sistema politico. È stata anche altamente simbolica come grande cambiamento nell'immagine politica della nazione; Obama è arrivato dopo una successione di quarantatré presidenti bianchi, segnando una rottura con il totale predominio della pelle bianca al livello del più alto ufficio elettivo della nazione.[46]

Viene così a scoprirsi uno dei capisaldi occulti della costruzione di ogni racconto pubblico inteso a mantenere un'unità di gruppo di carattere nazionale, di una comunità immaginata, per seguire la definizione di Benedict Anderson: si mostra come il racconto pensato da alcuni per comprendere tutti non sia in realtà un racconto per tutti, ma solo per una parte, per quanto vasta. E che, *se qualcuno non direttamente parte riconoscibile di questo sottoracconto arriva al vertice della narrazione significa che qualcun altro può temere di rimanerne escluso.*

A questo va sommato il cambiamento effettivo del tessuto sociale statunitense nelle proprie linee sociologiche fondamentali dovuto alla forte accelerazione nel mutamento delle condizioni di vita dei vari strati di quella società, suddividendoli, di fatto, in sottocategorie sociali che hanno esperienze del mondo molto differenti tra loro, le cosiddette «generazioni» americane (*generations*):

La coorte del periodo tra le due guerre, che ha vissuto due conflitti mondiali e la Grande Depressione (nata tra il 1900 e il 1945); i Baby Boomer che sono cresciuti durante l'aumento dell'agiatezza e l'espansione dello stato sociale dell'era post-Seconda guerra mondiale (1946-1964); la Generazione X socializzata durante l'era della controcultura caratterizzata dalla liberalizzazione sessuale e dalle proteste studentesche (1965-1979); e i Millennials che sono cre-

[46] A. Jardina, *White identity politics*, Cambridge University Press, Cambridge 2019, p. 216. [*T.d.A.*]

sciuti durante l'era dell'economia neo-liberista e della globalizzazione associata a Reagan e Thatcher (1980-1996).[47]

A queste va aggiunta la generazione che si è appena affacciata all'età del voto, la cosiddetta *Generation Z*, identificata con la definizione di «nativi digitali» (*digital natives*).[48]

Una suddivisione cronologica piuttosto serrata, dovuta proprio al fatto che le esperienze di cambiamento accelerano nel corso del secolo e hanno un innegabile impatto culturale.

> Il rapido cambiamento sociale, che ha trasformato le esperienze formative delle coorti tra le due guerre e dei Millennials che crescevano negli Stati Uniti e in altre sicure società ad alto reddito, ha avuto profondi impatti sui valori culturali. Le differenze intergenerazionali derivano dalle esperienze storiche delle diverse coorti di nascita, che fissano le loro attitudini e i loro valori. La composizione della società viene gradualmente trasformata attraverso un processo a lungo termine di sostituzione della popolazione...[49]

L'elezione di Barack Obama è anche il momento in cui una parte del paese, quella bianca non privilegiata, sente di aver subito una perdita di rappresentatività nei confronti del modello dominante. Si sente, a torto o a ragione, esclusa dal flusso di racconto.

E si arrabbia.

3.7. *Il quadro di partenza: una rabbia condivisibile*

Mentre il mondo occidentale esalta il traguardo raggiunto da una delle minoranze più significative del panorama sociale statunitense, i cambiamenti socioeconomici innescati dalla globalizzazione erodono in maniera sensibile le sicurezze di quella che per decenni è stata raccontata come la spina dorsale del sistema americano: la classe lavoratrice del settore secondario e terziario.

Quando Obama nel 2008 varca i cancelli della Casa Bianca è già un mondo che quasi non esiste più, colpito dall'evoluzione del mercato del lavoro e dagli effetti della globalizzazione e che verrà, proprio

[47] P. Norris, R. Inglehart, *Cultural Backlash. Trump, Brexit and autoritharian populism*, Cambridge University Press, Cambridge 2019, p. 36. [*T.d.A.*]

[48] C. Seemiller, M. Grace, *Generation Z. A Century in the Making*, Routledge, New York 2019.

[49] P. Norris, R. Inglehart, *Cultural Backlash* cit., p. 36. [*T.d.A.*]

durante la presidenza Obama, ulteriormente colpito dalla crisi del sistema dei mutui statunitensi.

Un brusco risveglio in particolare per la parte bassa della vecchia classe media che improvvisamente si ritrova a rischio povertà. Una fetta di popolazione in gran parte bianca che sente il rischio concreto di essere espulsa dall'*American Dream*.

Mentre il racconto pubblico statunitense inciampa in una serie di contraddizioni esterne (tramonta il mito dell'invincibilità e della «bontà» americana con la serie di guerre in Iraq e Afghanistan) e interne (il persistere del conflitto sociale e la perdita di credibilità del sistema politico di fronte alle sfide del cambiamento) una schiera sempre più folta di persone si ritrova a non ricevere più né risposte concrete né proposte consolatorie da ciò che fino a quel momento era stata «L'America». Il meccanismo di costruzione identitaria tipico delle comunità immaginate si è inceppato, visto che quello che sentiva di essere il campione più rappresentativo del «sogno» non si sente più raccontato, e in contemporanea viene sempre meno la soddisfazione del bisogno di percepirsi inseriti in un gruppo rappresentativo. Viene sempre meno il fabbisogno di «risposte e socialità» fino a quel momento garantito dall'immaginario collettivo. La rete, che, come abbiamo visto, ha tra i possibili scopi pubblici proprio quello di fornire risposte e socialità, diviene, a cavallo degli anni dieci, un luogo sempre meno virtuale e sempre più sondato dagli utenti in cerca di una bussola attraverso cui orientarsi nel cambiamento. La rabbia scaturita dalla paura entra in maniera pressante all'interno della rete stessa che diviene in breve tempo uno dei luoghi dedicati non solo alla ricerca di risposte ma anche allo scarico della frustrazione causata dalla frattura tra racconto pubblico della realtà e realtà percepita.

La rete diviene un calderone di rabbia.

Di fronte alle narrazioni dominanti c'è spesso il tentativo, da parte di chi intende contrastarle, di trovare modi nuovi per interpretare la realtà e presentarli come possibili alternative di racconto pubblico. E altrettanto spesso queste narrazioni alternative vengono combattute dai sostenitori della narrazione dominante. Dalle leggende attorno alla fortuna e caduta dei templari fino a vere e proprie falsificazioni come il falso storico dei *Protocolli dei Savi di Sion*,[50] l'umanità occidentale ha

[50] Sui *Protocolli*, la loro nascita e la loro diffusione cfr., fra i molti, W. Benz, *I protocolli dei savi di Sion. La leggenda del complotto mondiale ebraico*, a cura di A. Gilardoni e V. Pisanty, Mimesis, Sesto San Giovanni 2009.

sempre vissuto sotto la pressione di narrazioni forti e contronarrazioni deboli ma sufficienti a costituire un sottobosco corpuscolare a cui attingere alla bisogna. Solitamente, è solo nel momento in cui queste teorie vengono strumentalizzate a fini politici e ricevono quindi una spinta verso la diffusione che si possono riscontrare dei momenti di «viralizzazione pubblica» di determinati racconti: basti come esempio la collezione rabberciata di teorie complottiste e/o antisemite che fece il nazismo nel momento in cui si pose in sfida al racconto pubblico dominante (peraltro molto traballante) nella Germania degli anni venti.[51] La rabbia catalizzata e canalizzata da questi racconti può facilmente essere condotta a una sollevazione di massa finalizzata alla sostituzione del racconto pubblico prima dominante. Si tratta di «esplosioni» di contronarrazioni che tendono a mettere in crisi i principi del racconto attaccato e che tornano nel dimenticatoio nel momento in cui le «leve di controllo» del racconto pubblico vengono riprese stabilmente in mano dai rappresentanti delle élite di potere.[52]

Con l'avvento di Internet, questo «rumore di fondo» che accompagna le società e ciclicamente mette in discussione almeno spezzoni dei racconti pubblici proposti, ha cambiato decisamente volto.

Quelle che ancora negli anni ottanta erano bislacche teorie complottiste a cui avevano accesso numeri limitati di persone, con la diffusione della rete vengono esposte al pubblico di milioni di utenti, divenendo in breve tempo parte del patrimonio di informazioni di interi gruppi sociali. In seconda battuta, non avendo una ipotetica data di scadenza, queste informazioni rimangono in circolazione senza limiti e possono in qualsiasi momento divenire materiale per risposte alternative al racconto pubblico dominante. In terzo luogo, esse vengono esposte a un pubblico che, come spesso accade su Internet, cerca non sapendo bene che cercare, divenendo quindi patrimonio acquisito degli utenti che non sono tenuti ad avere gli strumenti analitici per poter interpretare quanto trovano, assumendo quindi informazioni in maniera acritica.

[51] Sul tema soprattutto G.L. Mosse, *Le origini culturali del Terzo Reich*, il Saggiatore, Milano 2015 (prima ed. 1991), E. Kurlander, *I mostri di Hitler. La storia soprannaturale del Terzo Reich*, Mondadori, Milano 2023.

[52] Per una parziale panoramica attorno ad alcuni fenomeni di complottismo antecedenti l'era di Internet, cfr. Wu Ming 1, *La Q di Qomplotto. Qanon e dintorni, come le fantasie di complotto difendono il sistema*, Alegre, Roma 2021.

Nel 1525 centinaia di migliaia di contadini tedeschi scoprirono, con rabbia, di avere lo stesso paniere di problemi da affrontare, problemi che il racconto pubblico allora dominante non sembrava in grado di risolvere e anzi pareva alimentare. Scoprirono, con la diffusione delle loro problematiche attraverso un nuovo mezzo di comunicazione virale, di poter costituire dei gruppi che non solo contrastassero il racconto dominante ma ne elaborassero uno nuovo. Provarono a inquadrare al loro interno dei leader, spazzati via però con la violenza da parte dei rappresentanti dell'ordine costituito. Un ordine che non aveva problemi nell'utilizzare la forza per vincere lo scontro e che poteva ricorrere all'annientamento fisico della parte avversa per raggiungere il proprio scopo.

Negli anni dieci del 2000, negli Stati Uniti, centinaia di migliaia di americani scoprono, con rabbia, di avere lo stesso paniere di problemi da affrontare, un paniere che l'immaginario pubblico dominante non sembra in grado di risolvere e anzi pare alimentare. Scoprono, con la diffusione delle loro problematiche attraverso un nuovo mezzo di comunicazione virale, di poter costituire dei gruppi che non solo contrastino il racconto dominante ma ne elaborino di nuovi.

Ma è qui che ci si deve fermare con l'approccio comparativo diretto per analizzare la questione più nel dettaglio. A causa della struttura stessa dello strumento utilizzato, Internet e non la stampa a caratteri mobili, l'analogia deve fermarsi di fronte a quelli che sono i veri e propri limiti, paradossalmente, dello strumento stesso.

Nella Germania del Cinquecento l'alba della modernità trasportata dai *Flugblätter* è un fatto organicamente collettivo: ci si riunisce ad ascoltare le idee lette da qualcuno e proclamate a tutto l'uditorio, che poi provvede alla viralizzazione del messaggio attraverso le riunioni pubbliche, i discorsi e perfino le chiacchierate di taverna. Per quanto diffuso in modo capillare e individualizzabile, il messaggio a stampa è pur sempre uno strumento dal carattere collettivizzante. Ecco, quindi, che la rabbia che scaturisce dal messaggio è intendibile come una rabbia collettiva nel senso che nasce e si alimenta col confronto tra i singoli e diviene un immediato collante sociale.

Internet è invece, a partire proprio dalle sue piattaforme di fruizione, *personal computer e smartphone*, uno strumento di ricerca «solitario», anzi, solipsistico: ogni singolo utente è solo all'interno della *onlife* che si costruisce a propria immagine e somiglianza, coadiuvato dal funzionamento degli algoritmi guida che per scopo hanno proprio quello di profilare il più possibile il singolo usufruitore della rete. Le ricerche effettuate su Internet, che nel corso del tempo si affinano con l'aumentare dei dati lasciati da chi naviga, costituiscono la base attraverso cui ognuno ricostruisce la propria, a questo punto unica e personalissima, visione del mondo. Almeno di quello virtuale.

Anche quando entra a far parte delle cosiddette *communities*, vale a dire di gruppi di utenti che seguono uno stesso tema o personaggio all'interno di specifiche piattaforme, questa «frequentazione» risponde solo in parte alla necessità di socializzazione che di solito si ricerca nei racconti pubblici. Il senso di appartenenza si sviluppa su determinati argomenti e magari può espletarsi fuori dalla *onlife*: basti pensare al fenomeno dei raduni fisici organizzati dal vivo a partire da gruppi informali che si incontrano su Internet attorno a temi specifici, come il fenomeno del *cosplaying*. È proprio la parzialità dell'esperienza a caratterizzare la maggior parte della «resa nel mondo» di questo tipo di socialità. Generalizzando, mentre l'esperienza sociale si basa di solito su una immersione totale in un determinato contesto, a livello *onlife* questa immersione non pare offrire l'intera gamma esperienziale della vita di comunità.[53]

Nelle esperienze di rabbia scaturite nel corso del tempo nei confronti delle esperienze di racconto pubblico si ha una fase di condivisione sociale, un momento di scambio che oggi si direbbe «in presenza» e quindi una ricomposizione sociale mediata di aspettative, contenuti e possibili soluzioni (le grandi riunioni contadine che portarono alla nascita del *proclama dei contadini tedeschi*). Quella fermentante in Internet è invece, per lo più, una rabbia autoalimentante e soprattutto «solitaria».

Questo aspetto sembrerebbe presupporre l'incapacità oggettiva, da parte del nuovo mezzo di trasmissione del racconto che è Internet, di produrre da solo movimenti di massa. Invece, grazie a una funzione propria della struttura stessa dei motori di ricerca Internet, la rete è un mezzo che riesce efficacemente a massificare i propri utenti.

Solitaria è la ricerca, infatti, e la navigazione tra le miriadi di contenuti, ma gli algoritmi preposti alla profilazione degli utenti sono anche pensati per indirizzare utenti dai bisogni simili attraverso ricerche simili che, a seconda degli argomenti, portano a un medesimo ri-

[53] Per un approccio di sintesi, benché già datato, cfr. M. Castells, *Reti di indignazione e speranza. Movimenti sociali nell'era di Internet*, Università Bocconi Editore, Milano 2015.

sultato. In più, quando un risultato soddisfa le aspettative di più utenti, è il funzionamento stesso di Internet a incanalare verso di esso le ricerche di un sempre maggior numero di utenti. Internet, in determinate condizioni, favorisce la viralizzazione dei contenuti, vale a dire che contribuisce attivamente alla creazione di racconti pubblici anche alternativi a quello dominante, ma lo fa saltando quel passaggio tipico che mette i racconti pubblici «alla prova» della comunità a cui andranno ad applicarsi.

Se la stampa ha creato e supportato nel corso del tempo movimenti di persone che si raggruppano per condividere la stessa rabbia, Internet, almeno ai suoi esordi, crea movimenti di persone singole che da sole costruiscono la propria spiegazione alla rabbia provata e poi ricercano persone con cui condividere quanto prodotto; nascono così gruppi di singoli organizzati virtualmente che si trovano ad avere in comune più la ricerca della risposta ai propri dubbi che la risposta stessa.

Quei movimenti di rabbia scaturiti da forme di condivisione e scambio tendono a produrre gruppi di individui che si confrontano e che di fronte alla necessità di supportare organicamente le azioni dettate da questa rabbia (ad esempio le rivolte) si dotano di leadership più o meno condivise. Nelle masse arrabbiate che animano la rete ci si trova di fronte a gruppi di singoli che rimangono tali fino a quando qualcuno, non necessariamente all'interno del gruppo stesso, riesce a catalizzare la rabbia ergendosi a leader.

3.8. *6 gennaio 2021, «Il giorno in cui il mito della democrazia americana finì»*

L'inizio dell'esperienza della presidenza Obama è stato il primo ad aver avuto come protagonista indiscusso lo strumento di comunicazione dei social. La fine (per il momento) dell'esperienza della presidenza Trump è stata la prima ad essere stata caratterizzata dallo stesso mezzo. Entrambi questi momenti fondamentali della democrazia statunitense sono stati scanditi da un medesimo apporto emotivo dato dal web. Di più: quella dell'assalto a Capitol Hill è la prima rivolta provocata, organizzata, scandita e infine raccontata direttamente dai social nel paese che i *social* li ha inventati.

La sera del 5 gennaio 2021, in una Washington spazzata dal vento invernale, una folla rumorosa comincia a radunarsi in vista delle proteste che accompagneranno la proclamazione ufficiale della vittoria delle elezioni del 4 novembre precedente e che hanno segnato la sconfitta elettorale di Donald J. Trump. È stato lo stesso presidente a invitare i propri sostenitori alla mobilitazione già a partire dall'arrivo dei primi risultati elettorali, esortandoli a interrompere il processo che avrebbe portato all'elezione di Joe Biden. La propaganda che rimbalza su tutti i social è accompagnata da un eloquente motto, divenuto prontamente un efficace hashtag: *#stopthesteal*, «fermate il furto»,[54] tanto da essere bloccato da alcune piattaforme social.[55]

Il movimento che supporta le pretese del quasi ex presidente prende corpo già prima delle elezioni presidenziali, fomentato in questo da più dichiarazioni pubbliche in cui il *tycoon* fa intendere che non rispetterà il verdetto delle urne se questo gli sarà sfavorevole.[56] Dopo il 4 novembre e la vittoria dei democratici i trumpisti cominciano a coagulare l'opposizione al processo di passaggio dei poteri attorno all'idea che quella compiuta dalle strutture federali sia una violazione della sovranità popolare e una forzatura della Costituzione.

Il web alimenta varie teorie riguardo presunti furti di voti, forzature legali e dubbi sempre più insistenti sul meccanismo di voto elettronico e postale. Molte di queste sono rilanciate dallo stesso Trump sui suoi social, amplificandone la risonanza. Pur senza prove concrete, sono centinaia di migliaia le persone dentro e fuori degli USA che tra novembre 2020 e gennaio 2021 affidano alla rete dubbi, teorie e presunte prove dei brogli elettorali che starebbero avvenendo nella «più grande democrazia del mondo».

Quando, ai primi di gennaio, si mette in moto il meccanismo procedurale per sancire la vittoria di Biden, il tam-tam, soprattutto in rete, riesce a far riunire una folla di migliaia di persone al centro della capitale federale. Il luogo prescelto per il concentramento della folla ha un significato fortemente simbolico, a partire dal nome: è la *freedom plaza*, la

[54] www.justsecurity.org/74622/stopthesteal-timeline-of-social-media-and-extremist-activities-leading-to-1-6-insurrection/.

[55] www.wsj.com/articles/facebook-takes-down-group-organizing-protests-of-vote-counting-11604603908.

[56] Il primo #stopthesteal viene messo in circolazione sui social già il 7 settembre 2020. (cfr. justsecurity.org cit.).

«piazza della libertà», luogo storico di ritrovo per le manifestazioni popolari di vaste dimensioni. È qui, ad esempio, che il movimento *Occupy* si è riunito per protestare contro le diseguaglianze economiche e sociali nella città statunitense. Tra gli organizzatori e i sostenitori di quella che il giorno seguente sarebbe dovuta essere la «marcia per salvare l'America» (*the save America march*) si trovano, oltre ai diretti supporter di Trump, milizie paramilitari come i *Proud Boys*[57] e gli *Oath Keepers*,[58] *Three Percenters*,[59] e poi gruppi di antagonismo politico di estrema destra come il *Patriot Movement, QAnon Movement*,[60] *White Supremastists, the Groypers Army, Blue Lives Matters* e rappresentanze non ufficiali del cosiddetto *Tea Party*, del movimento *Boogaloo*, dei *Christian Rights* e perfino elementi del Partito repubblicano, benché ufficialmente il *Great Old Party* si sia dissociato dalla chiamata del quasi ex presidente.

Migliaia di persone animano il *sit-in* per tutta la notte e il mattino dopo seguono sui social e attraverso i media tradizionali l'evoluzione della procedura che secondo l'ordinamento statunitense porta all'elezione del Capo dello Stato.

Già alle 8 di mattina del 6 gennaio dall'account Twitter di Donald Trump partono le parole d'ordine della giornata:

[57] «I ragazzi orgogliosi» è un gruppo di estrema destra americana fondato nel 2016 da Gavin McInnes, giornalista e comico canadese particolarmente attivo sui principali social. In Canada, paese in cui sono attivi al di fuori degli USA, sono stati classificati dal febbraio 2021 come gruppo terroristico, seguito nel giugno dello stesso anno dalla Nuova Zelanda (cfr. A.B. Campbell, *We are Proud Boys. How a Right-Wing Street Gang ushered in a New Era of American Extremism*, Hachette Books, New York 2022).

[58] I «custodi del giuramento», sono un'organizzazione di estrema destra nata nel 2009 e composta in alta percentuale da ex militari e poliziotti statunitensi che ha come scopo quello di «far rispettare» la Costituzione degli Stati Uniti, vale a dire, sostanzialmente, incitando al boicottaggio e al contrasto di leggi e iniziative progressiste a livello federale (S. Jackson, *Oath Keepers. Patriotism and the Edge of Violence in a Right-wing Antigovernment group*, Columbia University Press, New York 2020). Il fondatore, Stewart Rhodes, nel maggio 2023 è stato condannato a 18 anni di prigione per l'assalto a Capitol Hill (www.repubblica.it/esteri/2023/05/25/news/assalto_capitol_hill_18_anni_carcere_fondatore_oath_keepers_rhodes-401764365/).

[59] «Quelli del tre per cento» sono un gruppo antagonista antigovernativo di estrema destra fondato nel 2008, in concomitanza con l'elezione di Barack Obama, che sostiene in particolare il libero uso di armi e il contrasto al potere centrale federale. Viene sciolto a livello nazionale dai suoi stessi fondatori dopo le violenze dell'assalto a Capitol Hill. Fatto curioso, il nome deriva da una citazione storica (spuria) che affermava che i combattenti per la libertà dalla tirannia britannica nella guerra di indipendenza del 1776 non furono mai più del 3% della popolazione coloniale (cfr. B.J. Balleck, *Hate Groups and Extremist Organizations in America. An Encyclopedia*, ABC-Clio, Santa Barbara 2019).

[60] Per una sintesi di nascita e scopi del movimento QAnon cfr. Wu Ming 1, *La Q di Qomplotto* cit.

Il presidente Trump twittò tre volte nel corso della mattinata del 6 gennaio, ripetendo la falsa notizia della frode elettorale alle 8:06, esercitando pressione sul vicepresidente Pence per ritardare il conteggio elettorale alle 8:17 e esortando i funzionari del Partito repubblicano a fare lo stesso alle 8:22. Fece chiamate ai suoi alleati repubblicani al Congresso, molti dei quali erano già impegnati a contestare il conteggio elettorale.[61]

Tra i manifestanti c'è la speranza che Pence, vicepresidente chiamato a guidare in qualità di presidente del Senato la seduta che avrebbe certificato la vittoria di Joe Biden, ascolti l'appello del tycoon e si attivi per bloccare formalmente il procedimento.

Le operazioni di verifica, tuttavia, proseguono per tutta la mattinata del 6 gennaio, mentre una folla di migliaia di persone punta sul quartiere delle istituzioni di Washington. Altri sostenitori, richiamati dal passaparola su Internet, cercano di affluire verso la capitale.

Alle ore 12,00 Donald Trump pronuncia un discorso da un palco allestito all'Ellipse, il grande parco antistante la Casa Bianca, in cui galvanizza la folla per un'ora abbondante, ribadendo che

Non permetteremo loro di silenziare le vostre voci. Non lasceremo che accada, io non lo permetterò![62]

cercando ancora una volta di forzare la mano al vicepresidente:

… e spero che Mike farà la cosa giusta. Lo spero. Lo spero. Perché se Mike Pence fa la cosa giusta, noi vinceremo le elezioni. Tutto quello che deve fare, tutto, viene da uno dei primi, certamente tra i primi avvocati costituzionali del nostro paese. Ha il pieno diritto di farlo. Abbiamo il compito di proteggere il nostro paese, sostenere il nostro paese, sostenere la nostra Costituzione e proteggere la nostra Costituzione.[63]

Trump suggerisce alla folla, più di cinquantamila persone in quel momento,[64] che almeno una parte dell'amministrazione federale sottoposta al potere di Trump sarà dalla parte di chi protesta.

[61] Estratto del report del discorso stilato dalle autorità federali e visibile sul sito di comunicazioni ufficiali dell'amministrazione americana www.infogov.gov: (cfr. www.govinfo.gov/content/pkg/GPO-J6-REPORT/pdf/GPO-J6-REPORT-2-7.pdf, p. 581). [*T.d.A.*]

[62] www.npr.org/2021/02/10/966396848/read-trumps-jan-6-speech-a-key-part-of-impeachment-trial. [*T.d.A.*]

[63] *Ibid.* [*T.d.A.*]

[64] www.infogov.gov cit., p. 585.

Nel primo pomeriggio, nonostante i solleciti, appare chiaro che Pence intende rispettare l'iter democratico. Così Donald Trump chiude il suo discorso invitando gli intervenuti a marciare sul Campidoglio:

> Allora andiamo, andiamo a marciare lungo Pennsylvania Avenue. Io amo Pennsylvania Avenue. E andremo al Campidoglio, proveremo a dare una mano.[65]

Alcune migliaia di manifestanti dirottano la «marcia per salvare l'America» prendendo direttamente d'assalto il Campidoglio. La protesta all'inizio si presenta nel proprio complesso come pacifica: la contrapposizione tra chi protesta e le forze dell'ordine è soprattutto di contrasto fisico e una buona parte dell'informazione al seguito racconta il concentramento come un'accozzaglia piuttosto folkloristica ed eterogenea, contribuendo a diffondere l'idea di una manifestazione di scontento popolare che potrà esaurirsi senza incidenti.

Tuttavia, quasi metà dei manifestanti si rifiuta di sottoporsi ai controlli antiterrorismo per segnalare la presenza di armi[66] e ben presto si comprende che la sicurezza predisposta per l'intero quartiere governativo è gravemente carente.

I cordoni degli agenti, per lo più guardie del Campidoglio di solito utilizzate per compiti di semplice sorveglianza, vengono ben presto travolti dalla pressione della massa di persone che affluisce e la «marcia per salvare l'America» occupa gli spazi esterni delle strutture governative. Le immagini, molto potenti, dei trumpisti che passeggiano sul palco da cui Joe Biden dovrà giurare fanno il giro del mondo.[67]

Appare chiaro che chi doveva vigilare ha sottovalutato il rischio: per tutta la mattina le autorità locali non ritengono necessario richiedere il supporto del dipartimento della difesa federale,[68] e appena duemila effettivi tra Capitol Police, la sicurezza interna del Parlamento, e polizia locale del District of Columbia sono chiamati a sorvegliare i cinquanta ettari di palazzi federali.[69]

Solo quando la folla, oltre a varcare il perimetro esterno degli edifici federali, cerca di entrare direttamente nella struttura del Parlamento, il personale di guardia cerca di opporre una più solida resi-

[65] www.nrp.org cit. [*T.d.A.*]

[66] www.infogov.gov cit., p. 585.

[67] www.euronews.com/2022/01/06/l-assalto-a-capitol-hill-minuto-per-minuto.

[68] media.defense.gov/2021/jan/11/2002563151/-1/-1/0/planning-and-execution-timeline-for-the-national-guards-involvement-in-the-january-6-2021-violent-attack-at-the-us-capitol.pdf.

[69] www.nbcnews.com/news/crime-courts/what-went-wrong-security-capitol-n1253341.

stenza. Donald Trump, che è ancora Capo dello Stato e comandante supremo delle forze armate, si rifiuta di dare l'ordine alla Guardia nazionale, la milizia territoriale statunitense, di intervenire per aiutare le forze di sicurezza locali. È in questo momento che le milizie paramilitari entrano in azione: guidate dalle formazioni dei *Proud Boys*, circa duemila persone[70] superano i blocchi di polizia messi a guardia dell'entrata principale del Campidoglio e penetrano nel Parlamento americano. È anche il momento in cui si cominciano a registrare i primi feriti.

I grandi elettori sono costretti a interrompere la seduta in corso mentre un'altra parte di manifestanti, guidati dalla milizia degli *Oath Keepers*, occupano la *Rotunda*, la grande sala di rappresentanza sottostante la cupola del Campidoglio. Sulle TV di tutto il mondo scorrono le immagini di quello che è già ribattezzato *The Assault*, l'assalto al cuore del potere americano.

All'una e mezza la polizia della capitale dà l'ordine di evacuare le strutture federali. Alle 14,13 Mike Pence, a questo punto il principale obiettivo dei manifestanti, viene prelevato dai servizi segreti e portato in un luogo sicuro. Nello stesso momento ai rappresentanti politici riuniti nell'aula del Senato in attesa di essere evacuati viene dato l'ordine di stendersi a terra e utilizzare, se necessario, le maschere antigas.

La situazione sembra fuori controllo, alle 14,38 Trump stesso chiede ai suoi sostenitori «Please support our Capitol Police and Law Enforcement. They are truly on the side of our Country. Stay peaceful!»[71] Alle 14,41 arriva l'annuncio che Ashli Babbit, una manifestante, è stata colpita da un colpo di pistola esplosa dalla sicurezza del Senato. Morirà poco dopo in ospedale. Intanto i rivoltosi occupano l'emiciclo del Senato e devastano gli uffici di alcuni tra i politici più rappresentativi dell'opposizione a Trump, tra cui quello della *speaker* della Camera, Nancy Pelosi. A questo punto, mentre finalmente arrivano rinforzi alle forze asserragliate nei presidi governativi, Trump (sono le 15,13) invita i propri sostenitori alla calma e moderazione. Nel prato antistante il Campidoglio viene eretta una forca, mentre la folla scandisce *Hang Mike Pence* («impiccate Mike Pence»).

[70] www.aljazeera.com/news/2023/1/6/january-6-capitol-riot-charges-convictions-trials-two-years-on.
[71] www.infogov.gov cit., p. 599.

Alle 16,17 Trump fa pubblicare sui suoi social un video in cui chiede ai suoi sostenitori, ringraziandoli, di tornare pacificamente a casa. Alle 18,27 i leader del Congresso possono annunciare la ripresa del conteggio dei voti elettorali per l'elezione del presidente Biden in quanto le strutture del Campidoglio sono state sgomberate. Alle 20,00 l'unità di crisi interforze che ha gestito l'emergenza dichiara che l'intero quartiere governativo è sgombro.

Il giorno seguente, in un'aula del Senato che porta ancora i segni dell'assalto, le operazioni elettorali si concludono confermando l'elezione di Joe Biden.

Il bilancio finale dell'assalto è di cinque morti tra i manifestanti,[72] un morto tra le forze dell'ordine durante gli scontri e tredici feriti.[73] Una gran parte dei procedimenti penali nei confronti dei rivoltosi e quello contro lo stesso ex presidente Trump sono (giugno 2024) ancora in corso.

L'immagine di quella che si è spesso descritta come la più stabile democrazia al mondo ne esce particolarmente appannata. Dopo quasi tre decenni di esportazione, spesso non consensuale, del modello democratico liberale e del «migliore dei modi possibili» per condurre una serena vita civile, le immagini dei palazzi del potere statunitense presi d'assalto da gente vestita con copricapi dei nativi americani che scandisce slogan brutali sembra togliere definitivamente agli USA lo scettro di punta di lancia di quella civiltà occidentale che ha decantato se stessa per più secoli come l'unica possibile garante di stabilità, benessere e progresso.

L'aula del Senato statunitense, che il mondo intero ha imparato a conoscere non solo attraverso i media ufficiali ma anche con il pluridecennale racconto hollywoodiano come centro pulsante del potere democratico mondiale, è ora accomunata alla folla di bianchi di mezza età che tra uno slogan e l'altro si fanno selfie sugli scranni da cui furono letti i discorsi con cui vennero dichiarate ben due guerre mondiali: da lì il presidente Roosevelt chiese e ottenne l'entrata in guerra

[72] Tra i manifestanti morti viene conteggiata Ashli Babbit, colpita dal fuoco della sicurezza, un morto di overdose nell'edificio del Congresso e tre morti per cause naturali (attacco cardiaco) mentre manifestavano. Tra gli agenti intervenuti nei sei mesi successivi alla rivolta si sono registrati quattro suicidi che vengono ascritti allo shock post-traumatico e quindi annoverati tra le vittime dell'assalto (cfr. www.washingtonpost.com/local/public-safety/police-officer-suicides-capitol-riot/2021/02/11/94804ee2-665c-11eb-886d-5264d4ceb46d_story.html).

[73] Per una sintesi dei fatti in italiano e alcune prime analisi sull'impatto della vicenda di Capitol Hill cfr. B. Woodward, R. Costa, *Pericolo*, Solferino, Milano 2022. Il libro fa parte della trilogia dedicata dagli autori al fenomeno Trump *Fear, Rage and Peril*, Simon & Schuster, New York 2021.

degli USA nella seconda guerra mondiale dopo l'attacco di Pearl Harbour e sempre da lì il presidente Wilson dichiarò guerra alla Germania guglielmina con le parole, oggi quasi malauguranti, «the world must be safe for democracy».[74]

Un colpo pesante per il racconto pubblico, non solo americano ma occidentale, nel proprio complesso: l'immaginario democratico, già minato dalle contraddizioni imperialiste amplificate da quello che doveva essere lo strumento di omogeneizzazione dell'immaginario occidentale per eccellenza, Internet, viene scompaginato da immagini che l'opinione pubblica dei paesi più avanzati collegava ai traballanti regimi di paesi poveri a «scarsa educazione democratica».

Con un potente ribaltamento della prospettiva, l'autoproclamato faro della democrazia mondiale, talmente sicuro del proprio impianto culturale da permettersi di «esportare la democrazia» in altri paesi,[75] mostra al mondo la debolezza del suo potere pubblico e la frattura esistente all'interno di una società che evidentemente non si riconosce tutta nei valori fondanti del paese.

Una visione che non è archiviabile come un semplice scivolone mediatico. Nel prologo introduttivo del suo *Pericolo*, Bob Woodward riporta la testimonianza di Mark Milley, generale statunitense che al momento dell'assalto presiede lo Stato maggiore congiunto delle forze armate statunitense, vale a dire il più alto ruolo militare del paese dopo il presidente e il ministro della Difesa. L'8 gennaio, due giorni dopo i fatti di Capitol Hill, deve telefonare all'omologo cinese Li Zuocheng per rassicurarlo circa la tenuta dell'intero sistema democratico statunitense. Nel suo commento all'accaduto, il generale non solo rileva la drammaticità del momento, ma fa trasparire una sorta di intima umiliazione nel rilevare i dubbi di stabilità portati avanti dalla superpotenza rivale: i tumulti hanno messo a serio rischio, mostrandola debole, la leadership dello Stato.[76] Non sono solo gli Stati Uniti a sembrare prostrati dall'atto di forza, ma anche il loro racconto pubblico.

Da questo punto di vista l'assalto al Campidoglio portato avanti dai sostenitori di Trump non può essere derubricato a semplice atto di

[74] www.archives.gov/milestone-documents/address-to-congress-declaration-of-war-against-germany.

[75] B. Rae, *Exporting Democracy. The Risks and Rewards of Pursuing a Good Idea*, Mclelland & Stewart, Toronto 2012.

[76] *Ibid.*, pp. 2-6.

violenza urbana o, come il generale Milley prova a spiegare al collega cinese, che «fatti simili rientrano nella natura della democrazia, generale. In realtà il nostro governo è solido al cento per cento. Va tutto benissimo. È solo che a volte la democrazia è confusionaria».[77]

In un paese a così alta diffusione di armi e dagli standard di violenza diffusa, a livello meramente numerico non potremmo certo considerare uno scontro tra migliaia di persone che finisce con un bilancio di «appena» sei morti un avvenimento perturbante: secondo le statistiche dal primo al 6 gennaio 2021 negli USA sono già avvenute 15 sparatorie di massa (*mass shootings*) che causano nove morti e sessantasei feriti.[78] Ma è l'impatto mediatico e quindi immaginifico a far definire l'assalto al Campidoglio come un punto di svolta nella storia statunitense o, addirittura, un punto di non ritorno.[79]

3.9. *Un mondo che non c'è. I* WASP *e il tentativo di ristabilire un privilegio in una società multiculturale*

Nel passare al setaccio gli slogan e le motivazioni formali scandite dai rivoltosi di Capitol Hill e dai loro rappresentanti sui media si possono cogliere alcune similitudini con quelle che erano le istanze presenti nelle rivolte popolari di antico regime: la folla radunatasi per supportare le manovre di Donald Trump in *freedom plaza* non richiede un cambio della struttura istituzionale, radicali riforme politiche o sociali o una proposta per cambiare il sistema statunitense. I trumpisti non vogliono la «rivoluzione». Al contrario, chiedono a gran voce quello che per loro è il ripristino delle consuete regole di equilibrio politico nella vita pubblica statunitense e il rispetto di quelle che vengono identificate come le regole della democrazia che sono state violate. Sono tutti, in quel momento, *Oath keepers*, custodi del giuramento, pronti a difendere non la loro parte politica ma il sistema nel proprio complesso. Proprio come i contadini delle jacqueries medievali e anche quelli della guerra contadina di Germania chiedono a gran voce il ripristino delle reali o presunte libertà comuni, cercando il ritorno a una forma, spesso semimitica, di convivenza tra ordini sociali,

[77] *Ibid.*, p. 3.

[78] www.gunviolencearchive.org/reports/mass-shooting.

[79] B. Woodward, R. Costa, *Pericolo* cit., H.A. Giroux, *Insurrections. Education in a Age of Counter-Revolurionary Politics*, Bloomsbury, London 2023.

allo stesso modo gli assaltatori del Campidoglio chiedono che si difenda il paese, la sua Costituzione e l'impianto democratico dai *plots*, i complotti messi in piedi per cambiare il volto dell'America. I veri patrioti, custodi reali dei valori del racconto mitico statunitense, in questa visione non sono i rappresentanti eletti, ma le persone che si ribellano alla corruzione del sistema federale rappresentato fisicamente dai palazzi del potere. È necessario *bonificare la palude*, per usare un'espressione cara alla destra antifederale basata sulla doppia immagine che vuole la capitale degli USA fondata su terreno paludoso e contemporaneamente, sia un luogo «malsano» di imbrogli e corruzione.[80] Un'espressione che non a caso lo stesso Trump ha più volte utilizzato.[81]

L'opera dei patrioti, quindi, non vuole essere di rottura e cambiamento ma, letteralmente, di ripristino e conservazione. Anche se sembra paradossale che l'attacco più potente degli ultimi anni al racconto immaginario statunitense arrivi dalle fila di chi in realtà dice di battersi per difenderlo, esso è il risultato del veloce scollamento tra le condizioni promesse dal mito americano e la realtà di coloro che questo mito ritenevano di incarnarlo.

Come i contadini di antico regime che, posti di fronte a una situazione di precarietà e indigenza, non maturano una nuova visione del mondo ma si limitano a chiedere il ripristino di condizioni che permettano loro di continuare a vivere secondo canoni ritenuti consoni, così la massa di aderenti ai gruppi che hanno sostenuto l'assalto a Capitol Hill si attiene all'idea di rivolere indietro quell'America in cui, anche qui spesso con ambientazioni e convincimenti fittizi, loro (non altri) stavano meglio. La sintesi del trumpiano *Make America Great Again*,[82] fare l'America grande ancora o meglio far tornare grande l'America, anche se nato come calco del motto raeganiano

[80] Cfr. www.newyorker.com/news/news-desk/draining-the-swamp. L'accostamento, divenuto negli USA un'antonomasia, è anche il titolo di un documentario della HBO sulla corruzione del sistema di lobbying statunitense andato in onda nel 2020 (*The Swamp*, USA 2020).

[81] www.bbc.com/news/election-us-2016-37699073.

[82] Le origini di questo motto sono da ricercarsi nella campagna elettorale del 1980: è infatti Ronald Reagan a utilizzare per la prima volta *Let's make America great again* nella sua sfida (vincente) al candidato democratico Jimmy Carter. L'esortazione accompagna l'inizio del liberismo raeganiano e della bolla degli anni ottanta, di cui il Trump immobiliarista è a tutti gli effetti un prodotto. Lo slogan, oltre a essere di per sé efficace, vuole quindi richiamare agli elettori repubblicani le memorie di un periodo di espansione economica ed effervescenza culturale (cfr. L. Steinhorn, *The fundamental flaw in "Make America great again"*, 26 luglio 2022, «Washington Post» (www.washingtonpost.com/made-by-history/2022/07/26/fundamental-flaw-make-america-great-again/).

nelle elezioni del 1980 e quindi volto innanzitutto a riscaldare la platea degli elettori repubblicani, risulta in realtà efficace anche per quello stuolo di persone che nel corso del tempo sono fuoriuscite, da destra, dal panorama politico statunitense, in quanto non si sentivano rappresentate dal bipartitismo federale.

La classe media bianca è stata colpita dalle varie crisi economiche succedutesi nel trentennio successivo alla Guerra Fredda, vedendo contemporaneamente il proprio orizzonte sociale e ambientale mutare in maniera significativa:

Nel 1998 il presidente Bill Clinton tenne il discorso di commiato presso la Portland State University, a Portland, Oregon. Davanti alla folla di studenti disse che voleva parlare dell'America del loro futuro, un'America che stava cambiando e diventando sempre più viaria, a un ritmo incredibile. [...] «Nessun'altra nazione nella storia ha attraversato un cambiamento demografico di questa portata in così poco tempo», disse. Poi si fermò e pose una domanda alla folla. «Cosa significano questi cambiamenti? Possono rafforzarci e unirci, o possono indebolirci e dividerci. Siamo noi che dobbiamo decidere».[83]

Da quel discorso che prefigurava le temute problematiche e le auspicate opportunità presentato dall'élite allora al potere come integrato nell'*american way of life*, gli equilibri demografici sono ulteriormente mutati: nel 2043, mantenendo gli attuali tassi di natalità e immigrazione, i bianchi[84] non saranno più maggioranza nel paese.[85]

L'evoluzione del proprio panorama di riferimento unito all'oggettivo impoverimento di una parte di quella che fu la spina dorsale del paese ha aumentato esponenzialmente la tendenza di alcuni gruppi sociali ad arroccarsi a difesa dei propri standard di vita e delle proprie abitudini.

Innanzitutto questo cambiamento ha portato le persone ad autoidentificarsi all'interno di gruppi specifici. Prima era sufficiente definirsi «Americans» per sottintendere un portato non solo culturale ma anche, nella terminologia anglosassone, «razziale», ed erano le minoranze a volersi/doversi spesso sovraidentificare (*Afro-* o *Black Ameri-*

[83] A. Jardina, *White identity politics* cit., p. 1. [*T.d.A.*]

[84] In quella che il senso comune nordamericano definisce categoria «white» i criteri meramente biologici sfumano nel culturale e nella percezione dell'ereditarietà: non ne fanno parte gli identificati ad esempio come «latinos», vale a dire le persone di lingua e cultura ispano-americana e tratti somatici identificabili con quelli degli abitanti del Meridione del continente. Cfr. *Ibid.*, pp. 91 e sgg.

[85] *Ibid.*, p. 2.

cans, *Asian Americans* ecc.) per potersi inserire nel racconto pubblico. A partire dai sommovimenti sociali conseguenti alla globalizzazione, una caratterizzazione che era stata per molto tempo retaggio dei luoghi di scontro identitario più acceso come nel caso del cosiddetto profondo Sud (*Deep South*) ora si estende a una platea molto più vasta di sostenitori della *White America*. Il doversi servire dell'aggettivo di colore è il sintomo della perdita di centralità nel racconto, proprio perché si passa dall'essere «la norma» all'essere una parte non prevalente di un insieme composito.

Questo disagio sociale e culturale ha avuto in Internet uno dei fattori scatenanti e le cause possono essere molteplici: prima di tutto, la continua esposizione a un modello che la rete ha plasmato e continua a diffondere è basato sulla pluriculturalità; un po' perché la realtà a cui la rete si rivolge è essa stessa pluriculturale, un po' per la necessità, ad esempio da parte di chi nella rete ha interessi economici, di non perdere per strada nessuna delle molte componenti sociali che si possono trasformare in possibili utenti.

In seconda battuta perché la rete mostra nel proprio insieme le realtà socioculturali che vi si riversano e la visione di un mondo ampio e variegato e prospero tanto quanto, se non di più, di casa propria, alla lunga può logorare il mito di primazia e unicità che gli Stati Uniti hanno cullato per decenni.

In terzo luogo, la rete con la sua sovraesposizione globale è anche uno strumento particolarmente adatto alla costruzione e proliferazione di stereotipi e divisioni identitarie. Osservare (e criticare) l'Altro è un ottimo modo per conoscere sé stessi.

In quarto luogo la rete, oltre a essere una straordinaria fucina di dubbi, è anche un'infaticabile spacciatrice di certezze: nel momento in cui la si interroga per raggiungere delle risposte, essa farà del proprio meglio per proporre soluzioni che soddisfino l'utente. Questo è sicuramente un modo molto efficiente quando la ricerca comprende dati concreti e finiti: distanze, date di fatti storici, soluzioni di problemi matematici.

Più complesso, e difficile da mantenere nell'ambito delle certezze, è il momento di ricerca che investe categorie con gradi di verificabilità sempre aleatori: idee, opinioni, gusti. Anche perché la rete non produce dal nulla le risposte ma mostra, con gradi di approssimazione via via più alti, le possibili soluzioni che trova in sé stessa. Vale a dire, in pratica, che ognuno pesca nel mercato dei racconti, racconti che potenzialmente chiunque può caricare in rete senza previo controllo. Maggiormente si affina il sistema di ricerca poi, più le soluzioni tendono ad assecondare il desiderio di appagamento di chi pone le questioni, in base al principio brutalmente commerciale che un cliente soddisfatto ha migliori probabilità di tornare «in negozio».

Un modo infallibile per appagare chi vaga nel dubbio della rete è fornirgli una risposta che convinca l'utente della bontà dei propri presupposti di partenza. In pratica, il web è pensato per titillare il navigatore online, confermando le impressioni di partenza con cui quest'ultimo compie le ricerche. Questo schema di semplice tecnica di marketing unito al principio massificante di viralizzazione che dice «più una cosa è visualizzata più verrà presentata per essere visualizzata» fa sì che la rete, dopo ormai oltre vent'anni di diffusione dell'Internet da tasca, sia un luogo in cui più che creare un nuovo racconto si tende a rafforzare racconti preesistenti o confezionati ad arte per essere diffusi.

Con una pericolosa traslazione autoritativa: tutto quello che si trova in rete, salvo esplicite segnalazioni, appare all'occhio di chi cerca appiattito sulla stessa curva di realtà. Se un utente domanda alla rete il cambio tra euro e dollaro di un determinato giorno lo può facilmente trovare e registrarlo come esatto. Se naviga per scovare le prove che il pianeta Terra è piatto non solo troverà altrettanto facilmente delle teorie che comprovino questa affermazione, perché caricate da utenti che si sono fatti la «loro idea» dell'astronomia, ma vedrà queste risposte messe idealmente alla pari con quelle fornite dai maggiori centri di ricerca mondiali sull'argomento.[86] Tutto uguale perché tutto ugualmente vero e tutto ugualmente falso. Il racconto rischia quindi di esaurirsi in una scelta di gusto, di utilità, di moda.

È questo il campo perfetto per la proliferazione di racconti che abbiano scopi precisi in contrasto con quello dominante e siano finalizzati al solo scopo di catturare l'attenzione dei navigatori, senza alcuna remora nei confronti dei criteri di correttezza, credibilità o rapporto con la realtà dei fatti. Internet è lo strumento attraverso cui sviluppare nel modo più efficace mai sperimentato la creazione di racconto fittizio a scopi di controllo sociale.

In altre parole, la rete è il paradiso delle *fake news*.[87]

[86] Per una analisi specifica sul tema della ricerca web e i suoi rischi in ambito storiografico rimando al mio *Guida semiseria per aspiranti storici social*, Bollati Boringhieri, Torino 2022.

[87] A.M. Orecchia, D.G. Preatoni, *Bufale, fake news, rumors e post-verità. Discipline a confronto*, Mimesis, Sesto San Giovanni 2022.

La rabbia accumulata degli espulsi dal racconto pubblico dominante viene intercettata da chi ha interesse ad amalgamare questi espulsi e farne massa di manovra per la creazione di nuovi racconti.

Quando nel 2008 l'elezione di Obama e la conseguente sensazione, da parte di una fetta di società statunitense corrispondente ai bianchi a rischio indigenza, di essere stati estromessi dal centro della narrazione della *American way of life*, ha provocato una rabbia diffusa nei singoli oppositori all'immaginario obamiano. Questa stessa rabbia è stata velocemente individuata, alimentata e canalizzata a scopi politici.

Basta seguire la parabola di una *fake news* «tipo», la bufala riguardante il certificato di nascita del presidente Obama, per cogliere alcuni dei meccanismi tipici di questo modo di sfruttare la rabbia dei singoli.

Pare che all'origine di tutto vi sia un libretto promozionale dell'allora giovane politico democratico Barack Obama in cui si riportava, erroneamente, il Kenya come suo luogo di nascita (paese da cui in realtà proveniva il padre). Lo sbaglio venne incluso in una biografia online che rimase in circolazione anche sul sito ufficiale di Barack Obama fino al 2007. Un semplice errore di superficialità che però ha dato la stura a una delle bufale più famose della storia recente degli Stati Uniti, con implicazioni legali potenzialmente dirompenti. Per la Costituzione statunitense, infatti, solo chi è nato negli Stati Uniti può essere eletto come Presidente.

Il fatto che Obama sia in realtà nato alle Hawaii e che a confermarlo vi sia il registro delle nascite della città di Honolulu, che tale certificato autenticato sia stato pubblicato e sia a tutt'oggi consultabile liberamente sul sito nella Casa Bianca, che sia stato oggetto di indagini, verifiche e conferme da parte di tutta la catena amministrativa statunitense e abbia attivato le prese di posizione dirette della stessa amministrazione americana non è servito a scalfire, in una parte non marginale dell'opinione pubblica, l'idea che Obama sia nato fuori dagli USA e quindi che la sua doppia elezione sia stata costituzionalmente fraudolenta. Ne nasce addirittura un movimento denominato *Birtherism*,[88] il quale a tutt'oggi rappresenta una delle frange dell'estrema destra americana vicina a Donald Trump.[89]

[88] Da «birth», nascita. La parola «birther» è entrata ufficialmente nel Lessico d'uso per definire «a person who falsely claims or believes that Barack Obama was not born in the United States, and was therefore not allowed by law to be US president» (cfr. www.dictonary.cambridge.org).

[89] A. Serwer, *Birtherism of a Nation, the conspiracy theories surrounding Obama's birthplace and religion were much more than mere lies. They were ideology*, in «The Atlantic», 13 maggio 2020 (www.theatlantic.com).

Com'è possibile che, nonostante le smentite, le prove e le evidenze, una consistente percentuale di americani[90] non abbia creduto all'idea che il proprio Presidente eletto fosse davvero statunitense?

Siamo di fronte, come hanno affermato molti esperti di teoria cognitiva e di scienze della comunicazione, a un rapporto con l'informazione basato non tanto sulla necessità di costruirsi una propria visione del mondo attraverso i fatti ma sulla volontà di corroborare la propria visione del mondo attraverso la ricerca di fatti che servano a confermarla. Non si tratta, in generale di conoscere e approfondire, ma di ricercare sostegno a qualcosa che intimamente si è già accettato come vero.

Una parte dell'elettorato statunitense, quella nata, cresciuta e coccolata da un *American Dream* con una chiara connotazione etnica,[91] vale a dire «biancocentrica», nel momento in cui si è trovata davanti prima l'ipotesi e poi la realtà di un Presidente statunitense nero non è riuscita a ritenere questo tecnicamente possibile, perché troppo lontano dal proprio immaginario di riferimento. Per sanare quella che nei fatti risulta essere una vera e propria contraddizione cognitiva, allora, in molti non hanno esitato ad accettare qualsiasi informazione che servisse a far rientrare questa discrasia.

Barack Obama non può essere davvero il Presidente degli Stati Uniti perché la sua elezione, oltre a violare un immaginario consolidato, viola la stessa Costituzione americana. Prendendo per buona l'idea che Obama sia nato fuori dagli Stati Uniti si riesce in un colpo solo a delegittimare l'avversario, un imbroglione che ha occultato le proprie origini, e a giustificare l'altrimenti incomprensibile mutazione nelle consuetudini; l'elezione di Obama non è legittima, quindi il sistema non l'ha sanzionata e resa valida, anzi: si è dovuto aggirare il sistema con un sotterfugio per permettere questo cambiamento. La democrazia statunitense non è stata strumento di evoluzione, permettendo a chi rappresenta idee lontanissime dal sostrato culturale e di immaginario dell'America bianca profonda di accedere alla carica più alta, ma è stata forzata e manomessa. La teoria dei *birthers* ha quindi una doppia funzione rafforzativa: quella che chi rappresenta «il male» all'interno del proprio quadro morale non può prevalere se non attraverso l'inganno (una visione al contempo messianica e hollywoodiana)

[90] Nel 2011, in un sondaggio effettuato prima della rielezione di Obama, il 25% degli intervistati dichiarava di avere «forti dubbi sulla cittadinanza di Obama» (S. Condon, *Poll: One in four Americans think Obama was not born in U.S.*, 21 aprile 2011 www.cbsnews.com).

[91] Cfr. A. Jardina, *White identity politics* cit., pp. 91 e sgg.

e che il sistema democratico ha fallito perché raggirato, non perché sia stato pensato per prevedere questo tipo di cambi di passo. In più, la teoria del falso certificato di nascita di Obama ha altri corollari di significato utili a costruire una solida base di consenso attorno a delle idee dichiaratamente reazionarie: c'è un chiaro sottofondo razzista nell'idea che il primo Presidente nero possa essere tale solo attraverso un palese imbroglio e non per meriti.

C'è un filone particolarmente caro alle frange dell'estremismo di destra che avvalora l'idea che l'apparato burocratico federale, percepito da alcuni come invasivo e castrante, sia al proprio interno marcio e manovrabile: il certificato esibito dalle autorità federali, quindi, non può che essere falso, gli archivi sono stati facilmente manomessi da un «potere forte» in mano a persone che lo utilizzano per il proprio tornaconto personale.

Il sistema funzionerebbe, ma le persone che lo manovrano sono dei delinquenti che ne abusano. Di nuovo ritorna la metafora di Washington, la capitale federale, come della «palude» (*the swamp*), luogo di corruzione contrapposto a una presunta «America vera» più pura e custode dei «veri valori». L'idea che la macchina federale complotti per favorire i neri e le minoranze a scapito dei bianchi ha una lunga, triste controstoria che dalla guerra civile americana arriva a Obama passando per il movimento dei diritti civili degli anni sessanta.

Nella complessità dei cambiamenti che hanno investito la società statunitense, la via di uscita offerta da questa e altre teorie del complotto sempre più strampalate ha il vantaggio di non dover mettere in discussione in alcun modo sé stessi, il proprio stile di vita, la propria realtà quotidiana. È il mondo ad essere cambiato, peggiorato e ci sono informazioni che si possono facilmente trovare sul web che confermano e ampliano questo consolante senso di non colpevolezza. Un altro eclatante esempio sono le teorie cospirazioniste che non solo, da tempo, negano il cambiamento climatico, ma alimentano i dubbi sulla necessità di una svolta verde in economia – svolta che ovviamente modificherà in molti settori produttivi i rapporti di lavoro – e ne criticano i modi. L'auto elettrica è il simbolo di questa grande cospirazione planetaria basata sulla «bugia» del cambiamento climatico: un «falso problema» (quello del surriscaldamento terrestre) inventato da qualche lobby per poter distruggere l'industria automobilistica statunitense (storicamente uno dei fiori all'occhiello del modello di sviluppo americano) e costringere il paese ad acquistare auto elettriche dai *competitor* degli USA (la Cina, soprattutto) e la cui componentistica abbisogna di risorse di cui gli Stati Uniti non dispongono in quantità sufficiente (come ad esempio il litio). Il quadro così dipinto è talmente lineare, chiaro e rassicurante che la sua diffusione è semplice e virale: l'industria basata sui combustibili fossili, in cui il paese ancora primeggia, non è responsabile dei disastri ambientali, la cui fattualità è dimostrata da studi troppo complessi per essere sintetizzati sui social; il modello di sviluppo statunitense non ha fallito di fronte alla sfida dell'innovazione, ma è stato surclassato da un complotto mondiale; non c'è nessuna responsabilità collettiva nei confronti della distruzione del pianeta, perché è stato tutto architettato da qualche anonimo reggitore dei destini del mondo.

Slogan semplici, teorie rassicuranti, deresponsabilizzazione di massa, ricerca di un colpevole lontano e soprattutto estraneo alla propria comunità sono ingredienti salienti delle teorie del complotto fin dai tempi delle accuse di omicidio rituale portate avanti nei confronti degli ebrei di mezza Europa[92] e che si ritrovano in maniera molto chiara nella produzione di *fake news* che caratterizza una parte piuttosto consistente del panorama dell'informazione statunitense,[93] dentro e fuori dai social.

Ma prima di addentrarci nell'infiltrazione del fenomeno delle false informazioni e della ricostruzione di un immaginario collettivo attraverso le tecniche informative digitali, e quindi prima di affrontare la comparazione dell'odierna rivoluzione dell'informazione con quella che l'ha preceduta dando il via al concetto stesso di modernità, è opportuno affrontare i modi, i tempi e gli argomenti che hanno contribuito a formare l'immaginario culturale che oggi è messo sotto pressione dall'evoluzione dei mezzi di comunicazione.

3.10. *Un lungo sogno americano: tutti gli uomini nascono liberi, ma alcuni sono più liberi di altri*

Era l'8 febbraio del 1915 e, mentre al di là dell'oceano il sistema imperiale europeo si stava dissanguando nelle prime grandi battaglie

[92] R. Calimani, *Storia del pregiudizio contro gli ebrei*, Mondadori, Milano 2010 e soprattutto F. Jesi, *L'accusa del sangue. Mitologie dell'antisemitismo*, Morcelliana Editore, Brescia 1993.

[93] Wu Ming 1, *La Q di Qomplotto* cit.

della prima guerra mondiale, nelle ancora non troppo diffuse sale statunitensi esce uno dei film destinati a fare la storia della allora giovane arte cinematografica. *The Birth of a Nation*, il capolavoro indiscusso di David Wark Griffith, arriva sugli schermi con la pretesa di raccontare, attraverso l'innovativo strumento del cinema, la nascita degli Stati Uniti attraverso un'epopea iconica.[94] Una storia familiare che tenta di rinsaldare, a cinquant'anni di distanza dai fatti, le fratture ancora presenti tra Nord e Sud. Le vicende dei protagonisti si snodano prima, durante e dopo la Guerra di secessione, descritta nel film come uno scontro fratricida che ha messo in crisi l'identità stessa del paese o, meglio, della nazione. La sceneggiatura non si limita a seguire le vicende dei personaggi, ma si allarga identificando dei «buoni» e dei «cattivi» all'interno del panorama del racconto pubblico statunitense. Ci sono dei colpevoli evidenti, nella vicenda, e sono i neri. I quali sono la causa scatenante della guerra tra Nord e Sud e dopo la vittoria degli unionisti abusano della libertà donata loro compiendo atti di violenza che hanno, in generale, lo scopo di sovvertire l'ordine costituito. A sedare questi tumulti e quindi a donare l'obbligatorio *happy ending* al prodotto della nascente Hollywood è niente meno che il Ku Klux Klan,[95] formazione paramilitare razzista bianca che, come un gruppo di novelli cavalieri della Tavola Rotonda, assaltano le turbe nere e riportano l'ordine in città.

Dal punto di vista tecnico il film è un capolavoro assoluto e un importante momento di innovazione stilistica: Griffith rivoluziona il concetto di inquadratura e di montaggio, utilizza con maestria i piani sequenza, valorizza le tecniche espressive degli attori ancora costretti al muto e costruisce una colonna sonora potente che verrà distribuita a parte per accompagnare le proiezioni. Un prodotto, dunque, dall'indiscutibile potenza evocativa e dall'effetto dirompente sugli spettatori abituati fino a quel momento a film dalla fattura ancora molto primitiva e legata alla limitatezza tecnologica ed economica delle produzioni.

Un prodotto culturale di tale portata non può non avere un impatto sull'immaginario collettivo statunitense: nonostante le critiche plateali alla trama, le accuse di razzismo e misoginia che investono il regista – dal quale cercherà di difendersi con un altro film, *Intolerance*, del

[94] P.M. Cohen, *Silent film & the Triumph of the American Mith*, Oxford University Press, Oxford 2001.

[95] E. Frantz Parsons, *Ku Klux. The birth of the Klan during Reconstruction*, University of North Carolina Press, Chapel Hill 2015.

1916 –[96] *The Birth of a Nation* diviene in poco tempo un'icona del racconto pubblico statunitense, complice la forza di diffusione del cinema, l'ottima fattura e la trama romanzesca.

Quando il continente divenuto per antonomasia «vecchio», vale a dire l'Europa, è dilaniato da un conflitto intestino il quale, a causa del massiccio uso della tecnologia, già in quei primi mesi si prefigura come totale e distruttivo, negli USA un prodotto tecnologico di avanguardia racconta di come la ritrovata fratellanza bianca alla fine di una guerra fratricida con contrapposti Nord e Sud sia la chiave di volta della nascita e del possibile trionfo di un paese che vuole essere nazione e sente sé stesso destinato a dominare il secolo appena iniziato. Cosa che peraltro avverrà. Mentre la classe intellettuale europea produce opere che preconizzano un destino lugubre come *Il tramonto dell'Occidente* di Oswald Spengler[97] o, nel cinema, capolavori che profetizzano la fine dell'umanità come *Metropolis* di Fritz Lang,[98] l'America padroneggia il nuovo *medium* attraverso un'opera di speranza e pace, in cui, con semplicità, si divide il mondo in ciò che è bene e ciò che è male e si mettono in evidenza i rischi che corrono i rappresentanti del bene, vale a dire i bianchi, quando danno troppa corda all'incarnazione del male, vale a dire i neri.

Una speranza chiara, limpida, anima un *Nation Building* che supererà di slancio prima e seconda guerra mondiale per arrivare a maturità nel confronto con «l'Impero del Male» sovietico.[99]

Quella del *New Deal* di Roosevelt è un'America che mitizza la propria capacità di resistere alle difficoltà, ma è anche l'America che prende atto di essere il nuovo centro del mondo; è il cedimento del suo cuore finanziario a trascinare con sé nel 1929 l'intera civiltà capitalista. E il fatto di essere al centro di questo meccanismo da un lato amplifica i timori di un coinvolgimento nelle faccende mondiali e aumenta nell'America profonda la volontà di isolazionismo; dall'altro però lusinga le vanità imperiali e imperialiste di un attore mondiale che sarà portato a coniare per sé l'appellativo di *Superpower*. L'immaginario collettivo che sublima questo doppio sogno, attirato contemporaneamente dall'idillio

[96] *Intolerance, A Sun-Play of the Ages*, USA 1916.

[97] O. Spengler, *Il tramonto dell'Occidente*, Longanesi, Milano 2015 (prima ed. 1918).

[98] *Metropolis*, Germania 1927.

[99] L'espressione *Evil Empire* viene utilizzata nei confronti dell'URSS da parte del Presidente Ronald Reagan in un discorso tenuto nel 1983. Espressione divenuta poi manifesto della politica di riarmo USA negli anni ottanta.

bucolico di essere una nazione-continente che può vivere da sola il proprio sviluppo e la tensione verso una missione civilizzatrice planetaria, anima nella propria duplicità l'*American Dream*: un sogno americano fatto di prosperità e potenza economica unite a un sistema valoriale che sconfina nel politico. Il tutto tenuto insieme da un collante che sembra voler superare i particolarismi all'europea per formarne uno nuovo di zecca e diretto teoricamente a tutti ma in pratica riservato a una sola componente della società: quella bianca.

Il tema della razza nell'ambito della costruzione nazionale statunitense è uno dei primi che si pone nel momento in cui la necessità contingente costringe a pensare a che cosa significhi «identità americana» e questa identità viene forgiata secondo canoni ben prestabiliti:

> Non è necessario guardare con molta attenzione per riconoscere che la cultura e le tradizioni americane sono state profondamente influenzate dall'eredità protestante anglosassone. La concezione dell'identità americana è stata creata deliberatamente e può essere rintracciata fin dalla fondazione della nazione. Nel 1790, quando il Congresso degli Stati Uniti approvò la prima legge riguardante il riconoscimento della cittadinanza nazionale, limitò la naturalizzazione agli immigrati che fossero «persone bianche libere» di buon carattere.[100]

Il fatto che questo paese nasca con la volontà di rappresentare la terra della libertà per tutti gli uomini[101] ma poi questa rappresentazione si riduca a una visione del solo l'elemento bianco come legittimo percettore di questa libertà è tutt'altro che contraddittorio, tenendo presente il contesto valoriale in cui la nazione nasce e il periodo in cui le sue istituzioni prendono corpo.

L'essere umano, appena «scoperto» dal secolo dei Lumi nella sua individualità, è solo in apparenza un concetto astratto che comprende tutti gli uomini della terra. Più concretamente, come dimostrano i dibattiti all'Assemblea nazionale francese dopo lo scoppio della Rivoluzione del 1789, la filosofia politica del tempo sembra concepire l'idea che «tutti gli uomini sono uguali», come recita la Dichiarazione dei diritti dell'uomo e del cittadino, ma «non tutti sono uomini».[102]

[100] A. Jardina, *White identity politics* cit., p. 119. [*T.d.A.*]

[101] E. Foner, *Storia della libertà americana*, Donzelli, Roma 2009.

[102] Sul rapporto tra diritti umani e razzismo in ambito coloniale durante l'età degli imperialismi, cfr. P. Delpiano, *La schiavitù in età moderna*, Laterza, Roma-Bari 2021. Sul dibattito attorno all'opportunità di ricomprendere i neri nella Dichiarazione dei diritti dell'uomo e del cittadino cfr. tra gli altri B. Gainot, *La rivoluzione degli schiavi, Haiti 1763-1803*, Mimesis, Milano 2023,

Questo il clima di fondo in cui si gettano le basi del mito americano che, pur evolvendosi nel corso del tempo per accogliere i cambiamenti sociali sovrastanti, presenta dei tratti fondamentali che arrivano fino ai nostri giorni.[103]

Il tema della razza è per molti aspetti sottinteso, non viene, cioè, esplicitato in maniera diretta se non negli Stati del cosiddetto *Deep South*, in cui vigono per oltre un secolo leggi segregazioniste; nei periodi di crescita e sviluppo l'immaginario statunitense contempla la varietà, anche razziale, come uno dei tratti distintivi in positivo l'esperienza sociale americana. Tuttavia, la questione esplode come tema identitario ogni qual volta vi sia una messa in pressione del modello. La razza è sempre un tema dirimente nei momenti decisivi: il civismo statunitense esteso a chiunque accetti il modo di vita americano non riesce a contrastare ad esempio la brutale ondata di antinipponismo nella seconda guerra mondiale, e la stessa propaganda di guerra calca la mano sui toni razziali dello scontro nel Pacifico.[104]

Quando negli anni sessanta la prima grande crisi identitaria del modello che ha vinto la seconda guerra mondiale deflagra in maniera violenta lo fa esprimendosi attraverso la lotta dei neri per i diritti civili, anche perché lì maggiori si addensano le contraddizioni tra una facciata di libertà e una realtà di segregazione.[105] Ogni momento di difficoltà del modello americano sfocia in tensioni di carattere razziale, tanto da essere collegato, da una parte almeno dell'opinione pubblica, all'idea che quelli degli Stati Uniti siano problemi di natura razziale e, nello specifico e come suggerito già nel film di Griffith, dipendenti dal «problema nero». I grandi «sogni» dell'America del XX secolo non sono necessariamente tutti sogni *per bianchi*, ma sono tutti sogni *di bianchi*: i generali protagonisti delle maggiori guerre americane sono bianchi, così come bianchi sono stati tutti gli eroi della *Space Race*, la corsa allo spazio che vede confrontarsi USA e URSS; il primo astronauta afroame-

J.D. Popkin, *Haiti. Storia di una rivoluzione*, Einaudi, Torino 2020, A. Ferrer, *Freedom's Mirror. Cuba and Haiti in the Age of Revolution*, Cambridge University Press, Cambridge 2014 e J.D. Piquet, *L'émacipation des Noirs dans la Révolution française*, Karthala, Paris 2002.

[103] Sui vari *topoi* riguardanti la costruzione del mito americano e la loro evoluzione, cfr. M. Peña, *American Mythologies. Semiological Sketches*, Routledge, London 2016.

[104] Cfr. W. Ng, *Japanese American internment during World War II*, Greenwood, Westport 2002. In italiano anche M. Teodori, *Ossessioni americane. Storia del lato oscuro degli Stati Uniti*, Marsilio, Venezia 2017.

[105] E. Foner, *Storia della libertà americana* cit.

ricano,[106] Guy Bluford, va in orbita nel 1983.[107] Il cinema, megafono quasi monopolista del sogno americano nel mondo, costruisce i caratteri fondamentali dell'essere americani attorno a icone bianche e l'inserimento di altre componenti non manca di provocare, all'apice di questa narrazione negli anni sessanta, feroci discussioni.[108]

3.11. *Il tramonto di Homer Simpson, anche il pop aggiorna la narrazione dominante*

Il modello esemplificativo di americano medio si sedimenta nel tempo e la *middle-working class* arriva ad avere connotati piuttosto netti e riconoscibili. Una serie di riferimenti basata soprattutto sulla capacità di soddisfare bisogni (auto, casa, welfare famigliare) che identifica l'essere americani con una determinata fascia di prosperità caratterizzano il nucleo famigliare tipo: padre, madre, due o più figli, casa di proprietà, due auto, animali domestici (cane e/o gatto) e una rete amicale diffusa a livello di comunità medio piccola o quartiere. Come archetipo di questo tipo di costruzione sociale chiaramente identificabile come «di stile americano» può essere presa la creazione del fumettista e sceneggiatore Matt Groening: la famiglia Simpson (*The Simpsons*).[109] Nata nel 1987 e andata in onda come serie televisiva a partire dal 1989 con l'intento di fare la parodia della famiglia tipo americana e che oggi (2024) è arrivata alla sua trentacinquesima stagione.

[106] Sull'evoluzione linguistica della definizione della componente nera della società americana cfr. K. Unkelbach, *The Historical Developement of the Terms "Colored", "Negro", "Black", and "African-American"*, GRIN Verlag, Munich 2013 (atti seminariali).

[107] Il primo «vero» astronauta nero per alcuni fu Robert Henry Lawrence (1935-1967), che riuscì a passare le selezioni e a seguire l'addestramento per i viaggi spaziali ma morì in un incidente aereo prima di poter prendere parte a una missione.

[108] Cfr. S. Willis, *The Poitier Effect. Racial Melodrama and Fantasies of Reconciliation*, University of Minnesota Press, Minneapolis 2015.

[109] Al cartone animato di Groening nel corso del tempo sono state dedicate molte monografie che ne tracciano i principali contenuti antropologici e sociali. Tra i molti M. Fink, *The Simpsons, a cultural History*, Rowman & Littlefield, Lanham 2019, J.J. Foy, T.M. Dale, *Homer Simpson ponders Politics. Popular culture as Political Theory*, University Press of Kentucky, Lexington 2013, M.A. Henry, M. Henry, *The Simpsons, satire, and American Culture*, Palgrave, Londra 2012, C. Turner, *Plane Simpson. How a Cartoon Masterpiece documented an Era and defined a Generation*, Ebury Publishing, Londra 2012, S. Hübers, *Political and Social Satire in the Simpsons*, GRIN Verlag, Monaco 2009. In italiano M. Marziali, *I Simpson e la tradizione culturale americana*, Prospettiva Editrice, Siena 2003.

Homer, Marge, Bart, Lisa e la piccola Maggie sono al centro di una rete sociale consolidata e desiderabile, hanno una situazione familiare stabile nonostante tutto e certezze attorno a cui costruire il proprio modello di vita. La famiglia americana bianca (gialla) tipo, almeno nelle intenzioni. Il padre ha un buon lavoro che, quasi a prescindere dal proprio comportamento, gli garantisce un tenore di vita più che dignitoso. La moglie è una casalinga che si adatta alla propria situazione; a volte esterna il proprio disagio ma la natura autoconclusiva degli episodi garantisce che lei ritorni ogni volta al suo ruolo di cura e assistenza. Dei figli, una è particolarmente dotata e lavora con coscienza per imboccare la strada di un'istruzione d'élite attraverso indispensabili borse di studio che le permetteranno di conquistare ruoli apicali (molto spesso nelle proiezioni future Lisa è Presidente degli Stati Uniti); accanto a lei Bart, che è ben conscio della propria posizione di *loser*, di perdente, ma che comunque immagina di avere un futuro non roseo ma nemmeno compromesso: negli episodi che lo vedono adulto ricopre spesso lavori umili, come il commesso del *Jet Market* (lavoro a cui viene relegato Apu, immigrato dall'India) o l'operaio edile, se non addirittura socialmente degradanti, ma che comunque gli garantiscono un tenore di sopravvivenza. In un episodio poi, grazie a un braccio di ferro educativo intrapreso col padre, Bart riesce nel futuro a diventare primo giudice della Corte Suprema,[110] esplicitando l'idea di una società che si promette premiante nei confronti dell'impegno e in cui l'ascensore sociale dà a chi lo desideri la possibilità di realizzare i propri sogni. Ne *I Simpson*, come in una buona parte della rappresentazione sociale statunitense fatta attraverso il grande e il piccolo schermo nel corso del XX secolo, resta sempre ferma l'idea di una *Land of Opportunity* che riesce a dare spazio a chi punta a realizzarsi. Una narrazione che deriva direttamente dal *Nation Building* costruito sul mito della frontiera, molto utile a un paese in cui per quasi due secoli si fa dell'immigrazione la principale forza espansiva.

Con in più una tacita rassicurazione che traspare dai modelli televisivi: anche a dispetto di tutte le mancanze dei singoli e delle loro inefficienze, il sogno americano promette un minimo di prosperità economica a quasi tutti, relegando alla fascia di disagio solo pochi, iconici personaggi che sembrano giustificare la loro esclusione con motivazioni fisiche, psicologiche o morali. Esistono, nel mondo di

[110] Sesto episodio della quarta stagione (1992).

Groening, realtà non conformi a un immaginario chiaramente positivo, come ad esempio la famiglia Spuckler, i campagnoli Cletus e Brandine: poveri, con uno stuolo di figli non tutti sani, una smodata passione per alcol e armi e delle chiare simpatie razziste. Ma questa, come altre rappresentazioni, serve proprio a segnare una differenza tra la «devianza» esposta e ridicolizzata e la norma di Marge e Homer, infatti, è quasi sempre il centro e il motore della narrazione. I Simpson sono i cittadini di un indefinito cuore d'America che non è fatto di grandi città – Homer odia visceralmente New York – e nemmeno di estremizzazioni come quelle del profondo Sud – rappresentato in forma di caricatura dal campagnolo Cletus o dal magnate texano – o della costa occidentale: sono i rappresentanti di un'America di medietà, maggioranza silenziosa del paese che del paese sa di costituire il nerbo e il motore.

Uno stuolo di famiglie «alla Simpson» popolano con le loro vicende le grandi stagioni televisive concedendosi poche varianti e costruendo un solido immaginario con radici molto profonde e sa toccare le corde di un senso di identità collettiva. In generale, che siano ambientate in epoche differenti[111] o introducano variazioni sul tema,[112] tutte queste narrazioni hanno al centro un modello di riferimento piuttosto specifico: un nucleo familiare autoportante, con un traino economico continuo e per lo più a maggioranza maschile e una collocazione sociale animata e varia.

Poche di queste famiglie sono ricche, ma tutte riescono, nei limiti delle vicende specifiche, a far fronte ai propri desideri e soprattutto la scala di bisogni a cui sono sottoposte è quasi sempre alla loro portata. La concretezza di questo sogno e la sua almeno ipotetica realizzazione girano attorno al grande racconto dell'America Novecentesca. L'*American Dream* si compone di una famiglia stereotipata nel binomio uomo-percettore di reddito, donna-madre e figli,[113] il cui panorama af-

[111] È il caso, ad esempio, della serie del 1974 *Little House on the Prairie*, ambientata in un paesino del Minnesota tra il 1870 e il 1890 e arrivata in Italia nel 1977 col titolo di *La casa nella prateria*.

[112] *The Jeffersons*, ad esempio, andata in onda dal 1975 al 1985 e avente per protagonisti una famiglia afroamericana dell'*upper class* di New York, così come i protagonisti di *The Cosby Show*, la famiglia Robinson, del 1984. In Italia i *Jefferson* arrivano nel 1981, i *Robinson* nel 1986.

[113] La solidità di questo ideale è tale che, a differenza di altre realtà occidentali, nessun Presidente degli Stati Uniti dal dopoguerra in poi si è mai discostato da questo modello familiare e dalla sua esibizione pubblica, tanto da ritagliare nel corso del tempo un vero e proprio ruolo paraistituzionale alla moglie del presidente, la *first Lady*.

fettivo è composto da legami sociali consolidati, sicurezza economica e capacità di spesa congrua al mantenimento del proprio status.

È evidente che questo modo di intendere la struttura sociale «tipicamente americana» non ha mai potuto riguardare la totalità della popolazione del paese, ma è altrettanto evidente che esso, almeno come linea di tendenza, sia stato e probabilmente sia ancora l'archetipo dell'americanità in senso generale. Di più, la solidità e la durata nel tempo del racconto di questo modello ha portato a percepirlo come intrinsecamente legato al concetto identitario di America: *As American as Apple Pie* (americano quanto la torta di mele), per usare un modo di dire statunitense.

Questo modello però, mai davvero preminente, almeno secondo le statistiche, ha cominciato ad entrare in crisi anche nell'immaginario collettivo: la realtà di un cambiamento epocale nel mercato del lavoro e nella sua remunerazione data dallo sviluppo di nuovi settori produttivi e dalla concorrenza sempre più spietata degli altri paesi ha assottigliato la fetta di statunitensi che potevano, con qualche speranza, aspirare al «modello Simpson».

Nessuno oggi può guardare Homer e pensarlo come parte di un contesto diffuso e quasi scontato: al contrario, sui social e anche nei saggi e articoli di analisi c'è chi ironizza sul fatto che Homer Simpson sia ormai passato dall'essere il *loser* di *Evergreen Terrace*[114] a rappresentare una condizione inarrivabile, anzi, irrealistica: a quarant'anni, senza un'istruzione universitaria, svolge un lavoro specializzato in una grande industria, ha una casa singola di proprietà con giardino, una moglie, tre figli, due auto, gatto, cane e di quando in quando si concede viaggi e vacanze all'estero.

Oltre a ciò, negli anni altri modelli di sviluppo hanno portato al cambiamento anche delle stesse prospettive e desideri da parte di alcuni settori sociali: lo stereotipo «Marge Simpson», la ragazza brillante che vota tutta se stessa alla famiglia, dopo essere stato per decenni una caricatura ironica della condizione femminile sembra sempre meno accettabile anche come modello su cui fare satira. Senza contare che, anche se fosse desiderabile, l'idea di una famiglia monoreddito è da tempo insostenibile dal punto di vista economico per una parte oramai maggioritaria della popolazione.

[114] L'indirizzo di casa di Homer nella ipotetica Springfield.

La realtà racconta di un'America che non è più quella del sogno e i social che mettono in comunicazione e quindi a confronto modelli e stili di vita, rimarcano questo tramonto. A ciò si deve sommare l'idea che questo modello sembri sfuggire di mano alla componente a cui solitamente si riferiva – la classe media bianca – proprio nel momento in cui altre categorie cercano di ambirvi e proprio nel momento in cui alcuni simboli patrii vengono occupati dai rappresentanti di queste categorie (l'elezione di Obama su tutte), mentre altre categorie non conformi sembrano volerlo mettere in discussione anche da un punto di vista valoriale (la comunità LGBTQIA+). Se uniamo il quadro di un modello improvvisamente diventato obsoleto e non ancora sostituito da altro all'insicurezza verso le istituzioni della società dell'informazione data da una rete che disorienta i propri fruitori attraverso un mercato dell'immaginario in continua evoluzione, comprendiamo almeno una delle fonti della rabbia concretamente esplosa a Capitol Hill il 6 gennaio 2021.

3.12. *«Orgoglio e pregiudizio»* bianco

Pur attaccato e criticato da più parti, il modello americano evolutosi fino al XX secolo è riuscito non solo a resistere in patria ma ad attecchire anche nel resto del mondo esposto alla retorica dell'immaginario americano: dopo un quarantennio di confronto serrato una delle immagini più potenti del crollo dell'Unione Sovietica e del collasso della sua stessa retorica è quella che ritrae la fila sterminata di moscoviti in attesa del loro turno per acquistare un hamburger al primo Mc Donald's aperto nella capitale ancora sovietica nel 1990.[115] La stessa teoria politologica che gira attorno alla «fine della storia» negli anni novanta[116] si sostanzia tanto di teoria liberale che scivola nel liberismo quanto di sottofondo di prosperità garantita, o quanto meno promessa, dal modo di vivere occidentale (leggi americano).

Il vero scossone epocale che spezza la resistenza di questo immaginario è dato però da un insieme di cause che precedentemente non si erano mai sommate: la fine della capacità attrattiva diviene evidente per la concomitanza di movimenti che lo criticano «dall'esterno» in

[115] Cfr. https://it.euronews.com/2020/01/31/russia-trenta-anni-fa-il-primo-mcdonald-s-a-mosca.
[116] F. Fukuyama, *La fine della storia e l'ultimo uomo* cit.

quanto escludente,[117] ma anche dall'interno, perché non più rappresentativo della realtà di chi ci si vorrebbe sentire descritto.

I fattori di mutamento sono stati diversi, hanno ricoperto vari piani di racconto e hanno colpito più fasce di popolazione, ma quasi tutti hanno riguardato in un certo modo la maggioranza bianca: per chi si pensava al centro del racconto il mondo cambia di più e più velocemente. Ad esempio la crisi dell'immagine internazionale dell'America dopo l'11 settembre ha colpito sicuramente un tipo di patriottismo che esula dalla componente razziale, ma la reazione allo shock dell'attacco alle Torri Gemelle ha prodotto in generale una serie di misure restrittive delle libertà dei «difformi»: il nemico è diventato «l'arabo», un oggetto di odio abbastanza vago che sottolineava la non conformità religiosa al modello; il che, per contrasto, ha sottinteso l'idea che per essere un buon americano si dovesse appartenere a una delle confessioni cristiane.

Una polemica specifica ed esemplificativa sul tema esplode proprio a ridosso del primo giuramento di Obama, quando l'opposizione di estrema destra sottolinea che il secondo nome del futuro Presidente, abbreviato in «H.», è Hussein. L'accostamento alla possibile origine di questo secondo nome e sulla presunta fede musulmana del Presidente ha dato il via a una serie di speculazioni di stampo chiaramente razzista[118] e a una vera e propria teoria del complotto a lungo diffusa tra i sostenitori del Partito repubblicano.[119]

Quando la cosiddetta crisi dei mutui *subprime* (*Subprime mortgage crisis*) ha investito il mercato immobiliare statunitense,[120] il mito della casa di proprietà, aspirazione di una fetta consistente della *middle class* statunitense e base del modello «famiglia Simpson» ha subito una

[117] Rimanendo al solo contesto razziale, l'esperienza del movimento *Black Lives Matter* che ha già prodotto una mole considerevole di contributi e che sta mettendo a tutt'oggi in discussione il modello sociale statunitense. Per una prima prospettiva cfr., tra i molti, A. Bangura, a cura di, *Black Lives Matter vs All Lives Matter. A multidisciplinary Primer*, Lexington Books, Lanham 2021 e N.E. Brown, Ray Block jr, C.T. Stout, *The Politics of protest. Readings on the Black Lives Matter movement*, Routledge, New York 2021.

[118] G.C. Layman, K.O. Kalkan, J.C. Green, *A muslim President? Misperceptions of Barack Obama's Faith in the 2008 Presidential Campaign*, «Journal of Scientific Study of Religion», vol. 53, n. 3, pp. 534-55.

[119] *A history of calling Barack Obama a Muslim*, 15 settembre 2015, www.bbc.com.

[120] Benché le sue conseguenze abbiano avuto strascichi di lunga durata, il sistema finanziario statunitense circoscrive il fenomeno agli anni 2007-2010, secondo la definizione della banca centrale statunitense.

Cfr. www.federalreservehistory.org/essays/subprime-mortgage-crisis.

forte battuta d'arresto e la ristrutturazione del mercato immobiliare, unito alla stretta sul credito, ha reso virtualmente inaccessibile il sogno di una casa di proprietà a una fetta sempre più consistente di americani. Paradossalmente, essendo il sogno di essere proprietari già precluso alla parte meno abbiente della società statunitense, in cui si colloca per la propria maggioranza la popolazione non bianca, il tramonto del sogno americano della casa ha colpito di più, nell'immaginario almeno, i bianchi rispetto agli altri.

Una nazione il cui prestigio è messo sempre più in dubbio dai disastri di politica estera e dalla concorrenza internazionale; un'amministrazione interna che sembra sempre più lontana dai bisogni dei «veri cittadini» e che addirittura è rappresentata ai massimi livelli da non appartenenti al paradigma WASP (*White Anglo-Saxon Protestant*); un'economia incapace ormai di alimentare il sogno consumista; l'intero sistema di valori acquisito messo in discussione da minoranze non conformi che sembrano voler mettere sotto accusa il «vero modo di vivere americano». Il tutto amplificato e accelerato da un mezzo di diffusione di contenuti, Internet, che somma diffusività e velocità di trasmissione a una produzione abnorme di contenuti e non permette al modello di adattarsi con sufficiente puntualità alle dinamiche sociali da rappresentare.

Non si tratta, è bene sottolinearlo, di una scossa che travolge tutta la società nel proprio complesso allo stesso modo. Le frange marginali della società statunitense sentono meno il tramonto di quel modello perché lo hanno sempre percepito come meno proprio rispetto ad altri. La parte nera della società americana si è sentita meno orfana del racconto pubblico perché in questo racconto pubblico non era mai stata realmente inclusa.

Il modello «famiglia Simpson» diventa molto velocemente il passato e con esso la sua nostalgia, in particolare per la componente bianca della società che ne era la fruitrice principale.

Quando la struttura di stabilità sociale americana implicitamente bianca, per così dire, entra in una crisi irreversibile, anche il sistema di valori specifico e peculiare di quella fetta di popolazione che lo incarnava o quantomeno lo desiderava declina: viene percepita sotto attacco un'intera platea di valori che sostanziano il mito, a cui per lo più si reagisce con lo smarrimento o la ferma opposizione al cambiamento. È il tempo in cui l'irrigidimento delle posizioni porta a un allargarsi del fossato ideologico che divide la società americana. Il cosiddetto *Oba-*

macare, ossia la riforma che prevede l'allargamento della copertura sanitaria per alcune classi di cittadini, è osteggiata da quella parte del paese che la reputa un aiuto a chi «non se lo merita», in opposizione al mito americano del «self made man» e dell'insuccesso come colpa.[121]

Che una riforma che allarga la platea degli aventi diritto alle prestazioni sanitarie sia percepita come un attacco diretto ai valori americani è stato poi implicitamente confermato dal fatto che questa riforma sia stata voluta e porti il nome del primo Presidente nero degli Stati Uniti. Visto come il paladino di un'alterità fatta di minoranze escluse dal sogno, Obama, il Presidente non bianco, forse non americano, forse non cristiano, ecc., viene percepito come la punta di lancia di un movimento che non vuole altro che la distruzione dei valori americani. Lo stesso esempio può essere fatto col mito *made in* USA della possibilità di possedere armi per legittima difesa. Una consuetudine radicata nell'immaginario che deriva dall'atmosfera del *Nation Building* della frontiera ottocentesca ma che è rimasto saldamente radicato in una concezione della società secondo cui la libertà individuale è anche la libertà di potersi difendere in un contesto in cui non si concede allo Stato il monopolio della violenza.

La messa in discussione del diritto di portare armi è percepita come una palese limitazione delle libertà personali e quando a chiederlo sono i componenti di quella che viene vissuta come l'altra America, quella che non è ricompresa nell'immagine del sogno, ecco che la contrapposizione diventa frontale.

Tutte queste tensioni hanno fatto parte della vita politica e sociale del paese fin dalla sua fondazione: le grandi questioni sul ruolo dello Stato e sul rapporto tra il cittadino e le istituzioni sono parte di quella che è stata la via alla costruzione nazionale tipicamente americana, con delle divergenze rispetto a quelli che sono i principi maturati in ambito europeo spesso consistenti. Il tutto però ha subito un'incredibile accelerazione nell'ultimo ventennio per una serie di concause, tra cui non ultima viene l'introduzione di un nuovo palcoscenico di esibizione dello scontro sociale, vale a dire proprio la rete. Con una velocità mai sperimentata prima ci si trova oggi di fronte a una messa in discussione radicale della struttura sociale che sostiene la compagine americana e il

[121] Una sintesi dell'impatto del piano sanitario di Obama e dei suoi risvolti legali e politici è data da D.K. Jones, *Exchange Politics. Opposing Obamacare in Battleground States*, Oxford University Press, Oxford 2017, in cui si analizzano le opposizioni legali intentate da alcuni Stati federali contro l'applicazione della riforma.

tasso di invecchiamento delle discussioni pubbliche, così come l'obsolescenza delle idee che da esse scaturiscono, contribuiscono ad aumentare la percezione di una inesorabile erosione di ciò che fino a poco tempo fa si dava per certo e assodato.

Un sentimento, prima che una convinzione politica, di smarrimento e frustrazione, che ha innescato forme di reazione prima non conosciute.

3.13. *Una rete democratica? Riflessioni su Internet ormai maggiorenne*

Mentre l'accessibilità al sogno americano cambia in maniera repentina tanto da divenire per molti inaccessibile, fenomeno che la rete contribuisce a rendere palese e condiviso, è la rete stessa a cercare di fornire delle risposte a quella che sembra una crisi irreversibile. C'è anche chi coglie, come in ogni potente rivolgimento del piano dei rapporti di informazione, la possibilità che sia proprio Internet a fornire la spinta necessaria al cambiamento tanto atteso da alcuni e tanto temuto da altri:

> Per quasi due decenni, Internet venne acclamata come una forza rivoluzionaria e livellatrice che stava ridefinendo l'attivismo, soprattutto dopo l'avvento dei social media. Con l'hashtag giusto, sembrava che bastasse un aggiornamento di stato per avviare un movimento, e improvvisamente, un signor nessuno di nessun luogo poteva cambiare il mondo.[122]

Il vero e proprio «Nuovo Mondo» che si schiude davanti a milioni di persone con l'accesso a Internet e la costruzione di una solida piattaforma di scambio di informazioni e di comunicazione diffusa sembra avere le caratteristiche fondamentali per fungere da strumento principale delle azioni che vogliono incidere sul modo stesso di intendere il vivere comune. In una parola, Internet sembra un luogo realmente rivoluzionario.

Le caratteristiche peculiari della rete sembrano fatte apposta per intercettare e convogliare grandi moti di opinione condivisi: velocità di trasmissione, possibilità di aggirare eventuali blocchi da parte di strutture di potere consolidate, condivisione di informazioni utili per la creazione e gestione di gruppi organizzati, sono tutte caratteristiche che hanno segnato, come visto nei capitoli precedenti, le rivoluzioni

[122] J. Schradie, *The Revolution that wasn't. How digital Activism Favors Conservatives*, Harvard University Press, Cambridge 2019, p. IX. [*T.d.A.*]

dell'informazione che precedono e accompagnano le rivoluzioni vere e proprie.

La rete ha messo in comunicazione i disagi percepiti dalle persone amplificandoli e creando un sostrato di rabbia comune per questi cambiamenti. Ovviamente, come collettore universalistico, la rete ha catalizzato le rabbie variamente motivate da parte di molti diversi settori della società statunitense, contribuendo, almeno teoricamente, a dare un'immagine del paese «uniforme nella propria diversità di vedute», per così dire. Molti movimenti che si potrebbero definire progressisti hanno avuto e tuttora hanno una forte spinta data dalla possibilità di condividere informazioni e organizzare proteste. Movimenti come il *Me Too*[123] o la «marcia delle donne»,[124] accompagnati dai rispettivi hashtag #metoo e #womensmarch, negli anni della presidenza Trump hanno costituito dei serbatoi di pubblica opinione che sono scaturiti anche in azioni concrete che hanno portato alla promulgazione di leggi *ad hoc* e alla sensibilizzazione attorno alle tematiche della violenza sulle donne.

Risultati, dal punto di vista di chi immagina l'allargamento della platea della comunicazione come una premessa per dei cambiamenti culturali di ampia portata, sicuramente lusinghieri e degni di attenzione. Ma per comprendere meglio quali siano i meccanismi che dirigono allo scaricarsi dei sentimenti dei singoli all'interno della rete e dell'effetto che questi stessi sentimenti hanno sulla forza dei fenomeni che dalla rete scaturiscono è bene fare alcune puntualizzazioni ricavabili dall'analisi dei flussi Internet. Al di là, infatti, degli esempi eclatanti sopra riportati che hanno segnato e segnano il modo in cui la rete interagisce in senso attivo con l'agenda politica e sociale, le dinamiche di interazione che i social media creano non sono, nella loro maggioranza, tali da potersi definire «motori di cambiamento».

[123] Letteralmente «anch'io», è un movimento che nasce nel 2017 per denunciare le molestie sessuali subite dalle donne; partito dalla denuncia dell'attrice Alyssa Milano, in breve tempo, proprio grazie alla rete, diviene un fenomeno di carattere mondiale con conseguenze sulla cultura di massa segnando un punto di accelerazione per quanto riguarda il movimento femminista globale. Cfr. M.C. Alcalde, P.I. Villa, *#MeToo and Beyond. Perspectives on a global Movement*, Kentucky University Press, Lexington 2022.

[124] La marcia delle donne è un movimento per i diritti di genere che scende in piazza per la prima volta il 21 gennaio 2017, con una marcia dimostrativa a Washington il giorno dopo il giuramento presidenziale di Donald Trump, estendendo grazie a Internet la protesta a tutto il mondo e coinvolgendo milioni di persone in tutti i continenti. Da quel momento si struttura come movimento femminista appoggiando di volta in volta iniziative di sensibilizzazione della condizione femminile dentro e fuori gli Stati Uniti (fonte www.womensmarch.com).

Dati alla mano, infatti, il web si caratterizza per lo più con una stragrande maggioranza di utenti che frequentano Internet in maniera passiva, vale a dire persone che fruiscono dei contenuti senza produrli e senza interargirci. I primi studi[125] sui flussi dei contenuti caricati dai fruitori della rete mostravano una suddivisione della partecipazione che vede il 90% degli utenti definibili come «passivi», vale a dire spettatori ma non produttori di contenuti; il 9% prende parte limitatamente alla produzione di contenuti, producendone circa un 10%, mentre il restante 1% degli utenti di Internet è responsabile della produzione del 90% dei contenuti.[126]

Tali dati sono molto cambiati nel corso del tempo. Per quanto riguarda ad esempio la diffusione di Internet e la produzione di contenuti dopo l'avvento dei social, a livello statunitense si può riscontrare una massiccia penetrazione della cosiddetta *onlife*[127] tra la popolazione. La percentuale di utilizzatori di social sul totale della popolazione è di circa l'87% (288 milioni di utenti su 330 milioni di abitanti, dati 2020);[128] di questi, il 70%, vale a dire ben 230 milioni, sono considerati utenti attivi in quanto caricano almeno un contenuto al mese.

Tali dati sull'attività e partecipazione da parte degli utenti nascondono però una realtà qualitativa dei contenuti piuttosto diversa: si è infatti considerati attivi in base a qualsiasi tipo di contenuto venga caricato o anche, e non è un particolare secondario, «ricondiviso». Vale a dire che una buona parte del traffico di contenuti generato è costituito da quello che gli utenti decidono di mettere in mostra sulle proprie bacheche ma che è stato nei fatti prodotto da altri. Se si vanno a epurare i dati dal fenomeno della ricondivisione, si scopre che anche oggi ci si avvicina in modo consistente ai dati dei primi anni 2000 che vedevano una percentuale minima di popolazione Internet produrre (e quindi controllare), la maggior parte dei contenuti che girano sul web. Una falsa percezione di pluralità che in realtà nasconde flussi di argomenti relativamente ristretti. Quella che viene definita *Participation Mithology*, mitologia della partecipazione.[129] In buona sostanza, l'illusione data

[125] Le prime statistiche di questo tipo datano già 2006, vale a dire prima dell'esplosione dei *social* (cfr. G. Balbi, P. Magaudda, *A history of Digital Media. An intermedia and Global perspective*, Routledge, New York 2018, p. 100).

[126] G. Balbi, P. Magaudda, *A history of Digital Media* cit., pp. 100-06.

[127] L. Floridi, a cura di, *Onlife Manifesto. Being Human in a Hyperconnected Era*, Springer, Londra-Berlino 2014.

[128] Cfr. www.wearesocial.com/us/blog/2020/01/digital-2020-us/.

[129] G. Balbi, P. Magaudda, *A history of Digital Media* cit., p. 100.

dalla rete di essere una struttura orizzontale, in cui tutte le voci possono avere libera circolazione e in cui soprattutto tutte hanno lo stesso impatto. Invece, analizzando flussi e interazioni, si nota come quella che si chiama «partecipazione attiva» è spesso ridondanza di alcuni macrotemi e gli stessi così definiti «utenti attivi» (*active users*) sono in realtà, per una buona parte, utenti saltuari che non introducono nuovi contenuti in rete ma si limitano a far girare quelli già presenti, con scarso impatto sull'effettiva dinamicità del sistema:

> Facebook sostiene di avere circa due miliardi di «utenti attivi» al mese in tutto il mondo, WhatsApp e WeChat sono intensamente utilizzati da un miliardo di persone per condividere contenuti e dati ogni mese e, più in generale, la nostra vita di tutti i giorni sembra essere sempre più attivamente coinvolta nelle piattaforme digitali. Tuttavia, recenti ricerche hanno confermato sostanzialmente una bassa e scarsa partecipazione degli utenti. Nonostante i numeri in continua crescita dei lettori, ad esempio, il numero di contributori attivi su Wikipedia è in declino da anni. Recentemente, quindi, la ricerca di Nielsen è stata sostanzialmente confermata: Gonzales e Cox (2012), ad esempio, confermano che solo il 10% dei contenuti digitali è generato dagli utenti e che una minoranza della popolazione di utenti delle comunità online partecipa attivamente anche all'ambiente dei «nuovi» social media.[130]

A fronte, dunque, di una partecipazione possibile apparentemente oceanica, i numeri degli utenti che «smuovono» la rete è piuttosto limitato. Una limitazione che deriva anche dal modo in cui la struttura informatica alla base dei sistemi social mette in collegamento gli utenti e le informazioni da essi ricercate. Come sa chiunque abbia sperimentato una frequentazione consuetudinaria dei social, infatti, nel corso del tempo le ricerche effettuate in rete contribuiscono a costruire una sorta di traccia di analisi riguardante gusti e interessi del singolo utente, con la funzione di creare dei profili standardizzabili attraverso cui sondare – e poi vendere – i gusti del pubblico. Non si deve dimenticare, a questo proposito, che le reti sociali attualmente esistenti hanno tutte una forte componente di carattere commerciale, la cui funzione, come noto, è ricavare il maggior numero di dati utili dagli utenti. Non è quindi possibile valutare il modo di produrre e diffondere contenuti da parte del web come una sorta di «prateria dell'informazione» in cui ognuno in fondo è libero di cercare e trovare quel che vuole. Ogni utente è, per usare una metafora un po' rude, la

[130] *Ibid.*, p. 101. [*T.d.A.*]

materia prima da cui gli algoritmi dei social devono ricavare la maggior quantità di dati possibile per poterli poi trasformare in contratti pubblicitari.

Questo, al di là per chi ancora se ne preoccupa, delle implicazioni di carattere etico, pone in luce un problema ulteriore per chi intenda analizzare i flussi di comunicazione e soprattutto, come nel caso del presente scritto, l'impatto che questi flussi hanno sulla costruzione o demolizione dell'immaginario pubblico e sulla possibilità che esso venga modificato per essere incanalato in determinate situazioni verso determinati scopi.

Basta questo breve appunto per inquadrare il tema di fondo della questione di un immaginario alimentato dal web: nonostante molti edificanti esempi di uso in battaglie progressiste e di valore pubblico scaturite da Internet, questo strumento non sembra né apertamente democratico-partecipativo né tantomeno orizzontale nella creazione e diffusione di contenuti. Si tratta di una piattaforma che ha in sé, invece, tutte le caratteristiche per poter fungere da megafono di propaganda di determinate idee su altre. Per essere, in sintesi, un perfetto creatore di immaginario mirato.

In più, col passare del tempo, l'emergere di colossi del web specializzati nel drenaggio di dati personali attraverso applicazioni social ha sgombrato il campo dall'idea che la rete sia un luogo sostanzialmente libero e neutro. Il valore della possibilità di controllare una fetta consistente dei flussi di informazioni Internet è stato misurato nel momento in cui il magnate dell'*high tech* Elon Musk ha deciso di acquisire il controllo del social network *Twitter*:[131] quarantaquattro miliardi di dollari per il possesso di un social da 229 milioni di utenti attivi nel 2022. Una cifra tutt'altro che simbolica, paragonabile al PIL di uno Stato come la Lettonia, per avere il controllo su un canale di dati teoricamente libero e senza costi obbligatori per gli utenti che lo utilizzano.

Che cosa comporta questa non neutralità degli strumenti quando la rabbia popolare che scaturisce dal disagio per la propria condizione o per un senso di impotenza si incanala nell'alveo della comunicazione social?

[131] W. Isaacson, *The real story of Musk's Twitter Takeover*, 31 agosto 2023, www.wsj.com (www.wsj.com/tech/elon-musk-twitter-x-takeover-walter-isaacson-5f553fa).

3.14. *La rete: una piramide conservatrice*

Bastano alcuni dati analitici, uniti a una poco più che sporadica frequentazione, per comprendere che oggi uno dei possibili motori di cambiamento del racconto pubblico attraverso una nuova, dirompente forma di comunicazione, è a tutti gli effetti uno strumento di potere verticalizzato, in cui cioè una ristretta minoranza accomunata dalla capacità di sfruttare al meglio il funzionamento della rete inonda il web con i propri contenuti; in più, questa forma piramidale è caratterizzata da una struttura poco dinamica e che favorisce derive di carattere reazionario.

In *The Revolution that wasn't* Jen Schradie[132] analizza i meccanismi che aiutano, all'interno dell'universo comunicativo internettiano, i gruppi organizzati che hanno tendenze conservatrici. Il modo di utilizzare Internet risulta un fattore fondamentale per comprendere i suoi effetti sui gruppi umani che vi si formano all'interno. Ad esempio, i comportamenti di fondo che animano il modo in cui le persone scelgono di navigare sono improntati alla ricerca di conferme dirette delle proprie convinzioni. Sono meno quelli che navigano per «farsi un'idea» e molti di più che navigano per «rafforzare la propria idea». Gli utenti, ad esempio, tendono a leggere le notizie *online* con cui concordano. È più facile seguire una testata online con la cui linea editoriale si concorda piuttosto che una con cui si dissente. Allo stesso modo, chi vi cerca un modo per dare seguito alle proprie aspirazioni personali, come ad esempio alla propria volontà di essere una persona socialmente attiva, lo fa dopo essersi formato questa volontà fuori da Internet, nel mondo dei rapporti interpersonali «reali».[133] Chi entra a far parte di una rete sociale che ha come obiettivo, ad esempio, la salvaguardia del clima, lo fa presumibilmente dopo aver maturato una coscienza ambientalista fuori da essa oppure approfondendo in rete queste tematiche ricercando informazioni sul tema, in una sorta di autocostruzione di convinzioni che vengono via via approfondite. La rete in questo è una grande «confermatrice» di tendenze. Entrare a cercare delle conferme alle proprie idee significa chiedere agli algoritmi che governano le ricerche in rete di

[132] J. Schradie, *The Revolution that wasn't. How digital Activism Favors Conservatives*, Harvard University Press, Cambridge 2019.

[133] *Ibid.*, pp. 84 e sgg.

selezionare qualcosa che assomigli il più possibile alle «parole chiave» che si utilizzano per la navigazione. Ne consegue che agli utenti appariranno prima i risultati con al proprio interno quelle stesse parole. Più è semplice il messaggio, maggiori probabilità ci sono che esso diventi visibile a più utenti. Questo favorisce la visibilità di concetti e opinioni espresse in modo semplice, senza sfumature, quindi quelle che ad esempio possono esprimere valutazioni su argomenti già conosciuti dagli utenti e che non richiedono particolari costrutti espositivi. È così che si diffondono più facilmente opinioni contrarie al progresso. La conferma di uno *status quo* è più semplice da spiegare e diffondere rispetto a una proposta di cambiamento, che magari fa parte di una rosa di proposte che vengono fatte su uno stesso argomento. È più facile far girare in rete un «no» a un impianto industriale, per ipotesi, che spiegarne la valenza pubblica o raccontare le molte differenti possibilità di utilizzo di un'area industriale.

Fin qui il carattere oppositivo e si direbbe «conservativo» delle opinioni che hanno maggiore diffusione in rete non acquista necessariamente una valenza di carattere progressista o reazionario: grandi battaglie come quelle ambientali si basano su «no» chiari e decisi a determinati interventi, ma non per questo a livello politico vengono accomunate al campo conservatore.

Ma oltre a questo primo fattore Jen Schradie ne identifica un altro che appare più determinante. I gruppi che hanno successo in rete sembrano seguire per lo più una costruzione di carattere gerarchico e non, anche se la rete apparentemente lo permetterebbe, democratico ed orizzontale: la struttura di strumenti come i social sembra favorire non l'intervento diretto nelle discussioni ma la presa d'atto di decisioni da parte di chi anima, e quindi controlla, i gruppi. In due dei social più diffusi e conosciuti, «X» (l'ex Twitter) e Facebook, i gruppi di opinione e le organizzazioni di attivisti sembrano funzionare secondo questo criterio:

> Un team di ricercatori ed io abbiamo codificato alcuni campioni di post su Twitter e Facebook. Non mi aspettavo che il rapidissimo Twitter fosse il luogo per un dibattito ragionato, ma ho ampliato la ricerca su tutto ciò che potesse considerarsi partecipazione organizzativa, non solo attorno ai post dedicati a temi specifici. Twitter era stato un megafono dei movimenti di protesta, ma per i processi organizzativi quotidiani il suo utilizzo era minimo. [...]
> Tra le piattaforme pubbliche che ho esaminato, Facebook era l'unico strumento che aveva sia il design che la capacità di massimizzare la partecipazione

trasparente con le sue numerose funzioni many-to-many. Ma su Facebook, in tutti i gruppi, venivano prese poche decisioni e persino le discussioni sulle decisioni organizzative erano rare.[134]

La mobilitazione in rete, secondo questi studi, si caratterizza con maggior facilità in gruppi «gerarchizzati», con un vertice ristretto che prende le decisioni e un folto gruppo di follower che si limitano ad accettare quanto presentato. La discussione interna non è quindi uno degli esercizi democratici praticati da molti gruppi che nascono e proliferano su Internet, ma nemmeno questo, di per sé, è un indizio possibile di «tendenza reazionaria» a cui spinge la rete.

Sebbene l'orizzontalità sia spesso la pietra di paragone della democrazia digitale, non lo è in questo caso per due ragioni fondamentali: i luoghi di partecipazione pubblica online sono in realtà più grandi e presentano gruppi più gerarchizzati, e inoltre i dibattiti organizzativi si svolgono raramente online. [...] La partecipazione online contribuisce poco alla democrazia interna. [...] Internet nel lungo termine ha favorito l'attivismo centralizzato rispetto all'azione connettiva; gerarchia anziché orizzontalità; posizioni burocratiche anziché persone in collegamento.[135]

La sommatoria di caratteristiche di base come la necessità di messaggi semplificati e oppositivi, scarsa attitudine all'orizzontalità democratica e quindi alla tolleranza di una pluralità di opinioni interne, una tendenza alla gerarchizzazione delle strutture sociali e la volontà di appartenere identitariamente a un gruppo che riesce a esternare messaggi chiari e rassicuranti è il modello perfetto per accogliere e diffondere opinioni, gruppi e organizzazioni che propugnano la conservazione.

La rete, coi suoi modi di agire, si dimostra così paradossalmente di destra.[136]

Quando, nel caso americano, la struttura interna del dibattito in rete così come l'abbiamo appena sintetizzata si incontra con la necessità di un gruppo sociale di convogliare le proprie paure riguardanti il futuro e la necessità di scaricare la rabbia nei confronti di un mondo che sembra non essere più pensato per comprendere e accogliere le proprie necessità, si crea il perfetto brodo di coltura per la creazione di un nuovo racconto.

[134] *Ibid.*, p. 128. [*T.d.A.*]
[135] *Ibid.*, pp. 133-34. [*T.d.A.*]
[136] J. Schradie, *The Revolution that wasn't* cit.

Milioni di americani che si sentono esclusi dallo sviluppo del nuovo racconto pubblico del proprio paese prendono la loro rabbia e la riversano in un nuovo strumento di comunicazione le cui regole non sono ancora state codificate con certezza incontrando altri milioni di persone che percepiscono il loro stesso disagio e provano la loro stessa rabbia, creando una situazione dirompente, prepolitica in quanto basata sulle emozioni più che sulle idee e in cui anzi le idee arrivano solo in un secondo tempo, fornite da contenitori di racconto diffusi istantaneamente dalle piattaforme social.

Come il contadino tedesco degli inizi del Cinquecento viene a conoscenza grazie alla stampa dei fogli volanti del fatto che il proprio disagio è lo stesso provato da migliaia di altri come lui, così l'abitante del *Midwest* degli Stati Uniti mette in circolo online la propria rabbia e la trova replicata, confermata e solidificata da quella di milioni di persone che come lui hanno socializzato e reificato la propria rabbia.[137]

3.15. *Icone catalizzatrici: il «Thomas Müntzer» Donald Trump*

Quando l'enorme massa di rabbia convogliata sui social viene assorbita e incanalata all'interno di gruppi organizzati, si assiste, negli Stati Uniti appena entrati nell'era di Internet, a una ripresa dell'attivismo di destra ed estrema destra. L'elezione di Obama, come si è visto, non ha costituito solo uno spartiacque epocale all'interno della visione che una parte degli Stati Uniti, quella rappresentata dalle tante minoranze che ne compongono la popolazione, ha di sé. Ha contemporaneamente fatto funzione di campanello d'allarme per tutta un'altra parte di America che già da tempo soffriva il tramonto del racconto del mito americano.

Chi sente il proprio ruolo egemonico e centrale nella narrazione venire progressivamente eroso da un mondo che sta cambiando troppo in fretta vede nell'arrivo alla Casa Bianca del primo Presidente nero – e primo Presidente social – la conferma di tutti i suoi peggiori incubi, e allo stesso tempo l'esplosione di una rabbia nei confronti di questo cambiamento che trova via via sempre più condivisa.

L'aumento vertiginoso dei gruppi che si dichiarano rappresentanti di un'altra America, estranea sia al progressismo del Partito democra-

[137] Ne descrive il meccanismo in alcuni esempi il già citato Wu Ming 1, *La Q di Qomplotto*.

tico che al conservatorismo tradizionalmente rappresentato dal Partito repubblicano, trovano in rete le risposte che cercano e le strutture che le possono rappresentare. Il movimento politico *Tea Party*, ispirato nel nome alla cosiddetta rivolta dei *Sons of Liberty* del 1773 contro il governo coloniale inglese è tra i primi esempi di canalizzazione della rabbia che tracima dall'alveo politico del bipartitismo USA. Costituito nel 2009 sull'onda delle proteste contro alcune misure di intervento statale in economia,[138] il movimento riunisce attorno all'idea della necessità di un ritiro dello Stato dall'interventismo sociale (alcuni membri del movimento identificano la parola «*Tea*» con l'acronimo *Taxed Enough Already*, «già abbastanza tassati») frange molto eterogenee di malcontento che vanno dall'estremismo religioso dei gruppi fondamentalisti cristiani ai sostenitori della libera circolazione delle armi e i contrari all'immigrazione clandestina. Una piattaforma ampia che nel complesso viene lasciata dai responsabili nazionali del movimento volutamente vaga: meno prese di posizione dirette si prendono, maggiori sono le possibilità di raccogliere consensi da parte di gruppi sociali eterogenei.

Il modello *Tea Party* non è l'unico né il primo ma è sicuramente tra quelli che hanno avuto maggior successo pubblico, anche dal punto di vista elettorale: una compagine di appartenenti al movimento è riuscita a farsi eleggere più volte al Congresso degli Stati Uniti e, pur appoggiandosi alle strutture del Partito repubblicano, a cui una parte di loro aderisce, hanno dimostrato una indipendenza politica perturbante per il bipartitismo statunitense, come ad esempio quando sono stati determinanti per la destituzione dello speaker della Camera dei rappresentanti nel 2023, il repubblicano moderato Kevin McCarthy.[139]

Questo modello è importante soprattutto perché deve il suo successo ad alcune caratteristiche che sono ricorsive nel movimentismo di estrema destra americano: oltre alla già citata vaghezza riguardante i temi sociali, una forte autorappresentazione come elemento «antisistema» all'interno del panorama politico e sociale; una diffusione molto radicata in particolare tra gli strati sociali bianchi meno abbienti, quelli cioè che stanno «scivolando fuori» dal sogno americano;

[138] Dai salvataggi bancari resi necessari dalla crisi dei mutui *subprime* come legge di stabilizzazione economica di emergenza varata del 2008 e ovviamente la riforma sanitaria detta *Obamacare*.

[139] «*Kevin McCarthy ousted as House Speaker in historic vote*», 4 ottobre 2023, www.reuters.com (www.reuters.com/world/us/mccarthy-says-he-thinks-he-will-survive-leadership-challenge-us-house-2023-10-03/).

una connotazione storica che esalta nei suoi tratti distintivi alcuni miti fondativi, su tutti l'idea di una lotta contro un dominio sentito ormai come estraneo.

Il parallelo tra Stato federale, lontano e sordo alle richieste del popolo, e governo coloniale inglese sono molto diffuse, così come il continuo richiamo a figure immaginifiche presenti nella storia americana e nella guerra di indipendenza in particolare; alle manifestazioni dei sostenitori dell'odierno *Tea Party* non è raro vedere persone vestite in tricorno settecentesco o con bandiere di quell'epoca.

In generale, anche attraverso richiami più o meno espliciti all'attuale declino dell'America, i sostenitori di questo e altri movimenti di estrema destra si dichiarano impegnati nella ricostruzione di una supposta originaria purezza e grandezza della nazione. Autodefinendosi «patrioti» (*patriots*) cercano di alimentare l'idea di essere gli unici legittimi detentori dell'identità americana. Una sorta di appropriazione di un concetto piuttosto vago e cangiante che implica il fatto di arrogarsi il diritto di stabilire chi sia americano e chi no. Un meccanismo tipico dei sistemi identitari chiusi già visto applicato con meccanismi simili all'inizio del secolo nei regimi nazionalisti autoritari.

Ma l'insieme dei «veri americani», proprio per la sua vaghezza concettuale, per un certo tempo ha costituito solo un grande calderone di rabbia alla parte destra dello schieramento politico. Alcuni estremisti, per lo più isolati, hanno tentato la via della violenza con casi isolati riguardanti atti di terrore in nome del suprematismo bianco contro chi veniva considerato un nemico dell'America.[140] Fino all'arrivo di una figura come quella di Donald Trump.

L'imprenditore newyorkese è un protagonista, a vario titolo, della società americana fino dagli anni ottanta, quando il suo discusso impero immobiliare e la sua tendenza a voler apparire come personaggio pubblico gli valsero una grande notorietà. I modi non convenzionali e una particolare cura della propria immagine ne fanno, nel bene e nel male, una delle icone degli USA di fine secolo. Il declino economico del suo impero ha coinciso con un primo offuscamento della sua immagine pubblica. Tra gli anni novanta e gli anni duemila è stato dato più volte sul punto di candidarsi alle presidenziali prima come rappresentante del Partito della riforma (*Reform Party*), poi come candidato repubblicano, benché avesse appoggiato i democratici all'opposizione

[140] Cfr. R.M. Valeri, K. Borgeson, *Terrorism in America*, Routledge, New York 2018.

durante i due mandati di George W. Bush. Nel mentre, anche a causa delle difficoltà economiche, ha cercato di rilanciare la propria immagine pubblica attraverso comparsate e programmi TV.[141] Insomma, non un percorso lineare dal punto di vista degli ideali politici che però ha un chiaro punto di svolta solo nel 2016, quando, in maniera un po' inaspettata, ha partecipato alle primarie per il Partito repubblicano vincendole.[142]

La figura di Trump è riuscita nell'impresa di coagulare le molte anime di una destra per lo più extrapartitica altrimenti sfarinata e scomposta. Il Partito repubblicano, di cui una buona parte dell'establishment risulta da sempre ostile a Trump e ai suoi metodi, è stato letteralmente occupato dal magnate e dai suoi sostenitori.

Per l'analisi qui sviluppata, tuttavia, più che i risvolti politici della candidatura di Trump pare interessante notare come sia maturato il suo consenso durante quelle primarie.

Donald Trump è un grande utilizzatore di social, in particolare, all'epoca della sua prima candidatura, dell'allora Twitter: un'attività strabordante, con pubblicazione di post sugli argomenti più disparati molte volte al giorno che sul medio periodo, anche grazie alla continua attenzione per argomenti «in tendenza» vale a dire segnalati dall'algoritmo del social come molto discussi e condivisi dagli utenti, ha fatto di Trump uno dei maggiori produttori di contenuti della rete.[143]

Sfruttando alcuni macroargomenti cari alla destra, come il contrasto all'immigrazione clandestina e la sempre discussa ingerenza dello Stato nella vita dei cittadini, l'allora ex protagonista del format *The Apprentice*[144] si costruisce la fama di uomo che si batte per gli ideali di un'America abbandonata dalle istituzioni durante gli anni di Obama. Un'America bianca, soprattutto, ma anche un'America messa in ginocchio dalle varie crisi finanziarie e dal declino del modello statunitense. In poco tempo la galassia della destra che fino a quel momento

[141] Una interessante ricostruzione del fenomeno mediatico trumpiano è presente in J. Holland, *Fictional Television and American Politics. From 9/11 to Donald Trump*, Manchester University Press, Manchester 2019.

[142] www.edition.cnn.com/election/2016/primaries/parties/republican.

[143] Y. Ouyang, R.W. Waterman, *Trump, Twitter, and the American democracy. Political Communication in the Digital Age*, Palgrave McMillan, London 2020.

[144] Il format del reality *The Apprentice* è particolarmente significativo per il suo cercare di stereotipare il mito della conquista del lavoro e della scalata sociale così come era concepita in quelli che in Italia si definivano i «rampanti anni ottanta». Una caricatura della società sperequata che ebbe tra i propri simboli proprio Donald Trump.

era politicamente residuale trova un punto di contatto proprio nella figura del magnate newyorkese, che con le sue esternazioni cerca di toccare tutti i punti salienti delle varie possibili anime del suo elettorato. Libertà di possesso delle armi, lotta alla legge sull'aborto, una sbandierata volontà di ripulire l'ormai proverbiale palude di Washington, la protezione dei «veri» americani, qualsiasi cosa significhi, sono alcuni dei temi fondanti di quella che nel 2015-16 è solo poco più di una campagna di opinione e che poi diverrà una sorta di manifesto politico. La produzione di contenuti è tale che a volte i tweet di Trump portano avanti opinioni tra loro contrastanti, ma la cosa interessante è che per molti il principio di non contraddizione sembra non si applichi al flusso di coscienza trumpiano. Egli può affermare, per tenere a bada il proprio elettorato, idee in palese contrasto le une con le altre senza per questo venire messo in discussione dalla gran parte di quella che sta diventando, nel 2016, la propria base elettorale.

La modalità già sottolineata della raccolta di contenuti online, vale a dire la caratteristica per cui i navigatori di solito vanno in rete per cercare conferma delle proprie convinzioni, diviene per la figura di Trump una pratica particolarmente affinata. Alla maggior parte dei suoi sostenitori le contraddizioni presenti nella sua comunicazione non sembrano turbare: ognuno raccoglie la propria fetta di conferme senza, all'apparenza, dare peso al resto. Una volta trovata conferma alle proprie certezze l'algoritmo fa il resto, continuando a proporre all'utente contenuti che assecondino le sue convinzioni. È un fenomeno che è stato definito *Echo Chamber* («camera dell'eco»),[145] attraverso cui, a causa della struttura stessa dell'algoritmo che presenta i contenuti, le informazioni vengono rafforzate e diffuse dalla loro stessa ripetizione all'interno di un ambito che nei fatti diviene un sistema chiuso.

Una strategia vincente, dato che nell'abnorme offerta data dalla macchina informativa del «sistema Trump» è difficile non trovare almeno un'affermazione che possa essere accettabile e, una volta trovatala, contribuire con le proprie ricerche alla costruzione di una propria, personalissima e auto convincente camera dell'eco.

Nel corso del tempo la strategia comunicativa trumpiana si affina seguendo le tendenze social proprio come fanno gli stessi algoritmi di visualizzazione delle informazioni. I social di Trump aumentano la

[145] Attorno a questo e altri meccanismi di interazione social cfr. F. Faloppa, *#Odio. Manuale di resistenza alla violenza delle parole*, UTET, Milano 2020.

produzione di contenuti attorno ai temi che amplificano il traffico e i contatti, in una sorta di circolo vizioso che aumenta la visibilità dei contenuti in tendenza.

Il tutto costruito attraverso un sapiente studio dei meccanismi della rete: il linguaggio semplice, ai limiti del semplicistico,[146] che gli è stato più volte criticato si è rivelato una delle chiavi di volta della costruzione dell'immagine di uomo che parla come il popolo e sa parlare al popolo. L'attenzione data a questioni di pubblica discussione e non necessariamente di carattere politico (più volte il tycoon è intervenuto commentando e criticando puntate di *Talent Show* o risultati sportivi) è sintomo del fatto che l'intenzione non è quella di instaurare un flusso informativo di carattere solo politico, ma quella di consolidare l'abitudine che Trump sia uno che parla a tutti di tutto. Una fonte generalista di informazione: non una figura politica, ma un canale *all news* fatto persona.

Un'operazione che, nei fatti, in piena campagna elettorale, fa di Trump uno dei grandi «costruttori di opinione pubblica»: una volta avviata la macchina comunicativa, se si vuole essere visibili online si deve per forza seguire i ritmi e gli argomenti dettati dalla macchina informativa trumpiana. In questo modo, prima ancora di avere un programma politico degno di questo nome, Trump nel 2016 ha vinto la battaglia preliminare, e probabilmente decisiva, quella dell'informazione.[147]

A fermare questa ascesa non bastano le palesi difficoltà di applicare quello che pare delinearsi come un programma politico incentrato sul taglio delle tasse e un aumento della sicurezza. Sembra che la comunicazione di Trump non soffra del principio di non contraddizione: i suoi scandali sessuali, ad esempio sia quelli veri che quelli presunti,[148] non fermano gruppi come il *Women for Trump*[149] dall'appoggiarne la

[146] E. Shugerman, *Trump speaks at level of 8-year-old, new analysis finds*, 9 gennaio 2018, «The Independent» (https://www.independent.co.uk/news/world/americas/us-politics/trump-language-level-speaking-skills-age-eight-year-old-vocabulary-analysis-a8149926.html).

[147] Cfr. Y. Ouyang, R.W. Waterman, *Trump, Twitter, and the American democracy* cit., M. Morini, *Lessons from Trump's Political Communication. How to dominate the Media Environment*, Palgrave McMillan, Londra 2020.

[148] *List of Trump's accusers and their allegations of sexual misconduct*, 18 settembre 2020, ABC News (https://abcnews.go.com/Politics/list-trumps-accusers-allegations-sexual-misconduct/story?id=51956410).

[149] *The real "shy Trump" vote – how 53% of white women pushed him to victory*, 10 novembre 2016, «The Guardian» (www.theguardian.com/us-news/2016/nov/10/white-women-donald-trump-victory).

candidatura e la politica, così come la sua condotta in ambito familiare[150] non gli ha impedito di divenire un idolo della destra evangelica; nemmeno le sue dubbie abilità come imprenditore hanno scalfito la sua immagine di uomo che avrebbe potuto risistemare l'economia a stelle e strisce. Praticamente immune, per i suoi sostenitori, da qualsiasi attacco mediatico, lo stesso Trump costruisce l'idea di un'informazione da suddividere in vera e *fake*. Vera è quella che asseconda la sua visione, *fake*, falsa, quella che la ostacola; si inaugura così quella che alcuni studiosi hanno definito, per i media, *Post-truth Era*, il tempo della post-verità.[151]

In generale, stimolando con toni forti l'emotività di una fetta rilevante della società americana, Trump è riuscito a incarnare per molti una sorta di novità nel panorama politico del paese tale da poter essere investito della fiducia degli elettori. Un cambiamento inteso come restaurativo, capace cioè di ricostruire i confini del mito americano per accogliere tutti coloro i quali, pensando di appartenervi di diritto, se ne sentivano esclusi. *Make America Great Again*, rendere l'America di nuovo grande, è lo slogan potente attorno a cui Trump riesce ad amalgamare uno stuolo di scontenti composto da tutti coloro i quali si sono sentiti esclusi dall'approccio di politica economica e sociale dell'era Obama. Quella speranza di grandezza ricostruita che si aggrappa a un mondo di sogno che in molti hanno sentito come una promessa non mantenuta è più forte di qualsiasi altra strategia politica messa in campo dai suoi avversari. Dopo aver sgominato gli altri pretendenti alla *nomination* repubblicana[152] Trump riesce a sconfiggere seppur di stretta misura[153] la candidata democratica Hillary Clinton,[154] che il magnate newyorkese ha avuto buon gioco a dipingere come il frutto di una élite corrotta che mai sarebbe riuscita a riportare le cose alla loro, presunta, originale bellezza. L'esperienza dell'era Obama

[150] *Donald Trump's Family Tree: all about his parents, siblings, wives and children*, 13 novembre 2023, «People Magazine» (www.people.com/all-about-donald-trump-family-tree-7567639).

[151] L. McIntyre, *Post-Verità*, UTET, Milano 2019 e J. Harsin, a cura di, *Re-thinking madiations of post-truth politics and trust. Globality, culture, affect*, Routledge, New York 2024.

[152] *Republican Party Primary Results*, CNN, https://edition.cnn.com/election/2016/primaries/parties/republican.

[153] Trump prese meno voti elettorali di Hillary Clinton (sessantadue milioni e novecentottantacinquemila contro oltre sessantacinquemilioni e ottocentomila) ma conquistò più voti dei cosiddetti «grandi elettori» (trecentosei a duecentotrentadue).

[154] *Presidential Election Results*, The New York Times, https://www.nytimes.com/elections/2016/results/president.

viene sostituita da una nuova narrazione nata prima sui social che nel mondo reale.[155]

Pare interessante notare come questa polarizzazione che ha fratturato la società statunitense e lo stesso Partito repubblicano non ha nei fatti subito grossi contraccolpi di fronte agli anni di amministrazione Trump. Mentre i risultati dell'economia americana non sembrano riuscire a sostenere le speranza di riscatto della classe media americana bianca[156] la figura del presidente tycoon ha catalizzato talmente la discussione che nessun tipo di scandalo è riuscito a modificare sostanzialmente i pesi specifici dei due schieramenti. Mentre Trump coniava e utilizzava con larghezza proprio il termine *post-verità*[157] per giustificare la contraddizione palese tra la sua versione di alcuni fatti e il racconto pubblico basato sui fatti che una parte dei *media* ne faceva, la base di consenso del Presidente non veniva erosa. Una fidelizzazione tale da rendere impossibile permettere ai suoi sostenitori di pensare a un rivolgimento elettorale di una presidenza che sembrava ammantarsi di valori apocalittici (da intendere positivamente per i suoi sostenitori e in senso negativo per i detrattori).

Un'aura messianica che sta scivolando in un vero e proprio culto da parte di almeno una delle componenti della destra americana, quella legata alle comunità bianche evangeliche della *Bible Belt*[158] che ha messo a dura prova l'intero sistema democratico statunitense. Quando, a ridosso delle elezioni del 2020, il verdetto delle urne è messo in discussione dai molti processi avviati contro il tycoon statunitense, una parte dell'elettorato semplicemente si rifiuta di prendere in considerazione la fondatezza delle accuse, concedendo a Trump una fiducia slegata dalle possibili prove che ne potrebbero attestare l'inidoneità. Le due parti della società statunitense che secolarmente si sono iden-

[155] Per uno sguardo sul cambiamento sociale attraversato dagli Stati Uniti da Obama a Trump cfr. M. Del Pero, *Era Obama. Dalla speranza del cambiamento all'elezione di Trump*, Feltrinelli, Milano 2017.

[156] I successi dell'amministrazione Trump si possono localizzare soprattutto attorno al rafforzamento del settore finanziario e dei suoi principali *player*, i grandi miliardari di Wall Street che paradossalmente erano stati uno dei bersagli del Presidente. Cfr. R. Barlaam, *Trump batte tutti i presidenti americani a Wall Street*, 29 dicembre 2019, «Il Sole 24 Ore», www.ilsole24ore.com/art/trump-batte-tutti-presidenti-americani-wall-street-ACr5Zp8.

[157] L. McIntyre, *Post-Verità* cit.

[158] Storicamente, la *cintura della Bibbia* comprende gli Stati sudoccidentali degli USA, anche se la definizione negli anni si è allargata a Stati come il Texas, il New Mexico a ovest e l'Illinois, Indiana e Ohio a nord. Cfr. T. Alberta, *Il culto di Donald Trump*, «The Atlantic» (in «Internazionale», n. 1547, 26 gennaio-1 febbraio 2024).

tificate nel bipartitismo democratico sembrano, a un passo dalle elezioni, immerse ognuna in una realtà informativa distinta, dentro cui, a seconda degli orientamenti e delle informazioni che filtrano all'interno della bolla di comunicazione costruita dall'algoritmo della rete, la figura di Trump è identificata come quella di un salvatore o dell'anticristo destinato a distruggere la democrazia americana.

È avvenuta quindi una vera e propria scissione all'interno del mondo della «verità informativa», attraverso cui si amplia e aggrava la frattura sociale che spacca il paese.

Una polarizzazione tale da non poter essere, al momento conciliata in modo efficace e che, apparentemente, sta producendo un fenomeno piuttosto inquietante se visto con gli occhi dei difensori della democrazia rappresentativa. Non è infatti del tutto corretto parlare di spaccatura a metà dell'opinione pubblica, e quindi della democrazia, statunitensi. La tensione crescente all'interno dei racconti pubblici contrapposti e delle polarizzazioni causate dalle contrapposizioni tra i candidati alla presidenza e dalle loro macchine comunicative ha prodotto non due, ma tre segmenti sociali, dei quali il terzo in crescita esponenziale: esiste infatti una componente sociale che si definisce trumpiana, una che è convintamente antitrumpiana e una terza, quella in allargamento, che assistendo allo spettacolo della contrapposizione brutale tra le prime due, si sta allontanando dal sistema della politica rappresentativa basata sull'informazione nel proprio complesso. Una componente refrattaria alla sfida elettorale che non è ascrivibile al semplice astensionismo caratteristico delle democrazie mature, ma si espleta con una generale sfiducia nei confronti delle istituzioni nel loro complesso.

Nella guerra civile dei racconti pubblici strisciante dentro e fuori dal web la componente maggioritaria al momento sembra essere quella che si disinteressa del dibattito pubblico o quantomeno dei suoi effetti sulla vita dei singoli cittadini, in una sorta di lento suicidio collettivo delle istituzioni democratiche sotto il peso della lotta estenuante tra «le» verità contrapposte.

Questo fenomeno, apparentemente apolitico, in realtà un accento politico ce l'ha eccome: la rete che si voleva neutra e democratica sta alimentando il populismo autoritario.

Il mondo virtuale libero sta più o meno consapevolmente costruendo un mondo reale totalitario.

Conclusioni

I punti forti di una comparazione

L'Occidente nasce in molti luoghi: anche, sembra di aver dimostrato, tra i punzoni dei torchi a stampa cinquecenteschi. E forse è tra le tastiere dei computer che sta tramontando.

Gli strumenti informativi sono da sempre non solo un mezzo, ma anche un modo, per comunicare.

I vincoli strutturali e tecnologici, le modalità di diffusione, la velocità con cui si può costruire e poi rendere pubblico un contenuto sono tutti tasselli di una pratica che ha effetti su quello che si vuole (o non si vuole) dire. Sono elementi costitutivi non solo della diffusione di un messaggio ma anche della sua composizione e della sua stessa progettazione. Voler propagare un incitamento alla rivolta a mezzo stampa significa confrontarsi coi limiti dimensionali della carta che si potrà utilizzare; adattare il messaggio alle norme grafiche vigenti e al linguaggio solitamente usato, scegliere eventuali immagini di accompagnamento, il font ecc. La stessa pratica di adattamento, cambiando ciò che c'è da cambiare, è necessaria per incitare alla rivolta un popolo via Internet. Ogni strumento di comunicazione impone abitudini, consuetudini, limiti e possibilità al messaggio che trasporta, alla sua stessa efficacia e quindi alla sua potenza. Le società si plasmano anche attorno al loro stesso raccontarsi, per questo l'impatto di una nuova tecnologia ha sempre a che fare anche con un cambiamento per le società: un cambiamento che può assumere i connotati di una rivoluzione.

Una rivoluzione non sempre consapevole.

Quando nel 1524 i contadini di Villingen mettono su carta le loro rimostranze e poi le diffondono, probabilmente comprendono solo in parte il peso di quella scelta comunicativa che li porterà ad essere identificati come gli attivatori del più grande movimento popolare europeo prima della Rivoluzione francese. Allo stesso modo i milioni di persone che caricano e condividono oggi le loro idee su Internet possono avere solo una visione approssimativa e sfocata del risultato del loro sforzo di comunicare.

Si tratta, in entrambi i casi, di movimenti di singoli o di piccole entità che poi si ritrovano ad avere una risonanza estesissima. Ma nella prospettiva del singolo utente di uno strumento di comunicazione è difficile anche solo sospettare quale sia l'effetto finale di questa diffusione.

Nel momento in cui questi effetti si rendono visibili e il loro impatto diventa misurabile a livello sociale, si ha una prima idea di quali siano le potenzialità di un atto, come il comunicare, che spesso nasce per ragioni contingenti e in situazioni limitate.

Solo quando le campagne tedesche sono ormai in fiamme ci si rende conto – e le élite di potere imperiali dopo gli altri – che il mix tra un messaggio largamente condivisibile e uno strumento con cui condividerlo in modo efficace può avere effetti dirompenti e di lungo periodo.

Non appena migliaia di persone provenienti da tutti gli Stati Uniti marciano sul Congresso scandendo gli stessi slogan, le autorità comprendono la reale portata storica di un fenomeno che sembrava dover rimanere relegato al malumore di *chat* e *blog* cospirazionisti.

Alla luce di quanto detto si nota come la stampa a caratteri mobili e la comunicazione web abbiano molti punti in comune.

Primo: la velocità di diffusione.

La stampa su carta moltiplica esponenzialmente le possibilità che un'idea, se espressa in una formula efficace, si diffonda: sono milioni gli abitanti del Sacro Romano Impero che vengono a conoscenza delle novantacinque tesi luterane nell'arco di poche settimane dalla loro leggendaria affissione sulla porta della chiesa di Wittenberg.

La rete allo stesso modo ha quasi azzerato le tempistiche di diffusione dei propri messaggi, dal momento che qualsiasi contenuto caricato in una delle molte piattaforme sociali può virtualmente arrivare in modo istantaneo a qualsiasi utente della piattaforma stessa.

Secondo: l'impossibilità di selezionare un pubblico.

Un aspetto che accomuna entrambe le tecnologie è che, proprio per le caratteristiche stesse del sistema di diffusione del messaggio, chi costruisce i contenuti da disseminare perde ben presto il controllo di quello che ha prodotto.

Le idee di riforma della Chiesa vergate da Lutero non sono le prime a scontrarsi con le gerarchie ecclesiastiche, ma l'invettiva che fino a poco tempo prima avrebbe avuto un mercato di poche centinaia di lettori specializzati nei centri di erudizione europei si trova letta, maneggiata e discussa da centinaia di migliaia di persone in tutto l'impero e oltre. Di queste, una parte molto estesa non costituiva, probabilmente, il pubblico più adatto per questi contenuti a detta dello stesso Lutero, che infatti dovrà ricalibrare teologicamente le libertà postulate attorno alla lettura e interpretazione dei testi sacri.

La mancanza di controllo sul possibile pubblico è ancora più evidente oggi nel web, in cui l'unica precondizione per accedere a qualsiasi tipo di contenuto caricato dagli utenti è costituita dal fatto di avere una connessione. Tutti sono potenzialmente abilitati a caricare tutto, con effetti di lunga durata sul rapporto stesso tra utenti e contenuti.

Terzo: la difficoltà nell'applicare filtri e censure.

Quando la stampa a caratteri mobili esplode come fenomeno di comunicazione i tentativi da parte delle autorità di fermare il flusso appaiono insufficienti e tardivi: non si comprende appieno, a livello di autorità, quale sia il reale potenziale di questo mezzo. Divieti, sequestri e punizioni arrivano tardi e male a colpire i messaggi che si vogliono diffondere, con effetti pressoché nulli sulla loro effettiva propagazione. Ci vorranno secoli di rincorse e addomesticamento per mettere in piedi forme di censura efficaci per la carta che comunque non avranno mai la capacità di rendere ermetico il blocco delle idee.

Per il web le cose al momento sembrano essere altrettanto difficili, e con qualche interessante parallelismo. Quando un signorotto locale nella Germania del Cinquecento comminava sanzioni per punire gli stampatori e impedire la diffusione di determinati messaggi, agli agitatori bastava passare le labili frontiere di un potentato locale e andare a stampare poco distante. Allo stesso modo le miopi restrizioni nazionali imposte a certi contenuti web possono essere aggirate utilizzando server con sedi in paesi con norme meno stringenti. Tra la Ginevra o la Venezia di Antico Regime, luoghi in cui si stampava e si diffondevano idee altrove sediziose, e i paradisi della deregolamentazione web come le isolette caraibiche o i microstati del Pacifico corre meno differenza di quanto si creda.

Quarto: una situazione di partenza favorevole al cambiamento.

Quando la stampa a caratteri mobili irrompe sulla scena della comunicazione europea essa ha, come si è detto, un cinquantennio abbondante di quiescenza, durante il quale le potenzialità del mezzo non vengono sfruttate appieno. Nel momento in cui però la crisi dei rapporti religiosi e di potere all'interno dell'impero e il logoramento dei rapporti economico-sociali in buona parte della compagine tedesca raggiungono un punto di rottura, questa tecnologia fino a quel momento di basso potenziale scatena un terremoto comunicativo che cambierà per sempre non tanto i rapporti di forza all'interno della società continentale, quanto il rapporto stesso che questa società aveva con l'atto di comunicare.

La rabbia, questo sentimento ancestrale e profondamente individualistico, non solo raggiunge limiti non più sopportabili (i contadini tedeschi, stando alle continue rivolte quattrocentesche, sono in grado di covare rabbie secolari), ma viene finalmente socializzata proprio grazie a una nuova tecnologia disponibile. Viene catalizzata e messa a fattor comune con un risultato dirompente e con effetti irreversibili sull'uso stesso di quella tecnologia. Da quel momento in poi più nessuna azione di rivolta coordinata o di scontro politico sarà più possibile senza un uso massiccio e spregiudicato di questa nuova tecnologia, almeno fino ad oggi.

Allo stesso modo è stato l'incrocio della diffusione di Internet con la crisi irreversibile di alcuni modelli di racconto pubblico che avevano costituito l'ossatura dell'identità culturale della società occidentale a far esplodere la «rabbia online», rendendo il rapporto tra nuovi mezzi e mobilitazione indissolubile. Oggi non solo è possibile, anzi è normale, che i principali movimenti di protesta globali si affidino alla rete per sostentarsi e diffondersi, con la comunicazione «tradizionale» (stampa, ma anche i suoi derivati concettuali costituiti da radio e TV) relegata a comprimario.

I limiti di una comparazione

Vista in questa prospettiva, è lecito immaginare che l'evoluzione di questi movimenti, quello cinquecentesco e quello odierno, possano seguire traiettorie simili: sono infatti simili i modi in cui oggi vengono accolte le idee disseminate in modo virale dai due strumenti presi in esame, e simili, apparentemente, alcune delle conseguenze.

Di più: entrambi i movimenti pare siano destinati a percorrere la strada della verticalizzazione simbolica delle proprie strutture. Thomas Müntzer allora e Donald Trump oggi sembrano costituire delle icone più o meno consapevoli di un movimento che nasce altrove ma che per esigenze di comunicazione ha bisogno di *leader* in cui identificarsi. Ai vertici si trovano figure che non attivano la rivolta, non la guidano nelle proprie parole d'ordine, non la dominano nei propri eccessi violenti, ma si limitano a cavalcarne gli effetti. Eppure, ne sono i riconosciuti portabandiera, divenendo icone degli scontri e punti di caduta della rabbia esplosa a livello pubblico.

Lo svolgersi degli eventi consiglia però di arrestare qui la comparazione.

Thomas Müntzer diviene il simbolo carismatico di un movimento senza una struttura politica sufficiente e che viene spazzato via in un'unica campagna militare che soffoca nel sangue la rabbia degli insorti.

Donald Trump è il rappresentante di un'élite politico-economica per molti versi antitetica alle istanze proposte dagli arrabbiati del web odierni, il cui successo si basa molto più sull'abilità nell'uso della tecnologia che non sui contenuti. *Make America Great Again* e *Omnia sunt communia* sono slogan accomunati dalla loro stessa potenza evocativa e contemporaneamente dalla loro vaghezza contenutistica.

Mentre per la guerra contadina è possibile affermare che accanto a un forte impatto nella storia della comunicazione si deve registrare un sostanziale fallimento politico nel portare avanti le idee prospettate, per quanto riguarda la rabbia che corre sul web è lecito pensare che quello a cui si sta assistendo sia solo l'inizio di un cambiamento molto più esteso e profondo di quanto si possa ora comprendere.

Si è costretti a sospendere il giudizio anche attorno alla possibile «direzione» che sembra potersi intuire nell'evoluzione dei movimenti. Utilizzando categorie di impianto ancora novecentesco, per molto tempo il *Bauernkrieg* è stato inserito all'interno del quadro delle rivolte (addirittura rivoluzione) «di sinistra». La lezione engelsiana in questo pesa tutt'ora sull'idea di una sollevazione che puntasse a un reale cambiamento e che questo cambiamento avesse carattere chiaramente progressista. In realtà, e lo stesso Engels lo evidenzia nella propria analisi, quello che la rabbia contadina fa scaturire non è una consapevole richiesta di progresso; sono istanze che piuttosto desiderano la restaurazione di una più o meno reale situazione di partenza in cui «si stava tutti meglio». Il *Bauernkrieg* nei suoi aspetti pratici pretende il ripristino di diritti comuni antichi ma non sanciti a livello legislativo e in generale il ritorno a un equilibrio spesso immaginario della cui rottura si accusa la controparte. Ma non si presenta questa accusa come un tentativo di sovvertire l'ordine del mondo, bensì come la volontà di ripristinare la primitiva, teologica perfezione. Tutti uguali, come al tempo del paradiso terrestre o al massimo dei patriarchi biblici, dove le uniche differenze sembravano derivare dal favore divino.

Una rivoluzione conservatrice, a prima vista, ma contemporaneamente con profonda volontà di cambiamento. Il tentativo che pure nei secoli è stato fatto di dare «un colore» ai fatti del 1525 si è sempre scontrato con la difficoltà di applicare a questo moto rabbioso e poco politico delle categorie – e quella della «politica» è una di queste – che si formeranno solo secoli dopo. Un peccato di anacronismo che per molto tempo ha impedito di comprendere tutte le sfaccettature di un movimento che è innanzitutto un'esplosione di sentimenti ed emozioni.

Anche il movimento attorno ai fatti di Capitol Hill, di cui ci si è occupati nella terza parte di questo lavoro, ha connotazioni da rivoluzione conservatrice: la rabbia esplosa contro un cambiamento di prospettiva troppo scioccante e repentino fa scaturire un desiderio diffuso di «voler tornare indietro» a un passato mitico, in cui poter tenere la porta di casa aperta la notte, mettere a raffreddare alla finestra una *apple pie* e incontrare per strada solo gente fatta esattamente come te.

Il buon vecchio tempo andato, luogo ideale in cui, tra le altre cose, non si era così arrabbiati quanto ora, apparentemente. Un connotato conservatore, anzi retrivo, per certi versi, che influenza il modo stesso in cui gli arrabbiati di oggi identificano sé stessi e in generale la collocazione politica di tali movimenti. Di quel segno, evidentemente, è la matrice di chi oggi sta sfruttando questa rabbia. E però è probabile che in una prospettiva di più lunga durata le categorie stesse oggi utilizzate per inquadrare tali movimenti, e che spesso non riescono a circoscriverne efficacemente i contorni, si riveleranno un giorno inutili alla comprensione di un fenomeno che, andando al di là delle categorie a cui oggi siamo abituati, si riserva di costituire qualcosa di più di un semplice contrasto al paradigma dominante.

È possibile, anche a causa della potenza non ancora del tutto compresa dello strumento di cui questa rabbia odierna si serve – Internet – che si sia di fronte a un nuovo modo di intendere il rapporto tra comunicazione e società e, quindi, a un embrione di società diversa, nuova.

La forza del paragone tra gli inizi del mezzo millennio di impero della carta stampata e l'analisi dei fenomeni che sembrano oggi decretarne la fine sta tutto nella capacità di cogliere le linee di tendenza che rendono i due casi molto più simili di quanto non sembri a un primo sguardo.

Su tutti, il fatto che l'impatto sociale di queste rivolte sta più nel cambiamento irreversibile dei paradigmi che descrivono i rapporti di forza in campo che non negli effetti dentro la società stessa. I contadini dell'Algovia vengono brutalmente sconfitti, le istanze spazzate via, le idee calpestate. Ma il modo in cui condussero la loro battaglia è divenuto quello in cui nell'Occidente questo tipo di scontri verrà combattuto dal Cinquecento in poi. La sconfitta delle idee degli uomini comuni del XVI secolo è andata in parallelo col trionfo del nuovo approccio nel condurre queste battaglie. Non è dato sapere, ovviamente, se questo sarà anche il destino dei nuovi modi di fare rivolta attraverso la rete e se i detentori del potere odierni saranno più abili nel contrastare il fenomeno rispetto a cinque secoli fa, ma tutto fa pensare che la rabbia accumulata a causa delle storture della società attuale e dalle falle evidenti nella struttura del racconto pubblico dominante abbia trovato un modo innovativo attraverso cui scaricarsi.

Cinquecento anni fa gruppi sparsi di poveri arrabbiati si imbatterono in una tecnologia che riuscì a metterli in comunicazione facendoli sentire meno soli e più forti. Questo incontro cambiò per sempre la società continentale, dando il via a quello che noi chiamiamo Occidente.

Oggi un gruppo molto più folto ma non per questo più organizzato di arrabbiati, in Occidente, ha trovato uno strumento che riesce a mettere in comune, e spesso ad amplificare, le loro paure. Non è dato sapere se questo sia l'inizio di qualcosa di davvero nuovo. Quel che è certo è che il mezzo millennio di storia della comunicazione iniziato tumultuosamente tra i torchi sporchi di inchiostro è sulla via del tramonto.

Ringraziamenti

Le pagine che avete scorso sono un pezzo consistente della mia vita e dei miei studi: una passione, una ricerca, un'ossessione anche, che mi accompagna da molto tempo. Lo sa Cristina, che di contadini, di rivolte e di rabbia mi sente parlare da vent'anni esatti. Il mio grazie, primo e più grande, è sempre per te.

Grazie a Michele Luzzatto, amico e editor nell'ordine, che si è tuffato con me in questo tema rincorrendomi a volte, a volte facendomi strada. Grazie a Silvia Meucci, che questa strada l'ha resa concreta.

Grazie ai maestri che nel tempo hanno seguito e indirizzato le mie ricerche: a Giovanni Levi, con cui per primo scoprii i contadini e gli intricati rapporti tra storia e memoria; a Marco Bellabarba, che mi ha fatto porre l'accento sul micro per arrivare al macro; a David Bidussa, le cui «telefonate fiume» scorrono tumultuose lasciando sempre traccia.

Grazie a chi ha letto e accompagnato questo lavoro: a Enrico Manera e Valentina Colombi per i loro preziosi consigli; a Chiara Nardinocchi, «sostanzialmente!»; grazie a Francesca Coraglia che questo libro lo ha reso bello; grazie ad Antonio Trombetta che questo libro lo ha discusso, uno dei mille nostri argomenti.

Grazie a chi ha supportato i miei ragionamenti ad alta voce e sottovoce li ha sopportati, annuendo paziente alle mie intemerate sul quarto, sul quinto e perfino sul sesto potere. Grazie alle ragazze e ai ragazzi di Deina che ogni giorno mi insegnano il futuro ovunque si trovi: per strada, tra le pagine o su uno schermo.

Grazie infine a te, papà, che mi hai insegnato l'odore dolce della carta, il sapore aspro della rabbia, la paura di fallire e la gioia di tentare.

Bibliografia

Parte prima. Rabbia contadina

AA.VV., *On Anger*, MIT Press, Cambridge (MS) 2020.
–, *The german Peasant War 1525*, Routledge, Londra 2021.

W. Achilles, *Landwirtschaft in der frühen Neuzeit*, Oldenbourg, Monaco 2010.

K. Andermann, *Ritter! Tod! Teufel? Franz von Sickingen und die Reformation*, Schnell und Steiner Verlag, Regensburg 2015.

G. Annas, M. Rothmann, P. Schulte, *Gerechtigkeit im gesellschaftlichen Diskurs des späteren Mittelalters*, Duncker & Humblot, Berlino 2012.

A. Bebel, *Der deutsche Bauernkrieg mit Berücksichtigung der hauptsächlichsten sozialen Bewegungen des Mittelalters*, Braunschweig 1876.

M. Bellabarba, G. Olmi, *Storia del Trentino*, il Mulino, Bologna 2003.

T. Berners-Lee, *L'architettura del nuovo web: dall'inventore della rete il progetto di una comunicazione democratica, interattiva e intercreativa*, Feltrinelli, Milano 2001.

A. Bischoff-Urack, *Michael Gaismair. Ein Beitrag zur sozialgeschichte des Bauernkrieges*, Inn-Verlag, Innsbruck 1983.

P. Blickle, *La Riforma luterana e la guerra dei contadini. La rivoluzione del 1525*, il Mulino, Bologna 1983.
–, *Studien zur geschichtlichen Bedeutung des deutschen Bauernstandes*, Gustav Fischer Verlag, Francoforte 1989.
–, *Das Alte Europa. Vom Hochmittelalter bis zu Moderne*, C.H. Beck, Monaco 2008.
–, *Die Revolution von 1525*, De Gruyter, Berlino 2014.
–, *Der Bauernjörg. Feldherr im Bauernkrieg*, C.H. Beck, Monaco 2015.
–, *Der Bauernkrieg: die Revolution des Gemeinen Mannes*, C.H. Beck Verlag, Monaco 2018.
–, a cura di, *Resistance, Representation and Community*, Oxford University Press, Oxford 1997.

P. Blickle, T. Adam, a cura di, *Bundschuh. Untergrombach 1502, das unruhige Reich und die Revolutionerbarkeit Europas*, Franz Steiner Verlag, Stoccarda 2004.

E. Bloch, *Thomas Münzer teologo della rivoluzione*, Feltrinelli, Milano 2010.

R. Bonfil, *Storia della lettura nel mondo occidentale*, Laterza, Roma-Bari 2009 (prima ed. 1995).

L. Braida, *Stampa e cultura in Europa*, Laterza, Roma-Bari 2001.

–, B. Ouvry-Vial, *Leggere in Europa. Testi, forme, pratiche (secoli XVIII-XXI)*, Carocci, Roma 2023.

S. Braund, G.W. Most, *Ancient Anger, Perspective from Homer to Galen*, Cambridge University Press, Cambridge 2003.

M. Brecht, *Martin Luther*, Calwer Verlag, Stuttgart 1981-1985 (3 voll.).

H. Buszello, P. Blickle, R. Endres, a cura di, *Der deutsche Bauernkrieg*, Schöning Verlag, Paderborn Monaco Vienna Zurigo 1984.

E. Campi, *Thomas Müntzer, Scritti politici*, Claudiana, Torino 1972.

H. Carl, *Der Schwäbische Bund 1488-1534. Landfrieden und Genossenschaft im Übergang von Spätmittelalter zur Reformation*, DRW Verlag, Leinfelden-Echterdingen 2000.

R. Caroli, F. Gatti, *Storia del Giappone*, Laterza, Roma-Bari 2017.

F. Colombo, *Ipertelevision*, Cooperativa Scrittori, Roma 1976.

A.F. Creasman, *Censorship and Civic Order in Reformation Germany, 1517-1648: Printed Poison & Evil Talk*, Routledge, Londra 2017.

S. Cristante, *Storia sociale della comunicazione*, Egea, Milano 2020.

S. Curti, *Critica della folla*, Pearson, Torino 2018.

E. D'Angelo, *La letteratura latina medievale. Una storia per generi*, Viella, Roma 2011.

J. Delumeau, *La paura in Occidente. Storia della paura nell'età moderna*, il Saggiatore, Milano 2018.

P. De Nardis, F. A. M. Caruso, *Rabbia Sociale. Realtà del conflitto e ideologia della sicurezza*, Bonanno, Roma 2012.

A. De Pasquale, *La f@bbrica delle parole*, Leo S. Olschki Editore, Firenze 2018.

R. van Dülmen, *Kultur und Alltag in der Frühen Neuzeit*, C.H. Beck Verlag, Monaco 2005.

H. Eilert, *Riforma protestante e rivoluzione sociale. Testi della guerra dei contadini tedeschi (1524-1526)*, Guerini e Associati, Milano 1988.

E.L. Eisenstein, *La rivoluzione inavvertita. La stampa come fattore di mutamento*, il Mulino, Bologna 1985, voll. 1-2.

–, *La rivoluzione inavvertita. La stampa come fattore di mutamento*, il Mulino, Bologna 1985.

–, *Le rivoluzioni del libro. L'invenzione della stampa e la nascita dell'età moderna*, il Mulino, Bologna 1995.

K.A.E. Enenkel, A. Traininger, *Discourses of Anger in the early modern period*, Brill, Boston 2015.

F. Engels, *Der deutsche Bauernkrieg*, Lipsia 1870 (prima ed. Londra 1850).

H. Entner, *Bundschuh und Regenbogenfahne. Schriftsteller und Künstler im Bauernkrieg*, Tribüne Verlag, Berlino 1975.

L. Febvre, *Il problema dell'incredulità nel secolo XVI. La religione di Rabelais*, Einaudi, Torino 1978 (prima ed. 1942).

–, H.J. Martin, *La nascita del libro*, Laterza, Roma-Bari 2011 (prima ed. 1958).

J. Firnhaber-Baker, *The Jacquerie of 1358, a French Peasants' Revolt*, Oxford University Press, Oxford 2021.

R. Firth-Godbehere, *Storia sentimentale del mondo. Come le emozioni hanno plasmato gli ultimi 3000 anni*, Piemme, Milano 2022.

L. Fischer, a cura di, *Die lutherischen Pamphlete gegen Thomas Müntzer*, Max Niemeyer Verlag, Tübingen 1976.

M. Forcher, *Michael Gaismair. Das Leben des Tiroler Bauernführers (1490-1532) und sein revolutionäres Gesellschaftsmodell*, Haymon Verlag, Innsbruck 2020.

J. Foschepoth, *Reformation und Bauernkrieg im Geschichtsbild der DDR*, Duncker & Humblot, Berlino 2021.

G. Franz, *Quellen zur Geschichte des Bauernkrieges*, Wissenschaftliche Buchgesellschaft, Darmstadt 1963.

–, *Quellen zur Geschichte des deutschen Bauernständes in der Neuzeit*, Wissenschaftliche Buchgesellschaft, Darmstadt 1963.

–, *Quellen zur Geschichte des deutschen Bauernständes im Mittelalter*, Wissenschaftliche Buchgesellschaft, Darmstadt 1967.

D. Garland, *Punishment and Modern Society*, Oxford University Press, Oxford 1980.

B. Geremek, *The Margins of Society in Late Medieval Paris*, Cambridge University Press, Cambridge 1987.

A. Giddens, *Capitalismo e teoria sociale, Marx, Durkheim, Weber*, il Saggiatore, Milano 2009 (prima ed. 1971).

H.J. Goertz, *Thomas Müntzer, Revolutionäre am Ende der Zeiten*, C.H. Beck Verlag, Monaco 2015.

W. Greiling, T.T. Müller, U. Schirmer, a cura di, *Reformation und Bauernkrieg*, Böhlau Verlag, Wien-Köln-Weimar 2019.

J. Habermas, *Storia e critica dell'opinione pubblica*, Laterza, Roma-Bari 1995 (prima ed. 1962).

W. Harms, M. Schilling, *Das illustrierte Flugblatt der frühen Neuzeit. Tradition, Wirkungen, Kontexte*, Hirzel Verlag, Stoccarda 2008.

C. Hecht, *Katholische Bildertheologie der frühen Neuzeit*, Gebr. Mann Verlag, Berlino 2012.

E.J. Hobsbawm, *I ribelli. Forme primitive di rivolta sociale*, Einaudi, Torino 2002 (prima ed. 1959).

S. Hoyer, *Hans Böheim, der revolutionäre Prediger von Niklashausen*, in «Zeitschrift für Geschichtswissenschaft», n. 18, 1970.

M. Infelise, *I padroni dei libri. Il controllo della stampa nella prima età moderna*, Laterza, Roma-Bari 2014.

E. Isenmann, *Die deutsche Stadt im Mittelalter 1150-1550. Stadtgestalt, Recht, Verfassung, Stadtregiment, Kirche, Gesellschaft, Wirtschaft*, Böhlau Verlag, Köln-Weimar-Wien 2014.

H. Junghans, *Quellen zu Thomas Müntzer*, Verlag der Sächsischen Akademie der Wissenschaften zu Leipzig, Lipsia 2004.

T. Kaufmann, *Die Mitte der Reformation, eine Studie zu Buchdruck und Publizistik im deutschen Sprachgebiet, zu ihren Akteuren und deren strategien, Inszenierungs- und Ausdruckformen*, Mohr Siebeck Verlag, Tubinga 2109.

J. Kessler Sabbata, *Chronik der Jahre 1523-1539. Das dritt buch, xxv jar.*, a cura di E. Goetzinger, Scheitlin & Zollikofer Verlag, St. Gallen 1866.

H.J. Köhler, *Flugschriften als Massenmedium der Reformationszeit. Beiträge zum Tübinger Symposion 1980*, Klett Cotta Verlag, Stoccarda 1981.

G. Kreuzer, *Der Augsburger Raligionsfriede 1555. Ein Epochenereignis und seine regionale Verankerung*, Wißner Verlag, Augusta 2005.

A. Krey, *Die Praxis der spätmittelalterlichen Laiengerichtsbarkeit. Gerichts- und Rechtslanschaften des Rhein-Main-Gebietes im 15. Jahrhundert im Vergleich*, Böhlau Verlag, Köln-Weimar-Wien 2015.

S. Landi, *Stampa, censura e opinione pubblica in età moderna*, il Mulino, Bologna 2011.

T. La Rocca, a cura di, *Thomas Müntzer e la rivoluzione dell'uomo comune*, Claudiana, Torino 1990.

B. Lewis, *Le origini della rabbia musulmana. Millecinquecento anni di confronto tra Islam e Occidente*, Mondadori, Milano 2009.

J. Macek, *Der tiroler Bauernkrieg und Michael Gaismair*, Deutscher Verlag der Wissenschaften, Berlino 1965.

C. Martinuzzi, a cura di, *Thomas Müntzer, Scritti, lettere e frammenti*, Claudiana, Torino 2017.

D. von Mayenburg, *Gemeiner Mann und Gemeines Recht. Die Zwölf Artikel und das Recht des ländlichen Raums im Zeitalter des Bauernkriegs*, Vittorio Klostermann, Francoforte 2018.

F. Mathis, *Die Deutsche Wirtschaft im 16. Jahrhundert*, Oldenbourg Verlag, Monaco 1992.

J. Maurer, *Prediger im Bauernkrieg*, Calwer Verlag, Stoccarda 1979.

M. Mehlhorn, *Das Wirken Thomas Müntzers in Zwickau (1520-1521) und die radikal religiöse Gruppierung de "Zwickauer Propheten"*, Friedrich Schiller Universität, Jena 2009.

M. Miegge, *Martin Lutero (1483-1546). La riforma protestante e la nascita delle società moderne*, Claudiana, Torino 2013.

P. Mishra, *L'età della rabbia. Una storia del presente*, Mondadori, Milano 2018.

J.R. Myking, G. Thoma, T. Iversen, *Bauern zwischen Herrschaft und Genossenschaft/ Peasant relations to Lords and Government*, Tapir Akademisk Forlag, Trondheim 2007.

R. Nisbet, *History of the Idea of Progress*, Basic Books, New York 1980.

D.C. North, J.J. Wallis, B.R. Weingast, *Violenza e ordini sociali. Un'interpretazione della storia*, il Mulino, Bologna 2012.

C. Nubola, A. Würgler, a cura di, *Suppliche e gravamina. Politica, amministrazione, giustizia in Europa (secoli XIV-XVIII)*, il Mulino, Bologna 2002.

L. Occhini, *Rabbia, dalla difesa all'ostilità*, Franco Angeli, Milano 2018.

D. Otten, *Die deutsche Revolution von 1848/49 als "Kommunikationsrevolution"*, GRIN Verlag, Monaco 2010.

C. Pavone, *Gli uomini e la Storia, partecipazione e disinteresse nella storia d'Italia*, a cura di D. Bidussa, Bollati Boringhieri, Torino 2020.

G. Politi, *Gli statuti impossibili, La rivoluzione tirolese del 1525 e il «programma» di Michael Gaismair*, Einaudi, Torino 1995.

–, *Una rivolta di confine: il principato nei conflitti del 1525*, in M. Bellabarba e G. Olmi, a cura di, *Storia del Trentino*, vol. IV, *L'età Moderna*, il Mulino, Bologna 2002.

P. Prodi, W. Reinhard, a cura di, *Identità collettive tra Medioevo ed Età Moderna, Quaderni di discipline storiche 17*, CLUEB, Bologna 2002.

D. Quaglioni, *La giustizia nel medioevo e nella prima età moderna*, il Mulino, Bologna 2004.

J. Rabasa, M. Sato, E. Tortarolo, D. Woolf, a cura di, *The Oxford History of Historical Writing*, Oxford University Press, Oxford 2012, vol. 3.

C.M. Radding, *Le origini della giurisprudenza medievale, una storia culturale*, Viella, Roma 2013.

V. Reinhardt, *Lutero l'eretico. La riforma protestante vista da Roma*, Marsilio, Venezia 2017.

U. Robert, *I segni d'infamia nel Medioevo*, a cura di S. Arcuti, Rubbettino, Soveria Mannelli 2000 (prima ed. 1885).

T. Robisheaux, *Rural society and the search for order in early modern Germany*, Cambridge University Press, Cambridge 2002.

H. Roodenburg, *Social control in Europe: 1500-1800*, Ohio State University Press, Columbus 2004, voll. 1-2.

W. Rösener, *I contadini nel Medioevo*, Laterza, Roma-Bari 1987.

–, *Agrarwirtschaft, Agrarverfassung und ländliche Gesellschaft im Mittelalter*, Oldenbourg Verlag, Monaco 1992.

B.H. Rosenwein, *Anger, the conflicted History of an Emotion*, Yale University Press, Londra 2020.

J.R. Ruff, *Violence in Early Modern Europe 1500-1800*, Cambridge University Press, Cambridge 2001.

R. Rusconi, *Predicazione e predicatori in Italia nel medioevo e in età moderna*, Viella, Roma 2023.

J. Sarnowsky, *Bildung und Wissenschaft im Mittelalter*, V&R press, Gottinga 2022.

G.F. Sartorius, *Versuch einer Geschichte des deutschen Bauernkrieges oder der Empörung in Deutschland zu Anfang des sechszehnten Jahrhunderts*, Berlino 1795.

D. Sassoon, a cura di, *Eric Hobsbawm, nazionalismo, lezioni per il XXI secolo*, BUR, Milano 2021.

H. Schilling, *Early modern European civilization and its political and cultural dynamism*, Brandeis University Press, Londra 2008.

M. Schilling, *Bildpublizistik der frühen Neuzeit. Aufgaben un Leistungen des illustrierten Flugblatts in Deutschland bis um 1700*, Max Niemeyer Verlag, Tubinga 1990.

A. Schindling, R. Kretzschmar, S. Hirbodlan, *"Armer Konrad" und Tübinger Vertrag im interregionalen Vergleich. Fürst, Funktionseliten und "Gemeiner Mann", am Beginn der Neuzeit*, Kohlhammer Verlag, Stoccarda 2016.

A. Seidler, I. Monok, *Reformation und Bücher. Zentren der Ideen – Zentren der Buchproduktion*, Harrassowitz Verlag, Wiesbaden 2020.

T. Shanin, *Peasants and Peasant Societies*, Basil Blackwell, Oxford 1987.

M.M. Smirin, *Die Volksreformation des Thomas Münzer und der große Bauernkrieg*, Berlino Est 1952.

G.P. Sreenivasan, *The Peasants of Ottobeuren, 1487-1726. A rural society in Early Modern Europe*, Cambridge University Press, Cambridge 2004.

M. Steinmetz, *Thomas Müntzer Weg nach Allstedt. Eine Studie zu seiner Frühentwicklung*, Deutscher Verlag der Wissenschaften, Berlino 1985.

A. Stella, *Il Bauernführer Michael Gaismair e l'utopia di un repubblicanesimo popolare*, il Mulino, Bologna 1999.

G. Tarde, *L'opinione e la folla*, La Città del Sole, Napoli 2005 (prima ed. 1901).

K. Te Heesen, *Das Illustrierte Flugblatt als Wissensmedium der Frühen Neuzeit*, Budrich Unipress, Leverkusen 2011.

J.V. Tolan, *Il Santo dal sultano. L'incontro di Francesco d'Assisi e l'Islam*, Laterza, Roma-Bari 2009.

G. Vogler, *Thomas Müntzer in einer Bildergeschicht. Eine kulturhistorische Dokumentation*, Gütersloher Verlagshaus, Gütersloh 2010.

W.E. Wagner, a cura di, *Entscheidungsfindung in spätmittelalterichen Gemeinschaften*,- Vandenhoek & Ruprecht, Gottinga 2021.

P. Warde, *Ecology, Economy and State Formation in early modern Germany*, Cambridge University Press, Cambridge 2006.

J.R. Westphal, *Die Darstellung von Unrecht in Flugblättern der Frühen Neuzeit*, Forum Verlag Godesberg, Mönchengladbach 2008.

Wittmann, *Geschichte des deutschen Buchhandels*, C.H. Beck Verlag, Monaco 2019.

B. Woodward, *Rage*, Simon & Schuster, New York 2020.

W. Zimmermann, *Der deutsche Bauernkrieg*, Das Bergland-Buch Verlag, Graz-Vienna-Lipsia-Berlino 1933 (prima ed. 1841-1843).

Parte seconda. Cinque secoli di racconto su carta

AA.VV., *Languages in the Lutheran Reformation, Textual Networks and the Spread of Ideas*, Amsterdam Univrsity Press, Amsterdam 2019.

M. Albeltaro, *29 luglio 1900*, Laterza, Roma-Bari 2019.

P. Allotti, *La libertà di stampa. Dal XVI secolo a oggi*, il Mulino, Bologna 2020.

G. Antonelli, *Storia della punteggiatura in Europa*, Laterza, Roma-Bari 2008.

C. Azzara, A.M. Rapetti, *La Chiesa nel Medioevo*, il Mulino, Bologna 2009.

R.H. Bainton, *Martin Lutero*, Einaudi, Torino 2022.

O. Bergamini, *La democrazia della stampa. Storia del giornalismo*, Laterza, Roma-Bari 2013.

P. Biscaretti di Ruffia, *Le Costituzioni di dieci Stati di "democrazia stabilizzata"*, Giuffrè, Milano 1994.

C.F. Black, *Storia dell'Inquisizione in Italia. Tribunali, eretici, censura*, Carocci, Roma 2018.

R. Bodei, *Geometria delle passioni. Paura, speranza, felicità: filosofia e uso politico*, Feltrinelli, Milano 2003 (prima ed. 1991).

A. Briggs, P. Burke, *Storia sociale dei media. Da Gutenberg a Internet*, il Mulino, Bologna 2002.

N. Brownlees, *The Language of Periodical News in Seventeenth-Century England*, Cambridge Scholars Publishing, Cambridge 2011.

H. Burstin, *Rivoluzionari. Antropologia politica della Rivoluzione francese*, Laterza, Roma-Bari 2016.

E. Canone, *Bibliothecae Selectae. Da Cusano a Leopardi*, Casa Editrice Olschki, Firenze 1993.

G. Cavallo, R. Chartier, a cura di, *Storia della lettura nel mondo occidentale*, Laterza, Roma-Bari 1995.

J.R. Censer, *Prelude to Power. The Parisian Radical Press (1789-1791)*, Johns Hopkins University Press, Baltimora 2019 (prima ed. 1976).

J. Chapman, *Comparative Media History. An Introduction: 1789 to the Present*, Polity Press, Cambridge 2005.

A. Chisholm, C.M. DiGrazia, D. Yost, *The News from Whitechapel. Jack the Ripper in The Daily Telegraph*, McFarland, Jefferson 2009.

F. Colombo, *Il paese leggero. Gli italiani e i media tra contestazione e riflusso (1967-1994)*, Laterza, Roma-Bari 2012.

S.A. Conca Messina, *Profitti del potere. Stato ed economia nell'Europa moderna*, Laterza, Roma-Bari 2016.

G. Corni, *Guglielmo II*, Salerno editore, Roma 2022.

M.L. Daniel, *Scandal and Civility. Journalism and the Birth of American Democracy*, Oxford University Press, Oxford 2009.

P. Delpiano, *La censura nel secolo dei lumi. Una visione internazionale*, UTET, Milano 2011.

R.A. Doro, *In Onda. L'Italia dalle radio libere ai network nazionali*, Viella editore, Roma 2017.

U. Eco, *Il superuomo di massa. Retorica e ideologia nel romanzo popolare*, La Nave di Teseo, Milano 2016.

C. Ferlan, *Storia delle missioni cristiane. Dalle origini alla decolonizzazione*, il Mulino, Bologna 2023.

F. Formiga, *L'invenzione perfetta. Storia del libro*, Laterza, Roma-Bari 2021.

G. Fragnito, *La Bibbia al rogo. La censura ecclesiastica e i volgarizzamenti della Scrittura (1471-1605)*, il Mulino, Bologna 2015.

C. Ginzburg, *Il formaggio e i vermi. Il cosmo di un mugnaio del '500*, Adelphi, Milano 2019 (prima ed. 1976).

G. Gozzi, *Storia del giornalismo*, Bruno Mondadori, Milano 2000.

H.J. Graff, *Storia dell'alfabetizzazione occidentale*, il Mulino, Bologna 1989 (3 voll.).
–, *Alfabetismo di massa. Mito, storia, realtà*, Sylvestre e Bonnard, Milano 2002.

P. Greco, *L'idea pericolosa di Galileo. Storia della comunicazione della scienza nel Seicento*, UTET, Milano 2009.

M. Greengrass, *La cristianità in frantumi. Europa 1517-1648*, Laterza, Roma-Bari 2017.

T.E. Hämmerle, *Flugblatt-Propaganda zu Gustav Adolf von Schweden. Eine Auswerunt zeitgenössicher Flugblätter der Königlichen Bibliothek zu Stockholm*, Büchner Verlag, Marburg 2019.

J. Hillgärtner, *News in Times of Conflict. The developement of the German Newspaper (1605-1650)*, Brill, Leida-Boston 2021.

E.J. Hobsbawm, *L'età degli imperi*, Laterza, Roma-Bari 2005 (prima ed. 1987).
–, *Il trionfo della borghesia (1848-1875)*, Laterza, Roma-Bari 2004 (prima ed. 1992).

P.J. Hugill, *Le comunicazioni mondiali dal 1844. Geopolitica e tecnologia*, Feltrinelli, Milano 2005.

M. Infelise, *I libri Proibiti. Da Gutenberg all'Encyclopédie*, Laterza, Roma-Bari 2013.
–, *Gazzetta, storia di una parola*, Marsilio, Venezia 2017.

D.K. Jones, *Exchange Politics. Opposing Obamacare in Battleground States*, Oxford University Press, Oxford 2017.

J.A. Leo Lemay, *The Life of Benjamin Franklin, Journalist (1706-1730)*, University of Pennsylvania Press, Philadelphia 2006.

R. Loretelli, *L'invenzione del romanzo. Dall'oralità alla lettura silenziosa*, Laterza, Roma-Bari 2014.

M. Lyons, *Storia della lettura e della scrittura nel mondo occidentale*, Editrice Bibliografica, Milano 2019.

S. Magherini, *In trincea. Gli scrittori alla Grande Guerra. Atti del Convegno internazionale (Firenze 22-24 ottobre 2015)*, Società Editrice Fiorentina, Firenze 2017.

A. Marzo Magno, *L'inventore dei libri. Aldo Manuzio, Venezia e il suo tempo*, Laterza, Roma-Bari 2020.

Z. McLeod Hutchins, *Community without consent. New perspectives on the Stamp Act*, University Press of New England, Lebanon 2016.

H. Méchoulan, a cura di, *L'État baroque. Regards sur la pensée politique de la France du premier XVII siècle*, Librairie J. Vrin, Parigi 1985.

E.S. Morgan, H.M. Morgan, *The Stamp Act Crisis. Prologue to Revolution*, University of Carolina Press, Chapel Hill 1995 (prima ed. 1953).

D.P. Nord, *Communities of Journalism. A History of American Newspapers and their Readers*, University of Illinois Press, Urbana-Chicago 2001.

J.D. Popkin, *News and Politics in the Age of Revolution. Jean Luzac's Gazette de Leyde*, Cornell University Press, Ithaca 2015 (prima ed. 1989).

R.H. Rainero, *La lettura del soldato. Propaganda e realtà nei Giornali di trincea 1915-1918*, Franco Angeli, Milano 2020.

G. Ricci, *Appello al Turco. I confini infranti del Rinascimento*, Viella Editrice, Roma 2014.

H.M. Salomon, *Public Welfare, Science and Propaganda in 17th-Century France. The Innovations of Theophraste Renaudot*, Princeton University Press, Princeton 2015 (prima ed. 1972).

G. Seal, *The Soldiers Press. Trench Journals in the First World War*, Palgrave, Londra 2013.

S. Shapin, *La rivoluzione scientifica*, Einaudi, Torino 1996.

A. Silvestrini, *Il caso Dreyfus e la nascita dell'intellettuale moderno*, Franco Angeli, Milano 2013.

J.A. Smith, *Printers and Press Freedom. The ideology of the Early American Journalism*, Oxford University Press, Oxford 1988.

C.J. Sommerville, *The News Revolution in England. Cultural Dynamics of Daily Information*, Oxford University Press, Oxford 1996.

T. Tackett, *The coming of the Terror in the French Revolution*, Harvard University Press, Cambridge (MS) 2015.

J.E. Taylor, *Misinformation Nation. Foreign News and the Politics of Truth in Revolutionary America*, John Hopkins University Press, Baltimora 2022.

C. Walton, *Policing Public Opinion in the French Revolution. The culture of Calumny and the Problem of free Speech*, Oxford University Press, Oxford 2009.

A. Warwick, M. Willis, *Jack the Ripper. Media, Culture, History*, Manchester University Press, Manchester 2007.

M. Weber, *L'etica protestante e lo spirito del capitalismo*, BUR, Milano 1991 (prima ed. 1904).

R. Wilcher, *The writing of royalism 1628-1660*, Cambridge University Press, Cambridge 2001.

H. Wolf, *Storia dell'Indice. Il Vaticano e i libri proibiti*, Donzelli, Roma 2006.

Parte terza. L'inizio di una nuova era?

AA.VV., *A big History of Globalization. The emergence of a global World System*, Springer, New York-Berlin 2019.

A. Abruzzese, P. Mancini, *Sociologie della comunicazione*, Laterza, Roma-Bari 2014.

M.C. Alcalde, P.I. Villa, *#MeToo and Beyond. Perspectives on a global Movement*, Kentucky University Press, Lexington 2022.

B. Anderson, *Comunità immaginate. Origini e fortuna dei nazionalismi*, Laterza, Roma-Bari 2020 (prima ed. 1983).

G. Balbi, P. Magaudda, *A history of Digital Media. An intermedia and Global perspective*, Routledge, New York 2018.

B.J. Balleck, *Hate Groups and Extremist Organizations in America. An Encyclopedia*, ABC-Clio, Santa Barbara 2019.

A. Bangura, a cura di, *Black Lives Matter vs All Lives Matter. A multidisciplinary Primer*, Lexington Books, Lanham 2021.

T. Berners-Lee, *L'architettura del nuovo web: dall'inventore della rete il progetto di una comunicazione democratica, interattiva e intercreativa*, Feltrinelli, Milano 2001.

W. Benz, *I protocolli dei savi di Sion. La leggenda del complotto mondiale ebraico*, a cura di A. Gilardoni e V. Pisanty, Mimesis, Sesto San Giovanni 2009.

N.E. Brown, Ray Block jr, C.T. Stout, *The Politics of protest. Readings on the Black Lives Matter movement*, Routledge, New York 2021.

R. Calimani, *Storia del pregiudizio contro gli ebrei*, Mondadori, Milano 2010.

A.B. Campbell, *We are Proud Boys. How a Right-Wing Street Gang ushered in a New Era of American Extremism*, Hachette Books, New York 2022.

M. Campbel-Kelly, W.F. Aspray, J.R. Yost, H. Tinn, G. Con Diaz, *Computer. A history of the Information Machine*, Routledge, New York 2023.

D. Casalegno, *Uomini e Computer. Storia delle macchine che hanno cambiato il mondo*, Hoepli, Milano 2010.

M. Castells, *Reti di indignazione e speranza. Movimenti sociali nell'era di Internet*, Università Bocconi Editore, Milano 2015.

F. Chabod, *Storia dell'idea di Europa*, Laterza, Roma-Bari 2001 (prima ed. 1961).

S.E. Chinn, *Technology and the logic of American racism. A cultural history of the body as evidence*, Continuum, Londra 2000.

C.M. Cipolla, *Vele e cannoni*, il Mulino, Bologna 2011.

Z. Ciuffoletti, E. Tabasso, *Breve storia sociale della comunicazione. Da Gutenberg alla Rete*, Carocci, Roma 2005.

P.M. Cohen, *Silent film & the Triumph of the American Mith*, Oxford University Press, Oxford 2001.

P. Cossarini, F. Vallespin, *Populism and Passions. Democratic Legitimacy after Austerity*, Routledge, New York 2019.

F. Dahrendorf, *Quadrare il cerchio. Benessere economico, coesione sociale e libertà politica*, Laterza, Roma-Bari 1997.

P. Delpiano, *La schiavitù in età moderna*, Laterza, Roma-Bari 2021.

M. De Carli, *Internet, memoria e oblio*, Bollati Boringhieri, Torino 1997.

M. Del Pero, *Era Obama. Dalla speranza del cambiamento all'elezione di Trump*, Feltrinelli, Milano 2017.

J. Diamond, *Armi, acciaio, malattie. Breve storia del mondo negli ultimi diecimila anni*, Einaudi, Torino 2013 (prima ed. 1997).

N. Di Nardo, A.M. Zocchi, *Internet. Storia, tecnica, sociologia*, UTET, Torino 1999.

K. Driscoll, *The modern World. A Prehistory of social media*, Yale University Press, New Haven 2022.

F. Faloppa, *#Odio. Manuale di resistenza alla violenza delle parole*, UTET, Milano 2020.

N. Ferguson, *Occidente. Ascesa e crisi di una civiltà*, Mondadori, Milano 2012.

G.F. Ferrari, a cura di, *The American presidency under Trump. The first two Years*, Eleven, The Hague 2020.

A. Ferrer, *Freedom's Mirror. Cuba and Haiti in the Age of Revolution*, Cambridge University Press, Cambridge 2014.

F. Filippi, *Guida semiseria per aspiranti storici social*, Bollati Boringhieri, Torino 2022.

M. Fink, *The Simpsons, a cultural History*, Rowman & Littlefield, Lanham 2019.

L. Floridi, a cura di, *Onlife Manifesto. Being Human in a Hyperconnected Era*, Springer, Londra-Berlino 2014.

C. Fojas, *Zombies, Migrants and Queers. Race and Crisis capitalism in pop culture*, University of Illinois Press, Chicago 2017.

E. Foner, *Storia della libertà americana*, Donzelli, Roma 2009.

M. Foucault, *Sorvegliare e punire. Nascita della prigione*, Einaudi, Torino 1993 (prima ed. 1975).

J.J. Foy, T.M. Dale, *Homer Simpson ponders Politics. Popular culture as Political Theory*, University Press of Kentucky, Lexington 2013.

E. Frantz Parsons, *Ku Klux. The birth of the Klan during Reconstruction*, University of North Carolina Press, Chapel Hill 2015.

B. Gainot, *La rivoluzione degli schiavi, Haiti 1763-1803*, Mimesis, Milano 2023.

H.A. Giroux, *Insurrections. Education in an Age of Counter-Revolurionary Politics*, Bloomsbury, Londra 2023.

J. Griffiths, *The Great Firewall of China. How to build and control an alternative version of the Internet*, Zed Books, Londra 2021.

J. Harsin, a cura di, *Re-thinking mediations of post-truth politics and trust. Globality, culture, affect*, Routledge, New York 2024.

M.A. Henry, M. Henry, *The Simpsons, satire, and American Culture*, Palgrave, Londra 2012.

W. Herberg, *Protestant, Catholic, Jew. An Essay in American Religious Sociology*, Doubleday, New York 2012 (prima ed. 1955).

E.J. Hobsbawm, *L'età degli imperi (1815-1914)*, Mondadori, Milano 1996 (prima ed. 1987).

J. Holland, *Fictional Television and American Politics. From 9/11 to Donald Trump*, Manchester University Press, Manchester 2019.

S. Hübers, *Political and Social Satire in the Simpsons*, GRIN Verlag, Monaco 2009.

A. Jardina, *White identity politics*, Cambridge University Press, Cambridge 2019.

S. Jackson, *Oath Keepers. Patriotism and the Edge of Violence in a Right-wing Antigovernment group*, Columbia University Press, New York 2020.

F. Jesi, *L'accusa del sangue. Mitologie dell'antisemitismo*, Morcelliana Editore, Brescia 1993.

E. Kurlander, *I mostri di Hitler. La storia soprannaturale del Terzo Reich*, Mondadori, Milano 2023.

J. Le Goff, *La civiltà dell'Occidente medievale*, Einaudi, Torino 1999.

M. Maggioni, A. Colombo, P. Magri, a cura di, *Twitter and Jihad: the Communication Strategy of ISIS*, ISPI, Milano 2017.

M. Marziali, *I Simpson e la tradizione culturale americana*, Prospettiva Editrice, Siena 2003.

M. McLuhan, *La galassia Gutenberg. La nascita dell'uomo tipografico*, Armando Editore, Roma 2011.

–, *Gli strumenti per comunicare*, il Saggiatore, Milano 2023 (prima ed. 1964).

B. Merchant, *The One Device. The Secret History of the iPhone*, Little Brown, Boston 2018.

M. Mezza, *Obama.net: new media, new politics? Politica e comunicazione al tempo del networking*, Morlacchi, Perugia 2009.

M. Morini, *Lessons from Trump's Political Communication. How to dominate the Media Environment*, Palgrave McMillan, Londra 2020.

K. Mossberger, C.J. Tolbert, R.S. McNeal, *Digital Citizenship. The Internet society and participation*, MIT Press, Cambridge 2007.

G.L. Mosse, *Le origini culturali del Terzo Reich*, il Saggiatore, Milano 2015 (prima ed. 1991).

S. Natale, *Macchine ingannevoli. Comunicazione, tecnologia, intelligenza artificiale*, Einaudi, Torino 2022.

W. Ng, *Japanese American internment during World War II*, Greenwood, Westport 2002.

P. Norris, R. Inglehart, *Cultural Backlash. Trump, Brexit and autoritharian populism*, Cambridge University Press, Cambridge 2019.

A.M. Orecchia, D.G. Preatoni, *Bufale, fake news, rumors e post-verità. Discipline a confronto*, Mimesis, Sesto San Giovanni 2022.

G. O'Regan, *A brief History of Computing*, Springer, Londra 2008.

Y. Ouyang, R.W. Waterman, *Trump, Twitter, and the American democracy. Political Communication in the Digital Age*, Palgrave McMillan, Londra 2020.

J. Parikka, *Archeologia dei media. Nuove prospettive per la storia e la teoria della comunicazione*, Carocci, Roma 2019.

M. Peña, *American Mythologies. Semiological Sketches*, Routledge, Londra 2016.

I. Piazzoni, *Storia delle televisioni in Italia. Dagli esordi alle web* TV, Carocci, Roma 2014.

J.D. Piquet, *L'émacipation des Noirs dans la Révolution française*, Karthala, Parigi 2002.

J.D. Popkin, *Haiti. Storia di una rivoluzione*, Einaudi, Torino 2020.

K. Popper, *La società aperta e i suoi nemici*, Armando Editore, Roma 2002 (prima ed. 1945).

B. Rae, *Exporting Democracy. The Risks and Rewards of Pursuing a Good Idea*, Mclelland & Stewart, Toronto 2012.

M.E. Roberts, *Censored. Distraction and diversion inside China's great Firewall*, Princeton University Press, Princeton 2018.

J.J. Rousseau, *Il contratto sociale*, Mondadori, Milano 2015 (prima ed. 1762).

C. Seemiller, M. Grace, *Generation Z. A Century in the Making*, Routledge, New York 2019.

J. Schradie, *The Revolution that wasn't. How digital Activism Favors Conservatives*, Harvard University Press, Cambridge 2019.

S. Shi, *China and the Internet. Using New Media for Development and Social Change*, Rutgers University Press, New Brunswick 2023.

O. Spengler, *Il tramonto dell'Occidente*, Longanesi, Milano 2015 (prima ed. 1918).

M. Teodori, *Ossessioni americane. Storia del lato oscuro degli Stati Uniti*, Marsilio, Venezia 2017.

T. Tierney, *The public space of social media: connected cultures of the network society*, Routledge, New York 2013.

K. Unkelbach, *The Historical Developement of the Terms "Colored", "Negro", "Black", and "African-American"*, GRIN Verlag, Monaco 2013.

T. Vagni, *Abitare la TV. Teorie, immaginari, reality show*, Franco Angeli, Milano 2017.

R.M. Valeri, K. Borgeson, *Terrorism in America*, Routledge, New York 2018.

S. Willis, *The Poitier Effect. Racial Melodrama and Fantasies of Reconciliation*, University of Minnesota Press, Minneapolis 2015.

B. Woodward, R. Costa, *Pericolo*, Solferino, Milano 2022.

Wu Ming 1, *La Q di Qomplotto. QAnon e dintorni, come le fantasie di complotto difendono il sistema*, Alegre, Roma 2021.

R.J. Young, *Mitologie bianche. La scrittura della storia e l'Occidente*, Meltemi, Sesto San Giovanni 2007.

Yu Hong, E. Harwit, *China's globalizing Internet. History, power and governance*, Routledge, New York 2023.

AT THEM WITH THE BAYONET!

By the same author

WAR GAMES
TACKLE MODEL SOLDIERS THIS WAY
NAVAL WAR GAMES
AIR WAR GAMES
ALL FOR A SHILLING A DAY
THE BOWMEN OF ENGLAND

Donald Featherstone

AT THEM WITH THE BAYONET!

THE FIRST SIKH WAR

JARROLDS : LONDON

JARROLDS PUBLISHERS (LONDON) LTD
178–202 Great Portland Street, London W1

AN IMPRINT OF THE HUTCHINSON GROUP

London Melbourne Sydney
Auckland Bombay Toronto
Johannesburg New York

★

First published 1968

This book has been set in Baskerville, printed in Great Britain on Antique Wove paper by Anchor Press, and bound by Wm. Brendon, both of Tiptree, Essex

09 086250 3

Contents

Illustrations

Between pages 86 and 87

MAPS IN THE TEXT

'Thank God! Then I'll be at them with the bayonet!'

Sir Hugh Gough

Author's Introduction

Traditionally the British public have invariably received, with astonishment and indignation, the heavy losses incurred in defeating well-armed enemies who are game to fight until they can fight no longer. In Queen Victoria's days, when a red coated British Army, with colours flying and bands playing, marched off to the other side of the world to take on a native kingdom, no one expected any other result than the complete rout of the natives, who were not expected to possess the same high qualities that bring success to white troops. When the news of the heavy casualties of the First Sikh War percolated through from the Punjab in 1846, the Duke of Wellington and Sir Robert Peel were obliged to defend Sir Hugh Gough, the Commander-in-Chief, in outraged Houses of Parliament. Gough's so-called 'Tipperary Tactics' were still being bitterly discussed in 1903 when his biographer threw light on hitherto unexplained circumstances.

The Sikh War was the last war in which British troops fought in the formations used against Napoleon thirty years earlier, commanded by elderly generals who learned their trade under the Duke of Wellington. There have been bigger battles and wars with heavier losses but few have been fought with greater bravery than that shown by the British soldiers in the Punjab. Gough's army was two-thirds composed of native troops backed by a few English county regiments; consistently outnumbered and outgunned, they won four pitched battles in two months in shattering the most war-like race in India, trained in European methods by mercenary ex-officers of Napoleon's Grande Armée and equipped with the heaviest artillery of the day. Whether a soldier dies from a machine-gun bullet, a shell fragment, a nuclear explosion, or a spear, he is giving the most precious possession he has to lose, and, at any period of history, the loss of a life represents the same supreme sacrifice.

The Sikh Army fought valiantly and stubbornly in spite of poor generalship from commanders who, for political reasons, did not want to win the war and who were constantly in touch with the British commanders to assure them of that fact!

Referring to the slaughter of the Sikh army at Sobraon, the British Commander-in-Chief, Sir Hugh Gough, wrote: 'Policy prevented me publicly recording my sentiments of the splendid gallantry of a fallen foe, and I declare, were it not for a conviction that my country's good required the sacrifice, I could have wept to witness the fearful slaughter of so devoted a body.'

Speaking of the bitter fighting, General Sir Henry Havelock, later to be the hero of Lucknow, said: 'I entered upon this campaign fancying myself something of a soldier. I have now learnt that I know nothing. Well! I am not even yet too old to learn.'

A British defeat at Ferozeshah in December 1845 would almost certainly have sacrificed everything won by Clive, Warren Hastings, Wellesley, Lake and others, besides aborting the colourful and prosperous British India of Victorian and twentieth-century days. It was a battle that prompted the Governor-General of India, Sir Henry Hardinge, to say at the time: 'Another such action will shake the Empire.'

Aliwal, the penultimate battle of the war, was considered to have been so brilliant in its conception and execution that British Army historian Sir John Fortescue called it '. . . the battle without a mistake'.

More than anything else, this is the story of the scorned, uneducated and uncouth soldiers of Victoria's Army, who, in heavy scarlet tunics, defeated a martial race under the most arduous tropical conditions. Their courage, conduct and naivety should serve today as examples of dedication, devotion to duty and patriotism, when that last word is almost an obscenity.

D.F.

I

The Rise of the Khalsa

All able-bodied European males can be trained to become soldiers of varying qualities. In India, and the East generally, all men do not have the courage and bearing to be turned into soldiers and, traditionally, specific tribes and classes only bear arms. In Central and Northern India, the Sikhs of the Punjab are the predominant warrior-race, whilst the land-owner, the farmer and the peasant also can be trained in a military manner.

The word 'Punjab' means 'Land of the Five Waters'; it is the name given to a richly irrigated region of India which lies in the great triangle formed by the river Indus and its tributaries. Here the winding Indus shapes two sides of the triangle as it flows in a vast bend. The base of the triangle is formed in the south by the river Sutlej—a waterway which has a major role to play in this narrative. The triangular Punjab territory is picturesquely bordered in its north-eastern corner by the mountains of Kashmir, in the north-west it extends across the Indus into the mountains that divide India from Afghanistan.

Forming natural boundaries for the separate provinces of the Punjab are a series of five rivers which sub-divide the triangle—reading from the north they are: the Jhelum, the Chenab, the Ravi, the Beas, and the Sutlej.

Likened to a series of 'beggar's mantles fringed with gold', the land areas lying between these rivers are called 'Doabs'. Here, from the beds of rich alluvial soil near the river channels, the peasant reaps his twice-yearly harvest of maize and sugar-cane or of cotton and indigo. The camel and the buffalo search for a grazing ground or the goatherd ekes out a scanty livelihood in the wastes of grass, thornbush and tamarisk which form the interior. Nor was it hospitable country for the British and Indian soldiers who fought the First Sikh War near the junction of the rivers Beas and Sutlej.

Racially the Punjab has no single definite description. It is inhabited by both Iranic-speaking Pathans or Afghans and by people of Aryan ancestry, known as Jats and Rajputs. The general religious division is of the ordinary Indian type, Hindu and Moslem; the Pathan population are followers of the Prophet, while the Jats and Rajputs are mainly Hindu.

It is not correct to speak of the Sikhs as a race. Properly speaking, they are a numerous religious cult which, starting as a persecuted set of reformers, became a powerful sect embracing many of the Hindu tribes and races of the Punjab. Stimulated by repression and persecution—just as were the Lutherans and Protestants in Europe—the sect grew and flourished. Their tenth Guru or spiritual leader was Govind, who transformed the religious and peaceful brotherhood into a powerful military sect known as the Khalsa, or 'Saved Ones'. Soon they became the champions of the Hindus against the Moslems.

Govind preached the faith of the Khalsa, the pure, the elect and the liberated; openly he attacked all distinction of caste, and proclaiming all who joined him to be equal. From him came the outward signs of their faith, the unshorn hair, the short drawers, and the blue dress. The military nature of their calling was marked by adding the affix SINGH or Lion to the generic title of Sikh or disciple. They wore weapons and were initiated by sprinkling water over a two-edged dagger. Their abstinence from the unclean tobacco gave them a personal feeling of superiority. Govind Singh demanded brave deeds and zealous devotion to the cause as the proof of faith until religious fervour was entirely eclipsed by military zeal. Not for the first time in history, a religion became a political power. Embracing all races, classes, and grades of society, an Indian nation arose.

Perhaps the greatest of all Sikh leaders, Ranjit Singh was born in 1780 and at the age of twelve found himself the ruler of large territories. Because of his age, his mother governed his kingdom but did so in an oppressive and unpopular fashion, a fact which weighed so heavily upon the young man that at seventeen he murdered her and took over his property. In the confusion that followed, Ranjit Singh hacked his way to power as he began to found the warrior nation that did not tumble until the Sikh Wars, some nine years after his death.

In 1800 Ranjit Singh threw off the Afghan yoke that made

the Punjab a virtual dependency of the strong Afghan state. By cunning and common sense, by battle and by bribery, his ambitions being well seasoned with sagacity, he fought his way to full independence. Finally, his last rival was overcome, and the loose confederacy welded into a single army. He found the military array of his country a mass of brave horsemen, ignorant of the art of modern war; he left them able to muster 50,000 disciplined soldiers, plus an equal number of well-armed yeomanry and militia, with ample artillery. Before Ranjit Singh had reorganised the Khalsa, the vast bulk of the Sikhs had been horsemen; infantry and artillery were scorned. The Sikhs have been called a nation of horsemen, but it would be more true to say that they were a nation of men who rode horses. They had firm seats, and could sit their horses up and down hill in the roughest country. They had peaked-up saddles, short stirrups, and sharp bits, which checked a horse's speed and spoilt its temper. The riders were said to have had no freedom of action and to be unable to stand up in their stirrups to deliver a downright blow, and each man would go off at a bat as fast as his horse could go. Skirmishes and outpost work came naturally to them, but in all the major encounters of the Sikh Wars they were easily beaten by British cavalry.

Ranjit Singh was not a great conqueror in the accepted sense of the term; he did not assemble a great Empire nor did he believe that his system would leave behind a dynasty to continue his work. By means of practical measures he met the challenge of his times, realising that the days of armies surging over distant frontiers and returning laden with booty were over in India. He was a master of the art of sabre-rattling, many of his greatest successes being attained by threats and displays of force. The fears so aroused disposed of the need for diplomacy and skilful statemanship, their place being taken by bullying and menacing gestures.

Military measures only took place when these alternatives had been tried and had failed. To Western eyes, Ranjit Singh was a typical Eastern potentate—mercenary, treacherous and unscrupulous, lustful, shrewd and devious. To these qualities he added hard-riding courage, political astuteness and relentless tenacity, all backed by a fantastic capacity for drink. His banquets were Roman in their scale and invariably ended in drunken orgies with nautch-girls playing a prominent part. Like most Sikhs, Ranjit Singh could drink to excess, possessing a constitution that enabled him to sleep off the effects of a prolonged debauch. It is said that his favourite potion was prepared for him by the same man who mixed his gunpowder [1](Hungarian Dr. Martin Honigberger) and was a mixture of raw corn-spirit, opium mush and the juices of raw meats. Europeans who tried to drink the mixture at Ranjit's urging were reported to have burnt their lips.

Supreme throughout the Punjab before he was forty, Ranjit had transformed a quarrelling sect of half a million into the strongest and best trained nation India had ever known. It was said that membership of this assembly, citizenship of the Khalsa, brought with it such privileges as exemption from taxes and '. . . freedom to oppress and liberty to live like a brigand.' Having no system of taxation, there were no projects such as new roads, bridges or canals—about the only work of public utility constructed by Ranjit Singh were his forts. There was no system of government, no law-courts, schools or prisons—the rich were fined and the poor had a limb lopped off. Self-seeking to a degree, Ranjit took every opportunity to extract riches from Sikh and Moslem alike until his secret treasury was crammed from floor to ceiling with riches. He shut his eye to the misappropriations of those around him but had the last word when they died by plundering their families.

Uncharacteristically for a Sikh, Ranjit Singh had a passion for horses, seeking far and wide for new and notable mounts. When he heard of such an animal he would use every means at his disposal to obtain it and was even capable of going to war to obtain possession of a coveted animal refused him by a neighbour.

This almost legendary figure was a man of small stature with a dark-brown complexion; his face was pox-pitted and he lost his left eye through smallpox when a child. He had a broad and massive forehead and wore a long grey beard. He was [2] 'exactly like a mouse with grey whiskers and one eye . . .' This single eye could be very expressive and with it he pointed his witticisms. He could be very amusing and was a man with unlimited curiosity, so questioning his European visitors on diverse and unrelated subjects that they doubted his sanity.

Wisely softening his diplomatic blows by likening them to 'Gentlemen's Agreements' he was usually successful, but when diplomacy became awkward or boring he had the habit of retiring to debauchery. Here, surrounded by beautiful Kashmir maidens, he indulged himself until an ailment which he called his 'weak digestion' caused him to noisily lament the enforced loss of his 'innocent amusements'. He began to toy with less usual forms of pleasure and the effeminate son of his Prime Minister became an influential favourite.

For years, Ranjit's iron constitution had enabled him to shrug off prolonged and arduous physical activities coupled with palace carousing. But at the age of fifty he had a paralytic seizure, a stroke which affected his right side and deprived him of the power of speech. For months he lay in depressed idleness until he felt fit enough to try to return to his former life, only to find that his toping days were over. Apart from their undoubted decorative role, his nautch-girls were now of little use to Ranjit until he thought of the new amusement of mounting them on fiery horses and making them gallop. Although only middle-aged, suddenly he seemed to become very old; his beard turned white and the wiry, dynamic frame became frail and tottery, so that he was unable to walk without support. He refused to give up riding, summoning up all his reserves of energy to sit like an old centaur on a noble horse which he had only mounted by stepping on the neck of a kneeling attendant who would rise until his master could slowly and laboriously transfer himself to the back of the waiting horse. Unable to speak, he lost none of his power and could still terrify and cower those around him by gestures and guttural grunts.

In the beginning, Ranjit Singh had realised that to achieve his burning ambition of building a large and powerful Sikh nation he would have to defeat the rulers of Afghanistan after he had eliminated intervening Mohammedan neighbours. Such measures might well bring him into conflict with the British, who were steadily expanding their possessions westwards. More than anything else, he wanted to avoid this confrontation from becoming a strength of arms; he realised that to measure strength with the British was the quickest way of toppling his empire. Knowing that the power of the East India Company was growing—their steady march was to be heard all along his borders—he tacitly accepted the knowledge of his limitations and made friends with his white neighbours by concluding an alliance of 'perpetual friendship' with the Company.

Ranjit Singh, like all great men, learned from the mistakes of others. Early in the nineteenth century, he had seen the armies of Holkar, a Mahratta chief, surprisingly beaten by the Company's armies under Lake. Knowing of the expense and trouble to which Holkar had gone to Europeanise his army and conscious that they were better troops than his own at that time, Ranjit wondered why they had fled before the soldiers of the Company. Legend has it that he went to see for himself what these Europeans had given the native sepoys that made them fight so well, going in disguise to Lake's camp where he watched the soldiers on parade. It was said that he had a secret talk with Lake himself, who convinced the Sikh leader that his armies were stronger than both Holkar and he combined.

Knowing that it was the nature of his people to fight—they had fought each other and their Mogul neighbours for centuries—he sought about him for a means of harnessing this natural militancy to modern European methods of tactics and discipline. The cornerstone of his policy had to be his army, and that army must be strong and united in the only way possible—along European lines. Ranjit carefully and discriminatingly went about securing this end, first by publicising the high pay that deserters from the Company's army would receive if they came over to him and trained his forces. He needed professionals, experts in teaching the use of artillery and masses of well-trained and disciplined infantry—the foundations of British military supremacy in India. In 1811, he ordered a drive for [3] '. . . well built and good looking young men . . . as many as possible soon to be enlisted . . .'

Attracted by the high pay and probably willing to assist anyone who stood up to the British, many European soldiers of fortune joined his ranks in addition to the Hindu, Moslem and Eurasian deserters from the Company's army. Looking over the Indian soldiers who had come to him, Ranjit was baffled as to how they could so consistently triumph, with their inferior equipment, over Indian armies. Seeking the answer, he sent groups of young Punjabis across the border to enlist in the Company's army so that they could learn all the British had to teach and then desert, bringing back their knowledge. Early in the nineteenth century, many of the ex-soldiers of the beaten and broken Mahratta and other native armies came to him and soon the new Sikh army consisted of many classes and sects. There were Sikhs, Rajputs, Brahmins, Khatris, Gurkhas, Hindustani Hindus, Muslems (Purbias),

Punjabi Muslims, Afghans. Apparently the only group barred were the Kashmiris— "... on account of their almost proverbial timidity ...'

Suddenly, understanding came to Ranjit Singh when he had a platoon of deserters parade before him and, for the first time, he witnessed soldiers marching in step and quickly forming into battle-formations on simple words of command. Specialists such as gunners, officers and instructors were obtained and held responsible for the training of their troops, being punished if they were below standard but lavishly rewarded for proficiency. Training was intensified and new, higher standards of discipline and general military efficiency were set.

The Sikhs were not the easiest of people to turn into disciplined soldiers; considering that fighting on foot was undignified every man wanted to be a Ghorchurra, one of the elite irregular cavalry. Considering that the Hindu sepoys moved and drilled like puppets, they could not bring themselves to acknowledge that they could learn anything about warfare from them and marching in step made them feel foolish! Ranjit Singh handled these objections with patience; he was fascinated by the manœuvres and gyrations of his new army and took every opportunity of watching their training, rewarding on the spot those soldiers and instructors who pleased him.

Soon, the army was a most efficient fighting machine, probably the best that had ever been at the command of an Indian potentate. Ranjit had it paraded before all important visitors and begged for their candid opinion, asking them innumerable questions about European methods of warfare, his particular favourite being the Napoleonic Wars. In 1803, after about nine months of vigorous training, he felt that his new army was ready for its baptism of fire, they had shown up well in celebrations and mock-battles but that was not enough. Ranjit revived a few old feuds to give him an excuse for embarking upon a short and testing campaign. The results proved beyond any shadow of doubt that his methods were beginning to pay off and that he had been right to insist on the European methods of training. During these battles, he awarded grants of land and pensions to those who performed acts of bravery.

The first European to enter Ranjit's service was an Englishman named Price; he had deserted from Ochterlony and joined up at Lahore in 1809. Then followed a steady stream of them; many were the illegitimate sons of Englishmen, some famous, by native mothers. These mercenary soldiers were sometimes more trouble than they were worth, being mostly adventurers and soldiers of fortune on whom little reliance could be placed. Some had little military knowledge and only their European faces served as a recommendation. Not wishing to lose British goodwill, Ranjit invariably consulted them before engaging a European. Although the British did not look very favourably upon Europeans in the courts of the native Princes, it is probable that some of these men were planted on the Sikh ruler to keep the British informed of his military movements.

It was not until the early part of 1822 that the 'feringhees' really became worthwhile. At Lahore, two white men requested an audience with the Old Lion; they explained that they were soldiers and that they had travelled through Constantinople, Baghdad, Persia, Kandahar, Kabul, Peshawar and Attock to come to see him. Casually, they mentioned that they had been Colonels in Napoleon's army. After closely questioning them, Ranjit tried to persuade them to drill one of his regular infantry battalions, seeking to test their military knowledge. They refused, but offered to train, free of charge, a battalion of his recruits. During the next few weeks, they proved to Ranjit's satisfaction that they had indeed been officers in Napoleon's army. Terms were agreed, and Jean François Allard became responsible for training the cavalry, whilst Jean Baptiste Ventura raised and trained battalions of infantry.

Preserved in the Punjab Government Records Office at Patalia is a beautifully illustrated Persian manuscript—the Zafarnamah. It is a translation of a French pamphlet brought from Europe by Allard and Ventura, and contains the complete system of training which they introduced into the Sikh Regular Army. The Lahore Akhbar of 15–17 July 1822 clearly mentions that the two Frenchmen had with them one instruction book for cavalry and one for infantry. The Zafarnamah is divided into three divisions —drill, weapon training, and evolutions, and is highly detailed. Words of command were all in French, and movements were carried out at the beat of the drum or the sound of the trumpet as in European armies of the period. Broadly speaking, the tactics taught were based upon columns, deployed order, square-formation and skirmishers—all very familiar to the student of Napoleonic tactics.

Ventura was the most eminent of Ranjit's European officers; he trained the best of the Sikh Regular Infantry battalions—the Aieen battalions—and particularly encouraged the enlistment of Gurkhas. The uniform he designed for these little Nepalese hillmen was taken over by the British after the Sikh Wars. In 1827, Ventura was described as, [5] '. . . a fine looking young man about 33 years of age, very neat in his person and dress; he wore his beard very long.'

Two other Europeans arrived at about the same period as Allard and Ventura, they were a Frenchman named Henri Court and an Italian, Paolo de Avitabile. The Frenchman was of good birth and had been educated at the French Military Polytechnic; he was a good administrator in addition to being a fine soldier. He was an ordnance officer and cast many guns at the Lahore Foundry; he also trained Sikhs as gunners. In his book *Ranjit Singh*, writer Khushwant Singh describes Court as '. . . a very well dressed, short thick man with a face pitted by small-pox, and looked like a rough and ready sailor.' Avitabile [6] '. . . had risen from the ranks and was a rough and ready soldier . . . he was a ruthless administrator . . . a flamboyant stout man, upwards of six feet . . . clever and full of fun . . .'

Residing in great luxury, these foreign officers took native wives whom they left behind when they returned to Europe. Many sported colourful beards, turbans and native clothing, although their usual dress was a uniform suitably adapted from the costume of their own nationality. In 1839, Court and Avitabile were said to have worn magnificent uniforms—the latter [7] '. . . wore a long green coat fashioned not unlike a Musalman's chapkin, ornamented with a profusion of lace and three rows of solid gold oblong buttons, scarlet cloth trousers, with a broad gold stripe running down the seams, a green velvet cap with a gold lace band and tassel; the outfit was completed with an embroidered belt or girdle to which was attached a bejewelled sabre.'

Believing them the only Europeans on whom he could really rely, Ranjit Singh became very attached to this quartet; it seemed logical that any one from a nation which had taken up arms against the British at one time or another should now be against them. Looking upon his European officers as [8] '. . . highly paid drill instructors' he tried to bind them closer to him with strongly worded contracts and by giving them high favour. Nevertheless, Ranjit did not completely trust them; only one of them was allowed to be in the capital with his troops at a time so as to prevent them ganging-up on him.

The stream of Europeans was now in full flood, and in 1834 one can read of John Holmes, Canara, Gardener, Harlan, Cortland, De la Font, Fort, Foulkes, Steinbach and Dr. Honigberger, amongst others. Gardener was an outstanding artillery instructor, whilst the doctor superintended the powder-mill and gun foundry in Lahore. But in 1841, after considerable disturbances following Ranjit's death in 1839, many of the foreign commanders were dismissed; others, notably Court, Ventura and Avitabile, left of their own accord. Nevertheless, it is recorded that as late as 1844 there were 12 French officers, 4 Italian, 1 Prussian, 2 Greek, 7 Anglo-Indian, 1 Scotsman, 3 English, 3 Americans, 3 Germans and 2 Spaniards, with a solitary Russian (1844 Sec. Cons: March 23, Mo. 522. Singh p. 36). These European officers formed a motley group without any feeling of unity; the very considerable jealousy on the part of the Sikh sirdars (nobles) separated them from the natives.

Reports of the time seem to indicate that it was their strictness that brought about their downfall and that discipline was only maintained when the European officers were actually present. The more severe European methods, distasteful to Eastern thought, became unbearable after Ranjit's death when the soldiers gained power.

Along with his passion for horses, Ranjit Singh similarly loved guns, being obsessed with artillery he would seek high and wide for a special gun, not resting until he had either captured the piece or had it presented to him. Then he would have it mounted on a field carriage and add it to his field-train. Thus, in 1802 he captured the fort of Govindgarh and acquired five big cannon, including Abdali's massive Zama Zama. This renowned gun, made of brass and copper, had caused havoc among the ranks of the Mahrattas at the battle of Panipat. The Bhangis had taken it from the Afghans, and it had come to be known as the Bhangion Ki tope. It saw service in many of Ranjit's campaigns, and, after his death, faced the English in the Sikh Wars; thereafter it was put on a pedestal in Lahore's main street. Later, it was immortalised by Kipling as 'Kim's Gun'.

The Sikhs were equipped with artillery as heavy and numerous as their officers remembered from their glorious days with Napoleon's army. The gunners were trained completely to the French system with commands in French. They were taught how to lay, aim, prime and fire a gun—initially at the walk but later at the double; men were given drill lessons and tactical training resembling that of the infantry. Firing ranges were prepared and considerably used to give the artillerymen experience in actual firing of the guns.

Sikh gunners loved their guns, many were killed by the recoil of a gun after wrangling among themselves for the honour of having a gun, disabled by a lost wheel, rest on their shoulders so that it could be fired.[9] The same source claims that the brains behind Ranjit's ordnance works were Lehna Singh Majithia's, to whom Ranjit always turned when he saw any new and powerful weapon—Majithia was usually able to reproduce something as good.

In 1821, it was reported that Ranjit had about 200 field guns and numerous camel or swivel guns (*zamburuks*). By 1831 there was considerable improvement—both Court and Avitabile were proficient in the art of gun-founding, and they supervised arsenals and foundries. Some Lahore-made guns of this period were reported by Captain Burnes to be well cast and with good carriages, costing Rs.1,000 each.

In 1836, Allard brought from France 2,000,000 detonating caps and, when he died in 1839, the Old Lion was working on the project of equipping his entire army with the superior percussion cap musket instead of the old flintlock. Thus it was that, at the time of the First Sikh War, the Sikh army was armed with the flint musket (resembling the Brown Bess) in place of their original matchlocks and muskets whilst the cavalry had carbines and pistols. Ranjit also purchased small arms from the British and had them copied in his own workshops by experienced workmen lured over from British territory by high pay and promises.

Ranjit was aware of the importance and value of having his own ordnance department. Workshops were established at Lahore, Amritsar and Kotli Lorahan, and they worked to full capacity under Ranjit's personal supervision. It seems that they often caused him dissatisfaction; on one occasion he complained that his workmen [10] '... were not making guns to the English style ...', so he sent to Delhi for new craftsmen. In 1827 he told Captain Wade that his workmen could not produce the like of British gunpowder. At first, many of Ranjit's home-cast guns were not of very good quality, their bores being particularly defective. The carriages were three-wheeled (1 small wheel being fixed in the track) and they were without limbers. The carriages were roughly made of good seasoned sissoo wood by a carpenter from Delhi; they were in the same style as the British carriages, and the guns had good elevating screws.

Gun-powder was home-made and of poor quality; shot was of brass and iron whilst shells were of brass with crude fuses made of wood. In the beginning, the Sikhs had no horse artillery; their guns were drawn by buffalo and required as many as forty or fifty for a heavy piece of artillery. Like their Mogul and Mahratta predecessors, the Sikhs gave their guns dignified and often pompous names—Fatch-Jang (victor of battle) and Sher Dahan (lion-mouthed). Sometimes, guns were named after their founders or places where they were cast, such as Top Dhian Sing Wali or Top Nakodar Wali. Large guns bore Persian inscriptions, often in verse; these markings gave the name of the founder, the place, and the year of manufacture.

In 1831, Ranjit Singh and Lord Bentinck, the Governor-General, met in a Durbar which included troops and parades—Ranjit's great loves. He asked thousands of questions, carefully examined the British equipment and had the Company's troops repeat numerous manœuvres, particularly the formation of a square; he rewarded them lavishly for their proficiency. At Ranjit's special request the Company's Horse Artillery went through their paces. He watched howitzers firing at targets and had an umbrella erected one thousand yards distant; then he ordered his artillery to fire round shot at it. The first three shots missed, so Ranjit personally laid the gun, but also missed; stepping forward, Captain Campbell of the Horse Artillery rent the umbrella to pieces with his first shot.

Sikh guns were much heavier in metal than their British counterparts; a Sikh 4-pdr. was as heavy as a British 6-pdr.; this superiority of artillery was to play a deadly part in the forthcoming struggle with the British.

Sir Henry Hardinge, the Governor-General of India, writing after the Sutlej campaign, claimed that eighty of the 220 captured pieces exceeded in calibre anything known in European warfare at that time. Their weight in proportion to their calibre was much heavier than the British, and the range of their 6-pdr. gun much longer—[11]'the recoil on the carriage is less and their guns do not heat so rapidly as yours in firing.' The Sikh artillery, during the Sikh Wars. were mostly 12 and 18-pdrs. as opposed to the British normal artillery of 6, 9 or occasionally 12-pdrs. The British Army had always been deficient in artillery—though noted for its gunners—having a far lower establishment of guns per thousand men than most continental armies, particularly the French. Moreover, the British guns had always been of a lighter calibre, as a comparison of the French and British artillery at Waterloo will indicate.

When Ranjit first began to rebuild his army, the only semblance of uniformity of dress was a turban, although some of the men (probably Company deserters) wore boots.* During the 1820's there was a determined attempt to introduce recognised uniforms; in imitation of that worn by the Company's troops, it consisted of scarlet or white jackets (Kurtis) with white stripes of braid across the chest; it was made of *banat* or broad-cloth. The trousers, again similar to those of Company sepoys, were of loose blue linen. The Gurkha units wore shakos or caps, of black *banat*, with green jackets faced with red, similar to English Rifle regiments of the period. The most popular headdress was a blue turban with one end loose and spread to cover the head, back of the neck, and the shoulders. The regiments were distinguished from each other by different coloured facings, in the English manner.

The regular cavalry wore light, crimson dragoon jackets, dark blue trousers with a red stripe; on their heads crimson silk turbans brought to a peak at the front, ornamented in the centre with a small brass half moon which had, springing from it, a 2 inch glittering sprig. It was a uniform, half French and half Sikh. Allard's cavalry regiments in 1839 wore a pair of black belts, one supporting a pouch, and the other a bayonet; a girdle around the waist, partly concealed by a sword belt from which a sabre was suspended. Slung across the back was a carbine, the butt in a small

* The details of Sikh uniforms are taken from *The Military System of the Sikhs*—Farya Singh Bajwa.

leather bucket attached to the belt. The saddles were concealed with a crimson cloth edged with a border of blue and white stripes; the horse's harness was adorned with brass studs. The Irregular Cavalry—the Ghorchurras—supplied their own equipment, being considered among the elite of the Sikh army, their array was often of silk and showy.

The artillerymen wore felt-cloth uniforms with black coats and white trousers; each man had a black leather crossbelt, a belt and a food bag (*toshadan*) and a pouch for powder. In the summer the whole regular army wore white with different coloured turbans of red, green and yellow. In the hills, where winter was a cold period, leather suits called *postins* were issued; elsewhere in winter quilted or padded uniforms were worn. The State provided all uniforms and equipment for the regular army.

An unusual and colourful group found only among the irregular infantry (where discipline was not so strong) were the Akalis. There were only 3,000 or so of them, but their strange dress and equipment, together with their fanaticism, made them conspicuous. Said to be identical in character and in the manner of their onslaught as the Ghazis of Afghanistan or the Sudanese 'Fuzzy-Wuzzy', they had to be handled with care by their commanders. They wore little clothing—a turban that was blue and peaked or conical, over it was placed steel quoits made to fit the turban's shape, getting smaller as they reached its top. On the body they wore a long blue shirt and a pair of shorts; around their waist a sword girdle, and country-made shoes or sandals.

In spite of their European officers and training, the Khalsa retained many of the glamorous elements of an Eastern army. Sikh warriors of rank wore close-fitting steel caps beautifully inlaid with gold; a slender shaft rising 3 inches above the top, in which was inserted a plume of white horse-hair to fall down over the helmet. From the lower edge of the steel cap dropped a curtain of light steel links, covering the forehead down to the eyebrows, and then falling so as to shield the cheeks and neck behind. In front was a steel bar, inlaid like the helmet, which could be pushed up, but when required it was lowered down over the nose almost to the chin so as to afford protection against a sword-stroke from the side. They wore a robe of thickly quilted silk, falling from the neck to the knees, and around the body were four pieces of armour, worked similarly to the helmet. One of these pieces formed a back and the other a breast-plate, with two smaller plates under the arms connecting them together. Across the back was slung a shield, about 18 inches in diameter, also of steel inlaid with gold. In action it was held in the left hand, and not upon the arm like those in use in Europe during the Middle Ages. The arms themselves were protected by steel pieces from elbow to wrist; the hand was covered by fine but strong link-mail, kept in place by straps across the palm of the hand. The legs were covered by long, tightly-fitting white trousers, reaching to the feet. The sash, of purple with gold embroidery, bristled with pistols and daggers. All the armour, although strong and capable of resisting a sword cut or spear thrust, was very light, the steel being of the finest temper and quality. Some of the soldiers of the sirdars' private levies dressed in chain armour, with shields larger than those of the officers but of leather with metal bosses. Some wore turbans, others steel caps.

It was always very difficult to get the Irregulars to conform to anything like European discipline, and to attempt to introduce uniformity of garb would have produced a mutiny. Richly dressed nobles rode side by side with men whose armour and trappings had come down to them through many generations. Some carried lances, some matchlocks, others only swords; some of the ordinary troops were pretty nearly naked to the waist, whilst others were swathed up to the eyes in gaudy coloured robes. In time the European officers came to appreciate that if a man kept his arms serviceable, was willing to learn his drill, and was reasonably obedient to discipline and good behaviour, the basic fighting qualities of the Sikhs would assert themselves.

In 1834, Ranjit asked the Company for a copy of the English Military Code—a Persian abstract of it is still preserved in the Records of the Khalsa Durbar. In the year 1835 came a big reorganisation of the Khalsa. On the French model, they were formed into a number of brigades, each of which consisted of three or four infantry battalions, one artillery battery, and a cavalry force of anything between two to six thousand horsemen. At this time, the estimated strength of the Sikh army was about 76,000 men, of whom 43,000 were Irregulars. In the same year, many old guns were replaced and artillery strength seemed to be about 300 field guns of varying calibres, plus more than 100 garrison guns and large numbers of *zamburuks* (camel-swivel guns). British officers witnessing the reviews of the Sikh army at Ferozepore in 1838 and at Lahore in 1839 were said to [12]. . . be astonished at the accuracy and precision with which all their manœuvres were executed . . .'

In November 1838, Lord Auckland, the Governor-General, and Sir Henry Fane, the Commander-in-Chief, met Ranjit Singh, the Old Lion of the Punjab, at Ferozepore. The British Army were being given a farewell review before embarking upon what was to be an ill-fated Afghan expedition. With the air resounding to the thunder of guns, the blare of trumpets and the beating of drums, the trumpeting of the gigantic elephant bearing the Sikh ruler seemed a gesture of defiance. Surrounded by a shimmering cloud of chain-mailed Ghorchurras, resplendent in cloth-of-gold and bright silks, the wizened Ranjit vied with them in ruby-coloured cashmere gown and turban, with the famous diamond, the Koh-i-Noor or Mountain of Light, casting dazzling rays of light from his arm.

The Governor-General and Ranjit Singh, following the formal etiquette of the occasion, rode right up to each other for Ranjit, as the host, to receive his honoured guest. This involved Lord Auckland in the far-from-easy manœuvre of changing from one elephant to another amid an excited crowd of jostling elephant-mounted spectators—luckily, the Governor-General made the jump safely.

Ranjit Singh had a magnificent Durbar tent standing in the middle of a magic garden aglow with rare shrubs and flowers. Brought in boxes from Lahore, they had transformed the arid area overnight. The main Sikh camp was in the open country on the banks of the Sutlej river. Everything was on a lavish scale—Ranjit's tent was of cashmere borne on solid silver poles and its furniture was of silver inlaid with gold. His elephants were caparisoned in cloth-of-gold, their howdahs were inlaid with ivory, silver and ebony.

After a grand review of more than ten thousand of the Company's troops, concluding with a colourful and noisy sham battle involving cavalry, infantry and artillery, the British officers were given the opportunity of seeing for themselves the strength of the Sikh army. They were most impressive in red tunics with white facings and blue trousers—the many thousands on parade sweeping over the sandy ground like an irresistible red tide. To French words of command, their guns rapidly crashed out volleys in a manner that caused the British officers, hitherto complacent, to look sideways at each other—but few seemed to foresee the possibility of coming up against this large, well-equipped army within a few years.

Although the Sikh leader had to be assisted as he tottered along, his rolling eye and jabbering unintelligible questions showed him to be very much alive. However, he lived for less than a year, dying on June 30th 1839, almost his last conscious knowledge was that the British had taken Kandahar. He was only fifty-nine years of age but appeared to be at least fifteen years older.

SOURCES

1, 3, 6, 8, 9, 10. *Ranjit Singh, The Maharajah of the Punjab*—Khushwant Singh (1962)
2, 5. *A History of the Sikhs*, Vol. I 1469–1839—Khushwant Singh (1965)
4. *The Military System of the Sikhs*—Farya Singh Bajwa (1964)
7. *The Army Quarterly*, July 1944. 'The Lion's Lieutenant'—Lieutenant-Colonel P. R. Butler
11. *The Life of Lord Hardinge*—Lord Hardinge of Penshurst (1891)
12. *The United Services Journal*, 1838–9

2

After The Old Lion

On the 30th June, 1839, the Sikh army was assembled, and a litter, said to contain the dying Maharajah, was carried along the extended lines. During the solemn procession it was made known that Ranjit Singh had declared the Prince Kharak Singh his successor. Silently, the Khalsa acquiesced. The first act of the feeble-minded Kharak Singh was in character—he dismissed his father's Prime Minister, Dhyan Singh, a man of experience and moderation, and raise a favourite of his own to the high position. Losing his habitual moderation, the rejected Vizier entered the Durbar (Parliament) and slew the new Prime Minister before his master's eyes. The Treasurer and some other sympathisers suffered the same fate. Kharak Singh retired from public life and shut himself up with his women, rarely leaving his apartments. The management of the kingdom was largely taken over by his son, Nonehal Singh, who showed a marked antipathy towards the British. After the mere semblance of a reign lasting only twelve months, Kharak Singh died, reputedly of a broken heart. Sir Henry Lawrence inferred that his death came from a slow and subtle poison at the hands of his son and Dhyan Singh, now back in his former position as Vizier.

Polygamy is the curse of dynasties, and there were few enemies in the East like the sons of one father but of different mothers. Sons of the same mother were very different things and might be faithful brothers to a ruling prince, but the half-brother was a deadly menace. In well-conducted Asiatic kingdoms, the man with the noose was sent to attend to the half-brotherhood at the accession. In Ranjit's case there were half-brothers—worthless ones as no one knew better than the shrewd little man himself. It was he who told the Governor-General at Rupar a few years before his death : 'After me there is nothing, and that red frontier of yours must move up.' Now he was gone, and the reign of law and order would cease; crimes, assassinations, and wholesale massacres would become daily events in the Punjab. The old Maharajah had been too much concerned over his pleasures, his wealth, and his army, to worry about his heirs, and no one was going to be strong enough or popular enough to seize power and maintain it.

It might have been better for the Punjab had the foreign officers gone beyond their duties and thrown their whole weight into the scale in favour of some strong man who would have put a stop to the dissensions which followed. But the Sikh chieftains were already antagonistic towards Ranjit's policy of Europeanising his army, being jealous of the favours he extended to the Europeans in his service. From the moment of his death, the position of these officers was a delicate one. Moreover, it is probable that the Indian Authorities would have viewed with considerable disfavour the passing of the affairs of the Punjab into the hands of the European adventurers, who would have little sympathy with British aims and who would have been formidable opponents in the event of trouble.

So, at twenty years of age, Nonehal Singh became king in name as well as in power, but the same day which dazzled him with a crown deprived him of life. Favourite of the Sikhs, and the darling grandson of the Old Lion, he is said to have resembled the old man in both features and disposition. Having been a soldier from boyhood he was thought to have the qualities of caution and discretion, plus the forethought of his grandfather. Ostensibly supported by Dhyan Singh, Nonehal Singh felt that his power was too great, and was intent on breaking it. Dhyan Singh and his brother Ghulab Singh were not Sikhs but Rajputs who had found favour with Ranjit Singh and had been given large land grants, the brothers being joint Rajah of Jammu. It is quite probable that they intended sharing the Punjab between them.

Returning from performing the last rites at the funeral pyre of his father, the new king was riding in the howdah of an elephant with Ghulab Singh's eldest son at his side. Passing through the gateway in the fort at Lahore, facing the Hazuri Bagh and the Badshai Musjid, the elephant suddenly lurched against a beam supporting some stonework. The masonry fell, immediately killing

Ghulab Singh's son; the King himself was so severely injured that he died the same night.

It would seem likely that the accident was the work of supporters of Shere Singh, reputedly a son of Ranjit Singh, who had laid claim to the throne. Shere Singh was a man without talent, who inspired neither respect nor affection, but he was regarded by Dhyan Singh and the British Agent in Lahore as the only possible successor, although a number of chiefs were not disposed to accept Dhyan Singh's nominee. Instead, they put forward a rival candidate, Chand Kaur, the widow of Kharak Singh and mother of the dead Nonehal Singh. She claimed the post of Regent in the name of a hypothetical unborn son of Nonehal's. A further complication arose with the revelation that the Rani Janda Kaur, a favourite wife of Ranjit Singh, had borne him a son, Dhulip, a short while before the Old Lion's death. In view of his known lack of capabilities in this direction, the claim was viewed with some cynicism—there were rumours of the nightly visits of a lover to the Rani's quarters.

Eventually the sword decided the question; Chand Kaur was no match for Dhyan Singh, who set himself to overthrow her government. He persuaded the sirdars and soldiers that it was shameful to be ruled by a woman when their need was for a man of talent to hold together the conquests of Ranjit Singh. Shere Singh was recalled, and he marched on Lahore with the support of the Jammu brothers. The Rani ordered the gates to be closed, but the guards joined the rebels, and General Ventura acknowledged Shere Singh as king. Deserted, the Rani was helpless, and so, in 1841, Shere Singh was duly enthroned. After being imprisoned for a year, the Rani was beaten to death with slippers by her own slave girls.

Shere Singh entrusted the management of affairs to Dhyan Singh, preferring a life of hunting, drinking, and general debauchery. Much as he liked having power in his hands, the Vizier was disgusted by the conduct of the Maharajah, and made the mistake of clearly showing this disgust. Soon Shere Singh was persuaded by court intriguers that the Vizier intended his death and was induced to sign an order for Dhyan Singh's execution. Warned, the Vizier struck first, shooting the Maharajah with his own hand. The dying Rajah lived long enough to cry: 'What have you done, villain?' Pertaub Singh, his son, was similarly slain on the Vizier's orders by Ajeet Singh, who, being disatisfied with his reward, completed the night of slaughter by shooting Dhyan Singh in the back.

Quickly spreading through Lahore, news of the Vizier's death eventually reached his son, Heera Singh. Knowing that Shere Singh was to be slain, he had gone to the house of General Avitabile, where he heard the news as he was haranguing the troops and preparing them for Shere Singh's demise. Quickly, he sent messengers to all the Sikh sirdars who were present in Lahore, requesting their immediate attendance. When they were assembled, he threw his sword at their feet and himself on their mercy, bidding them either slay him out of hand or give him their support. To a man they declared for him. Next, the army was won over by the offer of an extra three rupees a month.

Ajeet Singh had proclaimed Dhulip Singh as Maharajah and himself as Vizier, but his term of office was short. During the night, Heera Singh arrived with his troops, blew down the city gates, and stormed in. Ajeet's supporters resisted fiercely, but after some bloody street fighting, with both sides using artillery at close range, Heera's supporters were victorious. Attempting to escape over the wall, Ajeet was caught and beheaded. The sight of the bloody head of his father's murderer seemed to touch off a spark of madness in Heera Singh, and he gave over the city to plunder. The place was thoroughly sacked, every friend or supporter of Ajeet Singh being slaughtered and their women raped and mutilated.

Heera Singh now assumed office as Vizier, acknowledging the young Dhulip Singh as ruler. He soon discovered that the job was no sinecure. It required repeated bribes to keep the army loyal, and the Treasury was empty. This misfortune was temporarily remedied by murdering his own uncle for the sake of his fortune. To divert the soldiers, he played on their anti-British feelings until he found himself committed to the policy. He was not entirely unhappy about this because he felt sure that the power of the Khalsa would be broken in a war against the British. Such a war, he reflected, could be the solution to his difficulties. But, for the present he had his hands full putting down a revolt in favour of two more reputed (or adopted) sons of Ranjit Singh.

The anti-British party were strengthened when a sirdar, defeated in the revolt, was given refuge by the British in Company territory. Next, the British confiscated large sums of money which had been deposited in the protected states by Suchet Singh, the slain rebel leader, infuriating the Sikhs, who declared that the money belonged to the Punjab.

The Khalsa demanded that the foreign officers be dismissed immediately—there was nothing remaining that they could teach them, and Sikh officers could take their places. Aware that the European officers were the only controlling influence over the troublesome soldiers, Heera Singh was very averse to dismissing them. Finally, he succumbed to the pressure and those Europeans who were not dismissed left the country of their own free will, fearing that they would be murdered if they remained.

Because of his age and her relationship to him, the Rani Janda Kaur declared herself Regent for Dhulip Singh. The Rani, whom Sir Henry Hardinge was accustomed to style the 'Messalina of the North', was a woman of ability and considerable talent, spirited, hot-tempered, sensual, and with a bent for intrigue which was swayed by the passions of the moment. Going directly to the soldiers, she passionately charged Heera Singh and his supporters with treason and dramatically threw herself and her infant son on their protection. Heera Singh and Pandit Jalla, his chief adviser, fled in the direction of Jammu, hoping for Ghulab Singh's support but were overtaken and slain by the soldiers.

The Rani and her group now possessed undisputed power. Jowahir Singh, the Rani's brother, and Lal Singh, her current lover, headed the new government. A number of revolts were crushed, each success making the army increasingly powerful, so that they demanded more money. Rapidly the court lost any control they might have had. The army knew its own strength, and Jowahir was overawed by its spirit. On at least two occasions he made plans to seek protection from the British, causing the army to distrust and despise him.

Death is almost the only way in which tyrannous, semi-barbaric governments can remove obnoxious rulers. Eventually Jowahir Singh was summoned to appear for questioning before the assembled council of the Khalsa. Taking with him the young Maharajah in the hope that his presence would protect him, he gave the assembly a large gift of money and jewels. Removing the young Maharajah, the council executed the trembling Jowahir Singh on the spot. The vacant office was offered to Ghulab

Singh, who refused it, remarking that he wished to live longer than six months. Lal Singh, the Rani's favourite, a man said to possess great ability and cunning, took office and by the full use of these qualities, he managed not only to survive, but to profit by Jowahir's death. Tej Singh was made Commander-in-Chief of the army.

Tej and Lal Singh, with Ghulab Singh, formed a triumvirate who feared the growing power of the Khalsa, realising their incapacity to control them. The Khalsa had long since ceased to yield obedience to the civil power, establishing an organisation of their own regulated by Panchayets or Punches—councils of five of their own selection. The Panchayets became the real masters and rulers of the Punjab; everything was decided by their passions, caprices, and personal interests. It seemed to the precarious rulers that their only chance of retaining power was to break the army in a contest with the British. They believed such a war could only end in its defeat and dispersion, possibly paving the way for their recognition and support by the British.

There were military reasons for the Khalsa thinking that they were a match for the British and their native levies, some of whom had mutinied in 1844 when ordered to proceed to Sind. At the time of Heera Singh's accession in 1843, the British had been occupied in conquering Gwalior, and the Khalsa had looked to its weapons on that occasion. The overthrow of the warrior Mahrattas on the fields of Maharajpur and Punniar had temporarily quenched their enthusiasm for war with the British.

Still feeling themselves strong and possessing large quantities of military stores and guns, they considered themselves to be invincible in battle because of the military training given them by their European instructors. Inevitably, their eyes turned to the British territories beyond the river Sutlej.

For a long time the Sikhs had watched the Company steadily advance their frontiers—Ranjit Singh was wise enough to know that he risked losing everything if he attempted to halt this march. Had he felt confident of success he would have gone to war; the country south of the Sutlej was more fertile than his own; the revenues of the Punjab would have greatly increased had it formed part of his kingdom. Ranjit would have dearly liked to annex the area between the Sutlej and the Jumna, but had been warned that if he attacked these petty princes he would come up against the

British. It was a sore point with the Sikhs that Britain had prevented them from obtaining what they considered to be their natural boundaries.

This area under British protection was an agglomerate mass of directly ruled districts and indirectly guided states. To a large extent, the latter were Sikh and the greater majority of their people were entirely in sympathy with the Sikhs across the Sutlej, in spite of the fact that their chiefs supported Britain and that the states owed to the British their continued separate existence. It was an area governed by the three groups of Englishmen—some had come in middle life after moderately successful careers in England as judges and politicians. The rest—not yet a thousand—were either Civil Servants of the Company or had come to India as young officers in the army and had only then been specially selected for civil employment. In such a situation, with a strong expanding empire on one side of the river, and a smaller, disintegrating empire on the other, war was obviously a danger—possibly even inevitable. The British Government did not want such a war, Hardinge had the strongest instructions to do everything to prevent frontier incidents which might provoke it.

During the disastrous British campaign in Afghanistan in 1838, the Punjab was used by the British as a line of communication with their Afghan posts. Driven back, the British retreated through the area, half-heartedly protected by Sikh forces. The situation almost precipitated hostilities; most of the Sikh sirdars wanted to take advantage of the British being temporarily disorganised. They were restrained by Ranjit Singh, whose policy continued to include peace with the Company. In anticipation of a Sikh attack, Napier was poised with his army on the Punjab borders.

Despite their defeat in Afghanistan, the British were inclined to maintain a high-handed attitude towards the Sikhs. British officers freely advocated annexation or partition of the Punjab on the grounds of military necessity, and if the British occupation of Kabul had become permanent something on these lines would have been essential. A further bone of contention to the Sikhs lay in the manner in which they were continually being warned off countries whose integrity and independence the Company considered important, only to see them annexed later. Ferozepore was considered as being definitely a Sikh possession; nevertheless the

British built barracks there and used it as a cantonment. It is not really surprising that when the disorders in the Punjab forced the British to strengthen their frontier posts, it was interpreted by the Sikhs as being preparations for invasion.

There is good reason to believe that communications were being sent at this time by Ghulab Singh to the Governor-General assuring him of his support at all times and promising that whenever he saw the opportunity he would throw the whole weight of his influence and power into the scale on the British side. This inclination of the Sikh leaders to see their own side defeated is borne out by the strange failure of the large Sikh army to attack General Littler's smaller force at Ferozepore immediately after crossing the Sutlej. In fact, it was reported that Lal and Tej Singh actually sent a message to Littler telling him that they were not going to attack him and assuring him of their [1] '. . . entire goodwill'. Apparently, the object of Lal and Tej Singh was not to compromise themselves by destroying an isolated division, but to get their own army beaten and dispersed by converging British Forces. On the second day at Ferozeshah, Tej Singh brought up a fresh Sikh army against the exhausted, ammunition-less British and then withdrew without attacking them. It was not, as Havelock said, [2] 'a miracle that saved India', but part of the Sikh leaders' machinations to be upheld as the ministers of a dependent state by their grateful conquerors! Through his confidential agent Shamsuddin, Lal Singh sent to Lord Gough on the eve of the battle of Sobraon a full report, '. . . on the position and nature of the entrenchments and an account of the dispositions of troops and guns' (1846. Sec. Progs. 26th Dec. 889).

Although the tone and attitude of the Khalsa were extremely menacing in those autumn days of 1845, there was a bare possibility of it stopping short of the irrevocable step. As the days passed, it became increasingly evident that the more ardent spirits were frightening the more cautious into compliance with their designs. The tinder-dry situation moved inexorably into the early days of the last month of 1845. A powerful, well-trained, and confident Sikh army prepared for war under the leadership of a Commander-in-Chief under orders from a Vizier, and watched from the sidelines by a powerful and clever chieftain. All three men dedicated to the defeat of the army they led, and secretly informing their British opponents of that fact!

At this time, the Khalsa was composed more or less as shown below:

Artillery: At least 200 guns could be brought into the field and served admirably by well-trained gunners. There were 32 horse batteries of 4–10 lbs. calibre; 8–20 guns to a battery drawn by the best horses in the Punjab; 6 or 8 to a gun. The heavy artillery consisted of 12 or 15-pdrs.—some even heavier; together with mortars and howitzers. The guns, limbers, ammunition wagons and wagon-limbers of the heavy batteries were pulled by bullocks.

Infantry: 35 well-trained regiments each consisting of about 1,000 men.

Cavalry: About 15,000—most Ghorchurras (Irregulars).

In addition to these regulars, it was possible to bring into the field another large force from the private armies and levies of the sirdars. They were not as well disciplined or equipped as the regulars but were twice as numerous.

It is almost certain that the British entered the war with a marked underestimation of the Sikhs so that the course of the earlier battles came as a shock. The unity and depth of feeling of the Khalsa, derived from a relatively young and fervent faith, were scarcely recognised by the British, who had no historical associations with which to exalt the Sikhs to the dignity of the Rajputs and Pathans. Official communications of the year 1842, for some mysterious reason, indicate that the Sikhs were not considered able to cope with the Afghans, and in 1845 the Lahore soldiery were called 'a rabble' in sober official despatches. It seems that the English officers and the troops—at least the British—believed that they could win battles by marching steadily and by the discharge of a few artillery shots rather than by skilful dispositions and hard fighting during a prolonged contest.

Major Broadfoot, on the 18th and 25th January, 1845, reported that the Khalsa was daily deteriorating as a military body. But Lieutenant-Colonel Lawrence in the *Calcutta Review* (No. 111, pp. 176–7) in 1844, considered the Sikh army as good as that of any other Indian power, and not a bit inferior to the Gwalior troops who fought at Maharajpor. He considered, however, that the Lahore artillery was very bad, although he was of the opinion that the guns would be well served. Major Smyth, in his *Reigning Family of Lahore*, was of the opinion that the sepoys of the British service had a high opinion of Sikh troops, although the

English themselvts talked of them as boasters and cowards. Historian and novelist, G. A. Henty, wrote of them:

[3] 'The Sikhs are brave, but they want good leaders; they are not to be relied upon unless under the eye of an officer they respect. They may have hated Europeans, but in the wars of Ranjit Singh they fought like lions under their command. If they fight the British, this will be their weak point; they will fight and fight pluckily, but without Europeans to lead them they will fall into disorder, and there will be no one to rally them to take advantage of any temporary success or to retrieve a temporary failure. Another thing against them is the slowness with which they work their guns. A battery of British artillery would fire five shots while they fire one, and their infantry are proportionately slow in their movements.'

Few Asiatics are more individually brave than the Sikhs, whose physical powers surpass those of any other Indian race. At the time of their training under European officers they were reported to be [4] '. . . trained up to every manly exercise that becomes a soldier'. The Sikh Wars were fought by the Sikhs under unfavourable circumstances arising from the unsettled period which followed the death of Ranjit Singh. The troops were badly in arrears with their pay; they had no proper supply arrangements, and their leaders were incompetent and uninspiring, besides being decidedly disinclined to win the war.

When the Sikh kingdom fell, 'it was not simply as the result of defeat on the field of battle; it ebbed away as a wave spends itself on the sands when its driving force has vanished. It was the petering out of a movement the life-force of which was spent and which had lost its leader.'

SOURCES

1. *The Hero of Delhi*—Hesketh Pearson (1939)
2. *Havelock*—John Clark Marshman (1867)
3. *Through the Sikh Wars*—G. A. Henty (1894)
4. *The Military System of the Sikhs*—Farya Singh Bajwa (1964)

3

John Company's Army

It was the French military leader Dupleix, in the mid-eighteenth century, who, first among European soldiers, realised that a smaller force trained and disciplined to fight in formation could easily defeat the unorganised masses which formed the armies of the Indian rulers. From that time on, the French and the British introduced new ideas of military organisation which formidably challenged the Indian mode of fighting.

Inevitably, with the passing of time, the Indian rulers, smarting under their defeats, began to learn the lesson. They were impressed by the soldiers of Dupleix and Clive, who had convinced them of the superiority of the European mode of warfare. Soon, the more powerful Indian princes began to organise their large Indian armies under European instructors.

Even so, they still found themselves unable to defeat the East India Company's sepoy army—the instrument with which the Company conquered India. Realising that Indian soldiers were cheaper, better suited to the climate, and perhaps hardly less efficient than Europeans in Indian circumstances, the Company organised and trained them in the same way as the British regiments. The characteristics which marked the sepoy army from those of the Indian rulers, and enabled them to defeat regularly the native princes, were as follows:

(1) The sepoys were drilled, disciplined and trained in the use of arms by British instructors and in the British manner.

(2) They functioned under their own native officers under the supervision of British commanders, both in peace and in war. On European lines, they were organised into units, battalions, regiments and brigades. These formations, however, possessed no tactical knowledge of their own and fought under British officers.

(3) They were regularly paid, well fed, clothed and housed, so that they were made to feel contented.

(4) When they fought they were brigaded with British regiments. This meant that not only did they fight alongside and were supported by their steady British comrades, but could see for themselves that the white men took their share of casualties and did not throw in native regiments to carry out the more unpleasant actions.

This system worked very well until 1845 when the Sikhs were their opponents. Admittedly the Sikhs were by far the best of the native armies encountered by the Company's army, but early rumblings of the 1857 Mutiny might have been making themselves felt.

With the possible exception of the last battle of the war at Sobraon, the superior quality of the British soldiers over the sepoys of the Company's Indian regiments was most marked. These were sepoys of the Bengal Line, almost exclusively drawn from the high-class peasantry of Oude and Behar. They seem to have had less stamina, to have lost nerve when they became exhausted, to have done nothing like their fair share of the fighting, and might well have completely broken but for the stubbornness of their British comrades. In their favour, it must be admitted that they had been heavily marched with little time for food, or the preparation of it according to their religious customs. At Sobraon, the crowning victory, when there seemed no doubt of British success and the British gun park was, at the outset, as powerful as that of the Sikhs, the sepoys fought with great determination. In the Punjab campaign, three years later, the stories were rife, and it was said on both occasions that there was a mental dislike at sharing in the downfall of the last great Indian principality. On the other hand, it is interesting that it was at Aliwal that the Gurkhas first fought for Britain in a major battle.

The antagonists in the First Sikh War were most worthy of each other; both displayed bravery and courage amidst heavy casualties, and whether in attack or defence both sides revealed remarkable endurance. It is not easy to understand why the British soldiers fought so bravely and so well without tacitly accepting the simple fact that they amply possessed certain innate national characteristics.

This was the time when the British soldier was considered to be the scum of the earth, when he was a man literally forced to become a soldier because he was not only unemployed but often unemployable. He probably came from a large and poor family; consequently he had almost certainly suffered from malnutrition and even rickets (a nutritional disease occurring in infants and young children). He was probably illiterate (although despite this a surprising number left letters and diaries); he drank to excess, and sometimes contracted venereal disease. Yet, this same man of poor stature and physique, fighting, marching, and living in a climate to which he was completely unaccustomed, dressed in a tight scarlet tunic, high leather stock, trousers tightly strapped over Wellington boots, and a shako which gave little protection to head or neck, inefficiently officered on many occasions, fought and conquered vastly superior numbers of warlike races, such as the Sikhs, Afghans, Mahrattas, and others. He showed a courage, endurance, discipline and humour of a fantastically high order under the most appalling conditions.

In 1845, it would have been considered a startling heresy to suggest that to get the best results from troops and to enable them to undertake the greatest exertions, it was necessary that they should be loosely, comfortably and suitably clad. Horror was expressed at the view that something more substantial than a pill-box with a pocket-handkerchief wrapped round it was required for protection from a tropical sun, and that footwear should be made for marching in and not for parading around a band-stand. Such ideas made martinets of the old school shake their heads and tremble for the discipline of men without stocks and overalls. It was not for many years that it became universal practice for the time-honoured scarlet of the British Army to be laid aside for the dust-coloured uniform known as khaki. It must be admitted that certain concessions were made to the climate during the Sikh War and the Indian Mutiny ten years later. The soldiers, but more often their officers, were permitted to wear either a sun helmet or a forage cap with a pugaree (a thin muslin scarf) wrapped round it, with the ends falling down behind to keep the sun off the back of the neck and spine. Apart from this, the army was dressed and equipped in India very much as it had been at Waterloo forty years earlier.

[1] The 29th Foot (Worcestershire Regiment) fought at Ferozeshah and Sobraon dressed in the following fashion:

Officer and Light Company Privates.

Officer: White cap cover and neck protector. Black leather chin strap. All red reefer style coat with two rows of red cloth covered buttons. Beneath coat a scarlet shell jacket with stand up collar of pale primrose yellow. The collar being fastened by a single hook and eye at the bottom. The collar was cut in such a manner so as not to gape open at the top. The front of the jacket also fastened by hooks and eyes. Trousers of dark blue/black (this took a rather dark grey hue). On the outside seams red welts. Black waistbelt with gilt snake fastener. Gilt hilted sword carried in a black leather scabbard, also mounted gilt. The whole carried in a black leather frog. White haversack over left shoulder.

Privates: Caps as for Officers but brass horn and '29' on front. Shell jacket with pale primrose yellow collar, shoulder straps and cuffs. Fastened at the front by a row of small white metal buttons. Trousers of a light blue cotton. White equipment straps with brass place the figure '29' surmounted by a crown thereon. On the pouch a brass star with the figure '29' in the centre. The Shell Jacket was not adopted by the Army until 1848, but regiments serving overseas had been wearing this a number of years before.

They not only dressed, but they also fought, in the best forty-year-old Peninsular and Napoleonic War traditions. This was not surprising since every leader of note was a Peninsular veteran. In the Crimean War, nearly ten years later, Lord Raglan, the British Commander-in-Chief, would frequently embarrass his Gallic allies by alluding to the Russian enemy as 'the French'. The period had not yet arrived when the term 'Peninsular hero' had become one of contumely, for war and its methods had not yet changed in the British Army. There was a laid-down Order of Battle, and the regiments formed up and fought, each unit in line or column, with the cavalry on the flanks and the guns in the intervals. When close-range artillery tore gaps in their ranks with hurtling roundshot weighing 12 or 18 pounds, or hissing showers of grapeshot, they were seldom ordered to lie down to make themselves a more difficult target. Instead, they were brusquely ordered to 'close up', and they did so, uncomplainingly; they were taught by an iron discipline that brooked no dissent.

The men in the ranks knew of no other way of fighting; they lacked the intelligence to reason that their officers, although extraordinarily brave, were men of stolid, unimaginative demeanour. Such men, setting the same example themselves, expected them to do nothing else but march to where they were ordered, stand where placed and, if necessary, fight—and die—in those positions. The British soldier of this period was a simple man, grateful for small considerations and comforts allowed him by his commanders, to whom he looked up in the manner of the time, because the officer was of a higher social level.

The heartwarming manner in which these men of the ranks cheered their commanders on every possible occasion, knew them by affectionate nicknames, and related anecdotes about their officers with gusto, contrast strangely with the manner of World War II, where the troops knew little of the man under whom they served, and weren't at all sure that he knew his job anyway!

It is worthwhile pointing out that the infantry of the British Army of 1845 were armed entirely with the old 'Brown Bess' of the Peninsular War. The fire of this weapon was not effective beyond 300 yards, disciplined troops rarely firing a shot till within half that distance of the enemy. The Sikh muskets were much the same as the British, but their artillery was certainly more numerous and of heavier calibre.

List of Sikh ordnance captured at Mudki and Ferozeshah reveal brass howitzers—42-pdr.; 24-pdr.; 9-pdr.; and 6½-pdr. (6.5 m.) and brass cannon— 32-pdr.; 24-pdr.; 18-pdr.; 15-pdr.; 12-pdr. 8, 7 and 6-pdr., together with brass mortars 24-pdr. and 10 m. shell. To oppose this heavy ordnance, the British had 6, 9 and 12-pdrs., some of the heavier guns being re-reamed from lighter ones. At Sobraon, the siege-train, which had come up from Delhi, was in action; it consisted of 24-pdr.; 18-pdr.; 12-pdr.; (9-pdr. re-reamed); 24-pdr.; 8 m. and 5½ m. howitzers and some rockets.

The British 6-pdr. gun had a calibre of 3.6 inches, weighed 6 cwt and carried 46 rounds; together with limber and carriage, the weight behind the horse-team was over 27 cwt. The wooden carriages had block trails introduced by Sir William Congreve in 1792; the wheels had 'streak' tyres, and the horses wore black leather harness.

The guns fired roundshot, cannon shell, spherical case-shot (later known as 'shrapnel') and case-shot. The time-fuses were very rough, and the same type was used with both cannon as well as case-shot. A good horse-artillery range was 400 yards—

200 yards even better; horse-artillery guns were comparatively useless unless they galloped right into a fight. This meant that their whole energies were concentrated on getting into close quarters as quickly as possible. They would gallop with great panache up to within a few hundred yards of a mass of infantry, unlimber, and come into action without excessive loss. The clumsy muskets of the period would often be no match for the pitiless storm of case-shot from the guns.

The range of spherical case-shot was up to about 1,000 yards; ordinary case-shot was 350 yards. Roundshot ranged further, up to perhaps 1,300 yards. When great precision was not required in laying the guns two rounds of shot or three of case could be fired in a minute.

This was still the era of the roundshot and the musket; there was little concern for scientific gunnery, and for such a universal gun as the 9-pdr. no authorised range table had been issued, and the formation of practice tables was left entirely to individual exertions. Gunnery was simple; everything was sacrificed to mobility; the ability to get to the right place at the right time was the acme of the horse artilleryman's desire. In the Royal Regiment of Artillery, the horse artillery held pride of place; its turn-out, riding, driving, its discipline and morale were each and all of a high order. It was a *corps d'élite* of picked men and horses; to ride in its ranks was the ambition of every smart young officer and soldier, who dreamed of the eagle swoop and the sudden outburst of case-shot! The horse artillery at Gough's disposal during the First Sikh War were soldiers of such a calibre—the Bengal Horse Artillery being the pick of the men recruited by the Company. Not only were they physically impressive, but they wore a colourfully distinctive (and not particularly practical) uniform.

Of the British regiments that took part in the campaign, all did well, but particular notice must be taken of the 3rd Light Dragoons, mentioned by Sir Hugh Gough as a regiment 'whom no obstacle usually held formidable by horse appears to check'. In fact, had they been supported at Mudki by a comparable regiment, such as the 16th Lancers, there would have been little left for anyone else to do!

The 9th Foot (the Norfolks) at Ferozeshah, after Reid's Brigade had already been repulsed, stormed and captured the same batteries, losing 265 killed and wounded out of 800 of all ranks.

Two distinguished old officers of the regiment, Sir John McCaskill and Colonel Taylor, were killed at its head during the course of the war.

In the same battle the 29th Foot (the Worcesters) lost 250 all ranks out of 758 engaged, and at Sobraon, after three desperate assaults, lost a further 171 out of the 513 which they took into battle. At the close of the campaign they could scarcely turn out 350 men.

The 1st European Light Infantry (later the Royal Munster Fusiliers) lost 215 out of 650 at Ferozeshah; at Sobraon, mustering 400 on the field, they had 197 killed and wounded. Brigadier Maclaren, who commanded the brigade on both occasions, fell mortally wounded at their head at Sobraon. On the 11th February, the day after Sobraon, this regiment was only able to muster 6 officers and 230 men fit for duty.

H.M.'s 31st and 50th Regiments (the East Surreys and Royal West Kents) served in Sir Harry Smith's division, and were present at every one of the four major battles of the campaign. At Mudki, where the brunt of the fighting fell on Smith's division, the 31st lost 9 officers and 155 men killed and wounded out of 30 officers and 844 men taken into action. The 50th lost 6 officers and 129 men. At Ferozeshah, the 31st lost 8 officers and another 151 men, the 50th 6 officers and 113 rank and file. At Badowal the 31st had 21 more men killed and wounded and 19 taken prisoner. At Aliwal it only lost 16 men, but the 50th at the same battle, although joined beforehand by a draft of 5 officers and 90 men, could only muster 494, and of these they lost 10 officers and 68 men killed or wounded. At Sobraon, the 31st lost another 6 officers and 137 men, making a total loss of 503 for the campaign out of a total strength of not more than 900. The 50th lost 197 of all ranks at Sobraon, including 12 officers, among whom was their Colonel, who died of his wounds. Every one of the senior officers was disabled early in the fight, the command of the regiment devolving upon a subaltern, Lieutenant Wiley. Total losses during the campaign were 565 and to add to this mournful roll, the barracks occupied by the regiment at Ludhiana after the campaign was blown down in a violent storm on the night of May 20th, 1846, when 80 men, women and children were killed and 135 seriously wounded.

The 80th Regiment (the South Staffs) was engaged at Mudki,

Ferozeshah and Sobraon. At the first action it lost 27, and at the second 127 casualties. A detachment of the regiment was at Aliwal, losing 7 men, and at Sobraon losses were 13 killed and 78 wounded: during the whole campaign 250 casualties all ranks.

The 62nd Foot (the Wiltshire Regiment) lost heavily at Ferozeshah—18 officers and 281 men falling in their assault on the Sikh batteries; and at Sobraon they lost another 47 killed and wounded. Records do not show what strength the regiment took into action at Ferozeshah, but probably it did not exceed 800 men.

The 53rd Foot did not appear on the field of battle until after Ferozeshah. Later to become the Shropshires, they were attached to Sir Harry Smith's force, and took part in the relief of Ludhiana. At Badowal they formed the rearguard, and covered the movement on Ludhiana, losing 36 killed and 12 wounded. At Aliwal the regiment appears to have gone into action 699 strong, their small loss of 6 killed and 8 wounded being due to the admirable manner in which the regiment advanced upon the Sikh batteries. By running forward at the double for about 100 yards, lying down, and then advancing again, the Sikh gunners were prevented from getting the range, and the men advanced rapidly and steadily, without getting exhausted. At Sobraon the loss was 1 officer and 6 men killed, 8 officers and 112 men wounded, out of a strength of under 700.

H.M.'s 10th Foot (the Lincolns) took part in the crowning victory of Sobraon, where the extreme steadiness of its advance, under that strict disciplinarian, Colonel Franks, attracted universal notice and admiration. Their loss amounted to 10 officers and 27 men killed, 2 officers and 101 men wounded.

Records do not give the separate losses of the Indian regiments, but simply abstracts of the loss sustained by divisions, including Europeans and natives in one total. What the native regiments suffered can only be approximately calculated by deducting the European losses as taken from regimental records. Thus, comparative losses at Sobraon:

1st Infantry Division, 350 Europeans, 280 Natives, Total 630
2nd Infantry Division, 368 Europeans, 535 Natives, Total 903
3rd Infantry Division, 360 Europeans, 366 Natives, Total 726

This indicates the manner in which, as the campaign progressed, the native troops regained their confidence and took a greater part in the fighting. Sir Harry Smith spoke in warm terms of their conduct at Aliwal, and both the Governor-General and the Commander-in-Chief were able to applaud their conduct at Sobraon. The Gurkhas, the Sirmoor Battalion of which is now represented by the 2nd Prince of Wales' Own Gurkhas, distinguished themselves particularly in the last two engagements, and were specially mentioned by Sir Hugh Gough at Sobraon.

SOURCES

1. P. W. Reynolds Mss. in Library of Victoria and Albert Museum, London, and R. J. Marrion—*British Model Soldier Society Bulletin*, April 1963

4

Preparation without Provocation

In July, 1844, Sir Henry Hardinge arrived in India to succeed Lord Ellenborough as Governor-General; he came with the express intention of maintaining the peaceful state of the country. Whether that peace could be preserved was a matter which gave rise to considerable speculation. Without doubt the selection of a distinguished soldier, who also possessed the experience of a Cabinet Minister, rather pointed to the anticipation of war. Sir Henry had, in fact, been pressed to become Commander-in-Chief in India in 1842, but he had declined for personal reasons.

The new Governor-General entered upon his duties of office more anxious than any Governor-General before him to signalise his entire term in India by the useful labours of peace. Instead those years were to be rendered memorable by a great war, but it is not possible to doubt his pacific intentions. On August 13, 1844, the new Governor-General wrote to Sir Hugh Gough, his Commander-in-Chief:[1] 'When Lord Ellenborough left Calcutta . . . the probability of offensive operations in the Punjab had almost subsided into a conviction that the case of necessity compelling us to interfere by arms would not arise. On the other hand, such is the distracted state of that country, with a large army clamouring for pay and plunder, that we may be forced to act, and this necessity may be unavoidable at very short notice. It is therefore not advisable, however strong the conviction that the case of necessity will never arise, to relax in any of our military preparations.'

With this general view Sir Hugh was in hearty agreement, but the more difficult question as to the amount of preparation remained unsettled. In his first letter to Sir Henry, Gough mentioned that he had asked Lord Ellenborough for 40,000 men.

[2] 'I am particularly anxious to avoid any military preparations that might excite remark,' he wrote.

He suggested that a much smaller force of some 25,000 men, [3] 'for purely defensive purposes', when concentrated, would be sufficient to drive any invading Sikhs before them. The Commander-in-Chief wished to place the reserve at Meerut and strengthen the garrisons at Ludhiana, Ambala and Ferozepore, the last-named being the critical point. On August 21, he wrote to Hardinge, saying that the Ferozepore force was insufficent without a European regiment, and that he strongly recommended the construction of barracks for them be hurried on. Sir Hernry replied on September 8th:

[4] 'It is with regret that I abstain from completing the barracks for an infantry regiment at Ferozepore, but I am so firmly resolved to give the Lahore Government no cause for questioning our good faith, or by hostile attitude to justify their alarm, that I prefer for the time to suffer the inconvenience of being unable to accommodate an adequate force.'

Sir Henry threw out hope of starting building operations:

[5] '. . . when the Sikh Government are convinced that our movement of troops in the early part of November is merely the annual relief of the few European regiments.'

Gough accepted this but reminded Hardinge that without this regiment at Ferozepore it would not be possible to concentrate the minimum defensive force of five European regiments on the frontier within four days. At this point the biographers of Gough and Hardinge disagree; Rait (for Gough) claims that the Commander-in-Chief was still pressing for the barracks in December and that Sir Henry did not give permission until 4th January, 1845. Hardinge's son, [6] writing for his father, claims that confidential orders were sent on November 11th for the construction of two barracks at Ferozepore to accommodate a regiment of European infantry and two batteries of artillery. About nine months later, there was another misunderstanding between the two men on the subject of some boats and pontoons. Gough apparently felt that the Governor-General's refusal to move them at the precise moment when he, Gough, required intimated that Hardinge considered the Commander-in-Chief too aggressive. The fifty-six boats (being built on the Indus at the orders of Lord Ellenborough) were brought up to Ferozepore in September 1845, together with a pontoon train from Sind. Immediately after the battle of Sobraon the army of 24,000 men crossed the Sutlej on them, together with a siege-train of 40 heavy guns, 100,000 camp followers and 68,000 baggage animals.

The months crept on with alternations of hope and fear. The Sikh Court at Lahore was in a dangerous state of flux in the early months of 1845, but Sir Henry remained strictly on the defensive.

[7] 'It is desirable,' he wrote, 'that nothing should be done by us to indicate that the internal affairs of the state of Lahore are matters for our concern.'

Sir Hugh Gough made his headquarters at Ambala, and Sir John Littler, a soldier with an excellent reputation, was put in command at the important point of Ferozepore. The Governor-General did his utmost to keep the peace, whilst at the same time he stealthily collected troops.

[8] '. . . The force at Ambala must be strong enough to move on Ferozepore without waiting for the force from Meerut. My own impression remains unaltered. When I hear of a single piece of artillery having crossed the Sutlej, I shall consider the movement to be made in earnest.' It is reported that Sir Hugh Gough concurred and observed, 'I am still of the opinion that they will never be beaten on this side of the river, except as plunderers.'

One of the first acts of the new Governor-General was to appoint George Broadfoot as his agent in Lahore; he took up his duties on November 1, 1844. This might not have been a happy choice in some respects; Major Broadfoot is reported to have considerably antagonised the Sikhs by his actions in their country during the previous Afghanistan campaign. He had also stirred things up by firing upon horsemen moving in the Sutlej area when he had not given them his permission to do so. Nevertheless, George Broadfoot was a brave and able man; he conducted the necessary transmission of information from Lahore to Sir Henry Hardinge with zeal and industry, combined even with tact. In July the Sikhs, perturbed by announcements in the ever-mischievous Indian press, turned frantically to military preparations. Broadfoot reported that, by the winter, the Sikh army would be more efficient in material than it had been for years. He added, however, that the army was, for the first time in many years, dispersed to a considerable extent, which, he felt, indicated that hostilities were not contemplated.

At the end of the month, Lal Singh with a few followers crossed the Sutlej; Littler posted guards to prevent troops crossing, but the incident came to nothing. A few weeks later, in September, Broadfoot took exception at a change of tone in the communications of the Lahore Durbar, and was promptly censured by the Governor-General, who wrote:

[9] 'It is the Governor-General's desire to show all forbearance and consideration to the young Maharajah and on no account is the notorious immorality of his advisers to be made an occasion for breaking off the relations between the two governments . . . if military operations should be forced upon us, the Governor-General will have the satisfaction of knowing that EVERY means of conciliation has been exhausted.'

Broadfoot accepted the rebuke, but answered that the forbearance lately shown to the Sikhs was beyond all previous example, and had been carried to the point of danger.

The Khalsa was slowly assembling with scarcely concealed determination to invade; Sikh agents were trying to corrupt the British sepoys, and were enlisting discharged men and deserters. It is certain that the sepoys were afraid of the Sikhs, and that the Hindus among them were concealing their fright under the mask of religious scruples—there is no ground so holy as that which men stand in bodily fear of treading on!

On September 23 the Military Government at Lahore sent friendly assurances to Broadfoot, and repeated their overtures again on November 6. On November 20 Broadfoot reported that invasion was imminent; Gough issued preliminary orders for the movement of the 9th Lancers from Meerut to Ambala, and for all other troops to be prepared for immediate movement. On November 23 Broadfoot changed his mind and told Gough that he now considered the invasion unlikely. Gough became very impatient at what he considered to be vague information; when his staff attempted to obtain more exact information as to the numbers and details of the Sikh forces, they claimed to have been obstructed by the jealousies of the Political Agents. Fortescue remarks [10] that it is curious to note how even good men and good soldiers such as George Broadfoot and Henry Lawrence allowed their heads to be turned by their own importance when acting as political agents.

About this time there were several differences of opinion between Gough and the Governor-General, mainly concerned with the movement of troops and the strengthening of garrisons in preparation for the impending invasion. Gough wrote to his son from Ambala on December 2:

[11] '. . . I like him [Hardinge] very much, and he appeared ready to place every confidence in me. But he is very anxious not to fall into the errors of Lord Ellenborough of making war without ample cause to do so. This may be all right politically, but it hampers me, so as to give perfect security to all points. He asks me if I intend to fight the whole Sikh army with the force I have here. I said decidedly I would, were they to cross and threaten seriously Ferozepore or Ludhiana. He said I would be greatly abused in England for fighting with so few men, when I had so many at my command. I pointed out that it was the Government that should get the blame, not me . . . I like him much as a gentlemanly man. But I think I see he is a politician and will make the most of everything. I have been amused by finding my suggestions almost verbatim sent to me a few days afterwards, as coming at once from the Government, and asking my opinion of what I originated . . .'

There is some disagreement as to when Littler, at Ferozepore, asked for reinforcements; Gough claimed it to have been the end of November; in Hardinge's biography it is given as December 6. It is not known whether there was a delay in sending them; at any rate, they did not arrive in time. Hardinge wrote:

[12] 'My views have always been expressed and recorded that the force there [at Ferozepore] should be increased, and I am therefore very glad to have my opinions supported by the Commander-in-Chief.'

Obviously, the situation was not too comfortable; Hardinge's extreme reluctance to give any pretext for hostilities having moved him to take risks probably greater than he desired. In rebuttal of some unjust criticisms made against him in the *Quarterly Review*, the Governor-General later published a table showing the respective strengths of the forces when he arrived in India and at the outbreak of hostilities. This shows that he did his best to strengthen vital points with the troops he had at his disposal and without giving undue aggravation to the Sikhs.

Post	Strength as left by Lord Ellenborough	Strength at outbreak of war	Increased preparation made by Hardinge
Ferozepore	4,596 men 12 guns	10,472 men 24 guns	5,876 men 12 guns
Ludhiana	3,030 men 12 guns	7,235 men 12 guns	4,205 men 0 guns
Ambala	4,113 men 24 guns	12,972 men 32 guns	8,859 men 8 guns
Meerut	5,873 men 18 guns	9,844 men 26 guns	3,971 men 8 guns
Whole frontier exclusive of Hill Stations which remained the same	17,612 men 66 guns	40,253 men 94 guns	22,911 men 28 guns

The events of the last few days of peace are adequately covered in the despatch of Sir Henry Hardinge to the Secret Committee at India House:

[18] 'I had moved with my camp on the 6th December from Umballa towards Ludhiana, peaceably making my progress by the route I had announced, with the intention of visiting the Sikh protected states, according to the usual custom of my predecessors. In common with the most experienced officers of the Indian Government, I was not of the opinion that the Sikh army would cross the Sutlej with its infantry and artillery. I considered it probable that some act of aggression would be committed by parties of plunderers, for the purpose of compelling the British government to interfere, to which course the Sikh chiefs knew I was much adverse; but I had concurred with the Commander-in-Chief, and the chief secretary to the government, as well as my Political Agent, Major Broadfoot, that offensive operations, on a large scale, would not be resorted to . . . Up to this period, no act of aggression had been committed by the Sikh army. The Lahore

government had as good a right to reinforce their bank of the river Sutlej, as we had to reinforce our posts on that river. The Sikh army had, in 1843 and 1844, moved down upon the river from Lahore and after remaining there encamped for a few weeks, and had returned to the capital. These reasons, and, above all, my extreme anxiety to avoid hostilities, induced me not to make any hasty movement with our army, which, when the two armies came into each other's presence, might bring about a collision. The army had, however, been ordered to be in readiness to move at the shortest notice; and on the 7th and 8th December, when I heard from Lahore that preparations were making on a large scale for artillery, stores, and all the munitions of war, I wrote to the Commander-in-Chief directing His Excellency, on the 11th to move up the force from Ambala, from Meerut, and from some other stations in the rear. Up to this time no infantry or artillery had been reported to have left Lahore, nor had a single Sikh soldier crossed the Sutlej. Nevertheless, I considered it prudent no longer to delay the forward movement of our troops, having given the Lahore government the most ample time for a reply to our remonstrance. On the 9th, at night, Captain Nicholson, the assistant political agent at Ferozepore, reported that a portion of the Sikh army had approached within three miles of the river. On the other hand, the information received by Major Broadfoot that day from Lahore, was not of a character to make it probable that any Sikh movement on a large scale was meditated. On the 10th no intelligence was received from Lahore confirmatory of Captain Nicholson's report, and the usual opinion continued to prevail that the Sikh army would not cross the Sutlej. The British troops, however, marched on the 10th, 11th, and 12th, in pursuance of the orders given on the 7th and 8th; and the whole of the forces destined to move up to the Sutlej were in full march on the 12th . . . Up to the morning of the 12th, the information received from Lahore had not materially varied; but the reports received on that day showed that the general aspect of affairs appeared more warlike. Still no Sikh aggression had been committed, and no artillery had moved down to the river.

'On the 13th, I first received precise information that the Sikh army had crossed the Sutlej, and was concentrating in great force on the left bank of the river.'

SOURCES

1, 6, 8, 9, 12. *Life of Lord Hardinge*—Lord Hardinge of Penshurst (1891)
2, 3, 4, 5, 7, 11. *The Life and Campaigns of Hugh, 1st Viscount Gough*—Robert S. Rait (1903)
10. *A History of the British Army*, Vol. XII—Sir John W. Fortescue (1927)
13. *History of British India*—Charles MacFarlane (1873)

5

Battle in the Dust

On December 11th, 1845, half in tumult and half in awe, the Sikh army surged forward and, to the British surprise, crossed the Sutlej river. Having broken the Treaty so that they were now face to face with the mighty power that had struck down empires, it seemed that they were startled by their own audacity so that they remained motionless for some days.

Partially entrenching one portion of their forces, they timorously kept the other out of harm's way, as a reserve. Counsels were divided, many wanted to push on at once and destroy the weak British force at Ferozepore, others wished to wait in force, and overwhelm the main British army. If possible, they desired to kill or capture the Governor-General of India, whom they knew to be with it.

The news of the Sikh crossing caused Sir Hugh Gough to leave Ambala with the infantry on the 12th—the cavalry going off on the previous day. The area around Ferozepore was the target of the marching columns. Ambala, the principal station in support of the advanced posts, was 160 miles from Ferozepore. The only other force of any size was the eight or nine thousand men at Meerut, nearly 120 miles from Ambala and about 280 from Ferozepore. Because of scarcity of water, the only road for an army to march from Basian to Ferozepore passed through Mudki, a village twenty miles from Ferozepore, with Ferozeshah about midway between the two.

On the 13th the Governor-General put out a proclamation, declaring the cis-Sutlej states to be annexed to the British territories, and calling upon the chiefs of those states for co-operation and loyalty.

The Ferozepore force was under the command of Sir John Littler, an experienced, trustworthy and very capable soldier, daring, resolute, and self-reliant. Under his command he had two troops of horse artillery, and two light field batteries of 6 guns each; H.M.'s 62nd Foot, the 12th, 14th, 27th, 33rd, 44th, 54th and 63rd Regiments of Native Infantry; the 8th Native Light Cavalry, and the 3rd Irregulars—altogether about 7,000 fighting men, taking the infantry regiments' strength as about 700 each and the cavalry 300. The composition of the force was almost entirely native, a grave disadvantage considering the very exposed position of the town; but as there was no barrack accommodation for another British regiment, the reinforcement had been postponed. As soon as Littler heard that the Sikhs were crossing the Sutlej, he summoned his commanding officers and asked for their advice. Without exception, they recommended throwing up entrenchments to fortify the station. Littler dismissed them without a word; finding that the Sikhs had entrenched themselves on the south bank, he marched out and offered them battle.

On December 6th, Littler had asked for another European regiment, and on the 10th H.M.'s 80th Foot were ordered from Ambala to Ferozepore. However, this regiment did not leave until the Sikhs were between them and the town, and consequently did not reach Littler. On the 12th the Governor-General rode over to inspect Ludhiana; without prior consultation with the Commander-in-Chief, he ordered the place to be evacuated and its garrison to move to Basian. Here, he felt, the troops could be much more usefully employed in protecting the grain depot in case of sudden attack. Brigadier Wheeler's force at Ludhiana consisted of H.M.'s 50th Foot, the 11th, 26th, 42nd, 48th and 73rd Regiments of Native Infantry, one regiment of Native Cavalry and two troops of horse artillery—about 5,000 men and 12 guns. Had the Sikhs pushed forward immediately after crossing the Sutlej, and marched upon Basian, instead of halting until the 16th, it must have fallen into their hands, for it was not until the afternoon of the 14th that General Wheeler arrived in front of Basian. General Gough arrived there on the 16th with the Ambala force. If the Sikhs had captured Basian, seven to ten days would have elapsed before new arrangements could have been made to provision the Ambala force. Then, the Sikhs could have concentrated upon Ferozepore, which would almost certainly have fallen, lacking fortifications capable of withstanding their heavy artillery.

Littler's bold action had a rewarding effect in that it discouraged the Sikhs from attacking the town although its capture appears to have been part of the plan of operations of the Sikh leaders after crossing the Sutlej. They intended to cut off Sir John Littler with part of their force, whilst the remainder was to attack the Ludhiana detachment before the troops from Ambala could effect a junction. The Sikhs considered the danger to Ferozepore would compel the Ludhiana force to advance at once in the hope of relieving Littler. Instead, his daring course aided by the great marching achievement of the Ambala regiments had forestalled them.

The strong garrison at Ambala was under a most able and gallant soldier, Major-General Walter Raleigh Gilbert. It consisted of H.M.'s 9th, 31st and 80th Regiments of Foot; the 16th, 24th, 41st, 45th and 47th Regiments of Native Infantry, the 3rd Light Dragoons, 4th and 5th Regiments of Light Cavalry, and the Governor-General's Bodyguard. There was also the 29th Foot at Kassauli and the 1st Bengal European Light Infantry at Subathu, both in the hills. This force totalled about 10,000 men, and was ready to move at a moment's notice. A certain amount of transport was kept ready for immediate use, but beyond that transport animals, mostly camels, had to be requisitioned and then obtained by the civil authorities. The Commissariat Department was reasonably efficient, and supplies of all sorts were generally obtained in full and without delay. By Hardinge's urgent request, Broadfoot had arranged for supply depots for 10,000 men at intervals of twenty miles between Meerut and Ferozepore. By high-handed methods coupled with great exertion this was accomplished. The transport situation was not good, being scanty and relatively unorganised. Similarly, the troops themselves were not brigaded and knew little of their comrades or commanders.

The 80th Regiment (the South Staffs) served with great distinction in this campaign, their setting out is colourfully described in a letter written by Captain John Cumming from Lahore to his father in the Orkneys:

[1] 'On the words, "The Sikhs have crossed the Sutlej!" a shout of defiance ran along the regiment, but as it died away a wail of lamentation was heard along the whole line of carts occupied by the women and children. The Colonel came to me and said, "Cumming, your health is broken" '—Cumming had very re-

cently lost his young wife and was desolate—' "and I have no one here who can so well perform what is required. Go back to Ambala, take command of the depot, do what you can for our poor women and children and try to preserve the baggage." '

Cumming, who had no desire to exchange the post of Company Commander for that of billeting officer, protested to no avail. Accordingly, he rode at full speed to Ambala where he procured 'barracks for the women, a hospital for the sick, a store for baggage, and horses for the officers' wives'. After what he describes as an 'exhausting afternoon' he went out to meet the incoming stream of humanity and baggage, and ultimately 'got them comfortably settled'. His duty done, he set off again at full gallop to overtake the army, and participate in the battle. His horse died under him, but he reached his objective.

The country between Ambala and Mudki was dead flat, overgrown with camel-thorn and low jungle trees without any undergrowth. It was very sandy and dusty, the roads were mere tracks and extremely heavy for both foot and wheeled transport, being better suited for camels. The sand and jungle alternated with ploughed land, where thick dust obscured the air, and the hot sun beat mercilessly down upon the heavily burdened soldiers; the nights were cold and chill. There were very few villages and little or no water except from the wells dug by the villagers, while food was scarce until they reached Wadni where grain was available. There was neither time nor means to cook rations of meat. The force marched 16 miles to Rajpura, on the 12th, 18 to Sirhind on the 13th, 20 on the 14th to Isru, 30 on the 15th to Lattala, and 30 to Wadni on the 16th, when they overtook the Ludhiana troops of General Wheeler, which had marched with the Governor-General via Basian. Ensign William Hodson, fresh from England, had recently joined the force and gives a vivid impression of the camp of the Indian army and of Gough's march from Ambala:

[2] 'I wonder more every day at the ease and magnitude of the arrangements, and the varied and interesting pictures continually before our eyes. Soon after 4 a.m. the bugle sounds the reveille and the whole mass is astir at once. The smoke of the evening fires has by this time blown away and everything stands out clear and defined in the bright moonlight. The Sepoys bring the straw from their tents and make fires to warm their black faces on all sides and the groups of swarthy redcoats stooping over the blaze with a white

background of canvas, and the dark clear sky behind all produces a most picturesque effect as one turns out into the cold. The multitude of camels, horses and elephants, in all imaginable groups and positions—the groans and cries of the former as they stoop and kneel for their burdens, the neighing of the hundreds of horses mingling with the shouts of the innumerable servants and their masters' calls, the bleating of sheep and goats, and louder than all, the shrill screams of the Hindoo women, almost bewilder one's senses as one treads one's way through the canvas streets and squares to the place where the regiment assembles outside the camp.'

[3] '. . . the stern, determined-looking British footmen, side by
three to one as usual, Gough's force moved from Ambala. Hodson went with them, studying the unfamiliar troops as he rode:

[3] '. . . the stern, determined-looking British footmen, side by side with their tall and swarthy brethren from the Ganges and Jumna—the Hindu, the Mussulman, and the white man, all obeying the same word, and acknowledging the same common tie; next to these a large brigade of guns, with a mixture of all colours and creeds; then more regiments of foot, the whole closed up by the regiments of native cavalry; the quiet-looking and English-dressed Hindoo troopers strangely contrasted with the wild Irregulars in all the fanciful un-uniformity of their costume; yet these last are the men I fancy for service.'

He had not been in the country long, but already he was looking ahead.

The British troops were in high spirits because the long uncertainty was at an end. They were not worried about the odds: British troops for so long had faced odds and conquered in India. Some of the officers were aware of the bravery and fighting power of the Sikhs, even if higher circles tended to discount them, and, these officers regarded the situation with some anxiety.

When the force arrived under the walls of the fort of Wadni, they found it to be garrisoned by Sikhs, who refused to release any supplies. The horse artillery were sent to the front and unlimbered; the Sikhs changed their minds and allowed the force to take the much-needed supplies. The Bengal Horse Artillery were almost a *corps d'élite*, the men being the pick of those recruited by the Company, of magnificent physique and with a distinctive uniform. The jacket was much the same as that worn by the Royal

Horse Artillery in later years, but instead of the busby they had a brass helmet covered in front with leopard skin, surmounted by a long red plume which drooped over their backs like that of a French Cuirassier; with white buckskin breeches and long boots, they were most picturesque. The Wadni fort still held out, and as the heavy guns had not yet come up, the 1st and 2nd Divisions resumed their march the following morning, leaving the rearguard to put down the resistance. It was here that the Governor-General gave up three hundred camels and sixty elephants, transferring all his baggage animals to the Commissariat for the conveyance of stores and supplies.

On the 17th, the rest of the men from Ambala joined the force. A short march westward to Charrak took place on this day, giving the weary men and beasts some rest. The whole march up from Ambala had been exceptionally rapid and through an exceedingly trying country—so far they had marched over 100 miles in five days. At dawn on the 18th the camp came to life, shivering camp-followers congregating around the expiring fires, amid the roaring of the camels, the babel of tongues and the heavy tramp of the troops as they marched off. The dark forms of the elephant contingent adding a mysterious character to this moving mass, causing it to resemble a stirred-up antheap. The long lines of camels, the troops in column of route, the grey-headed Subadar and the light-hearted Ensign, all pointed to the unmistakable fact that it was an Indian army on the march. The whole force was between 11,000 and 12,000 strong; formed of five regiments of cavalry (grouped in one Cavalry Division) and three Infantry Divisions under Generals Smith, Gilbert and McCaskill; only one division was complete, the other two being practically no more than strong brigades. There were five troops of horse artillery, and two field batteries, altogether 42 guns. Of the 13 battalions of infantry, only four were British.

There has been some controversy as to whether the army was actually surprised by the Sikhs at Mudki, but it would certainly seem that they were aware that the enemy was in the vicinity, although not a great deal was done by them to prepare for any offensive action. The advance was covered by Irregular Horse, accompanied by Broadfoot, who reached Mudki in advance of the main body, and found the village in the possession of some parties of Sikh horse. He sent this information back to Sir Hugh, who changed his formation from column of route to order of battle, and marched on. This day's march was most harassing, at one time over heavy ploughed land, then through low thorny jungle which broke up all order, then again over heavy sand, the most fatiguing of all ground for an army on the march. The rising dust was blinding, and clogged the throats and nostrils of the soldiers. On reaching Mudki at about 1 p.m. it was found to be abandoned by the Sikhs, so the force halted and occupied the place. The cavalry and infantry came up, the latter completely exhausted and suffering badly from thirst.

It was a typical Punjab village, with mud walls and houses, a well and a ramp for well-buffaloes, and a mill where a blindfolded camel would walk round and round. Now, it was completely deserted. In front of the village there was a tank, or pond; maddened by thirst, the men, horses, and camels rushed impetuously to it. When all had drunk and order was regained, the camp was marked out, picquets were posted, and in the fields and scrub across the plain the tents went up. The stragglers were stretching for miles in the rear.

There were scarcely 50 men of the 31st Foot with the colours, and, as the troops began to prepare their meal, they drifted wearily in. No one had eaten since the previous evening, but it was not possible to begin to cook a meal until the baggage camels came in with the cooking utensils. They came in in ones and twos, and as the tired men bestirred themselves to cook their food the smoke of camp fires began to hang in the air. The Commander-in-Chief, the Governor-General, Broadfoot, and Havelock were sitting on the ground under the shelter of a small tent having a meal. An orderly rode in and handed Broadfoot a note. Leaping to his feet, he called out 'The enemy are upon us!' and dashed out. Mounting, he disappeared towards the front. The clear bugle notes filled the air on all sides; the weary men painfully urged their stiffened limbs from the ground. Abandoning their half-cooked food, British and native troops hurried into their equipment, horses were quickly saddled, and discipline gradually asserted itself as the men came to arms.

Away to the front a distant cloud of dust was rising and spreading across the countryside. Broadfoot returned and Havelock heard him say excitedly to Gough, 'There, Your Excellency, is the Sikh army!' Gough's biographer claims that this did not come as a surprise to the Commander-in-Chief who, it is claimed, had sent out Captain Frederick Haines, his Military Secretary (later Field-Marshal Sir Frederick Haines), to keep watch. Haines is reported to have met up with a cavalry picquet under Captain Quin, who said he had been watching distant clouds of dust for some time. Nevertheless, the fact remains that the troops formed up in a great hurry, without finishing their hard-earned meal, and under fire from the Sikh artillery. If he did know that the Sikh army was approaching, it is astounding that the Commander-in-Chief took so few pains to ensure that his force prepared to meet them in the best heart and under the most propitious conditions.

Now began the last of the wars in which the army, still geared to Waterloo and the Napoleonic Wars, went into battle with an Order of Battle and the old-style dress, with their leaders Peninsular veterans. It was fought in the cold climate of a Northern Indian winter, where the army dressed as they did in Europe, with uniforms and accoutrements that had not changed to any marked extent since Waterloo in 1815. The Indian battalions, like the Europeans, had scarlet coatees and white cross-belts, with white drill-covered shakos, which some brigades discarded as the weather grew cold. The Order of Battle *was* an Order of Battle, and the troops formed up and fought accordingly, each unit in line or column, the cavalry on the flanks, the artillery in the intervals.

Seeing the British force moving to meet them, the Sikhs halted and took up a position in the dense low jungle, among a maze of copses and sandhills, with their numerous guns positioned in the intervals between the infantry, and strong bodies of cavalry on the flanks.

Anxious to get at the enemy, Gough urged his men forward; at the head of his Staff, with Havelock in the van, he cantered off towards the front. The horse artillery, with a great flourish, galloped towards the jungle, unlimbered, and opened fire—the plain reverberated with the cannonade as the heavier Sikh artillery replied. Havelock's horse, Feroze, was killed in the very first salvo and fell, crushing its rider's leg; but he disentangled himself and jumped unhurt to his feet. Major Broadfoot came up with a spare pony and remounted him, and together they rode off after Gough and the Staff. The British horse batteries had reached

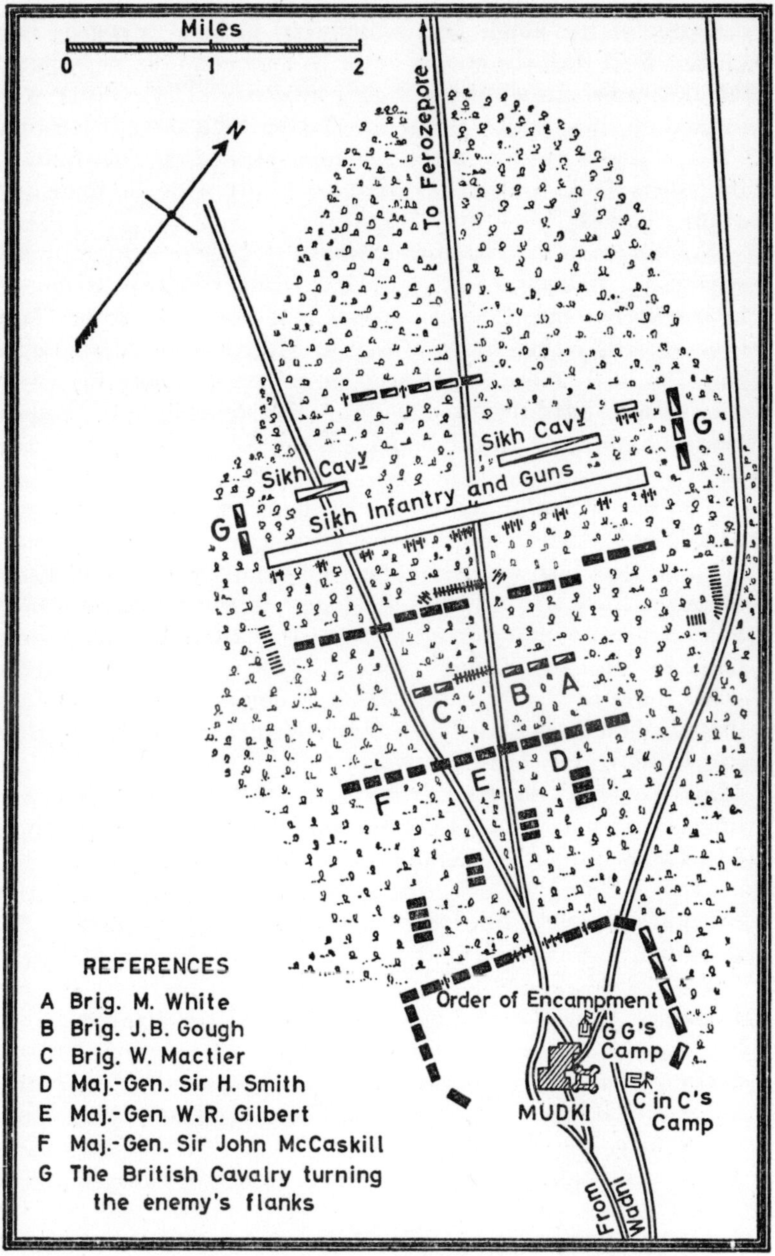

Battle of Mudki, December 18, 1845

the edge of the jungle and unlimbered in line, to engage in a spirited duel with the enemy guns. Gunners and horses began to fall fast under a hail of grape and musketry. The artillery were flanked on their left by Brigadier Mactier with the 9th Irregular Cavalry and a portion of the 4th Lancers, and on their right by Brigadiers J. B. Gough and Michael White with the remainder of the cavalry.

Not everyone showed as much spirit; a [4] letter written by Private J. W. Baldwin of the 9th Foot recalls that two privates of his regiment—one from Liverpool and the other from Cornwall—hastily retired to the village of Mudki when the battle began. Paraded before their regiment after the action, the Liverpool man asserted that '. . . he didn't like shooting folks', and the Cornishman '. . . why should I kill the Sikhs? They didn't kill I!'

The line of battle began to take shape as the twelve infantry battalions formed from echelon of brigades into line, under heavy fire from the Sikh artillery. The Divisional Generals and Brigadiers, on their weary horses, took post to the front, Sir Robert Sale, Afghan War veteran and Quartermaster-General, close at hand to Sir Hugh Gough, who had put on his white 'fighting coat' (now in the National Army Museum at Camberley), so that all should see him. The infantry formed up into line and began to move forward—Sir Harry Smith's division on the right, Major-General Gilbert's in the centre (lacking its European contingent which had not yet joined) and Sir John McCaskill's on the left. The British force was made up of:

Brigadier Mactier: 9th Irregular Cavalry, ½ 4th Lancers.
Brigadier J. B. Gough: 5th Light Cavalry, Governor-General's Bodyguard.
Brigadier White: 3rd Light Dragoons, ½ 4th Lancers.

Smith's Division
Wheeler's Brigade: H.M.'s 50th Foot, 42nd and 48th Native Infantry.
Bolton's Brigade: H.M.'s 31st Foot, 24th and 27th Native Infantry.
Gilbert's Division 45th Native Infantry, 2nd and 16th Grenadiers.

McCaskill's Division H.M.'s 9th and 80th Foot, 26th and 73rd Native Infantry.

Artillery Brigadier Brooke: 5 Horse and 2 Field Batteries.

The British guns were being gallantly handled, the field batteries having joined the horse artillery. After about half an hour Brooke advanced them all up to the very edge of the jungle where they maintained a smart cannonade, in spite of being under a positive hail of bullets and grapeshot. They were only light field pieces, 6 and 9-pdrs., up against the heavier Sikh 12 or possibly even 18-pdrs. The British gunners had little to guide their aim save the smoke of the enemy artillery, as the opposing guns were hidden and protected by the jungle. In his despatch, Sir Hugh Gough claimed that the British artillery 'paralysed' the Sikh guns into silence, which is perhaps a little colourful considering the disparity in numbers and weight of metal; but it is certain that the Sikh fire did slacken as their guns were silenced or temporarily withdrawn.

Nearing four o'clock, only about an hour of daylight remained. The scarlet and blue lines of the British and Native Infantry moved forward, heads bowed under the hail of fire as though moving through heavy rain. The Sikh cavalry, on their flanks, stirred and began to come forward in a double enveloping movement, made possible because their line extended beyond both British flanks. This very apparent danger was noted by Gough, who hastily sent off gallopers to put his own flanking cavalry into action. He accompanied the man sent to the right flank and actually rode out a couple of hundred yards with the advancing cavalry, giving his orders to Brigadier White. Reluctantly, he sat looking after them for a moment before turning back to superintend the dispositions of the infantry for the frontal attack. The 3rd Light Dragoons, Governor-General's Bodyguard, 3rd Light Cavalry and part of the 4th Lancers tackled the Sikh left flank horsemen, while Brigadier Mactier crashed into action simultaneously against the Sikh right. Havelock had accompanied Gough, only to be brought crashing to the ground again as his pony was killed by musketry fire. Again the faithful Broadfoot conjured another pony out of thin air and remounted him, remarking that [5] '. . . it appears to be of little use to give you horses, you are sure to lose them!'

In his memoirs the Governor-General wrote that a sort of [6] '. . . Balaclava mêlée now took place among the opposing cavalry, except that the Sikhs made a more determined stand than did the Russians against Scarlett's Heavy Brigade.' The 3rd Dragoons particularly distinguished themselves in this charge, and won for themselves the title of the 'Mudki Wallahs'. The Sikh cavalry were put to flight on both flanks, this enabled the British and Native Horse to turn the enemy flanks. On the Sikh left, the 3rd Dragoons disappeared into the jungle at the gallop to sweep along the rear of the Sikh position, sabreing gunners and infantry amid great confusion. But for the restricting limits of the jungle, this dashing movement would have been even more decisive. The regiment had lost over a hundred horses and men at this stage. For some reason, little more is heard of the British cavalry; few reports mention them again, and it seems hard to assume that they left the field, considering their task well and truly done!

Under cover of these charges, the infantry were advancing in irregular lines, being checked in their dressing and ordered to close up and fill in the gaps by officers and zealous sergeants. Moving in echelon of brigades from the right, Harry Smith's division was leading, with Wheeler's brigade on the right and in succession to the left of it, Bolton's brigade, the four battalions of McCaskill's division and then Gilbert's three. Thus, the order of the battalions would most likely have been:

Left Wing

2nd Grenadiers
45th Native Infantry
16th Grenadiers
H.M.'s 80th Foot
73rd Native Infantry
26th Native Infantry
H.M.'s 9th Foot
47th Native Infantry
H.M.'s 31st Foot
42nd Native Infantry
48th Native Infantry
H.M.'s 50th Foot

After the battle, Gough claimed to have had only 12 battalions in action—probably the 24th Native Infantry were left in Mudki as baggage guard.

The British guns had closed to the centre in order to support the infantry advance, and Brooke pushed his horse artillery even into the actual jungle wherever possible. If the British infantry could get into close contact, Gough had his battle well in hand—the main hope of the Sikhs rested upon their well-served artillery, as they had only about 2,000 infantry, who kept perfectly steady and maintained a continuous musketry fire. The breaking of the Sikh cavalry had uncovered their flanks, but the nature of the ground prevented the British cavalry from exploiting this fact, and Gough's infantry were committed to the frontal assault.

Now came the first trial of arms between the well-trained Sikh soldiery, who had so impressed the watching British seven years before during their demonstration at Ferozepore, and the native battalions. Soon, the superiority of the Sikhs over the sepoys became apparent; the Company's Indian troops showed a marked reluctance to throw themselves against the half-hidden enemy, of whom little could be seen in the deepening dusk but the red flashes of their muskets. Perhaps their reluctance was logical enough, but it instilled in young Ensign William Hodson, fighting in his first battle, a persistent lack of confidence in native infantry. Hodson found war to be a new and most satisfying experience. Writing to his father, he said: [7]'I enjoyed all and entered into it with great zest till we came to the actual blows, or rather, I am half ashamed to say, till the blows were over.'

His delight in fighting was quite genuine, proved by his exploits during the Indian Mutiny. It is recorded that he spent much of this battle within a few yards of three guns which were mowing down his men with grapeshot as he tried unsuccessfully to get them to follow him and take the position with the bayonet.

The Governor-General and his son, together with Broadfoot and Cuist, the Assistant Political Agent, noted with dismay that the sepoys were panic-stricken and firing their muskets into the air and to their right and left—their officers belabouring them with the flat of their swords and seeming to have lost all control over them. One native regiment turned suddenly towards the rear and began to retire—Gough sent Havelock to bring them back, and he cantered round to face them, crying out '. . . the enemy are in front of you and not behind you!' As Havelock rejoined the Staff on his makeshift pony, he saw gallant old Sale go down, his thigh shattered by grapeshot.

The whole battlefield was now enveloped in a sort of November fog, swirling and eddying clouds of smoke and dust which choked friend and foe alike and caused them to intermingle without being able to distinguish one from the other. Night was falling fast; it was almost dark on this short winter's day, and it became difficult to direct the movements of the troops. British cheers mingled with the guttural shouts of the bearded Sikhs and the thunder of the guns echoed through the trees. Mudki was fought 'blind' almost from start to finish. The gallant British artillery tried hard to aid their hard-pressed infantry by struggling further forward with them, but the density of the jungle made it almost impossible for the guns to force their way through. Similarly, the British infantry could only go forward with difficulty as the jungle prevented any regularity of line, the enemy positions were masked with smoke and dust among the trees, in which Sikh sharpshooters perched high to pick off man after man with deadly accuracy.

The Sikhs were fighting well, their gunners standing nobly to their beloved guns. The intensity, rapidity and precision of their artillery and musket fire indicating that Britain had met a foe superior to any previously encountered in India. Shaken by the enemy and his deadly fire the sepoys were hanging back. Wheeler's brigade, who had been threatened at the outset by the advancing Sikh cavalry, had formed square and would not obey Sir Harry Smith's orders to re-form line and advance; trembling they remained in their squares, firing in all directions—even into the rear of H.M.'s 50th Foot who were moving towards the enemy.

Things were also going badly for Colonel Samuel Bolton's brigade of Smith's division. Bolton, a Peninsular War veteran of the 31st Foot, rode forward on his grey charger, his bugler by his side. 'Steady, 31st, steady!' he roared. 'Fire low for your lives.' A few seconds later Bolton, his horse, and the bugler all fell. Bolton died a few days later. Hardly had the 31st begun to advance when their commander, Lieutenant-Colonel John Byrne, was severely wounded, and the two officers carrying the colours and the rest of the colour party were all killed. The colours were immediately raised by Quartermaster-Sergeant Jones, who carried them throughout the rest of the battle, and was later rewarded by being granted a Field Commission as Ensign. The 31st, reeling under the heavy and continuous fire, were in danger of annihilation, and only the immediate capture of the enemy position could save them. Sir Hugh Gough, the Commander-in-Chief, himself rode up and shouted 'We must take those guns!' A bewildered officer cried, 'But where are they?' The Governor-General's secretary, Major Somerset, putting his hat on his sword and waving it aloft, called for the 31st to follow him and dashed into the smoke. Shooting or bayoneting every man who stood in their path, the 31st bore down on the Sikh guns. The gunners stood their ground to the last, but the bayonet in the hands of infuriated British infantrymen proved decisive. The 9th Foot in the same brigade were also hotly engaged, and it is [8] related how an Irishman of that regiment, rapped gently in the stomach by a spent musket ball, writhed and twisted about on the ground, bellowing at his officer, 'Mr. O'Connor, Mr. O'Connor! I'm kilt! I'm kilt!' There was a roar of laughter as the officer replied, 'Then kindly lie down and keep still, my man!'

On the right Wheeler fell, severely wounded. Seeing this happen, Sir Harry Smith dashed forward on his black Arab horse 'Jim Crow' and seized a colour of the 50th Foot, taking it forward into the heart of the Sikh position. The momentarily wavering 50th Foot rallied and charged furiously after him to capture the guns immediately in front of them. Still further to the left, Sir John McCaskill fell, shot through the heart. Hardinge was in the thick of it, having lent most of his staff to General Gough, who, with Havelock constantly by his side, rode backwards and forwards, conspicuous in his white 'fighting coat', wherever the fire was heaviest or encouragement and control were needed.

Twilight came, with the battle still confused and showing little signs of ending. The fight was sharp everywhere and men on both sides blazed away at nothing or at each other—muskets and guns alike knew no distinction between friend and foe. The Governor-General's official despatch indicates that the Sikh infantry, through sheer lack of numbers, were rather thinly extended in their centre, which materially aided the British attack. The sun set with both sides tired and bewildered; for another ninety minutes they mêléed and died in the dust-laden darkness. The troops of the Khalsa were just as confused as the British; their infantry, when first driven back by Wheeler's brigade, retired blindly to a flank, passing across the greater part of the British line in ragged column to be hustled back once more across Wheeler's front. [9]As Fortescue aptly says: 'Mudki was a blind affair from first to last and was finally stopped by darkness.' Herbert Edwardes, later to become a Field-Marshal, [10]wrote in his Memorials: 'The last two hours of the battle were a series of dogged stands and skirmishing retreats on the part of the Sikh troops, of sharp struggles, gun captures and recaptures, and a British pursuit over five miles of the worst ground that ever two armies fought for. Night closed the contest, or rather the pursuit, and the British Army was left in possession of the field.'

Bayonet pressure on their front and cavalry sabres on their flanks had shaken the Khalsa more than they had thought possible, and it is likely that only the coming of night saved them from an even greater disaster. As it was, they were able to retire steadily at first, their faces turned towards the British, and disputing every inch of the ground. Sir Hugh Gough's official despatch read: [11]'. . . their whole force was driven from position after position with great slaughter and the loss of 17 pieces of artillery, some of them of heavy calibre; our infantry using that never-failing weapon, the bayonet, whenever they stood . . .'

Lieutenant J. P. Robertson of the 31st Foot, a young and high-spirited officer, vividly described the battle in a letter to a brother subaltern. He mentions that he had nothing to eat on the 17th December, not having arrived in camp till after dark, when what little food there was in the officers' mess had been eaten.

[12] 'On the 18th about twelve o'clock I got some chapatties and milk out of a village which we looted to a small extent but only for grub; the sepoys took all they could get, and forced open doors and windows wherever they went—the Soors! [This was in friendly territory and the sepoys were looting from their own countrymen, so we may pardon Lieutenant Robertson's warmth.] We were regularly done up when we got into camp at Moodkee, and lay down on the ground to sleep as the tents were not up. I was just dozing off when I heard a running of men and the order to fall in sharp. We formed a quarter-distance column and went forward immediately, some of the officers with their swords drawn, without their belts, and the men with their jackets off. Old Quigley of the Grenadiers was dressed this way. You may

remember him as one of the oldest 31st men. Forward we went, no one knew where to, but all the other regiments were doing the same. Presently the artillery began to blaze away ahead of us, and we saw the shells bursting in the air. We all forgot sore feet then and went on at kind of run for about three miles, the men calling out, "Come on boys, or they will be away before we get at them." Old Willes was riding his white charger, as he was quite done up and couldn't walk. Tritton and I were his subs. We deployed into line, a short distance from a low, thick jungle, on the other side of which were lots of dust, smoke, and what the men called "A —— row going on." Just as No. 1 was formed something hit the dust in front of us and went whiz over my head. One of the men called out, "Holy Jesus! that was a bullet!" It was the first I had heard, and sounded very nasty.

'We moved forward with lots of sepoy regiments behind us and the 80th on our left. Presently I saw them form square and some cavalry came out of the dust. This proved to be some stragglers from (our cavalry). Two or three of them halted close behind me, and one called out, "Go on, boys, there are lots of them before you. We were through them from right to left." The man was plastered with dirt, and his sword blood-stained. On we went into the jungle, with a tremendous fire of musketry and guns in front of us. Of course we were much broken by the bushes, which would have done well for Light Infantry, but for nothing else, and the men were beginning to get hit. The first person I saw on the ground was Bulkeley, who looked quite dead, and just then there was a sort of rush to the rear of a chief and his followers on horseback, who had been with us all the morning to show us the shortest way. How he got into the fight I know not, but he made the best of his way out again. A beast with two tom-toms, who had been tormenting us all the day with his thumping, nearly rode over us. He was followed by the Hooka Burda, standard-bearer, and the "Bhai-log" in a terrible hurry. The sepoys were doing the same, and one was shot by our men for running away. I saw a batch of them behind a big tree, firing straight up in the air, and shouting to us "Barrow, Broders, Barrow." But no "Barrow" in them!

'The last words I heard Bolton say were, "Steady, 31st, steady, and fire low for your lives!" Cockins, the bugler, was trying to hold the grey horse, when they were all three hit and went down together. This was from the first volley by the enemy. Shortly after Willes was hit, and I took command of No. 1 (which I had all through the campaign). The ball entered his right arm, below the shoulder, and went into his chest, making only one wound. He said he was hit from behind by the sepoys. Young was hit in the back of the neck, and the buckle of his stock saved him, as the ball ran round and came out in front. Hart and Brenchley were both hit in the body, and did not live long.

'We soon got into a regular mob, blazing away at everything in front of us, and nearly as many shots coming from behind us as in front. I saw Napier, the Umballa "Wattle and dab" man, in a blue pea-coat and black sailor's hat, laying about him, and Sir H. Hardinge in a black coat and "tile" with his "star on". Sir Hugh Gough rode up to us and called out, "We must take those guns." Law was standing near us with his legs wide, shouting out, "Charge! Charge!" and hitting the ground with his sword, and sometimes the men's toes (just as he used to set Growler on Shaw's dog). I called out to Sir Hugh Gough: "Where are the guns, and we will soon take them?" and Somerset put his hat on his sword and called out, "Thirty-first, follow me!" We rushed after him through the smoke and had the guns in a moment. On we went and came upon two light guns which the enemy were trying to take off the field; but some of our shots hit the horses and brought them to a stand. They then took a shot at us, not twenty yards off; down we went on our noses at the flash, and the grape went over our heads in a shower. I felt it warm; then a rush, and the guns were ours, the gunners not attempting to run away, but cutting at us with their tulwars. I think those two guns were taken away by the Sikhs later on that night, as I never saw them afterwards. Pollard was shot in the leg at Moodkee, and the sergeant-major, old Mulligan, was cut all to pieces. After it was quite dark the firing was kept up, the men blazing away at nothing, or at each other, and the bugles sounding "cease firing" in all directions. At last they left off firing, and we got something like a regiment formed at quarter distance, but no colours or bugler to sound the Regimental Call, so we got a nigger bugler to try it, and just as he got out a squeak someone nearly knocked the bugle down his throat; this was Sir Harry Smith, who asked what on earth we were making such a row for. We were a long time collecting the men, and then marched back towards camp, but were halted some way in front of it, and had to sleep on the sand till morning. So much for my first battle.'

British troops undoubtedly fired upon each other in the darkness. [13] Sir Frederick Carrie, the Secretary of the Indian Government, wrote to Lord Ellenborough, the former Governor-General of India: '. . . night closed in, the troops were in a low tree jungle, the dust excessive, the soldiers were inextricably mixed in together and it was impossible to distinguish friend from foe, or to tell where anyone was . . .' He also mentioned that twice he was with Sir Henry Hardinge under heavy destructive fire from British guns and muskets, and in the opinion of both, half the casualties of Mudki were caused by the fire of 'our own people.' Private J. W. Baldwin of the 9th Foot recorded: [14] 'Bullets came teeming over our heads as thick as hail stones—had we been mounted on stilts they would have knocked us off!'

Finally, the Sikhs gave way, the cavalry and infantry eventually fleeing in great disorder, and taking with them their commander, Lal Singh, reported to have been lightly wounded. The darkness of the night and the ever-increasing risk of the troops firing into each other, together with their extreme fatigue, made prolonged pursuit impossible, and in the inky blackness of the Indian jungle the roar of battle faded as the buglers all along the line sounded the cease fire. [15] The 31st Foot had no bugler left to sound the regimental call, and actually tried to get a Sikh trumpeter to sound it for them! This is, of course, related in the letter written by Colonel Robertson, who was believed to be the last survivor of Mudki when he died in 1916. Minutes later the silence was shattered by three thunderous cheers wrung from parched throats, and cheering with the rest of them was white-coated, white-haired old Sir Hugh Gough, their Commander-in-Chief.

Everyone was worn out by their arduous day's work and the severe fighting, which foreshadowed the nature of the coming struggle with the Khalsa. The indecisive victory convinced the British leaders that they had to effect a junction with General Littler before attempting anything further. John Lawrence's biographer makes the observation that in this war it was to become a commonplace that, if the issue depended upon the sepoys, who fought only for pay, Mudki would have been a defeat.

By the light of torches, Gough and what was left of his Staff picked their way across the scene, where the wounded and dying of both sides were lying in scores. Heaped round the captured cannon lay the stalwart forms of the Sikh gunners. Over the field itself was the usual mingling of the dead—the Khalsa soldiery, the European linesman, the young officer, with groups of horses and camels, all lay in one shapeless mass. It was midnight before the troops were back at the camp. [16]'Our faces and hands,' as one private wrote, 'covered with blood mingled with dust and filth from all kinds of smoke, our clothes from head to foot painted all over and our once white belts, now sable, besmeared with it.' General Gough did not leave the field until two o'clock in the morning of the 19th, and four hours later he was back upon the scene.

The victory was not a triumph of which to boast—the British loss was 215 killed and 655 wounded.

Personal Staff:	2 officers killed, 2 wounded.
General Staff:	1 officer killed, 1 wounded.
Artillery:	27 killed, 47 wounded.
Cavalry:	81 killed, 87 wounded.
Smith's Division:	78 killed, 339 wounded.
Gilbert's Division:	18 killed, 100 wounded.
McCaskill's Division:	8 killed, 79 wounded.

[17] Lord Hardinge's son relates how, after the battle, he had ridden back to camp in advance of the returning troops. Rushing to the Mess Tent for water, he found Baxu, the old Khansamah, arranging the plates and chairs as if he were preparing for a state dinner at Government House. However, on that night there were several vacant chairs. In addition to Sir John McCaskill and Brigadier Bolton, gallant old Sir Robert Sale, the Quartermaster-General, had died from the effects of the grapeshot wound. Herries, the son of the Cabinet Minister, and Munro, two admirable staff officers, were killed, and Hillier was severely wounded, as were Brigadiers Wheeler and Mactier and Major Pat Grant, the Deputy Adjutant-General of the Army. Among the losses were 13 European officers and 2 Native officers.

In the Cavalry Division, the 3rd Light Dragoons, who took 497 men into action, suffered most severely, losing 2 officers, 56 men and over 100 horses killed, with 35 men wounded—mostly as a result of charging batteries. The native cavalry lost 1 officer and 20 men killed, 6 officers, 1 native officer and 43 men wounded. Among the infantry, the bulk of the fighting had fallen upon Sir Harry Smith's division—the strongest of the three—in which H.M.'s 31st Foot lost 156 of all ranks, H.M.'s 50th Foot 125 of all ranks, and the native corps 136 of all ranks. The 47th Native Infantry, which were brigaded with the 31st, did not have a tenth as many casualties as the European regiment. General Gilbert's division lost 118 of all ranks. In McCaskill's division the only officer killed was its commander: H.M.'s 80th Foot had 24 casualties. H.M.'s 9th Foot 52 casualties, and the native regiments only 11 casualties between them! Hodson's regiment, the 2nd Grenadiers, in Gilbert's division, had 71 casualties, whilst the 42nd Native Infantry of Wheeler's brigade had 89.

These figures show that the bulk of the work fell upon the British troops. [18] Lord Hardinge in a private letter to Lord Ripon wrote: 'There can be no doubt that the following reasons may have operated prejudicially upon the native Corps. The troops having been collected from various points, and constantly engaged in marching, had only been brigades on paper . . . The troops therefore were not in that state of organisation and formation so essential to discipline and field movements. The Brigadiers and their staff were unknown to the men, and the men to the brigadiers, while at Mudki the confusion of the attack, combined with the facts above noticed, had created a feeling that the army was not well in hand.'

Whether or not these statements, made by the Governor-General to the President of the Board of Control, imply some censure upon the Commander-in-Chief is not clear. Gough appears to have had time to get this matter organised during the period when there were large troop concentrations at Ambala, Ludhiana, Meerut and Ferozepore, before the Sikhs crossed the Sutlej. Gough's biographer maintains that the political considerations which had guided the Governor-General had deprived the Commander-in-Chief of any opportunity of assembling his troops near the frontier and brigading them other than on paper, or of bringing together the frontier troops and the brigadiers and staff. This lack of acquaintance, he goes on to say, between brigadiers and men was merely one of the consequences of the policy of inactivity which circumstances forced upon the Governor-General, and for which he had the sole authority and responsibility. Gough himself wrote to his son, in the same connection: [19]'. . . you are aware that, however expedient in a political point of view, I had it not in my power to arrest this evil.'

Hardinge always maintained the opinion that sepoys resembled the Portuguese, in that they had their fighting days; in this conclusion he obviously drew upon his experiences in the Peninsular some forty years previously. At the close of the campaign, when their dread of the Khalsa troops had more or less disappeared, they fought at Sobraon with a determination sharply contrasting with their former unsteadiness, and vied with the European troops in their attack upon the breastworks.

Part of the loss must be ascribed, not only to the courage, but to the fanaticism of the Sikhs. Their gallantry and discipline in the fighting evoked admiration from all—but, brave as they were, they expected no mercy and they gave none. They killed and mutilated the wounded in the same way as did the Zulus and Dervishes of later colonial wars. Even when their own lives had been spared by the orders of British officers, the Sikhs were known, in several circumstances, to have fired upon their deliverers as soon as their backs were turned. So strong was the indignation excited among the 3rd Light Dragoons, who were horrified to find their comrades, wounded in the splendid charge, cruelly murdered, that 'Remember Mudki' became a battle-cry and many Sikhs were ruthlessly slain who would otherwise have been spared.

The Sikh losses were severe, the ground being covered with their dead and wounded—although one account claims that it is possible that their casualties did not exceed those of the British. Seventeen of their guns were captured, five being carried away. The British cavalry were masters of the field and it is difficult to understand how they permitted a fleeing foe to take with him nearly twenty-five per cent of his artillery strength. The Sikhs had also lost the field of battle, but they had not lost their honour, having been less decisively beaten than were most Indian armies.

The whole action was unsatisfactory and unduly costly. Sir Hugh Gough, writing to his son on December 19th, regretted the necessity of a night attack, which he said was forced upon him by the Sikh advance—to encamp was out of the question, he stated. Sir Harry Smith, however, deplored the advance into the jungle instead of awaiting the Sikhs on the plain. [20]Fortescue says that it is not obvious why Gough should have hurled his troops headlong into woodland fighting in their first action. Men, unless they are experienced veterans, invariably shoot each other under these conditions and, in this case, the soldiers did not know their commanders nor their comrades outside their own regiments, and they were further exhausted by a series of forced marches. On the other hand, Gough may have felt that the Sikhs would decline an action if they found him ready; and his instinct to fly to an Asiatic enemy as soon as he showed himself is not, in principle, unsound. In the face of natives boldness is a great virtue, and it could be said that it was of some importance that the British should be the attackers and not the attacked. Had Gough awaited the enemy in the open and the Sikhs refused battle—as they well might in view of the numbers—Gough would have lost an opportunity of crushing this isolated detachment and would doubtless have been even more severely criticised for excessive caution.

It may be suggested, with some justification, that Gough would have done well to have permitted his men to finish their meal and rest a little longer before advancing. But time was pressing and, in actual fact, events were to show that the exertions Gough asked of his troops, in his anxiety to close with the enemy before they could escape, were not beyond their powers.

The 19th of December was devoted to rest and the care of the wounded—in fact, for two days the British Army licked its wounds. Early in the morning of the 19th, parties were sent out to bring in the wounded, cavalry outposts pushing forward to cover them and to enable the artillery to bring in the captured guns. Owing to the rapid advance, the arrangements for the Field Hospital were incomplete, and the unfortunate wounded suffered greatly, being without proper shelter or food. The medical men did their best, but rice-water and coarse wheaten cake, prepared for the elephants, were the only available 'hospital comforts'.

Because of the nearness of the Sikh army, the troops remained under arms all day, ready to fall in should a fresh attack threaten. An enemy reconnaissance with a large body of cavalry created an alarm in the camp, the troops being turned out to take up a very inadequate position in front of Mudki. The mud fort in the village was quite tenable although never used militarily. At about 1 p.m. the men were allowed to cook their dinners, and in the afternoon all was peaceful.

The nearest reinforcements were the 1st European Light Infantry, quartered at Subatu, and H.M.'s 29th Foot at Kassauli, together with a division of heavy guns (two 8-inch howitzers) and some native infantry. The manner in which these units mobilised and moved forward is worthy of note. They received their marching orders at about ten o'clock on the evening of December 10th. That night was taken up with medical examinations, weeding out the unfit and those in hospital, which amounted to about 60 men in the case of the 1st European Light Infantry so that they eventually marched out about 800 strong. Much the same procedure took place at Kassauli, and both regiments were on the march early on the morning of the 11th, each man carrying 100 rounds of ball ammunition in addition to his normal equipment. Both units received their camp equipage and transport from the commissariat department at Kalka and carried on to Munny Majra, marching about 23 miles in the first day. A day was spent at that place, whilst the 29th waited for the 1st, who were a day's march further back. On the 13th the whole force marched, with the heavy guns, in double marches, doing from 20 to 35 miles per day. On the evening of the 18th they heard heavy firing in front and they struggled on unsuccessfully in an attempt to reach the field. When they got near Mudki on the 19th, Sir Henry Hardinge sent out his elephants to help bring them in, and also a string of camels with fresh water, whilst the bands of the regiments that had fought at Mudki played them into camp. They had marched almost 200 miles in nine days, and were the last possible reinforcements that could reach Sir Hugh Gough for weeks. Their arrival enabled the skeleton brigades of the divisions commanded by Gilbert and Wallace (who had succeeded McCaskill) to be filled out somewhat, whilst Colonels Hicks and Ryan took the places of Bolton and Wheeler as brigadiers in Sir Harry Smith's division.

One of the most important events of the 19th took place in the evening, when Sir Henry Hardinge, who was junior in rank to Gough in the army, waived his rank as Governor-General and volunteered to serve as his second-in-command. Hardinge's biographer (his son, who was present at the time) reports that Sir Henry actually placed his military services formally and unreservedly at the disposal of Sir Hugh Gough, who suggested that he could serve in no other capacity than second-in-command. Sir Hugh reports in his despatch: [21]'This evening [the 19th] in addition to the valuable counsel with which you had in every emergency before favoured me, you were pleased yet further to strengthen my hands by kindly offering your services as second-o-in-command in my army. I need hardly say with what pleasure the offer was accepted.' It was an act of chivalry, which has frequently been described as quixotic; but since Sir Henry would not, as a soldier, see a battle going on without taking part in it, it might have been better that some definite function be assigned him. At Mudki he had, in a manner of speaking, made himself generally useful and took charge of the 3rd Division after McCaskill fell; now he was to command the left wing. It was an act of doubtful wisdom, likely to strain at critical moments the always difficult relations in the field when the Governor-General and the Commander-in-Chief are present at one and the same time. The offer was obviously made in good faith, with an attractive lack of red tape or official dignity. To those who claimed it was rash and derogatory, [22]Herbert Edwardes observed: 'We have every respect for the abstract dignity and high mightiness of the Governor-General of India, embodying as it does the responsibility of the Great Mogul with the infallibility of the Pope, but we are among those who think that to lead a wing of a British Army against the enemies of this country can derogate from the dignity of no man.'

Nevertheless, two days later it added greatly to the difficulties of an already delicate situation and possibly had a great influence on the progression of the battle that was said to have saved India.

SOURCES

1. *The Army Quarterly*—January 1937
2, 3, 7. *Rider on a Grey Horse*—Barry Johnson Cork (1958)
4, 8, 14. *History of the Norfolk Regiment*—F. Loraine Petre (1905)
5. *The Way to Glory*—J. C. Pollock (1960)
6, 13, 17, 18. *Life of Lord Hardinge*—Lord Hardinge of Penshurst (1891)
9, 20. *A History of the British Army*, Vol. XII—Sir John Fortescue
10, 22. *Memorials of the Life and Letters of Major General Sir Herbert B. Edwards*, by his wife. 2 Vols. (1886)
11, 21. *Despatches of the War in India* (1846)
12. *History of 31st Foot (East Surrey Regiment)*—Colonel Hugh W. Pearse, D.S.O. (1916)
15. *History of the 31st Foot (The East Surrey Regiment)*—Hugh W. Pearse and H. W. Sloman (1898
16. *A History of the 50th or Queen's Own Regiment*—Colonel Fyler (1895)
19. *The Life and Campaigns of Hugh, 1st Viscount Gough*—Robert S. Rait (1903)

6

Hardinge Puts His Foot Down

Ferozeshah, the most terrible battle of British Indian history, is the battlefield of Kipling's [1] *Snarleyow* and 'the batt'ry of the corps'—he was told the true story of the driver's brother, with 'head held between his heels', by the old Quartermaster-Sergeant Bancroft, who lived to a great old age in the Simla Hills, and who served throughout this campaign in the Bengal Horse Artillery.

Gough's force was called to arms at Mudki, in perfect silence, at two o'clock in the morning of December 21st; by 3 a.m. the camp had been struck and packed on camels, and by 4 a.m. the whole army was formed up in line of columns preparatory to the march. Sixty rounds of ball ammunition were served out to each man, and two days' cooked rations ordered to be carried with the troops, each man carrying all he could in his haversack, besides a bottle covered with leather slung over his shoulder for water. They were clothed in their ordinary scarlet uniform with blue trousers, and wore forage caps covered with white cloth, and a curtain hanging down behind for the protection of the head and neck; greatcoats were not carried. Gough left two native regiments at Mudki to protect the wounded, for whom there was no transport, and the baggage. The troops marched light and unencumbered over the clogging sandy plain, first in darkness and cold and then under the sun. They advanced in line of columns for about four miles, ready to deploy into line in case the Sikhs should be encountered; but moved in column of route, left in front, when it was discovered that the enemy was concentrated around Ferozeshah.

In pitch darkness at first, they made very slow progress on a road that was a mere track through the jungle. On the broad front of the army, they took the best part of six hours to traverse a few miles until they arrived about two miles from the Sikh position at 10 a.m. They were allowed to rest and get a scratch breakfast from their haversacks, chiefly of 'elephant's lug'—a coarse cake of wholemeal, molasses and chopped straw, made as an elephant ration. The welcome dawn had revealed a broad expanse of level plain, dotted here and there with low jungle, and the enemy occupying a position in the shape of a large horseshoe, entrenched around the village of Ferozeshah. It was the usual Punjab mud village with a high house or two in the centre, lying across the road to Ferozepore, being nearly midway between that place and Mudki. All were aware that a general action was imminent; one of the Governor-General's staff predicted gloomily that every member of it would be hit, basing his forecast upon the happenings at Mudki three days before. His forebodings were to be almost entirely realised.

Whilst the troops were eating, the Commander-in-Chief reconnoitred the situation, having made his plans of battle on the previous night based on information of enemy dispositions received from the Quartermaster-General and the Political Department. It seems obvious that until this moment, Gough had little idea of the Sikh positions and his subsequent handling of the battle gives the impression that he was 'playing it by ear'.

After Mudki, Gough had to maintain his communications, to deal separately with Lal and Tej Singh, and to effect a junction with Littler's force. He sent a message to Littler on the evening of the 20th, instructing him to elude the vigilance of the Sikhs in front of Ferozepore, leave a small guard there and march to join the main body. This would be a march of some nine miles with no obstruction other than a broad, dry water-course. It is not known whether a definite junction point was named, but it is certain that Littler was told to move to the south of the Sikh entrenchments at Ferozeshah. Gough believed that he had no option but to attack at Ferozeshah on the 21st, in spite of its being the shortest day of the year and with the bitter experience of attacking the Sikhs in entrenched positions. He reasoned that any attempt to march round to Ferozepore would have resulted in the loss of his communications and the junction of the two Sikh armies. If Gough felt that it was imperative to attack so as to prevent the junction of the forces of Lal Singh and Tej Singh, why was not Littler left at Ferozepore so as to keep Tej Singh occupied while Gough with the rest of the army beat Lal Singh at Ferozeshah?

The answer might be given that to attack at Ferozeshah without the substantial reinforcement of the 5,000 men and 24 guns that Littler brought with him would be the height of folly. To counter that, Gough's biographer states emphatically that [2] 'it was not possible to rely with absolute confidence on the success of so difficult a manœuvre (i.e., Littler eluding the Sikh army at Ferozepore), and Sir Hugh Gough decided that, whether with Littler or without him, he must attack Lal Singh on the following day; the junction of Lal Singh with Tej Singh must, at all hazards, be avoided.' Then there is the timing of the message to be considered; it only arrived in Littler's hands at midnight, four hours before the main body marched out, and Littler did not (or could not) leave until 8 a.m.—so that his arrival at the meeting place with the main army would not be before early afternoon. Gough's main body was in position by 10 a.m., even after their incredibly slow march, and as he wanted as much as possible of this, the shortest day of the year, for his battle, it seems that he could not have had any intention of using Littler as anything but a reserve.

This view is further strengthened by Sir Harry Smith's opinion that the junction with Littler [3]'. . . was by no means a difficult or dangerous movement, the distance from Mudki to Ferozepore not exceeding that from the Sikh army at Ferozeshah.' During the council of war called by Gough on the evening of the 20th, when he explained his plan of attack for the morrow, Gough gave orders for a very early start next morning in order to arrive in front of the Sikh position in time to commence the battle at 11 a.m.—before Littler could possibly arrive. The subsequent conduct of Tej Singh possibly indicates that neither Sikh commander would have made any attempt to join forces had such an action appeared capable of defeating the British!

Using the old trick of leaving his camp standing, Littler deftly slipped away from Tej Singh's front, a puzzling manœuvre in view of the prevailing daylight and the clouds of dust that even the smallest movement would raise. Littler entrusted the charge of the cantonment and town at Ferozepore to the 63rd Regiment of Native Infantry (under Lieutenant-Colonel Wilkinson) and the 27th Native Infantry respectively, with half a field battery in the town and a battery of heavy guns in the cantonments, which were strengthened by entrenchments. Thus, the force that marched off towards the south-east was formed as follows:

The Cavalry Brigade under Brigadier Harriott
8th Native Light Cavalry
3rd Irregular Cavalry (each about 300 men)
Brigadier Reid's Infantry Brigade
H.M.'s 62nd Foot, 12th and 14th Regiments of Native Infantry
Brigadier The Honourable T. Ashburnham's Infantry Brigade
33rd, 44th and 54th Native Infantry Regiments
Artillery under Lieutenant-Colonel Huthwaite
1 European and 1 Native Troop Horse Artillery
1 European Field Battery and 1 Native Battery

Gough, whilst making his personal reconnaissance of the Sikh positions, seems to have made up his mind to attack at once. Staff Officers had made contact between himself and Littler; knowing him to be on the march Gough intended using this force as his reserve. Gough rode up to the Governor-General and his staff who were sitting on the dusty ground eating the provisions they had brought up in their saddlebags and holsters. Leaning from his horse, the Commander-in-Chief said:

'Sir Henry, if we attack at once I can promise you a splendid victory.'

Surprised, Hardinge looked up, got to his feet and motioned Sir Hugh to dismount and follow him to a small grove of trees some fifty yards off, out of earshot. With them into the trees went a few of their respective Staffs, among them Sir Frederick Haines and Hardinge's son. For years, only a chosen few, told in confidence, knew what took place amid the trees.

Standing apart, the Staff Officers saw them in earnest conversation. Apparently, Gough said that it was necessary to attack by daylight and reminded Hardinge that they were talking on the morning of the shortest day of the year. He argued that it was essential, even if Littler's manœuvre had failed, to attack and vanquish Lal Singh that day. He went on to say that Littler's movement had NOT failed, and it was so much the more advisable to attack without delay, because several hours would pass before the Ferozepore division could come into position with the main body—by that time daylight would be almost gone. [4]Gough's biographer claims that the Governor-General suggested moving on towards Littler, thus meeting him, and reports that Gough heatedly exclaimed:

'What! Abandon my communications with India, and my wounded at Mudki!'

[5] Writing his father's biography, Hardinge's son makes no mention of such a suggestion; rather, he gives the definite impression that the Governor-General felt that the army had reached the ground on which the attack was to be made. He adds that Sir Henry was amazed to be confronted with such extraordinary proposals. This indicates that no such proposals had been put forward at the previous night's council of war by Gough because, although Sir Henry was not present, his Military Secretary, Colonel Blucher Wood, had attended, and would certainly have reported the proceedings to his master. Sir Hugh repeated his proposals, which the Governor-General, in the most positive manner, refused to entertain. At last, wearied by the reiteration, in a calm, unemotional manner, he said:

'Then, Sir Hugh, I must exercise my civil powers as Governor-General, and forbid the attack until Littler's force has come up.'

Never before had such powers been exercised by any Governor-General in the field; for the only time in Indian history, and in the face of the enemy, the tactical plans of a Commander-in-Chief were overruled by his official superior. It was a delicate situation, rendered doubly difficult by Sir Henry's generosity of two days previously; although ostensibly second-in-command, he was not able to divest himself of his supreme powers, or of his responsibility. The Governor-General had spoken; Sir Hugh Gough recognised that the decision was final. He was bound to obey and gave orders to resume the march in a south-westerly direction.

Obviously, Hardinge was convinced that no attack had been arranged before Littler joined the main body. Later events indicate that disaster would have been the reward of such a precipitous attack. The contention that the camp at Mudki was left defenceless, with the wounded at the mercy of a merciless enemy, was not tangible reasoning—if the Sikhs were foolish enough to leave their entrenched position at Ferozeshah in order to attack Mudki, then Gough could have turned and caught them in the open, a much-to-be-desired event. The defending force in Mudki, presumably in some sort of entrenchments or in the mud fort, would have been able to put up a delaying defence enabling the main army to catch Lal Singh in the open.

Subsequently, the main army's continued march is said by Sir Harry Smith to have [6] '. . . almost crossed the front of the enemy's position'—a circumstance claimed by Gough's supporters to indicate that Hardinge was in error in ordering such a movement. A march under such circumstances is not risky so long as the army executing it is ready for an immediate wheel to its flank if the enemy moves forward. It might well be that such a march held far less risk than to attack the prepared Sikh positions without the help of Littler's force. The march cannot have been very close to the enemy front as the Sikh artillery, their keenest and most efficient arm, did not open fire upon the British. Hardinge must have realised that the Sikhs were hardly likely to rise to the bait and leave their entrenched positions.

A cloud of dust to the westward announced the approach of Littler, and soon after mid-day Sir John rode into the camp of the Commander-in-Chief. He was in advance of his men and a full hour elapsed before his force marched into the village of Misriwala, upon the left of Gough's force, some three thousand yards south-west of the enemy's extended position. The Governor-General turned to Sir Hugh Gough and said:

'Now the army is at your disposal.'

It was now about 1.30 p.m. The marshalling of the troops into array took up much valuable time so that it was 3.30 p.m. before the first attack began, and even then it seems to have been launched prematurely.

If Gough considered that his army was ready to attack at 11 a.m., it is difficult to understand how their further short march and junction with Littler's force should have caused so much apparent confusion. Gough's biographer claims that counter-marching and the new formation were not the work of a minute, that 18,000 men had to be marshalled in the face of the enemy along a line over two miles in length. The force was marching in column ready to deploy into lines to its right, and Sir Hugh, declining several suggestions that he should attack, refused to commence the battle until assured that every man was in his place, in reserve as well as in the van. It might be claimed that, far from loyally supporting the overruling decision of the Governor-General, Hugh Gough sulkily dragged his heels in much the same manner as did Longstreet at Gettysburg some eighteen years later. Harry Smith claims that much valuable time was lost in making the arrangements for the attack, and that Generals of Divisions were not made the least aware of how or where they were to attack —he says that [7] 'the army was one unwieldy battalion under one Commanding Officer who had not been granted the power of ubiquity.'

Under a hot sun and marching over heavy sandy country in clouds of dust with very little water to drink, the force that marched from Mudki had been nearly fourteen hours under arms, that from Ferozepore nearly eight hours. The final dispositions found the tired and hungry troops drawn up facing the southern and western faces of the Sikh position. There is a considerable difference of opinion as to which side of the Sikh defences Gough actually intended to attack, and [8] Fortescue deals with this at some length. The position was approximately quadrilateral in shape, measuring about a mile and a half from north to south, and nearly a mile from east to west. Within its area it included the strong village of Ferozeshah; its shorter sides looking towards the Sutlej and Mudki, and the long one towards Ferozepore and the open country. It is reported that, of the four sides, the northern, southern and western were strongly entrenched and surmounted by heavy guns, the approaches to these three sides being further encumbered by belts of jungle, but the eastern face, looking towards Mudki, was unprotected and looked out upon perfectly open country. The Sikhs were fully prepared to place their guns in position on whatever side the attack was made, they were thoroughly acquainted with the country and could plan for an attack from any direction. They indicated that they considered the side fronting Ferozepore as being the proper front of their position by the extra preparations they made there.

A letter from the Governor-General to Lord Ripon, dated the 27th December, outlines the position: [9]'I then informed the Commander-in-Chief that there was daylight for an action, and he made his arrangements. About 3 p.m. we were formed opposite the entrenched camp and, I think, on the weakest side, being considerably to the left of his defences raised to oppose an attack from the Mudki road. It was scarcely possible to adopt any other alternative than to fight the battle that afternoon. Our forces were as strong as they ever would be within twenty-four hours.

The men were not tired. There were three hours of daylight. No water was to be procured for so large a force within moderate distance. If we had delayed till the next morning, our wounded might have been sacrificed at Mudki during the night, and the town of Ferozepore destroyed by Tej Singh's force in the neighbourhood. The troops were ready, and the moral effect of fighting at once prevented Tej Singh coming up. I entirely approved of the battle being fought that evening.'

Now begins the actual battle story with all the pomp and pageantry of an old-time army in its full dress. The British line was close on three thousand yards long, somewhat curved, to face the horseshoe, and barely a thousand yards from the enemy.

The Commander-in-Chief personally commanded the right wing, which consisted of, on the extreme right, a troop of horse artillery, and then, in succession to the left, Taylor's and Maclaran's brigades of Gilbert's division. In the centre were massed three troops of horse artillery, two field batteries, the heavy howitzers and some rockets. On the left of these stood Wallace's division, no more than four battalions, then another horse battery, then Littler's division, and on the extreme left Littler's cannon —one and a half batteries of field guns and two troops of horse artillery. In the second line, Sir Harry Smith's division formed the reserve, its two brigades being stationed on either flank of the massed guns, Ryan's to the right and Hicks' to the left. It was later assessed that the guns were in such positions as to be easily masked by their own men at the critical moments of the attack. The cavalry which had come from Ferozepore remained attached to Littler's division and took post to his left rear, while the right of the army was supported by White's cavalry brigade (3rd Light Dragoons and 4th Bengal Lancers) and the left by Gough's brigade (Governor-General's bodyguard and 5th Cavalry).

The order of battle meant Littler was to attack nearly the whole of the west face (that looking towards Ferozepore and the open country); Wallace the corner of the west and south face, and Gilbert the rest of the south and as much of the east as he could manage. The Sikh position seems to have followed the conformation of a cluster of low hillocks which rose about ten feet above the plain, and encircled the village of Ferozeshah; they were masked by jungle but gave a clear field of fire for the guns with which the position bristled. It was a position that prompted

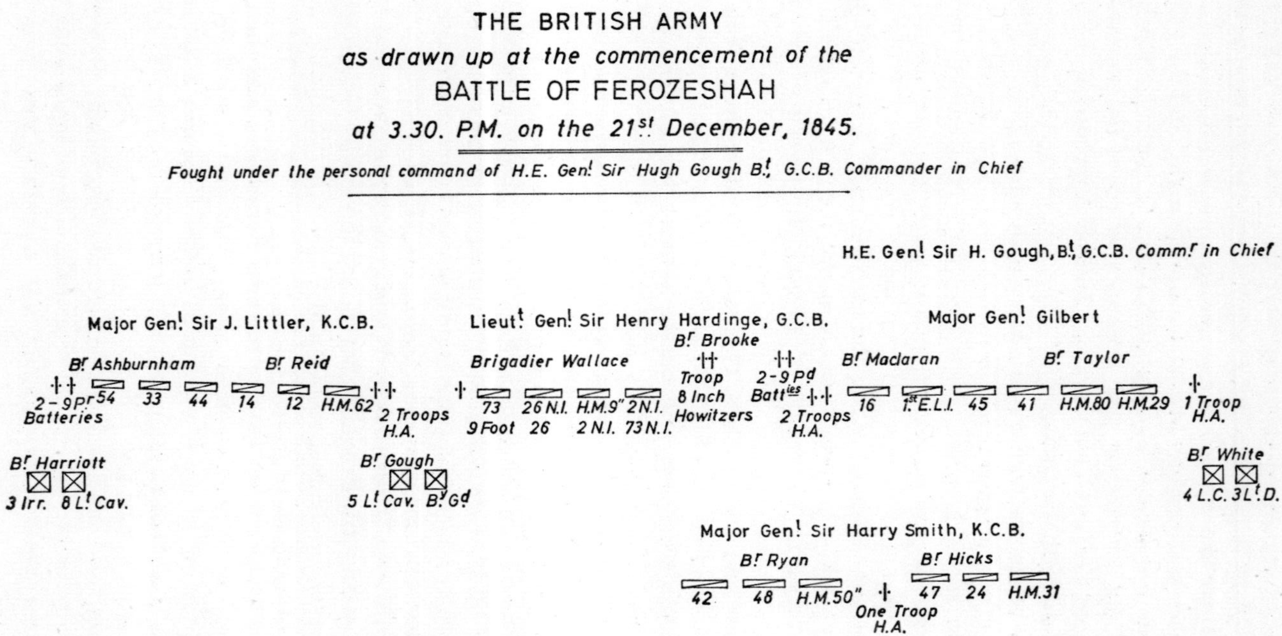

Battle of Ferozeshah—Order of Battle

Major-General Sir Archibald Galloway, an Indian historian, to write '... the bull was all horns.' Its slight and imperfect entrenchments had been raised, since Mudki, to waist height but they were not unusually formidable, having neither deep ditches nor high ramparts; in fact, they were simply good shelter-trenches.

Within the fortifications were nearly one hundred guns, a quarter of them of heavy metal and most of them of greater calibre than anything that Gough possessed, except his two heavy howitzers. Moreover, even those of equal calibre with Gough's were far weightier in metal, could fire a greater charge of powder and were more effective at longer range. They were served with rapidity and precision by the Sikh artillerymen, who worshipped their guns and could be trusted to work them with skill and to stand by them to the end. Between and behind the batteries stood a strong force of good foot soldiers, firm in order and active with their muskets.

Knowing the calibre of his guns to be too light, for some time the Commander-in-Chief had been anxious to increase the weight of his artillery. The horse artillery, armed with 6-pdrs., were practically the only horse-drawn guns, the 9-pdr. field batteries, being largely drawn by bullocks, were much slower to move and handle. Shortly before the campaign a few of the field batteries had been horsed, and it had been proposed to arm the horse-artillery with 9-pdrs., and horse all the field batteries, bringing a 12-pdr. into the field drawn by bullocks, but nothing had been done. The actual force of British artillery at Ferozeshah appears to have been six horse-artillery batteries of 6-pdrs., four or five batteries of 9-pdrs., and one battery of 8-inch howitzers. Generally speaking, this metal could not touch the Sikh guns, as was shown in the condition of the two parks after the battle when the captured Sikh guns showed scarcely any marks of round shot or shell, while nearly a third of the British guns were disabled in their carriages or tumbrils.

Numbers involved in the battle were, as is usually the case, the subject of some controversy. It is almost certain that the British had 5,674 Europeans and 12,053 natives, making a total of 17,727 rank and file with sixty-five guns. At one stage, the Governor-General and the Commander-in-Chief vaguely estimated the whole Sikh army on the left bank of the Sutlej to be 60,000 strong, with Tej Singh bringing up a further 30,000 horse, some fresh infantry battalions and a large artillery park on the 22nd December. More reliable figures indicate that the Sikh force at Ferozeshah consisted of 25,000 regular troops with eighty-eight guns, exclusive of the irregular soldiers who made the force up to about 35,000, while ten miles away Tej Singh probably had 23,000 regulars and sixty-seven guns. The Sikhs themselves estimated their numbers at the battle to be 46,808 men of all kinds, including those brought up and taken away by Tej Singh.

The battle began with an artillery duel, but not so successfully as at Mudki. At half past three or thereabouts, on the shortest afternoon in the year, the British artillery opened on the Sikh trenches and guns, in reply to the Sikh fire which for some time had been tearing through the scrub and thorn jungle, amid which the British were forming up for battle. Hopelessly outweighted, the horse artillery commenced the action, twice having to limber up and advance to get within effective range. Except in the centre, where the two howitzers were doing well, everywhere the British artillery was getting the worst of it. The Sikh cannonade grew fiercer and their shot and shell, lopping off the branches of the trees as they reached the British position, fell with increasing effect. Guns were dismounted, and their ammunition blown into the air. Finally Brigadier Brooke, who commanded the artillery, approached the Commander-in-Chief.

'Your Excellency, I must either advance or be blown out of the field.'

Upon the extreme left, Littler advanced his artillery; well handled although within range of grapeshot, for a time their fire drove the Sikh gunners of the opposing batteries from their guns. To him was allotted what was probably the hardest task, for on the west face the Sikhs had massed their best troops and heaviest artillery. His brigades deployed into line and advanced as steadily as the low jungle permitted, their perhaps premature movement leading to a general attack along the whole line. When the troops emerged into more open ground they came under very heavy fire from the easily discernible Sikh batteries, using grape and canister at 300 yards range. Later General Littler said: '. . . the casualties were awful.'

Reid's bridge on the right (the 62nd Foot and the 12th Native Infantry in the first line, the 14th Native Infantry in support, with Ashburnham's in support, advanced with perfect steadiness, keeping reasonable order as they pushed through the belt of jungle. Approaching the entrenchments over more open ground they were met by a terrific blast of grape at about 300 yards. When the line got to within 150 yards of the enemy batteries, Reid gave the word to charge and the 62nd rushed forward over the open space towards the guns. Unfortunately, it chanced to be the strongest point of the position, defended by numerous guns of heavy calibre, although the entrenchments were no stronger than elsewhere. The native infantry regiments had almost melted away, and the 62nd went forward almost alone. Sir John Littler, Brigadier Reid and all the officers cheered and encouraged the men, but they wavered and hesitated, and the 62nd were brought to a standstill. In vain, their officers made frantic efforts to urge them forward—they gave way and went back. So fierce was the firing that, within a few minutes, 260 of them were mown down —seven officers and ninety-seven men killed, eleven officers and 184 men wounded. They had almost reached the entrenchments and success was nearly theirs—Lieutenants Gubbins and Kelly fell from sabre cuts administered from behind the barrier. [Every 21st December, the regimental colours of the 1st Battalion the Wiltshire Regiment—the old 62nd Foot—are formally handed over to the keeping of the Warrant Officers and Sergeants for the space of twenty-four hours, in memory of those nameless but unforgotten other ranks who fought so gallantly at Ferozeshah where the regiment was practically under the command of its sergeants after the first day, losing eighteen officers out of twenty-three.]

Those of the two sepoy battalions that were brigaded with the 62nd, who had not already gone, went back with them, although they had not suffered a third of their losses. Ashburnham's brigade, composed of three regiments of native infantry, seems to have made little attempt to advance to the support of their comrades in Reid's brigade. The 62nd Foot, almost alone and unsupported, with Sikh cavalry threatening their left, were apparently given the order to retire out of range by Brigadier Reid, in order to save them from further useless destruction and because he felt that it was hopeless to try to carry the enemy's works. The movement was executed in good order and with deliberation, the men being so exhausted as to be scarcely able to put one foot before the other. The whole division drew back out of range and remained out of action for the rest of the day, eventually to finish up two miles back, near Misriwala. For some reason, this last was not known to Gough, who in a few minutes had lost the troops for whom he had been forced to wait so long.

The Divisional Staff of Littler's division lost one officer killed and one wounded, and Brigadier Reid and one member of his staff were also wounded. The 12th Native Infantry, which advanced with the 62nd, lost four officers wounded, and the 14th Native Infantry lost five. The other losses of the native infantry regiments amounted to three native officers and forty-seven men killed, five native officers and 164 men wounded. Ashburnham's brigade of native infantry suffered no loss whatsoever and cannot have afforded any support to Reid.

Both at Mudki and Ferozeshah, William Hodson, later to become famous as the leader of Hodson's Horse in the Mutiny, had been at first dismayed and then openly angry at the quality of the native troops. He knew that *some* natives could fight, he had seen enough of the Sikhs to appreciate that—but the men who refused to charge the Khalsa's guns were not Sikhs, and Hodson had not yet got the experience to tell him that in most cases their shortcomings were not entirely their own fault. Later, he was to realise that they deserved to have been better led—at that time European officers were hopelessly under strength and without them the native NCOs were worse than useless. The result, in Hodson's estimation, had been all too often an undisciplined rabble. On the other hand, the European troops, under an iron discipline, had fought like model soldiers, taking hunger, wounds and bitter cold with typical wry humour. Hodson's admiration was aroused at Ferozeshah by the cold-blooded gallantry of the British troops.

While the cannonade was going on, Sir Hugh Gough heard the sound of Littler's musketry. 'Littler will be in the trenches unsupported!' he cried, and hurried Wallace's and Gilbert's divisions to the attack. The advance was not in time to save Littler from the disaster into which the premature advance had led his division. During the attack, Sir Harry Smith had galloped forward, at Sir Henry Hardinge's request, to investigate some guns on their left which had just been brought into action. Smith told Sir Henry that they belonged to Littler's force and that his attack would fail, having no weight behind its formation. 'Then bring up your

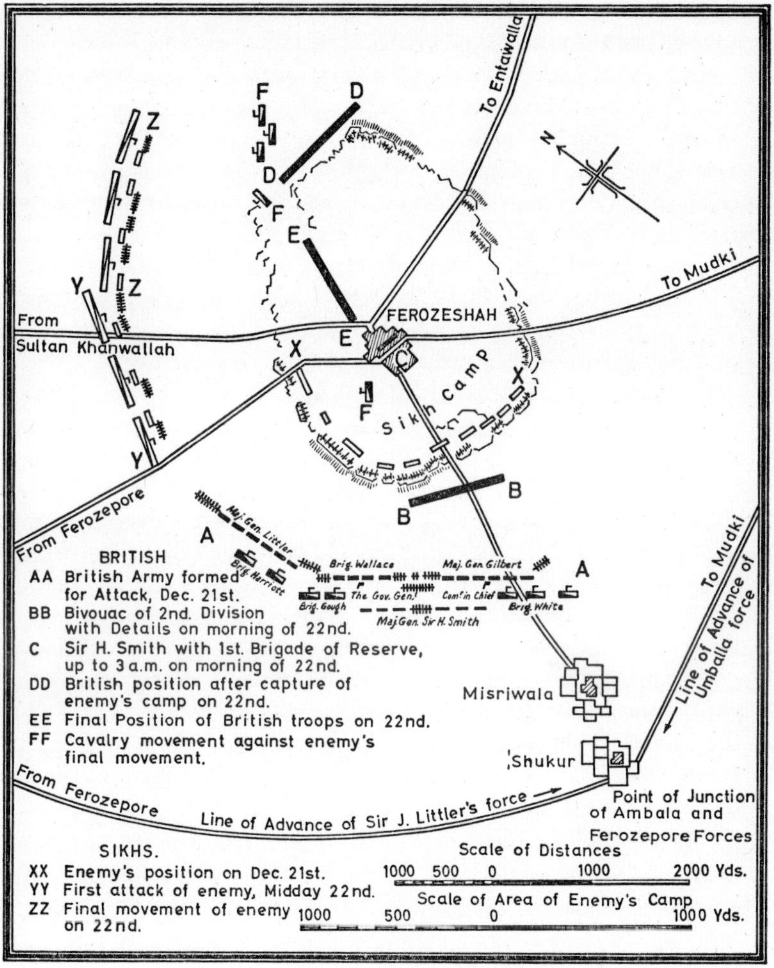

Battle of Ferozeshah, December 21–22, 1845

division,' Sir Henry replied. Smith explained that he had only one brigade available; Hardinge directed him to bring this up and take position to the left of Wallace and the right of Littler.

By this time, the main body was now attacking, the assault being made in direct echelon from the right; the right wing, Gilbert's division, being led by Sir Hugh in person and the left by Sir Henry Hardinge. Their progress through the jungle was difficult for the Sikh shot cut down heavy branches and trees in all directions, making it almost impossible to keep any semblance of line or order. They emerged into a dense bank of dust and smoke, Brigadier Taylor leading with H.M.'s 29th in advance, closely and vigorously supported by H.M.'s 80th and after them the 41st Regiment of Native Infantry. Covered by a line of skirmishers, the 29th advanced in quick time with the utmost steadiness, notwithstanding the very heavy fire to which it was exposed and which, at times, swept away whole sections. Brigadier Taylor himself, being grazed by a roundshot in the side, was removed from the field, suffering from shock. The bayonets flashed in the evening light as the 80th Foot in their eagerness pressed on so as to form a prolongation of the 29th, both regiments cheering each other as they advanced. Unflinchingly and pouring in a heavy fire, Taylor's brigade stormed up to the entrenchments, which it far overlapped, and the men, eager to close but seeing only a comparatively short row of flashes before them, crowded in towards the centre. Thus they masked the fire of the British batteries, the greater part of which had already pressed forward beyond the jungle in the hope of making their fire felt.

The edge of the ditch before the Sikh ramparts was strewn with stumps and branches of trees through which cursing men struggled. Over the barriers and into the guns, they fell upon the Sikh gunners with the bayonet and made an end of them—but behind the guns stood the unsubdued Sikh infantry who poured a continuous galling musketry fire into the English troops, now face to face with them. Quickly re-forming upon the low heights they plunged down upon the Sikh infantry in rear of the guns and drove them back into their camp at the point of the bayonet. In the dense smoke and dust making it nearly as dark as night, the 80th came suddenly upon a number of the enemy clad in chain armour, who inflicted considerable loss before they were disposed of. During this part of the battle, old Gough in his white 'fighting coat' was a conspicuous figure.

Following up came Brigadier Maclaran's brigade, the 1st Bengal European Light Infantry in front, followed by the 16th and 45th Regiments of Native Infantry. Major Birrell, commanding the 1st, wisely ordered them to reserve their fire until they came to close quarters with the enemy. Many officers and men fell as the line advanced, the fire from the Sikh guns increasing in intensity and sending roundshot and shell tearing through their ranks and thinning their numbers. Coming close to the enemy batteries, the order was given to charge, and in a few minutes the regiment was right under the guns in smoke so dense that it was hard to see the enemy. Surmounting the branches of trees thrown down by the Sikhs as an abattis, the men were soon among the guns. The gunners fought desperately until bayoneted to a man. Here, too, the infantry found the Sikh foot drawn up behind the guns, and volley after volley greeted their arrival, the Sikhs dropping down on one knee as if to receive cavalry. With a cheer Maclaran's brigade, the 1st leading, charged; the Sikhs fired a wild volley, then drew their swords and fought to the death, groups of them dashing again and again at the colours. At last they broke, wildly seeking cover among their tents.

Meanwhile, Sir Henry Hardinge, with Wallace's division, had had no less a task in being directed partly against the left central face, that part of the enemy's position from which Littler's division had already been repulsed. The division had been temporarily brigaded—the 9th Foot and 26th Native Infantry under Colonel Taylor on the left, and the 2nd Native Grenadiers and 73rd Native Infantry forming a second brigade on the right. The smoke and dust here, as elsewhere, were so thick that it was impossible to see the exact position of the enemy's guns, and they suffered heavily for their error when the left wing of the 9th found themselves immediately in front of the muzzles. Colonel Taylor and many other officers fell here. The brigade showed signs of panic, but Captain Borton, the senior surviving officer on the spot, although severely wounded by grapeshot in the arm, rallied them with success, the right pressing on and capturing the guns at the point of the bayonet. The 9th Foot lost 273 men killed and wounded in this part of the action. The Grenadier company under Lieutenant Daunt, with part of the right wing of the 9th under Major Burnewell, got separated from the rest of the regiment, and, falling in with a party similarly separated from Maclaran's brigade, advanced with them towards the village of Ferozeshah, remaining together until next day.

Sir Harry Smith's division had formed in the rear of the centre of the line, his right brigade led by Brigadier Hicks and his left by Brigadier Ryan. Hicks' brigade had gone forward and supported the right brigade of Gilbert's division, eventually melting into one line with it and carrying it onward. Ryan's brigade, led by Sir Harry himself, had come up with Wallace's left, which had been checked in its advance, so that Smith had some difficulty in establishing himself on the front line because of the broken troops falling back upon him. He had just begun to stabilise his position when Major Broadfoot, the Political Agent, rode up, calling loudly over the din:

'Be prepared, General. Four battalions of Avitabile's are close upon you in advance; I have it from correct information—a man in my pay has just left them.'

The smoke and dust made it impossible to check the report but Smith realised that to check this counter-attack he had to bring up the right of his brigade. He partially succeeded with H.M.'s 50th Regiment under [11]'. . . a storm of musketry and cannon which I have rarely, if ever, seen exceeded.' Remember, Harry Smith was a veteran of Waterloo and Badajoz! His native troops staggered and receded but the 50th, bearing the whole brunt, opened a rapid fire, being aided by some of the 14th Native Infantry of Reid's brigade who rallied upon them and went forward with the 50th. At this stage Major Arthur Somerset was killed and Major Broadfoot fell dead, shot through the heart, having already once been knocked off his horse by another shot.

Smith was losing officers and men fast, the approaching enemy were showing high morale and something had to be done to restore the situation. Characteristically, Smith, with Colonels Petit and Ryan, put himself at the head of the 50th Regiment, and shouting, 'Into them, my lads—the day is your own!' charged furiously with the bayonet into the enemy's trenches where [12]'. . . such a hand-to-hand conflict ensued as I have never before witnessed.' The enemy were repulsed at this point and his works and cannon carried. Amid dense dust and a heavy fire and immense confusion, Sir Harry pushed forward with the 50th in line

The charge of the 3rd Light Dragoons at Mudki

Ranjit Singh, from a drawing by an Indian artist

Ghulab Singh, from a drawing by an Indian artist

Opposite
Hugh, First Viscount Gough, from a painting by Sir Francis Grant P.R.A.

Sir Harry Smith

Major-General Sir Henry Havelock

Gurkha soldier

Sepoy of the British East India Company

Opposite
The Rt. Hon. Viscount Hardinge

Medals of the Sutlej Campaign—obverse.

Medals of the Sutlej Campaign—reverse.

until he reached the enemy's camp. All order was broken as the victorious troops swept forward over tent-ropes, tent-pegs, guns and every description of obstacle, Sir Harry's orders and example being constantly, 'Forward! Forward! Forward!'

Just at this time, Gilbert's division was assisted in brilliant fashion by the 3rd Light Dragoons who, being ordered to attack a battery on the eastern face of the Sikh position, charged forward magnificently. Led by White, and accompanied by a troop of horse artillery, they had followed up the infantry attack on the right. Advancing through a most destructive fire of grape and musketry, officers and men falling fast, the cavalry charged headlong over the entrenchments, cut down the Sikh gunners, and with loud shouts and cheers, swept through guns, tents and camp, carrying all before them in a wild torrent. They swept right through the Sikh camp, to the opposite side of the enemy's position, where they rallied amongst their friends, a mere handful of unconquerable men, having lost more than half their original number.

After carrying the entrenchment, Gilbert's division had been involved in a further struggle. His left brigade (Maclaran's), with the 1st European Light Infantry leading, had wheeled to the left and was attacking in flank the batteries on the western front of the Sikh position, capturing and spiking gun after gun. They were then ordered to take the village of Ferozeshah, which was about the centre of the Sikh position. Turning, they began to traverse the central street of the Sikh camp. After going about 200 yards in the rapidly darkening night of the short Indian twilight, the air was suddenly filled with smoke and fire, and above the sound and fury of the battle rose the noise of a furious explosion, repeated as right and left another and yet another pile of ammunition was set off. The explosions left scattered piles of mutilated and charged bodies, scarcely 150 men remaining with the colours of the 1st Europeans. Pulling themselves together and collected by their officers, they pressed on towards their goal. Mingling with some of the 9th Foot, they joined Sir Harry Smith in the village.

After reaching the Sikh encampment, Sir Harry and the 50th had been joined by stragglers from many regiments on his right—Gilbert's division—but none from his left, which made him apprehensive of that flank. Seeing a village occupied by the enemy in his front some 400 yards away, he resolved to carry it. It was a stiff fight but the buildings were carried by the mass of British soldiers who, pell mell, rushed forward bearing everything before them through the mud-walled village. The 50th, aided by some of the 1st Europeans under Captain Seaton, plunged on; Sir Harry Smith was the first officer to enter the headquarters village of the Sikhs, planting one of the colours of H.M.'s 50th on the mud walls. The village was filled with richly caparisoned and magnificent horses, and many camels. More and more men of Gilbert's and Wallace's divisions joined Sir Harry and, advancing, he pushed on through the enemy's camp for half a mile beyond the village, when darkness brought him to a standstill.

Parched with thirst, some of his men tried to get water from nearby wells, but were fired upon by Sikhs from the camp. Senior officer on the spot, Lieutenant Greville of the 1st, led his men against them but was forced back by a severe fire from behind a barricade. Lieutenant Moxon, carrying one of the colours, was killed immediately in front of the barricade. Seeing the colour lying on the ground, Lieutenant Percy Innes rushed forward alone and brought it back, amid the cheers of his men. Lieutenant Greville, leading a second charge, succeeded in driving off the Sikhs and capturing the barricade.

The confusion by this time was indescribable, the darkness was increasing, and with it the turmoil and disorder. The Sikh camp had caught fire in many places, tents were blazing up fiercely for a few minutes and then dying down, magazines were exploding with blinding flashes and violent noises but little light could penetrate the thick fog of dust and smoke. Hardinge dreaded a repetition of Mudki, where the men had fired into each other. Finding that progress was barred by the burning camp, he collected together all the men he could find and made them lie down on the outskirts of the camp so as to shelter them as much as possible from the Sikh batteries still firing grapeshot from the north and east of the village. The Sikhs had been driven from most, but not all, of their defended positions, and various portions of the British forces were occupying different parts of the former Sikh position.

Darkness, and the obstinacy of the combat, threw the British into confusion; men of all regiments and arms were mixed together; generals were doubtful of the fact or extent of their own success, and colonels knew not what had become of the regiments they commanded or of the army of which they formed a part.

On that memorable night, the British were hardly masters of the ground on which they stood; they had no reserve at hand, while the enemy could fall back upon a second army and renew the fight with increased numbers.

Lieutenant Bellars, Acting Adjutant of the 50th Regiment, wrote of the night in his diary: [13]'No one can imagine the dreadful uncertainty. A burning camp on one side of the village, mines and ammunition wagons exploding in every direction, the loud orders to extinguish the fires as the Sepoys lighted them, the volleys given should the Sikhs venture too near, the booming of the monster guns, the incessant firing of the smaller one, the continued whistling noise of the shell, grape and round shot, the bugles sounding, the drums beating, and the yelling of the enemy, together with the intense thirst, fatigue and cold, and not knowing whether the rest of the army were the conquerors or conquered—all contributed to make this night awful in the extreme.'

At about 8 p.m., Gough withdrew the remains of his troops from the breastworks they had so dearly won; another hour of daylight would have made all the difference. The Sikh batteries continued firing, and noise from the left indicated that Sir Harry Smith was still engaged; but communications had been lost, and no one seemed to have any idea of the whereabouts of Littler's force. Riding over the corpses and litter of the battlefield under torchlight, Gough and the Staff found themselves with Hardinge, who remarked to Havelock, 'Another such action will shake the Empire.'

Officers and men were all worn out with fatigue, having been active since 2 a.m. They were hungry and without food, parched with thirst (the wells were still in Sikh hands), bitterly cold without greatcoats or any shelter and unable to light fires without bringing down upon them the fire of the enemy. The Sikhs maintained an incessant fire and made the darkness more hideous with their shouts and clamour. All over the field clumps of wounded and stragglers formed around the regimental surgeons and stayed where night had overtaken them lest worse befall them. It is hard to conceive the terrible state of the wounded, unable to move and, at best, to be later subjected to the tortures of the primitive surgery of the day. Many were murdered and mutilated by prowling parties of Sikhs touring the battlefield for that purpose.

Lieutenant Sievright, an officer of H.M.'s 9th Foot, had been desperately wounded in front of the Sikh batteries, and lay all night in dreadful pain on the field with a shattered leg, helpless and unable to move. At daylight, finding that the Sikhs were cutting up the unprotected wounded, he managed with incredible difficulty to drag himself some short way further off. Seeing a Sikh soldier approach, Sievright grasped his pistol and challenged him; to his relief the Sikh replied, 'Salaam, Sahib.' Seeing that he was clearly kindly disposed, Sievright called him up; the man sat down beside him, and after some conversation it was arranged that the Sikh soldier should carry him to the nearest aid. The Sikh took the wounded officer on his back and carried him, at the peril of his own life, some two miles to the rear, where he met a doolie, in which Sievright was placed and carried to Ferozepore. The Sikh remained with Sievright and tended him in hospital; but the young officer died only a week later, his leg having been amputated above the knee.

Throughout the night, Gough and Hardinge were keeping the men together, picking their way along the lines cheering up each unit in turn. They agreed that the situation was most critical but neither dreamed of any other course than to stand and fight it out in the morning. No troops in the world could have behaved better than the Englishmen with their qualities of discipline, courage, and tenacity backed up by the dogged determination of Sir Hugh Gough. The Commander-in-Chief might have lacked the imagination and foresight to make a great leader, but he possessed all the other qualities necessary to carry him through a night when the fate of India trembled in the balance. So uncertain was the Governor-General of the events of the morrow that he sent away his surgeon with Napoleon's sword (which he had received from the Duke of Wellington in 1816) that so precious a relic might be taken to a place of safety, and he despatched orders to his Secretary, Frederick Currie, to destroy all state papers left at Mudki, should the British Army be cut to pieces at Ferozeshah.

Up to this time Prince Waldemar of Prussia, a member of the royal family, had accompanied the Governor-General throughout the fight, attended by some of his friends, one of whom had already been killed. Sir Henry insisted that the Prince leave the field and proceed to Ferozepore: which he did, although filled with regret at not being able to remain with the comrades he had come to love and respect. He was, however, subsequently allowed to rejoin, and saw further fighting at Sobraon.

When the Sikhs found that the British had evacuated the entrenchments, they re-occupied them and opened fire upon the British bivouac, one gun causing special annoyance. Sir Henry finally called upon the 80th Foot, with the 1st Europeans, to 'Silence that gun.' They responded gallantly, Colonel Bunbury leading with the 80th, assisted by Lieutenant-Colonel Wood, an aide-de-camp to the Governor-General, and supported by the 1st under Major Birrell. In two lines and in perfect silence they advanced at the double, exchanged a volley or two with the Sikh infantry around the gun, which belched out double charges of grape to the last. With a rush they charged, capturing and spiking not only the offending gun but also a number of lighter pieces. Then they returned, fewer in number but with their duty done. They took up their positions as steadily as if on parade, much to the admiration of the Governor-General and the Commander-in-Chief, the former remarking as they passed him: 'Plucky dogs, plucky dogs—we cannot fail to win with such men as these.'

Later, in the House of Commons when moving a vote of thanks to the army in India, Sir Robert Peel read extracts from a private letter written by the Governor-General to a member of his own family.

'The night of the 21st was the most extraordinary of my life. I bivouacked with the men, without food or covering, and our nights are bitter cold. A burning camp in our front, our brave fellows lying down under a heavy cannonade, which continued during the whole night, mixed with the wild cries of the Sikhs, our English hurrah, the tramp of men, who had carried the batteries the night before, I remained till morning, taking very short intervals of rest by lying down with various regiments in succession, to ascertain their temper, and revive their spirits.

'My answer to all and every man was, that we must fight it out, attack the enemy vigorously at daybreak, beat him, or die honourably in the field, The gallant old general, kind-hearted and heroically brave, entirely coincided with me.'

Littler's division had hidden itself in the rear, and distant fires indicated its probable bivouac. Sir Harry Smith and one of his brigades had completely vanished, and there is no indication that Gough had taken any steps to discover their whereabouts, nor to rout out Littler in preparation for the next day. Sir Harry Smith, with Ryan's brigade and detachments of various regiments, principally the 9th Foot and 1st Europeans from Taylor's and Maclaran's brigades respectively, with scattered bodies of native troops —amounting in all to about 3,000 men—remained in the village of Ferozeshah but did not know the position occupied by any other British troops. The men were excited and unsteady, some of them so mad with excitement as to be almost unmanageable. Vainly, Sir Harry listened and peered through the darkness in hope of support. At last, realising that he was isolated and alone, he knew that he had pushed the victory far beyond the ground held by the main army, and that his position was critical in the extreme.

Putting the 24th Native Infantry in line on his right with about 150 of the 1st Europeans, Smith proceeded to form the whole in a semi-circle in front of the enemy's camp, his flank being well refused towards the village. Hardly was this first formation effected when the enemy made a sharp attack on this right, where the sepoys were thrown into some disorder. Fortunately the darkness prevented the enemy from continuing his success, and the noise and clamour of the sepoys in their efforts to re-form showed the Sikhs that they were still in the area. With some difficulty Smith resumed a formation in time to face the enemy, who now closed in upon him from all sides with cannon, swivel-guns and musketry, firing and shouting and beating the French *pas-de-charge* on their drums. The moon rose and the night was as bright as day. The enemy soon discovered the isolation of his force, and they brought up a gun to his rear, from which was poured in a continual fire of grape. His A.A.G. and Q.M.G. were both wounded, their horses killed. Officers and soldiers were so dead tired that many were killed during their sleep. The native troops became more and more excited and unsteady, but the British soldiers, in spite of heavy losses, stood firm. The Sikhs were cheering and shouting, calling out, in French and English as well as Hindustani, that the British were in their power.

It was now three o'clock in the morning. Sir Harry made a feint of counter-attacking, opened a fire and under cover of the smoke quietly drew off, the 50th leading under the assumption that if he was opposed, the 50th would charge through such opposition, while, if pressed on his rear and the native troops gave way, he then had a rearguard of British troops upon which he could depend. The enemy did not discover his ruse and, under cover of the noise and smoke, his force filed round the western side of Ferozeshah. Continuing his course, guided by the moon and the dead soldiers on the line by which he had advanced, Sir Harry's column soon fell in with a vedette and Sir Harry arrived at a bivouac where wounded men of the 62nd Foot were being treated by surgeons. Here he was urged to move on to Ferozepore, but he answered:

[14]'The Commander-in-Chief with his army is not far from us, meditating an attack as soon as it is daylight, and I'll find him, I will, if in hell, where I will join him, rather than make one retrograde step till I have ascertained some fact.'

At that moment a large flame mounted up from the direction of the Sikh position—Sir Harry pointed to it and said, 'There's my point, friend or foe.'

The fire was in the village of Misriwalah about three quarters of a mile distant. Sir Harry found a brigade of cavalry, some irregular horse, horse artillery and two or three thousand stragglers from every regiment in the army. Here he met Captain Lumley, A.A.G. of the army, who told him that he had come from the Commander-in-Chief, and ordered him to take every soldier he could find and march to Ferozepore. Again, Sir Harry flatly refused to obey the order, and directed every officer in the area to fall in his men and be ready to march off with him to join the main army. At that moment Captain Christie, of Christie's Horse, came up and, knowing the whereabouts of the Commander-in-Chief, led Sir Harry Smith and every man able to move to him.

To the great relief of the Governor-General and the Commander in-Chief, Sir Harry joined them just before dawn so that, once again, the army was more or less reunited. The night had dragged slowly on, but the spirit of the British troops did not seem to be too bady impaired, though they were utterly exhausted and were suffering terribly from thirst. The Sikhs kept sharp-shooters around all the wells and shot down any who approached them. The bitter cold of the night air, after the heat and exertion of the day, also caused considerable suffering. Yet Hardinge, visiting in succession the 9th, 29th, 31st and 50th—old comrades of the

Peninsular—found one and all in good heart, worthy of such dauntless leaders as himself and Sir Hugh Gough.

Although the British leaders did not know it, disorder reigned supreme in the Sikh camp, and the Akali fanatics, turbulent as ever, were pillaging their own chiefs' tents. The Sikhs had forced the British, with the aid of nightfall, from the positions that had cost them so many lives to gain, and they had a further fresh army close at hand, under Tej Singh, who could not fail to join them in the morning. Had a guiding mind directed the movements of the Sikhs nothing could have saved the exhausted British—but they did not possess that guiding mind, and their honest men either did not recognise the advantage they had gained or saw the certainty of a renewal of the British attack on the next morning. To these divided councils were added the fatal suggestions of the traitors who desired nothing more than the destruction of the Khalsa. The result was stormy councils, bitter words, looting and desertion. All cohesion vanished, the morale which alone could have ensured victory disappeared. To the waiting British, the noisy tramping of men, the fire of guns and musketry which was continued by the Sikhs throughout the night, and the continual bustle of movement, indicated that in the morning they would be faced by the concentrated force of the enemy.

SOURCES

1. *Barrack Room Ballads*—Rudyard Kipling (1892)
2, 4. *The Life and Campaigns of Hugh, 1st Viscount Gough*—Robert S. Rait (1903)
3, 6, 7, 11, 14. *Autobiography of Sir Harry Smith*, Vol. II—Edt. G. C. Moore Smith (1902)
5, 9. *Life of Lord Hardinge*—Lord Hardinge of Penshurst (1891)
8. *A History of the British Army*, Vol. XII—Sir John Fortescue
10. *Vignettes from Indian Wars*—Sir G. Macmunn (ND)
12, 13. *A History of the 50th or Queen's Own Regiment*—Colonel Fyler (1895)

7

'Saved by a Miracle'

As morning dawned the entire battlefield was shrouded in a dense mist. Looming large and shapelessly the weary troops moved slowly and stiffly as they began to assemble. All were chilled to the bone; everyone was hungry and frantic with thirst, many found solace in licking the moisture off the metal parts of their equipment whilst others bestirred themselves to search among the bodies that littered the ground in the hope of finding food or water.

Daylight found the Commander-in-Chief calm and unperturbed. [1]'I saw nothing,' he says, 'to make me despond. We were well collected, and our Europeans all in good heart and in hand. I had not a doubt in my mind as to our success in the morning, when daylight showed me friend from foe.'

Gradually, the sun drove the mist before it. The increasing warmth brought relief to the chilled men and raised their spirits. All were wondering what the light would reveal as the mist rolled back. Then it was seen that the Sikhs had re-occupied the entrenchments captured and then abandoned by the British on the previous night. The British lines bustled with movement as officers and sergeants bullied and cajoled their weary men into formation —it was not the spirit that was weak, but the flesh. Three troops of horse artillery were sent galloping forward to open upon the enemy, to be immediately answered by some heavy pieces which blew up two ammunition wagons. Still in his white fighting coat, Sir Hugh Gough placed himself at the head of the right. Sir Henry Hardinge took the left of the line, while Gilbert and Wallace took post before the remnants of their divisions. The attack was to be made on the part of the enemy's camp which he still held, the right—where Littler's attack had been repulsed on the previous afternoon.

At last all seemed ready. H.M.'s 31st Regiment was on the

extreme right of the line, with the remains of the native corps attached to it; on the flanks the horse artillery and the heavy guns and a rocket battery in the centre. These all opened the most effective fire they could bring to bear upon the Sikhs, who were still able to respond strongly. To some, it seemed as though their fire was becoming noticeably more feeble. In front of the troops and keeping thirty yards ahead of them to prevent premature firing, Sir Hugh Gough and the Governor-General advanced against the south face of the Sikh earthworks. The troops were told not to fire or they would kill their own commanders. Shouting and cheering hoarsely, the line advanced at a steady pace, bayonets held high and gleaming in the light of the rapidly brightening day. Approaching the Sikh position their pace increased until, with a cheer, they swept over the trenches, driving the Sikhs before them at the bayonet point in headlong rout. Sir Henry Hardinge, writing later, said:

[2]'The British infantry quite reminded me of the glorious days of the Peninsular. Depend upon it, the cheapest accession of force will be found to consist of British troops.'

With far more ease than expected, meeting little or no resistance, they captured battery after battery, most of the guns being taken in reverse, and surged through the Sikh camp. Then, changing front to their left, they wheeled round past the village of Ferozeshah, clearing out the last remnants of the enemy, until they arrived at the northern face, where they halted as if on parade. Amidst wild cheering, Sir Hugh Gough and the Governor-General rode down the line, the soldiers displaying to them the captured standards of the Khalsa army. They had taken upwards of seventy-three pieces of cannon and were masters of the whole field. The division of Sir John Littler, with Sir Harry Smith's 2nd Brigade, having rejoined them, the entire army was now concentrated in the Sikh position.

Reporting the battle to a crowded House of Commons, Sir Robert Peel quoted from a letter written by Sir Henry Hardinge:

'When morning broke we went at it in true English style. Gough was on the right. I placed myself, and dear little Arthur [his son] by my side, in the centre, about thirty yards in front of the men, to prevent their firing, and we drove the enemy, without a halt, from one extremity of the camp to the other, capturing thirty or forty guns as we went along, which fired at twenty paces from us, and were served obstinately. The brave men drew up in an excellent line, and cheered Gough and myself as we rode up the line, the regimental colours lowering to me as on parade. The mournful part is the heavy loss I have sustained in my officers. I have had ten aides-de-camp hors de combat, five killed and five wounded. The fire of grape was very heavy from 100 pieces of cannon; the Sikh army drilled by French officers, and the men the most warlike in India.'

The troops were in the highest spirits but having been under the severest physical strain for over twenty-four hours, with very little food and scarcely any water, most men were exhausted. It seemed that, at last, their labours were over, and they might obtain food and water from the camp. A proportion of them were detailed to fall out and fetch water, whilst others were sent to attend to the captured guns. The Staff Officers rode to the central well at Ferozeshah. Havelock wrote [3]later that his thirst was 'unbearable'. Unfortunately, they added to the sufferings they were already undergoing from wounds, hunger, and the Punjab's intense winter cold by drinking well water which the retreating Sikhs had systematically fouled with gunpowder and dead animals. The stench from the wells was foul and water brought up was dark brown in colour—Havelock's horse refused it with 'a shudder of disgust'. But the men were drinking and Havelock drank, paying for it later by vicious attacks of dysentery.

The rejoicings of Sir Hugh's exhausted force were interrupted by the return of a cavalry officer from the force sent to follow up the northwards retreat of the Sikhs. Breathlessly, he reported that a fresh Sikh force was approaching from the direction of Ferozepore! The army of Tej Singh, having rather belatedly discovered the withdrawal of Littler, was following him up—their approach being heralded by huge clouds of dust. Even Sir Hugh Gough was momentarily dismayed, but not outwardly. [4]'The only time I felt a doubt was towards the evening [?] of the 22nd when the fresh enemy advanced, with heavy columns of Cavalry, Infantry, and guns, when we had not a shot with our guns, and our cavalry horses were thoroughly done up. For a moment then I felt a regret (and I deeply deplore my want of confidence in Him who had never failed nor forsook me) as each passing shot left me on horseback. But it was only for a moment, and Hugh Gough was himself again.'

The men were done up, and their ammunition was almost spent, whilst the artillery had none at all. There was little time for thought or deliberation, the Sikh guns began to open fire and the exhausted, victorious army began changing its front to its new left to meet the fresh attack. Tej Singh drew up his army, sent his artillery to the front and began a heavy cannonade which was maintained with great vigour. Gough formed his divisions into a hollow square, roughly on the old Sikh positions round the village of Ferozeshah, the men doggedly taking up their stations under the heavy fire. If the worn troops could not withstand the bombardment and assault, and broke, the Sikhs could sweep on unchecked to Delhi. Gilbert's division was in the centre facing west, and the two remaining divisions faced north and south, following the line of the former Sikh entrenchments. The seven troops of horse artillery moved to the front and began firing off their few remaining rounds, but were soon obliged to retire when they had gone or through being borne down by the weight of superior metal. Some forty or fifty rounds were collected from Sikh ammunition captured on the previous day, and served out to the artillery. The British guns were then mostly placed to prolong the northern face, with three posted in the north-east angle.

The Sikh cavalry bore down on the British left flank but failed to press home their attack, presenting a threat that forced the infantry to remain in square formation while their artillery poured a continuous hail of both shot and grape into the packed ranks. This had to be endured because the troops were too weary to charge with the bayonet, and they had hardly a cartridge in their pouches. [5]A letter written by Captain John Cumming of the 80th Regiment indicates the severity of the punishment they were receiving:

'In the 80th square a grapeshot struck a man in the shoulder, producing a rather severe flesh wound. The foolish fellow would not be quiet but kept telling everyone that he was wounded, as if his wound was of more consequence than that of anyone else. Being refused by a sergeant of his company, he went to the Colour Sergeant, saying, "Sergeant, I am badly wounded; let me get out of the square to go to the surgeon." The Colour Sergeant replied, "Lie down where you are, man. Look at me!" lifting up a leg without a foot. But he was determined to gain his point, and came to Lieutenant Bythesea, who commanded his company, and who was lying next to me. "Oh Sir, I wish you would give orders to let me out of the square: I am wounded." "So am I," coolly answered Mr. Bythesea, putting round his right arm, and lifting up his left hand which hung shattered from the wrist. But the man persevered and now came upon Colonel Bunbury, who commanded the regiment and was still on horseback. He was about two yards from where I lay. "Sir," cried the man, "I am wounded; please give orders to let me go and have it dressed." "So you are wounded, my good man," said the Colonel. 'Yes sir!" "So am I." I then perceived that the Colonel was wounded just below the knee, and the blood had filled his boot, and was trickling from the heel to the ground.

'Finally the importunate sufferer was killed by a cannonball in company with the Assistant Sergeant-Major, who was reproving him at the moment for addressing officers without permission. But the day was saved, and the 80th were informed, with perfect truth, by the Governor-General himself, that they had "behaved nobly".'

The Sikh leader had only to continue the fire from his heavy guns to win an easy victory, for even the British found the trial almost unendurable. Perhaps Tej Singh did know this, for his slackness in leaving Ferozepore and his failure to press home his obvious advantages on the 22nd point to his reported reluctance to see the Khalsa beat the British.

Next, Tej Singh manœuvred his cavalry to turn Gough's right, compelling him to wheel his packed battalions as they changed position from west to north. Any change was a relief to the sorely burdened troops, and the movements were executed with perfect steadiness and order. This second attack, similarly to the first, was not pressed home—but still the Sikh artillery belched out deadly punishment in the tightly packed British ranks. The native troops were becoming very shaken and the Europeans began to reel. Brigadier Wallace of H.M.'s 9th Foot, commanding the 3rd Division, was killed by a roundshot, among others.

During this cannonade, Sir Hugh Gough was so deeply moved at seeing his brave soldiers, who had fought so nobly and carried out everything he had ordered, subjected to the severe fire, that he could hardly bear it. His emotions became overpowering and, accompanied by his Aide-de-Camp, the Hon. C. R. Sackville-West (afterwards Lord Delawarr), the gallant old man, conspicuous in the white coat he always wore in action, rode off at an angle to draw the Sikh fire upon himself. Shot struck all around the two men; but neither of them moved, nor were even touched; Sir Hugh had had one horse struck by roundshot in the earlier part of the battle. The sight of the brave old man, sitting motionless in his white fighting coat, greatly cheered his troops. In answer to the charges that he was reckless in exposing himself beyond the actual call of duty, he said, [6]'Those about me may have thought me reckless—my feelings were utterly different from that.'

At intervals during their attack the Sikhs employed *zamburuks* (camel-swivel guns), dashing in towards the squares, firing off a few rounds, and then retiring. Although only relatively light guns, their use in this manner was a nagging irritant that enhanced the tenseness of the situation. The Sikh cavalry bore down upon Gough's left, which was in echelon of squares upon the plain, approached to within 150 yards, and halted. Gough ordered White's brigade to charge, and the 3rd Light Dragoons, supported by the 4th Bengal Lancers—both weak in numbers and with horses too tired to do much more than trot—forced their exhausted horses into a reluctant gallop to crash into the stationary mass and force it back. As the cavalry galloped past Gilbert's division in their attack, that fine old soldier spurred his horse to join in their charge. This superhuman effort left the horses in an almost helpless state so that they walked out of the mêlée with heads lowered.

Now came another of the unique incidents that have made this battle memorable. To everyone's dismay and horror, the British cavalry re-formed column and, taking with them most of the artillery, filed off in the direction of Ferozepore! Later it was revealed that the orders to retreat were given by Captain Lumley, the same staff officer who, during the night, had ordered Sir Harry Smith back to Ferozepore. The Brigadier commanding the cavalry was told by Lumley to save his men and retreat on Ferozepore, and the horse artillery, seeking ammunition, had followed the cavalry. Riding into Ferozepore the next day, the Governor-General met Captain Lumley dressed in nothing but a pair of pyjama trousers—he claimed that during the action of the previous day his overalls had been so riddled with balls that they had dropped off. Apparently deranged, and suffering from sunstroke, he was severely reprimanded and removed from his appointment.

The infantry continued to hold their ground, lying down in the Sikh trenches, with only a few rounds left. The Governor-General exclaimed: 'Recollect, men, you must hold your ground to the last, and trust to your bayonets.' The precipitous cavalry retreat appeared to disconcert the Sikhs, who began to waver and retire. Later, it was stated that Tej Singh, unable to account for the curious movement of the cavalry, jumped to the conclusion that they intended to attack him in the rear. At all events, his large untouched force began slowly to follow Lal Singh's discomfited units which were making their way back towards the Sutlej. Havelock remarked, [7]'India has been saved by a miracle.'

In this manner, after two days of strange vicissitudes, at about four o'clock in the afternoon of December 22nd, the battle of Ferozeshah came finally to its end. It is not easy to realise what the sight of the retreating Sikhs must have meant to the British troops. In the forty hours that had elapsed since they left Mudki, the stress of fighting, the hunger and thirst, the constant anxiety, the hope alternating with despair, had coloured the hours so that none would ever forget. At last the pitiless rain of bullet, grape and shell ceased and quietness reigned, broken only by the occasional shot as a wounded horse was despatched.

Tej Singh had been urged by his more zealous officers to fall upon the British at daybreak on the 22nd, when they were entangled in the entrenchments. This he would have done had he been as loyal as the least of his followers. He delayed until Lal Singh was everywhere put to flight, until the British line had had time to re-form and range themselves around their colours. At no time did he do more than skirmish with the British, making feints rather than sending in his men in a resolute attack. The devastation and lack of response to the artillery fire he opened upon their massed ranks might well have told him that his opponents had no ammunition. In later years, Tej Singh told Sir Henry Lawrence that he had learned of the previous day's action, of the terrible carnage which had taken place in the course of expelling Lal Singh's troops from their entrenchments. He judged that if the British could capture such a position, then any attack upon them while holding those same entrenchments would be hopeless, that he would be fighting troops of an almost invincible nature. Possibly this was plausible pretext; it was not difficult for him to guess how exhausted the British were and that their ammunition was short. He reasoned that he was facing victorious, seasoned troops behind entrenchments and that his own force were largely irregulars. Without knowledge of his basic treachery, Tej Singh could be said to lack spirit and resolution; but aware of his avowed purpose his actions are understandable.

The weary troops, completely tired out and exhausted by their two days of hard fighting without food and water, sought shelter and refreshment. Fortunately, the Sikh camp and the village of Ferozeshah afforded both, large stores of grain having been collected by the enemy, and a number of bullocks were slaughtered. Colonel T. Bunbury writes: [8]'Everybody was so famished with hunger that Sir Harry Smith, hearing that one of our officers had secured a lamb, sent to beg of us a mutton chop. But he was too late. The sheep had been slaughtered, cooked and devoured.'

The battlefield was a grisly sight. Many of the wounded had been lying untended on the ground for over twenty-four hours. They were placed in doolies by the bearers whilst water-carriers went from man to man. Their sufferings had been terrible, and many had been murdered and mutilated during the night by the Sikhs. Tumbrils were brought to carry the dead to Ferozepore, and coolies set fire to the carcases of horses. Tents were thrown up on the field, and long after nightfall Havelock, sick and ill from the polluted well-water, made his way to the headquarters tent with Colonel Birch and an A.D.C., Bannatyne Fraser Tytler. Sir Hugh Gough was sound asleep on a charpoy. [9]'We had to lie on the ground in the tent,' wrote Birch, 'and Tytler and I went out in search of pillows. He found one, a bag full of something or other, which sufficed as a pillow for Havelock and himself, and I a small bag which did for me. We fetched them in the dark from some small tents near the one which Gough occupied, and we thought that they contained grain. Soundly we slept upon these bags. And in the morning we found they were full of powder!' Had anyone lit a match they would all have been blown to pieces.

The list of casualties from the battle show not only how stubborn was the fighting, but also how the brunt of it was borne by the British troops. Out of 2,415 casualties, 1,207 were Europeans, including 115 officers. [10]'Our native cavalry did not behave well,' wrote Hardinge a week later. 'The 3rd Dragoons on every occasion behaved admirably, going through everything . . . the British infantry as usual carried the day. I can't say I admire sepoy fighting.' Sir Hugh Gough had one horse killed under him, and Lieutenant Frederick Haines, one of his personal staff, was severely wounded. The Governor-General had every member of his staff disabled; Major Broadfoot was killed together with Arthur Somerset and Brigadier Wallace. General Gilbert had one horse killed and another wounded under him; and Brigadiers Harriott, White and Taylor were all wounded. The heroes of the action were probably the 3rd Light Dragoons—it is rare for cavalry to charge entrenched infantry and artillery, and only troopers of rare devotion and discipline would have faced such a trial. The 3rd had lost nearly 100 men and over 120 horses at Mudki only two days before; they lost 148 more men and sixty more horses on the 21st, yet the remnant without hesitation charged and defeated superior numbers of Sikh cavalry on the 22nd.

The total losses were:

Killed:	Officers (British)	37	Men (British)	462
	(Native)	17	(Native)	178
		TOTAL:	694	
Wounded:	Officers (British)	78	Men (British)	1,054
	(Native)	18	(Native)	571
		TOTAL:	1,721	

Grand total of all ranks killed and wounded: 2,415

Sikh losses during the battle were originally given by Sir Hugh Gough as 100 guns and probably 5,000 killed and wounded. As the Sikhs had only eighty-eight guns including those brought up by Tej Singh, it is reasonable to assume that the figure of their casualties is exaggerated. Cunningham reports that Sir Hugh learnt after the war that the loss of the Sikhs in killed probably amounted to 2,000 in all, as the heirs of 1,782 men of the regular troops alone claimed balances of pay due to the relatives of the slain. This points to great slaughter but, as Cunningham points out, it was a common remark at the time that very few Sikh dead were to be seen on the field after the action.

Of the British infantry, the heaviest loss fell upon the 9th, who had 280 casualties; the 62nd 260; the 1st Europeans 204; the 29th 184; the 31st 142; the 50th 124 and the 80th 81. Thus, in two actions separated by only three days, the 9th had suffered over 330 casualties and the 31st close upon 300. The native regiments which suffered the most at Ferozeshah, as at Mudki, were the 2nd and 16th Grenadiers.

Nearly 700 of the dead were buried beside the church at Ferozepore. The Duke of Wellington, writing to Sir Hugh Gough, said: [11]'Long experience has taught me that such achievements cannot be performed without great loss, and that in point of fact the honour acquired by all is proportionate to the difficulties and dangers met and overcome.' The writer had once lost a third of his army at Assaye; the Ferozeshah casualties did not exceed one-eighth.

Every exertion was made to alleviate the sufferings of the wounded once the action had ended, and by noon on the 23rd all were bedded down in Ferozepore, considerable credit being due to the commissariat and executive departments for doing so much in such a short space of time. Captain W. B. Thomson and Lieutenant Goodwyn did much to aid the wounded whilst the Governor-General ordered that everything necessary should be supplied without the usual formality of an indent—a marked contrast to the system in the Crimea some nine years later. Sir Henry Hardinge visited all the wounded on numerous occasions, and a report of the time says that [12]'. . . he delighted the men by his urbanity and kindness so that they forgot their sufferings in the admiration which his kindness elicited.' If a man had lost an arm, the Governor-General would point to his own empty sleeve and assure him that it would soon be all right; if a soldier had a leg shot away or shattered he reminded him that one of his own sons, who was with him, had gone into battle at his side, had long only had one foot. The Commander-in-Chief, [13]'whose arduous military duties did not permit him to visit the wounded until some days later', did all in his power to cheer the men, 'he spoke to all and listened to all, and did his utmost to gratify their every wish'.

Inquests and incriminations are sometimes invidious, but such was the controversy aroused by this battle and its heavy losses that some further words are necessary. Sir Robert Peel, the Prime Minister, [14]wrote to Hardinge, in answer to a private letter describing the battle:

'My Dear Hardinge,

Your loss has been very severe. It demonstrates the extent of the danger and the necessity for unparalleled exertion. We are astonished at the numbers, the power of concentration and the skill and courage of the enemy. On all matters of reinforcement, I hope Lord Ripon will write you as fully as the short time will allow. We shall lay some of your letter on the table of the House, tending to show the policy which you had resolved to pursue, and the unprovoked and wicked aggression which you have repelled. Your escape and that of your sons, amid all the perils that surrounded you, has filled us with delight.

God bless you, my dear Hardinge. Excuse my hurried letter. I am fighting a desperate battle here. Shall probably drive my opponents across the Sutlej, but what is to come afterward, I know not.

Ever affectionately yours,
R. Peel.'

The chief point of debate was whether Hardinge was right or wrong in forbidding the attack until Littler had joined Gough, and whether Gough would have done better if he had been left to follow his own designs. It is known, although Sir Hugh never made any public reference to the controversy, that he never ceased to believe that he was right and the Governor-General wrong. It may be said that it is not fair to blame a commander for any miscarriages if he does not have a free hand to fight an action as he thinks best, nor can he be held responsible for the consequences if he is overruled on the very point of execution by a superior authority.

On the other hand, the crux of the matter seems to lie in the fact that there was a long delay so that the battle did not start until so near darkness as to be impossible satisfactorily to take advantage of the relatively favourable situation that existed when darkness fell. That delay cannot entirely be blamed upon Sir Henry's intervention. All authorities agree that Littler had made contact with the main body by 1.30 p.m. and, assuming that Gough had his troops ready for immediate action at 11 a.m. when he first proposed to the Governor-General that they should attack, there seems to be little reason for the lengthy delay that took place so that battle was not joined until 3.30. Therefore, it is reasonable to claim that the vital delay from 1.30 to 3.30 was solely Gough's responsibility and no one else's.

With admirable hindsight, Gough's supporters claim that the Commander-in-Chief saw Littler as only playing a reserve role even on the day before the battle, and in fact one admirer—Sir Charles Gough—compares the situation to that of Koniggratz, when Moltke [15]'instead of waiting for a junction to be completed, attacked the Austrians; the second army coming up and attacking the enemy in flank during the engagement—thus achieving a decisive victory'. Military historians will speedily pick out the anomalies in this comparison. Another case that has been put forward, again with hindsight prominently displayed, is the fact that Littler's Ferozepore force was early repulsed and that the bulk of the victory was won by the original Mudki force, thus indicating that the army could have done without Littler anyway. This does not hold water at all, for if Littler's division had not attacked the south face of the Sikh position on the 21st then presumably another force would have had to do so, substantially reducing the weight of troops available for action in other parts of the field. There do not appear to have been any surplus troops elsewhere during the battle who could have been employed had this other force suffered the same fate as Littler. Nor is there any reason to suppose that anyone else would have succeeded where Littler failed, at that earlier stage of the battle.

It is hard to fairly judge Gough's tactical handling of his troops. Without any shadow of doubt, he was a gallant and very brave man, but men of that calibre often lack imagination and foresight; therein lies their courageous strength because they do not foresee that what they are doing can be dangerous to them. It is repeatedly written by many authors and biographers that Sir Hugh [16]'. . . with characteristic recklessness, gave the order to storm the entrenchments.' He was noted as a man who preferred to attack frontally with cold steel rather than indulge in any preliminary subtleties with artillery. Errors and omissions can be read in many of his actions and courses even before the campaign opened, and throughout it. However, few commanders have been entirely free from error, even masters such as Lee and Napoleon had their bad days at Gettysburg and Waterloo. Gough's tactics on the field of Ferozeshah were undoubtedly greatly affected by the fact that his artillery were so inferior in weight of metal to that of the Sikhs. It was like a man armed with a sporting gun having to meet one armed with a rifle—at twenty-five yards one weapon is as deadly as the other, but the problem is how to close to within twenty-five yards without serious damage. Gough's artillery were little more than musketry of greater calibre and longer range.

Sir Hugh's tactical handling of the battle is to some extent criticised by Fortescue, who however qualifies his remarks by concluding that [17]'. . . Gough, after all, did but imitate the time honoured tactics of Monson and Wellesley. In any case he won a decided victory.' The criticism largely concerns Gough's handling of his infantry in that, having laid his plans for assault upon the eastern face of the Sikh position (about two miles of earthworks), he did not modify them for the attack upon half that length of front. This caused the men to crowd in upon the centre, putting the guns out of action and throwing each other into confusion. When the British did break into the southern front, they were able to assail the batteries on the eastern and western fronts in flank, showing that these batteries had not been moved. Fortescue's criticisms are very valid.

Sir Harry Smith had some very definite views as to the manner in which the battle should have been fought, and later, at Aliwal, was to put these views into effect with great success. He believed that much valuable time was lost after Littler had arrived and that the Generals of Divisions had not the slightest idea of how, what or where they were to attack. Had he been in command, Smith would have moved in contiguous columns of brigades, his cavalry protecting the advance up to the enemy's position until within reach of his guns, the troops so moving as to be able to anticipate any movement of the enemy threatening Ferozepore. Sir Harry would then have been able to throw the weight of his attack upon the right of the enemy if [18] '. . . as I apprehended from all I had heard, he was as assailable upon his right as any other given point'. The other reason for Sir Harry wishing to attack the Sikh right lay in the fact that if his troops were victorious, as he anticipated, they would have acted upon the line of the enemy retreat, which being comparatively open would have encouraged such an action and prevented the Sikhs fighting with the desperation that even bad troops possess when hemmed in. As soon as the advancing columns had reached the extreme range of the enemy guns, Sir Harry says that he would have taken each General of Division forward to see the situation for himself, such information being carefully weighed with that obtained from spies as to the actual defences. The whole weight of his following attack would have given Sir Harry superiority at the point of attack through concentrating on the Sikh right and centre, and at least half the enemy guns in position would have been useless. Such an attack would have been in marked contrast, says Sir Harry, with what actually took place, [19]'. . . when we attacked in almost lines of circumvallation of the enemy's crescent, thus presenting ourselves as targets to every gun the enemy had'.

Smith is supported here by Fortescue, who suggests that it might have been preferable to make a demonstration with cavalry and horse artillery upon one of the longer fronts, formed the infantry in greater depth and thrown them in successive waves upon the southern front.

Sir Harry Smith also felt that the whole force was handled like an overgrown battalion. With the enemy in an entrenched position and considering the arms of the day, such a battle was an affair of close-order fighting in which control could tend to disappear through the shower of gallopers carrying orders being frequently killed. Sir Hugh Gough's courage and inbred impetuousity made him lead his troops into battle rather than controlling them from the reserve. It is true that to some extent the Duke of Wellington was compelled to do the same thing at Waterloo, but the Duke, with far more men under his command, contrived to make his presence felt in all quarters of the field, and would certainly never have allowed portions of his force to become lost in the way that Littler's and Smith's forces lost contact with Gough. It would seem, in fact, that Gough, in common with others after him, endeavoured to emulate the Duke's methods without really understanding their basic principles.

Sir Henry Havelock later wrote: [20]'Attack in the forenoon of a long march! It was one of those cases in which it would have been better to have attacked at midnight rather than not to have anticipated the junction of the two armies. The object was to defeat the one before the other could come to its aid. No sacrifice is too great to complete such a manœuvre. Every risk must be run, and every fatigue endured to attain such an object in war. The entrenched camp was attacked and carried. The resistance was indeed terrific, and the loss on our side tremendous. But—this is war.'

SOURCES

1, 4, 6, 11, 15, 16. *The Life and Campaigns of Hugh, 1st Viscount Gough*—Robert S. Rait (1903)

2, 10, 12, 13, 14. *Life of Lord Hardinge*—Lord Hardinge of Penshurst (1891)

3, 9. *The Way to Glory*—J. C. Pollock (1960)

5. *The Army Quarterly*—January 1937, repeated in *The King's Service*—Ian Hay (1938)

7, 20. *Memoirs of Major General Sir Henry Havelock, K.C.B.*—John Clark Marshman (1867)

8. *Reminiscences of a Veteran*—Colonel T. Burnbury (ND)

17. *A History of the British Army*, Vol. XII—Sir John Fortescue

18, 19. *Autobiography of Sir Harry Smith*, Vol. II—Edt. G. C. Moore Smith (1902)

8

'The Battle without a Mistake'

Of the 60,000 or so Sikhs who had crossed the Sutlej on December 11th none now remained alive on the left bank of the river twelve days later. The Indian press screamed belittlement of the achievements of the army, and cried alarm at the supposedly still-existing dangers of invasion. The despatches arrived in England on February 7th, 1846, having been conveyed by an Austrian steamer to Trieste on the breakdown of the mail steamer at Malta. The Tower guns were fired in celebration of the victories and the stories of the battles aroused great excitement. The first enthusiasms died down to be replaced by the sober realisation that the British had driven the Sikhs from two positions with the loss of their guns, at the cost of being so severely crippled in the actions by having a fifth of the force killed or wounded, that they were unable to follow up these hard-won victories; and that the biggest British force which had ever been mustered on the plains of India was still facing the enemy on the banks of the Sutlej. The general uneasiness in the public mind was shared by the government, which resolved that certain contingencies must be provided for.

On December 30th, from Ferozepore, the Governor-General had written a long letter to Sir Robert Peel, in which he outlined all that had occurred, and gave his opinion that Sir Hugh Gough was not the man for the job of Commander-in-Chief at such a critical time. This letter will be found in its entirety in Appendix I. Sir Hugh's biographer declares that the Commander-in-Chief knew nothing of this letter and that Sir Henry gave him no indication of his lack of confidence in his professional ability.

On February 24th, probably in answer to the letter mentioned above, Lord Ripon, who as President of the Board of Control was the channel of communication between the Cabinet and the Governor-General, wrote to the latter in the following terms:

[1] 'The Cabinet have decided that it is indispensably necessary that some means should be taken whereby the command of all operations in the field should be under you. It has a very strange and somewhat unseemly appearance that the Governor-General should be acting as Second-in-Command to the Commander-in-Chief in the field; and as these Punjab affairs are, and must necessarily be, so much mixed up with political matters, it is quite reasonable that the same should direct both. We think that the best mode in which this could be done is by giving you (as was done in the case of Lord Wellesley in 1800) the commission of "Captain-General and Commander-in-Chief". This would place you in the position in which we wish to see you upon public and obvious grounds, and the commission would be so worded as not in any degree to point to any distrust of Gough. Lord Wellesley's commission was not given him when he first went out in 1797, but was given afterwards for special reasons assigned. The possession of the same powers will not *compel* you to exercise the power given you at all times and upon all occasions, but it will enable you at your own discretion to avail yourself of it.'

This letter was subsequently modified by another, dated March 7:

[2] 'We found so much difficulty and technical doubt as to the Letters Patent which I mentioned to you in my last letter of the 24th, and the law officers considered Lord Wellesley's case so inapplicable to yours, that we have been compelled to abandon the plan. We are, however, so convinced of the necessity of meeting the difficulty of the case that we have adopted a course suggested by the Duke of Wellington, and explained in a Secret Committee Despatch of this day's date, that you should have a Letter of Service from the Queen to enable you as Lieutenant-General on the Staff to personally command the troops in India. The Duke has promised to write to the General, and to point out to him that this measure is one of absolute necessity under the very peculiar circumstances of a great crisis in India.'

The feelings of Sir Henry Hardinge at the time may be learned from the following letter which he addressed to the President of the council at Calcutta on January 5th, 1846, only a fortnight after Ferozeshah:

[3] 'I can never make any arrangement by which Sir Hugo Gough's supercession would lead to my appointment. The letters

I annex will show the manner in which I am now compelled to interfere, and to take the whole military responsibility upon myself.' Four months afterwards (2nd May) he wrote again to the President of the Council in the same spirit:

[4]'The other affair of appoint me a Lieutenant-General upon the Staff is more embarrassing. But I have taken my line and done my best; and as the suspension of the order can do no harm, I hope equally to spare his [Gough's] feelings by preventing the publication of an arrangement made under very different circumstances from those in which we are now placed.'

The first indication of the difficulties caused by Hardinge's letter of December 30th came on the 19th April when the overland mail brought to India reports of the speeches of the Duke of Wellington and Sir Robert Peel in support of motions of thanks to the army in India. Those speeches were made on the night of March 2nd, on receipt of the news of the battles of Mudki and Ferozeshah, and before the arrival of the news of the battles of Aliwal and Sobraon. The Commander-in-Chief was amazed to find that in the Duke of Wellington's speech he was not even mentioned by name! The Duke paid a tribute to Sir Henry Hardinge, and to the conduct of the operations; [5]'I must really say that I have not for a length of time heard of an action that has given me such unqualified satisfaction as this, except in one particular.' That 'particular' formed the subject of the remainder of the speech—it was the application of the word 'panic' to the 62nd Regiment in Sir John Littler's unfortunately published despatch. [In the hurry of the moment, Sir John Littler, in his report to Sir Hugh Gough, used the words 'panic-stricken' as applicable to H.M.'s 62nd Regiment at Ferozeshah, and attributed some irresolution on the part of the native regiments in his division to the example of the 62nd. Littler sent Sir Henry Hardinge a copy of this despatch, and it was accidentally placed among other papers relating to the action. The head of the Foreign Office, a civilian, not looking to see whether it was countersigned by Sir Hugh Gough's Military Secretary, thus showing that it came from Sir Hugh, sent it down for publication. Both the Governor-General and the Commander-in-Chief did all they could to remove the injurious impression, the latter issuing a General Order on Christmas Day exculpating them from the reflections contained in the despatch and making it known that they retired by order of their Brigadier after extremely heavy loss. In the House of Lords on March 2, the Duke of Wellington devoted a great deal of his speech to vindicating the regiment and soothing their injured pride. Sir Henry Hardinge, writing to Lord Ripon on December 27, said: [6] 'Sir John Littler told me that the 62nd gave way when almost in the battery, but what is the fact? 185 men were killed and wounded in ten minutes by grape and cannister, and can he or any other officer be surprised that boys who had never before heard a ball whistle should turn back? Their officers were nearly annihilated, and I maintain, and shall on the first occasion tell that regiment, they nobly did their duty.']

To a defence of the 62nd Regiment the Duke devoted the rest of his speech. Similarly, Sir Robert Peel had interpreted Sir Henry Harding's letter to mean that he alone was responsible for the successes.

When considering these facts it must be remembered that Sir Henry Hardinge was a favourite pupil and Napoleonic Wars comrade of the Duke of Wellington, and the intimate friend of Sir Robert Peel, with whom he maintained a constant private correspondence, and in whose Cabinet he had held a high and responsible office. Among politicians and in government circles, Sir Hugh Gough's personality was relatively unknown. It was therefore only natural that Sir Henry's letter should carry great weight. Sir Robert Peel wrote later in the same year: [7]"I frankly own that my impression as to Sir Hugh Gough's merits have been very much changed since I have seen the correspondence between him and Hardinge previously to the recent battles. In every other quality of a soldier than the comprehensive views of a great commander, in brilliant courage, in readiness to take responsibility, to sacrifice personal pretensions, to disregard professional punctilios, he is justly entitled to admiration.'

Sir Hugh was very puzzled by the tone of the two speeches. [8]'By the speeches in both Houses,' he wrote, 'one would think that Sir Henry Hardinge took a military command at Moodkee. Now the contrary is the fact. He not only handed over his whole staff to me, except Charles Hardinge, but also the military officers politically employed . . . 'Tis true this truly gallant and devoted officer joined me just before nightfall and continued with me until the close of the action, but he took no military command whatsoever, and did not even know my dispositions . . . I mean not by this to insinuate that I had not the highest respect for his military abilities, for I believe him to be as judicious, and I know him to be as gallant, an officer as ever wore a sword.'

Ignorant of the existence of the Governor-General's letter of December 30, Sir Hugh found two possible causes for the Duke's attitude towards him. [9]'I can only account for it in two ways. First, he was displeased with the publication of Sir John Littler's despatch, or rather report, of which I was just as ignorant as you are. . . . The other action which may have displeased is that I gazetted the Sergeant Majors of every Queen's Regiment without awaiting his sanction. I scarcely had an alternative; my loss in officers was so great that it was absolutely necessary; and I must say I felt that the policy of giving every stimulus to induce to future acts of daring. I felt the struggle was just begun, and that it would be one of life or death, firm possession, or shameful abandonment of our Indian Empire. I did then what I should do again even with the ban of His Grace's displeasure.'

In view of his heavy officer losses in the two battles, Sir Hugh had taken the serious responsibility of conferring commissions upon five non-commissioned officers who had distinguished themselves in the battles. This departure from military rules involved an encroachment not only upon the powers of the Duke of Wellington as head of the British Army, but even upon the Royal prerogative itself, and considerable comment was made upon it in England.

While writing thus to his son, in the strictest confidence, Sir Hugh was careful to warn him against saying anything which might be construed into a jealousy of Sir Henry: [10]'Remember, as Governor-General, he was not only the head of the State, but head of the Army, and that it was an act deserving of all praise that he took a subordinate part, which showed confidence in the Head . . . Lose no opportunity of lauding Sir Henry Hardinge; he merits it as a noble soldier, although he was not Commander-in-Chief.'

The Governor-General's letter had a more important result than its effect upon ministerial oratory. On May 6th a letter was received from the Duke of Wellington, and handed to Sir Hugh Gough by the Governor-General. (This letter is reproduced in full in Appendix I.) It informed Sir Hugh that the government wished Sir Henry Hardinge to take full military control of future operations.

The secret of the speeches was now explained, nor was it possible for Sir Hugh to regard the Duke's proposal as other than a supercession, however courteous the language in which it was couched. To that letter Sir Hugh replied, informing the Duke that under the circumstances he had no option but to tender his resignation. (This letter also will be found in Appendix I.)

On the same day as he wrote this letter, Sir Hugh sent to Sir Henry Hardinge, and to the Secretary of the Court of Directors, copies of the Duke's communication and his reply. To Sir Henry he wrote: [11]'It is with much regret that I feel compelled to adopt the line of conduct the enclosed copy of my reply to the Duke of Wellington's letter indicates. But I think that you will not be surprised at it, and I consider it due to you to place you in possession of my resolution as soon as possible. If it be fated that our official intercourse is to be brought to a close, be assured you will carry with you my warmest admiration and esteem and my fervent prayers for your every success.'

Sir Henry Hardinge, on the same day, replied to the effect that, as the situation was now completely changed, he did not propose to take any official notice of Sir Hugh's resignation. (See Appendix I.)

For the purposes of continuity it has been necessary to take this correspondence out of its chronological order, principally because it begins immediately after, and as a result of, the action at Ferozeshah.

Immediately after that battle the Sikhs under Tej Singh recrossed the Sutlej by the ford of Sobraon. Gough was powerless to follow them until his reinforcements arrived from Meerut and his siege-train and stores of ammunition came from Delhi. Neither dare he fall back. The force under his command were suffering from a shortage of ammunition, heavy guns, and food. Heavy material damage had also been sustained, and Sir Henry Hardinge sent John Lawrence, Collector at Delhi, an urgent note in his own handwriting to send up all the transport he could. On the 23rd December, the Governor-General rode into Ferozepore, where he met the cavalry and artillery marching out of the town, and had a stormy interview with the unfortunate staff officer (still said to be quite demented) who had ordered them away at Ferozeshah. On the 24th the Governor-General's camp was pitched at Ferozepore, his baggage having arrived, and he settled down to the usual camp life. The Commander-in-Chief remained with the main body near Ferozeshah until he had made arrangements for a forward movement, and on the 24th, he made a short march forward to Sultan-Khanwala. On the 25th, Christmas Day, the force advanced to Arufka, some miles further to the north and east, throwing out Sir Harry Smith's division to Mallanwala, some six miles to the south and east of Sobraon, where they maintained a careful watch on the enemy, who were encamped on the right bank of the river.

On Christmas Day the Governor-General published a notification, which was read on every parade, congratulating the army on the complete success of their operations, and inviting them to assemble at headquarters to return thanks to Almighty God for his late mercies. At the same time the Governor-General issued a proclamation encouraging desertion from the Sikh ranks, with the assurance of present rewards and future pensions, and the immediate decision of any lawsuits in which the deserters might be engaged in the British provinces.

The Sikhs had not been idle. They brought up fresh guns from Lahore, so that they were almost as well equipped with artillery as before, whilst their army was reinforced by large bodies of well-trained soldiers. By January 5th, they were showing signs of renewed aggression and began making predatory excursions across the Sutlej in the direction of Ludhiana, endeavouring to interfere with the advance of the British reinforcements.

On January 6th, 1846, a force of about 10,000 men, under Sir John Grey, marched in. It consisted of H.M.'s 9th and 16th Lancers, each over 500 strong; the 3rd Bengal Light Cavalry, the 4th Irregular Cavalry, two batteries of artillery (twelve guns), H.M.'s 10th Foot, and three regiments of native infantry with a company of sappers. Leaving Meerut between the 10th and 16th of December, they had marched over the battlefields of Mudki and Ferozeshah, still littered with the debris of battle. As a few of the bungalows of the civil and military residents at Ludhiana had been burned down by a part of feudatories under the Rajah of Ladwa, a petty prince of the cis-Sutlej Sikhs, Ludhiana was now reinforced by the Sirmoor and Nusseeree Battalions of Gurkas, the 30th Regiment of Native Infantry and a regiment of cavalry, under Brigadier Godby. They were ordered to hold the fort. On the 12th Gough shifted to the eastward, so as to better command the passages of the Sutlej, posting Sir Harry Smith's division and Cureton's cavalry brigade on the right at Makhu, the main body in the centre over against the Sikh position of Sobraon, and the left at Attari, preserving communications with Ferozepore.

The Sikhs assumed the initiative by crossing the Sutlej at Phillaur, about six miles north of Ludhiana, and established a bridge there under the cover of an old fortress. Their force of 8,000 men and seventy guns was under the command of Ranjur Singh, who apparently intended to garrison the forts of Dharmkot and Fatehgarh, the former midway between Ludhiana and Feroze-shah, and the latter twelve miles to the east of Gough's position. At the same time, the Sikhs could cover the collection of supplies from the Jaghir States in the vicinity, and also threaten Gough's communications.

On January 16th, the Commander-in-Chief sent for Sir Harry Smith, and told him that the Governor-General was desirous of reducing the two fortresses. Sir Hugh said, [12]'A brigade will be sufficient to send, with the 3rd Light Cavalry and some Irregular Horse; but whom will you send?' Sir Harry characteristically replied that he would rather go himself. Sir Hugh was very pleased with this ready assent, because the Governor-General had already indicated that he wanted Smith to do the job. On being told that there was no hurry Smith replied:

'Soon after this time tomorrow I shall be writing my report that I have reduced them both.'

Gough laughed. 'Why, the distance to Dharmkot is twenty-six miles from your right.'

'I know that; still what I say shall be, provided that the officer and the Engineers supply me in time with the powder I want to blow in the gates in case of necessity.'

Quite evidently Sir Harry was determined to follow Wellington's maxim to waste not a minute—collecting everything he wanted from what was left in the camp, he marched two hours before daylight. Fatehgahr was abandoned, so he pushed on to Dharmkot, which he found occupied by the enemy but without guns. He parleyed with the garrison commander and gave him twenty minutes to surrender, with the promise [13]'. . . I will endeavour to secure all hands six weeks' pay.' A few shots had to be fired from the 9-pdrs. and the howitzer, then the Sikh flag came down and the white flag was hoisted. Sir Harry Smith made his report to the Commander-in-Chief as promised.

The force rested at Dharmkot on the 18th, being reinforced on the following day by two troops of horse artillery (twelve guns), H.M.'s 16th Lancers and the remainder of Cureton's Irregular Horse. Sir Harry now had a brigade of cavalry, a brigade of infantry, and eighteen guns. With this force he was ordered to move on Jagraon, eighteen miles to the south-east, and open communications with Basian, ten miles south of Jagraon, and also with Ludhiana, which was being threatened by Ranjur Singh's army in position at Baranhara, seven miles from Ludhiana. The purpose of Smith's movements was to cover the march of the battering train, which extended over ten miles of road. Smith sent orders to H.M.'s 53rd Foot at Basian to join him at Jagraon, the message being taken by Lieutenant Smith of the Engineers, who urged Colonel Philips to come at once, though the latter desired a day's rest for his transport. At Jagraon Sir Harry learned that the enemy were still at Baranhara, but that they had also occupied the fort of Badowal with a small garrison. On Sir Harry's right, the Sikhs were also known to possess the strong fortress of Gungrana, about ten miles fom Badowal.

The 53rd met him at Jagraon on the evening of the 20th, where he left all his wheeled transport under the protection of two companies of native infantry in the fort, retaining only that which could be carried on camels. As soon as the moon was up (i.e. about 12.30) Sir Harry intended to march on Ludhiana, leaving Badowal on his right, so that he was moving by the best, shortest, and most direct route. Every two hours he despatched instructions concerning his intentions to Colonel Godby, the officer commanding at Ludhiana, whom he ordered to meet him with his force of four horse artillery guns, a strong regiment of native cavalry, and four fresh regiments of native infantry. In his autobiography, Sir Harry Smith mentions that his orders of march were in writing, as were his instructions for the baggage and its detail of guards, and he read these on the afternoon of the 20th to all the officers in command. The force left at moonrise, and by sun-up had marched some sixteen miles on the road passing to the right of Badowal and was within two miles of that place.

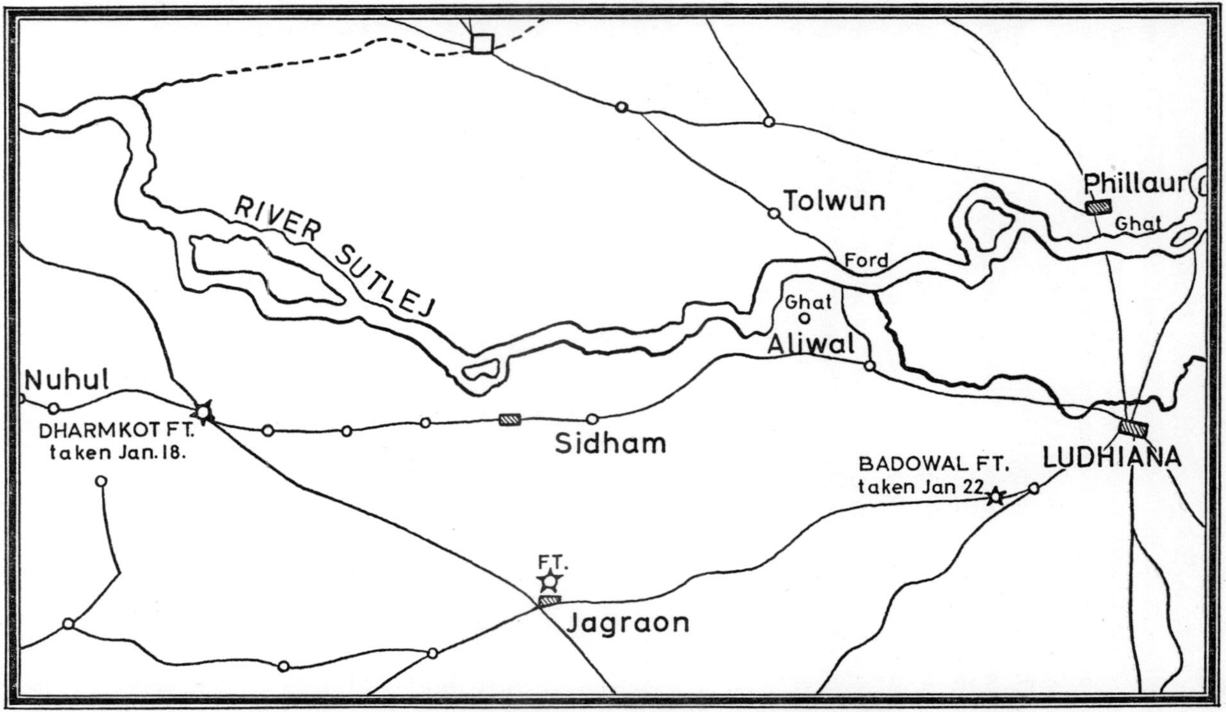

Sir Harry Smith's movements in January 1846

Intelligently, Sir Harry did not move by the interior line—the road running between the two fortresses of Badowal and Gungrana (both in the enemy's possession) and within four miles of both his flanks—thus avoiding the danger of his march being subject to double envelopment. At this point Sir Harry received a message from Colonel Godby reporting that the enemy had marched from Baranhara, and was encamped around Badowal. Information was also obtained from villagers that Ranjur Singh had received reinforcements.

Smith had two alternatives—either to force boldly through on the same road, leaving Badowal on his right, and probably the moving Sikh army on his left, or, to leave Badowal on his left and make a detour towards Gungrana. There was a third alternative, to retrace his steps to Jagraon; but this would have meant abandoning Godby, and was never seriously considered by the British commander. Later, it was discovered that the Sikhs had made ample preparations to meet the British if they pursued their original route, having some forty guns awaiting them, and using rocket signals during the night to guide their troops on to Smith's force. In view of the disparity in the size of the forces, the stake at issue was too great and Sir Harry changed his order of march.

A short halt took place to allow the baggage to get ahead, the long strings of animals were to move parallel with the troops on their right flank so as to be covered by the column. Sir Harry formed his troops so that a single word of command would wheel his force to the left into battle array. To enable the baggage animals to use the road, the troops were forced to plough along through fields of deep sand.

Immediately, the Sikhs began to move cavalry, artillery and infantry through a line of villages parallel to the column, this not only provided them with good cover but also good roads, so that they could move faster than the British. Able to outdistance Smith's force, the enemy quickly brought a number of guns into action on the slow-moving British column. Throughout, the British cavalry were moving parallel with the enemy, protected from his fire by a low ridge of sandhills, while the eighteen guns were kept close together in the rear of the cavalry, shortly to open a heavy and damaging fire on the Sikhs.

Although the bulk of the Sikh fire was on the column of infantry, some roundshot ricocheted among the camels, causing the frightened drivers to abandon their animals so that they were plundered by hostile villagers. The Sikh cavalry cut off a portion of the rearguard and a little of the baggage at about this time. Quartermaster Cornes of the 53rd, with a party of a sergeant and thirty men, was in charge of the regimental baggage, and found his party cut off from the main body. Rallying round him a small party of the 16th Lancers and some sepoys, who had also become detached, until he had two officers and eighty men, he resolved to show a bold front. This small force succeeded in saving a considerable portion of the baggage, and making good its retreat on Jagraon in the face of about 1,000 Sikhs with a field gun, who threatened to attack but were discomfited by the steady discipline of Cornes' little party. The number of killed and wounded in the 53rd indicates that many stragglers and sick men in the rear of the column must have been cut off. Several European soldiers, exhausted by the long and arduous march, were taken prisoner by the Sikhs who, to their credit, treated them fairly well and returned them to the British after the battle of Sobraon.

As the column moved on under the cannonade, the Sikhs with great speed and skill formed a line of seven battalions, with guns in their intervals, with the intention of attacking the rear of the British column. Much as he would have liked to pick up the gauntlet thrown at his feet, Sir Harry Smith, after forming up the 31st for an attack, realised that in their exhausted state—they had marched nine hours and eighteen miles in deep, clogging sand —a charge might prove fatal to the exhausted victors. The cavalry and guns were formed to screen the infantry, who gradually drew off in echelon of battalions, ready to confront the enemy's line if he advanced. The troops, both British and native, executed these moves as steadily as if at a review, and Sir Harry reported in his despatch that [14]'. . . the movement was so steady that the enemy, notwithstanding his overwhelming force, did not attack, but stood amazed.'

Throughout the action Sir Harry Smith had been anxiously scanning the horizon for signs of Godby's approaching force and, in addition to the two-hourly despatches sent to that officer, Sir Harry had sent three more officers at intervals to inform Godby of the change in route. The first of these messengers found that the Ludhiana troops were only just turning out, and it was half-past seven or eight before they actually began the nine-mile march towards Sir Harry's force. In spite of repeatedly sending for relief, Godby had not held his troops in any sort of readiness. This had the effect of cramping Smith's manœuvres, since he felt obliged to refrain from any deviation as it might have the effect of dangerously compromising his junction with Godby. The addition of the Ludhiana force would have given Sir Harry a substantial body of troops, as Godby's force was almost as large as his. Not moving off until the firing began, then taking the wrong direction (apparently being unaware of Sir Harry's change of route), Godby eventually returned to Ludhiana without firing a shot.

With Cureton handling his three regiments of cavalry most skilfully so that they covered the column, Smith's force wearily struggled on to Ludhiana. The day had been intensely hot, and the fatigue of the infantry was so great that many of them were brought in on the horses of the troopers, or dragged into camp clinging to their stirrup leathers—the cavalry did not come in until 4 p.m. after sixteen hours in the saddle. Some 400 men were missing, but 200 of these straggled in during the next twelve hours. The men were sick and disheartened by the events of the day. The 16th Lancers lost two killed and one wounded; H.M.'s 31st Regiment twenty-one killed and wounded and nineteen captured; H.M.'s 53rd Regiment thirty-six killed and twelve wounded. The losses of the native troops are not given, so presumably were not heavy. The Sikhs derived considerable satisfaction from this skirmish, and are said to have boastfully exhibited artillery store carts as though they were captured cannon.

At Ludhiana, both forces encamped in front of the town. Lack of water prevented Sir Harry from establishing his camp nearer to the enemy, who were averse to leaving the shelter of the villages to encounter the British in the open. With his force lying across Ranjur Singh's line of communication with Phillaur, so that he was compelled to rely on a ford further down the Sutlej, Sir Harry kept outposts close to the enemy and sent out frequent patrols to keep a watch on his movements. The British force rested during January 22nd, whilst making preparations to attack Ranjur at Badowal. Quietly, during the night, the Sikh leader, with sound judgement, evacuated the place and marched northwards towards the river, where he picked up a reinforcement of twelve guns, 4,000 regular infantry of Avitabile's Corps, and some cavalry at the Tolwun Ghaut eight miles lower down the Sutlej.

Sir Harry immediately moved forwards and occupied Badowal, where he halted for a few days, leaving Godby at Ludhiana.

The Governor-General was very anxious that Ludhiana should be relieved and, before hearing of Smith's arrival there, had ridden down to the Commander-in-Chief's camp in the middle of the night to request him to reinforce Sir Harry at once. Wheeler's brigade, with two regiments of native cavalry and four guns, was ordered to march for that purpose during the night, the Brigadier having recovered from the wound he had sustained at Mudki. On the evening of the 22nd they reached Dharmkot. Not having heard of the action at Badowal on the previous day, Wheeler continued his march on the 23rd direct to Ludhiana, but on arriving at Sidham heard that a large Sikh force was on the road between him and the rest of the British. With the same lack of resolution which was to cost him his life at Cawnpore eleven years later, he decided to return to Dharmkot and move round a circuitous route to Jagraon. This meant a hard day's march of thirty miles through heavy sand and under a hot sun. Finally, he joined Sir Harry Smith on the 26th. Ranjur Singh, hearing of Wheeler's advance and fearing that he might be attacked from both Dharmkot and Ludhiana, had moved from Badowal on the 22nd.

The loss of Smith's baggage and his casualties at Badowal had been greatly magnified, and cries of disaster caused the Governor-General and Commander-in-Chief to tremble for the safety of the siege-train and convoy of ammunition. In addition to moving Wheeler's force as a reinforcement, Sir Henry Hardinge rode down to Gough's camp again on the morning of the 27th and, after some consultation, they ordered Brigadier Taylor to move to Dharmkot, and the Shekawati brigade from Basian to move to Jagraon. As Godby had ridden in on the 24th, leaving Ludhiana guarded by the invalids, Smith now had some 12,000 men with thirty-two guns. Sir Harry notified the Commander-in-Chief he would not require Taylor's force, being strong enough without him. Giving Wheeler's men a day's rest, Sir Harry knew that he was ready to take the offensive.

On January 28th he marched out with his force to the north-west, his cavalry in advance in contiguous columns of squadrons of regiments, with two batteries of horse artillery in the intervals between brigades. In the rear of the horse marched the infantry, also in contiguous columns of brigades, at intervals of deploying distance, the open spaces being filled by artillery. A regiment of native cavalry was sent out wide to the eastward to watch for any hostile movement towards Badowal or Ludhiana. A spy coming in two or three hours after the start reported the Sikh army to be moving on Jagraon with the intention of occupying it and relieving the fort of Gungrana, both posts being close to the line of British communications with the Jumna. A march of eight or ten miles brought the force to the village of Porrain, at the top of a sandy ridge, and Smith, ascending to the roof of a house, saw the enemy spread out before him.

At the foot of the ridge on which he stood was a level plain some two miles long and one wide; beyond it on a gentle rise were two villages, Aliwal, which was fortified, opposite his right, and Bhundri, masked only by a thin grove of trees, on his left; between the two ran a curved line of entrenchments. The Sikhs were on the march, apparently heading for Jagraon, but as soon as they saw the British force and realised that they might well be taken in the flank, they halted and occupied both villages and the entrenchments, which they hurriedly enlarged by throwing up banks of earth in front of their guns. An immediate collision was inevitable, and the British cavalry, which headed the advance, deployed by opening their glittering ranks to right and left. Brigadier Stedman commanded the cavalry on the right—1st and 5th Native Cavalry, Governor-General's Bodyguard, Shekawati Cavalry and 4th Irregular Horse, while those on the left, H.M.'s 16th Lancers and 3rd Light Cavalry, were under Brigadier McDowell. On reaching the firm grassy terrain, the cavalry wheeled off to right and left. Sir Harry, his front cleared, began to deploy his infantry. It was now ten o'clock and the whole scene was most striking, the morning clear and beautiful, the country open and hard grassland; there was no dust and the sun shone brightly. The Sikh position had its left on the banks of the Sutlej which, in effect, meant that they had made the grave error of accepting battle with a river in their rear. They were positioned along the crest of some rising ground, their guns being placed all along the front of the line, which was generally facing south-east. Sir Harry Smith's line faced north-west. The British batteries immediately advanced to effective range, came into action, and the battle had begun.

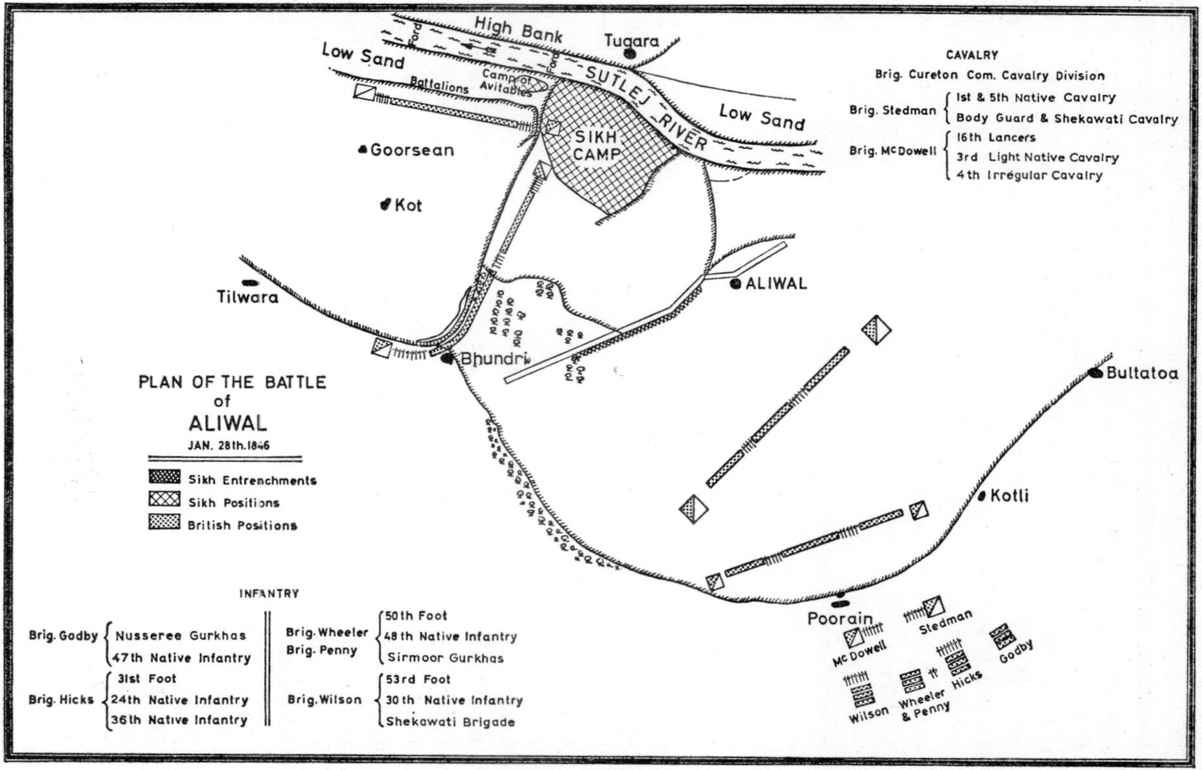

Battle of Aliwal, January 28th, 1846

Sir Harry placed two infantry brigades in his front line—Wheeler's (H.M.'s 50th, 48th Native Infantry and the Sirmoor Gurkhas) on the right; Wilson's (H.M. 53rd, 30th Native Infantry, and the Shekawati Infantry) on the left. Echeloned in rear of them were Godby's brigade (Gurkhas of the Nusserree Battalion and the 36th Native Infantry) on the right and Hicks' brigade (H.M.'s 31st, 24th and 47th Native Infantry) on the left. In this order, Smith advanced as though on parade, every manœuvre executed perfectly with the 12,000 men acting as one—rarely has there been a more stately prelude to a general action. Observing that his array was outflanked by the Sikh left, he wheeled his line into column, took ground to his right, once again wheeled the columns into line, and continued the forward movement. When the British were six or seven hundred yards from them, the Sikh guns opened fire along their whole line, the first shots falling short but soon reaching the British ranks as they marched forward.

Sir Harry Smith reasoned that by bringing up his right, and carrying the village of Aliwal in front of the Sikh left, he could throw himself upon their left and centre, and cut off their line of retreat by the ford. Summoning Godby's brigade from the right rear, he launched it, together with Hicks' brigade, against the village. A deadly struggle seemed certain, for the Sikh ranks were steady and their guns were firing accurately and well; but the holders of the village were battalions of hillmen who had not their hearts in the battle. They fired a straggling volley and then fled in confusion; the British troops dashed over the low earth banks, carrying the place in fine style with little difficulty or loss and taking two heavy guns. Smith then ordered a general attack upon the Sikh centre and left. Brigadier Wheeler, supported by Wilson, advanced to the attack and was soon hotly engaged. The guns of Alexander, Turton, Lane, Mill, Boileau and of the Shekawati brigade, plus the 8-inch howitzers, pushed continually on in front of the advancing infantry. The Sikh fire fell heavily upon Wheeler's brigade on the right, but they advanced most steadily, halting twice and lying down under the fire, to steady the men and prevent hurry, and to allow Wilson's brigade to get forward. This was necessary because of the enemy's position being in the shape of a curve, with the flank thrown back.

In this manner the advance continued until the British were

close upon the Sikhs. Ranjur, realising that his left was in serious danger of being turned, hurried forward a large body of cavalry to cover him whilst he reorganised his position in that quarter. The native horsemen were instantly charged by Cureton's cavalry and driven back in disorder upon their infantry. The British cavalry made a colourful sight as they moved easily across the open ground, the 16th Lancers clad in scarlet and with pennons flying, the Irregular Horse in dark blue and gold, the 1st Light Cavalry in silver-grey trimmed with scarlet.

Determined to press his advantage to the utmost, Sir Harry ordered Hicks' brigade to support Cureton. Being now upon the summit of the high ground, he perceived the enemy's camp alongside the river to be full of infantry, and turned Godby's brigade against their left flank and rear. Godby carried everything before him; and Ranjur realised that his retreat by the fords of the river was seriously menaced. He endeavoured to save himself by throwing back his left, and re-forming his line at right angles to the river, using the village of Bhundri as a pivot. To cover this manœuvre, he brought forward a body of horse, against whom McDowell sent a squadron of the 3rd Light Cavalry, with one of the 16th Lancers in support. The native regiment hesitated, whereupon the squadron of the 16th, under Captain Bere, charged without them, hunting the fugitives towards the river. Rallying his men, Bere then turned back to find his way blocked by Sikh infantry who thew themselves into unshapely squares—more like equilateral triangles as Fortescue puts it. The Sikhs fired a volley at close range but lacked the necessary time to properly defend themselves against the cavalry, who had really got the bit in their teeth, and their formation was smashed into disorder. Throwing away their muskets, the Sikhs fought fiercely with sword and shield, but they were utterly broken. Simultaneously another squadron of the 16th, under Captain Fyler, rode down a further block of Sikh infantry, and the two squadrons re-formed and rallied together.

Meanwhile, that brilliant cavalry commander, Brigadier Cureton, had been following up the infantry attack, watching keenly for his opportunity. As Wilson was preparing to charge the Sikh infantry and guns in front of him with H.M.'s 53rd Foot, the Ghurkas and 30th Native Infantry, a thunder of horses' hooves was heard on their left. Two squadrons of the 16th Lancers under Major Smyth, supported by the rest of the 3rd Bengal Light Cavalry, came sweeping by with lances lowered, over the low earthworks and into the battery to capture every gun.

In a graphic account of the battle Sergeant Gould of C Troop wrote: [15] 'At a trumpet note to trot, off we went. "Now," said Major Smyth, "I am going to give the order to charge. Three cheers for the Queen!" There was a terrific burst of cheering in reply, and we swept down on the guns. Bullets were flying around like a hailstorm. A big Sergeant, Harry Newsome, mounted on a grey charger, shouted "Hullo, boys, here goes for death or a commission!" and forced his horse over the front rank of the kneeling Sikhs, bristling with bayonets. He leant over to grasp one of their standards, but fell from his horse, pierced by nineteen bayonet wounds.'

As stated by Gould, the Sikh infantry in rear of the battery knelt to receive the dashing charge of the cavalry but, as the horsemen approached, they instinctively rose and delivered their fire, then boldly advanced with their swords and closed with them in a bloody and determined struggle. Some of the Sikh infantry formed squares, others lay on the ground so that the lancers could not reach them, while they either fired their muskets at the horsemen or cut desperately upwards at the men and horses with their keen swords. These Sikh battalions of the celebrated Aieen troop, trained by Avitabile, fought most gallantly. They did not yield to the charge, nor did they give way until they had been ridden over three times. Indeed, it is said that the 16th, in their third charge, in desperation shifted their lances from the right to the left hand, and that it was only because the Sikhs were confused by this simple trick that they were at last broken.

The charge of one squadron of the 16th Lancers, led by Major Smyth and Captain Pearson, upon a well-formed square of Avitabile's Regiment, deserves special notice. Notwithstanding the steadiness of the enemy, the lancers broke the square, charged through, re-formed and charged again—a feat very rarely accomplished even against Asiatic troops. Captain Pearson wrote later: [16]'At one time, 200 of us were in the midst of about 10,000 of their choicest troops . . . the Sikhs are worthy of our arms. Even our Peninsular heroes say they never saw more severe fighting.' As the depleted squadrons returned through the smoke and dust to their lines. Sir Harry Smith shouted above the battle-din, 'Well done, the 16th! You have covered yourselves with glory today!'

The British infantry of Wheeler's and Wilson's brigades followed up rapidly, the village of Bhundri being captured by H.M.'s 53rd, who took many guns and cleared out the enemy infantry. The Sikh infantry, in fact, declined to meet the charge of the British infantry but their gunners resolutely stood their ground, until the guns were taken at the bayonet point. Then two batteries of horse artillery came up to complete the discomfiture of the fleeing Sikh foot. A gallant band about a thousand strong, who had rallied under the shelter of a ravine, was dislodged by a flanking charge of the 30th Native Infantry and blasted out of existence by the fire of twelve guns at close range.

The entire Sikh force was now in utter rout and were driven in confusion towards the ford by their camp, pursued by the cavalry, who made repeated charges, hemmed in on their rear and both flanks by British infantry and artillery who tore them to pieces as they streamed away to the river. Ranjur Singh had nine pieces unlimbered to cover the ford, but they only fired once before the pursuers were upon them. Unable to make any attempt to rally, the fugitives flung themselves into the river in utter disorder under a tempest of shot and shell from the British guns. Ranjur attempted to bring away some of his guns, but two only reached the other bank, and these were spiked by Lieutenant Holmes of the Irregular Cavalry and Gunner Scott of the Horse Artillery, who forded the river in pursuit. Two more were abandoned in midstream, and yet another swallowed up by quicksands. The Sikh commander tried to form some kind of line on the opposite bank, but soon this was dissolved by a salvo from every piece of Smith's artillery. The Sikh force streamed away in complete and utter defeat, with the loss of camp stores, baggage supplies and every one of their sixty-seven guns.

Said to have been almost unique as [17]'a battle without a mistake in it', Aliwal was reported by Sir Harry Smith in what has long been quoted as a model despatch (Appendix II). He had brilliantly ended his little campaign, having accomplished as awkward a task as could be set a general. With a small force Sir Harry had been sent out to secure communications in one direction with Basian (the route by which the siege-train must arrive from Delhi) and in another with Ludhiana, and had to collect a handful of troops to help him engage a greatly superior enemy. In fact,

Sir Harry had to career about the triangle formed by Dharmkot, Ludhiana, and Basian, each side of which was roughly twenty-five miles long, gathering together detachments in the presence of a concentrated enemy. Characteristically, when he had all his men together, he lost no time in marching to the attack, where he displayed a sound and scientific application of the rules of war.

Ranjur Singh showed a reasonably high standard of generalship, particularly when he posted himself at Badowal, threatening both Godby and Smith like a king between two pieces on a draughtboard. This was said by Sir Harry to be the most scientific move made during the whole war, whether by accident or design. He also handled his troops well when attacking the British column at Badowal, although his cavalry could have given Smith a great deal more trouble than they did. The Sikh cavalry, unlike their infantry and artillery, was never very effective. The numbers that Ranjur Singh had at Aliwal are not accurately known, but it is likely that they consisted of some 15,000 men and sixty-seven guns. Sir Harry had the good fortune not to find the Sikhs in so carefully prepared a position as Ferozeshah, and he hit the weak point at once. Having struck it, he concentrated eight of his eleven regiments of infantry and three of his six cavalry regiments on the enemy left, leaving Wheeler's three battalions and McDowell's three cavalry regiments to deal with his centre and right.

The result was that the losses of Wheeler and McDowell made up more than three-fifths of the casualty list, and the 16th Lancers alone formed more than one-fourth of it. Their charges of the two isolated squadrons first, then of the two remaining squadrons acting together, and finally of the whole regiment, were the most brilliant feature of the whole action. Sir Harry Smith, and Brigadier Cureton, their commander, seem to have timed them perfectly so that they shattered Ranjur Singh's last hopes of making a stand. It was a masterly stroke, but it cost the regiment the price of 144 officers and men, fifty-eight of them dead. Afterwards the ground was as thickly strewn with the bodies of the victorious horsemen as with those of the beaten infantry. Lance-Corporal Mowbray, the regiment's best lancer and swordsman, lay in a circle of seven dead Sikhs, his lance splintered, his sword broken.

Of the other troops engaged, the 50th Foot suffered most severely, having seventy-three casualties, while the native corps serving with them lost five officers wounded, one native officer and fifteen men killed, nine native officers and seventy-five men wounded. This indicates what was very noticeable at Aliwal, that the native troops, when not exhausted by hunger and fatigue as they had been at Ferozeshah, could render invaluable support to the British regiments. The total loss of the British force was 151 killed, 422 wounded and twenty-five missing, giving a total of 598. The Sikhs admitted a loss of 3,000 men killed. Apart from the 16th Lancers, it is seldom that casualties are so evenly distributed among all units as those of Aliwal. The Duke of Wellington particularly admired the manner in which Sir Harry Smith utilised all three arms to the greatest possible advantage of each in this well-managed little affair.

While Sir Harry was fighting at Aliwal, the Commander-in-Chief and the Governor-General were watching the Sikh camp at Sobraon. From Bootawallah, where they were conversing on the morning of January 28th, they could hear the sound of artillery, and an officer who was with Sir Hugh wrote of the scene:

[18]'From not having heard of Sir Harry Smith and various native rumours in the camp, Sir Hugh was really very miserably anxious about him, and the fine force he had given him; and I must now tell you of that gallant, glorious, good old Chief. We heard the cannonading which was, while it lasted, fearful. I asked him what he thought of it. "Think of it! Why, 'tis the most glorious thing I ever heard. I know by the sound of the guns that Smith has carried the position and silenced their artillery." "I hope, Sir," I said, "he has not found it too strong, and retired to wait for our reinforcements." "Retire," he cried. "No! No British force would ever retire before such a cannonade as we have just heard!" He spoke with such likely confidence that, although I had gone to him fully impressed with the conviction that Smith had failed, I left him perfectly assured that I was wrong, and that victory had been ours. He sent Bagot and Becher to bring an express. When he heard the news he was nearly frantic with joy; but Bagot told me that ere the lapse of two minutes he saw the dear old man on his knees by his couch, offering up his thanks to that Power which alone gave the victory.'

The Governor-General issued a general order announcing the victory, congratulating the commander and his force, and extolling their valour, discipline and skill in well-deserved terms. A gala parade of the whole force of the main army was ordered. The troops had recovered from the fatigues and privations of their earlier operations, and now looked fit to go anywhere. As the two Chiefs rode down the line to announce the recent victory, they were greeted by hearty cheers. The moral effect of the victory was very great. Mudki and Ferozeshah had been costly successes, the latter not very far removed from failure, and the sepoys shrank more and more from meeting the Sikhs. Now, the dreaded enemy had not only been defeated but harried, hunted and humiliated, and his utter inability to make more than an honourable stand against British forces on a fair field, even with a marked superiority in men and guns, proved beyond doubt. By order of the Governor-General, a royal salute was fired from the British camp, the regimental bands playing the National Anthem. The Sikhs on the opposite bank, not to be outdone, followed suit with both, and their bands were heard playing 'God Save the Queen'!

On February 3rd Harry Smith, having with much trouble disposed of his captured guns, marched back to rejoin the main army. To dispose of the stores and guns of a vanquished enemy is not always easy; Sir Harry had fifty-two to move, and most of their own draught animals had been killed in action. He used the transport of his own guns to send on to Ludhiana forty-seven of the Sikh guns, and he took five of them with him to headquarters—[19]'the most beautiful guns imaginable, which will, I believe, be placed in St. James's Park, London'. All this work delayed his return by three days, and it was not until February 8th that Sir Harry Smith and his victorious army marched into the camp to be enthusiastically received by all ranks.

This chapter belongs to Harry Smith, a gallant and very brave soldier who was fifty-seven years of age when at Mudki he dashed forward carrying the colours of the 50th Foot, and during his exertions at Badowal and Aliwal. Joining the army in 1805, he was probably the longest-serving British soldier of all time, and still had some very active service to offer in South Africa. In a campaign not exactly noted for its high tactical standards, a remark of Sir Harry's after Aliwal shows him to be a 'thinking' general and puts him into true historical perspective. He said:

[20]'I steered the course invariably pursued by my great master the Duke, never needlessly to risk your troops or fight a battle without an objective.'

SOURCES

1, 2, 3, 4, 6. *Life of Lord Hardinge*—Lord Hardinge of Penshurst (1891)
5. *Despatches of the War in India*—Speeches of the Duke of Wellington, Vol. II—Edt. Gurwood (1846)
7. *Sir Robert Peel*, Vol. III—Edt. Parket (N.D.)
8, 9, 10, 11, 18. *The Life and Campaigns of Hugh, 1st Viscount Gough*—Robert S. Rait (1903)
12, 13, 14, 19, 20. *Autobiography of Sir Harry Smith*, Vol. II—Edt. G. C. Moore Smith (1902)
15, 16. *History of the Sixteenth, The Queens, Light Dragoons (Lancers)*—Henry Graham (1912)
17. *The Thin Red Line*—Sir Henry Newbolt (1931)

9

'Then I'll be at them with the Bayonet!'

In a letter of February 19th, 1846, to the Secret Committee, the Governor-General revealed that Ghulab Singh, the Rajah of Jamnu, had been in contact with him. In reply, Hardinge told Ghulab Singh that the British would recognise Sikh sovereignty in Lahore *after* the army had been disbanded. The Rajah replied that he had no power or control over the army. The Governor-General was conscious of the immense task in trying to subjugate the Punjab in a single season, entailing defeating an army as large as or larger than the British, taking two capitals and laying siege to the fortresses of Multan, Jamnu and Peshawar—all within a few months. A campaign during the hot season would thin the European ranks under even the most favourable circumstances, whilst the recurrence of an epidemic such as cholera would have been disastrous; the domination of the British in India hinged mainly upon the number and efficiency of the troops of their own race that they could bring into the field. The whole country was in a ferment, and protracted hostilities might well disturb the whole of the north-west provinces, swarming as they were with a military population who would follow any banner promising pay or plunder. Any such outbreaks would jeopardise his communications with the Jumna.

The first objective was to drive the Khalsa across the Sutlej by force of arms, or have them withdrawn and subsequently disbanded by their own leaders. Until that was done, the war had not really progressed at all, and every petty chief would be secretly weighing up his chances of gaining independence and a large slice of someone else's territory. If chiefs of the country became desperate and massed under one leader, it would render unlikely submission by the Khalsa, even after another defeat. Sir Henry knew that time was pressing, that the speedy dictation of a treaty under the walls of Lahore was essential to the British. A remedy had to be found that would accomplish this and, at the same time, suit the ends of Ghulab Singh, Tej Singh, and Lal Singh. It required a policy of discretion allied to shameless treason.

Subsequently, a secret understanding was made between the Governor-General and Ghulab Singh, basically allowing for the British to attack the Sikhs, who would again be beaten; after the defeat the Sikh army would be openly abandoned by its government, the passage of the Sutlej would be unopposed, and the road to the capital laid open to the victors. Captain Joseph Davey Cunningham, an officer in the Political Department, was dismissed from that employment by the Honourable East India Company and returned to regimental duty, because he revealed this agreement in disgust.

Following the defeat at Aliwal, the Sikhs had abandoned all their posts south of the Sutlej with the exception of Sobraon. From his headquarters at Bootawallah, immediately opposite Sobraon, Sir Hugh Gough could see that the whole enemy force was concentrated there. He explained the situation to the Duke of Wellington in a latter dated February 2nd:

[1]'I found that it presented an excellent ford of considerable breadth, at a bend of the river (the concavity of the arch of the circle formed by the bend facing our side of the river); that the opposite side was much higher than that on our side, and that the enemy had collected a vast number of boats, and had commenced constructing a bridge covered by powerful batteries on the opposite side. The bridge I had narrowly watched, and found that on January 2nd, they had completed it, with the exception of two boats next our side.

'On January 13th, I made another reconnaissance, with some guns and light infantry, to dislodge a considerable body of infantry which had crossed over. This was soon effected, with the loss of but one man, but I found the neck of ground, or concavity of the circle, so completely enfiladed by the guns on the opposite side (the river being only 350 yards in width) that I did not feel it prudent to attempt the destruction of the bridge; which was, on account of the practicability of the extensive ford, of little importance; and its destruction would not have compensated for the expenditure of ammunition, of which we have none to spare, while our resources are at such a vast distance.

'He has since established himself on this side of the river, covered by his guns on the opposite bank, and strongly entrenched himself within their range. I felt I could at any time dislodge him from this position, and have been more than once inclined to effect it; but this could not be effected without considerable loss of life, and as I have not at present the means of pushing on to Lahore, the 1st Division of the battering train not yet having come up, I have contented myself with keeping him within the range of his guns. Whenever he moves out any force, a corresponding move upon our part makes him rapidly withdraw. Our advanced posts are within 1,750 yards of his advanced work. He appears to be, and all my information leads me to suppose, that he is in very great force, and daily parades several thousands of infantry and cavalry close to his lines, with a few troops of horse artillery. I hear he has thirty battalions, with a numerous cavalry force, and fifty light guns at this side, covered by all his heavy guns on the latter. I have given the strictest orders not to molest him, with the hope of drawing him on, but in vain. I must therefore bide my time, which your Grace may be assured I shall not let slip.'

In the British camp there was a natural disappointment at the slow progress of the siege-train. Herbert Edwardes, at that time A.D.C. to Sir Hugh Gough, wrote in the *Calcutta Review*: [2]'The Army is sickening for want of a battle; a malignant fever or epidemic horrors must have broken out at Sobraon had it been delayed another week.' It was particularly galling for the British to have to witness helplessly the gradual growth in strength of the Sikh entrenchments. Between the British outposts and the entrenched camp of the enemy stretched a tract of low jungle, amid which General Gilbert, noted pig-sticker, daily rode after the boars. Often they took him pretty close to the enemy's guns and muskets, but he was never molested.

The siege-train, with the reserve ammunition, reached the camp on the 7th and 8th of February. The lengthy column of plodding elephants dragging the huge and heavy ordnance made everyone feel that, for the first time, they had parity with the Sikh arillery. At first downcast by the news of the Aliwal defeat, the Sikhs stared gloomily at the bodies floating down the river from the battlefield towards their bridge of boats at Sobraon. However, their confidence grew with the height of their formidable entrenchments. They had been working under the direction of Huerba, a Spanish officer, who had designed strong earthworks with deep ditches in a half-circle from bank to bank. Behind, the loop of the river was bridged by linked boats connecting the position with the higher northern bank. Artillery was positioned on the northern bank so that it could enfilade not only the northern exit from the bridge, but also the eastern and western sides of the position. The southern front was about a mile and three-quarters long, the eastern half a mile, and the western about a mile. The Sikhs were drawn up in a rear of a very broad and almost uncrossable ditch, covered by the main position. Heavy guns abounded and its weakest side, the right, was protected by a line of about 200 camel-swivel guns. The strongest part of the position was the centre, where the earthworks were high enough to require the use of scaling ladders.

Artillery and Engineer officers, after a close examination of the fortifications, said that an attack by infantry supported by guns would be impracticable. Sir Henry Hardinge then consulted Major Henry Lawrence, who had just been appointed Political Agent in succession to Major Broadfoot, and who had originally been an artilleryman, and Major Abbott of the Engineers. Pending their decision, the Governor-General, writing to Sir Hugh Gough on February 7th, said: [8]'Upon the fullest consideration of this question, if the artillery can be brought into play, I recommend you to attack. If it cannot, and you anticipate a heavy loss, I would recommend you not to undertake it. I have great confidence in the opinion of Major Abbott on these professional points, relating to the destruction of defences.' Such is human nature that Lawrence and Abbott disagreed with their professional colleagues and advocated the attack. Gough was therefore free to fight, as he wished.

He decided that the right end of the Sikh position, obviously the weakest point, was the most favourable spot for attack. Sir Hugh had been informed by a native boy that the entrenchments did not go right down to the river's edge in this area. By forcing an opening at this end of the semi-circle, guns in the Sikh front line would be rendered useless and able to be taken in flank and rear by the division effecting the entrance. On the afternoon of February 9th, all Generals of Division, Brigadiers, and Heads of Departments, were summoned to attend the Commander-in-Chief's tent. His Excellency explained to all that the enemy's heavily fortified position was to be attacked at daybreak, and he clearly detailed to each general and commander his position and portion of the attack.

On the British right was Sir Harry Smith's division, formed of two infantry brigades under Brigadiers Penny and Hicks. The former's brigade consisted of H.M.'s 31st Foot, 47th Native Infantry and the Nusseree Battalion of Gurkhas; the latter of H.M.'s 50th Foot and the 42nd Native Infantry. They were to be supported by Campbell's Cavalry Brigade of H.M.'s 9th Lancers, 2nd Irregular Cavalry and two troops of horse artillery. The British centre was occupied by Gilbert's division—the 3rd Brigade under Brigadier Taylor consisting of H.M.'s 29th Foot and the 41st and 68th Native Infantry, and the 4th Brigade under Brigadier Maclaran formed of the 1st Bengal European Light Infantry, 16th Native Infantry, and Sirmoor Battalion of Ghurkas. Between Gilbert's division and Sir Harry Smith on his right was placed a battery of eight heavy guns, while Gilbert was accompanied by No. 19 Field Battery. On his left was placed another battery of heavy guns.

On the extreme left Sir Robert Dick was to lead the attack; the advance was to be in two lines with a strong reserve of both cavalry and infantry. His first line was formed by Brigadier Stacey's brigade, comprising H.M.'s 10th and 53rd Foot and the 43rd and 59th Native Infantry. This brigade was also accompanied by Brigadier Orchard. In second line stood Brigadier Wilkinson with H.M.'s 80th Foot and the 33rd and 63rd Native Infantry. In reserve was placed Brigadier Ashburnham's brigade of H.M.'s 9th and 62nd Foot and the 26th Native Infantry. To their rear again was Brigadier Scott's Cavalry Brigade composed of H.M.'s 3rd Light Dragoons and the 8th and 9th Irregular Cavalry, together with the 4th and 5th Native Infantry Regiments, while the 73rd Native Regiment was slightly to their right at Rodawala.

Major-General Sir Joseph Thackwell commanded the cavalry division. Brigadier Cureton with the 3rd, 4th and 5th Irregular Cavalry and H.M.'s 16th Lancers had been sent out to make a show of crossing the Sutlej by the ford, on the right flank of the attack, so as to draw the enemy's attention to that point.

An attempt had been made to improve the weight of the British artillery by enlarging the bores of the 9-pdrs. into 12-pdrs., but this had a detrimental effect upon their performance. It is thought that the British artillery strength did not exceed sixty guns. There were too few gunners for the heavy ordnance, so the crews of three or four of the horse-batteries were borrowed, and the guns of these batteries left in camp. Later, when the ammunition for the heavy guns had gone, these batteries were brought up by their drivers only, picking up their gunners en route and coming into action late. The total artillery was:

9 Horse Artillery Batteries.
3 Field Artillery 9-pdr. Batteries
2 Field Artillery 12-pdr. Batteries.
6 18-pdr. guns.
18 Heavy Howitzers and Mortars.

It was commanded by Brigadier Gowan, C.B. Sir Hugh Gough massed nineteen out of his twenty-four heavy pieces, including all his 18-pdrs., over against the south-western angle where Dick's division was to assault. The batteries of field and horse artillery extended the heavy batteries into a semi-circle embracing the greater part of the perimeter of the enemy's works, the light howitzers being massed off the south-eastern angle at the village of Chota Sobraon.

The Sikhs admitted their strength at Sobraon to have been 42,626 men, which probably included those troops on the right bank of the river as well as those in the actual entrenched position. It is thought that there were about 20,000 actual soldiers in the entrenchments with about seventy pieces of artillery and a large number of camel swivel-guns.

Sir Hugh had ordered the force to march at three in the morning of Tuesday, February 10th, so that there would be a certainty of many hours of daylight—Mudki and Ferozeshah rankled deeply in his mind. The men were roused and began falling into column at 2 a.m., and then they marched off silently to their respective positions amid the darkness of the night and the additional gloom of a thick haze. The heavy guns were placed in position and everyone waited, in disciplined order and silence, for dawn to break. Daylight came with a dense fog that covered the ground and reduced visibility to a few yards so it was necessary to wait still longer. The author of the historical record of the 1st Bengal European Light Infantry wrote of the scene:

[4]"The rising sun rapidly dispelled the fog, when a magnificent

picture presented itself. The batteries of artillery were seen in position ready to open fire and the plain was covered with our troops, the fortified village of Rodawala on our left being strongly held by our infantry. Immediately the guns opened a heavy fire. The enemy appeared suddenly to realise their danger, their drums beat the alarm, their bugles sounded "to arms!" and in a few minutes their batteries were manned, and pouring shot and shell upon our troops.'

Even in old Gough, man of action rather than letters, this artillery barrage aroused an emotional feeling—in his official despatch he wrote: [5]'Nothing could be conceived grander than the effect of the batteries when they opened, as the cannonade passed along from the Sutlej to Little Sobraon, in one continued roar of guns and mortars; while, ever and anon, the rocket, like a spirit of fire, winged its rapid flight high over the batteries in its progress towards the Sikh entrenchments.' For two hours the cannonade thundered back and forth across the battlefield, the Sikh guns responding with shot and shell which either burst in mid-air or buried themselves in the ground in front of Gilbert's waiting division. It was a grand artillery concert, but a distant and aimless cannonade that still left the strife to be begun and victory to be achieved by the valiant infantry. The Sikh guns, secured behind their field fortifications, could not be silenced.

Soon, the ammunition for the heavy guns began to run out, and their fire slackened. This news was brought to Sir Hugh Gough, who showed no sign of hesitation or alarm. To the surprise of the officer who brought the message he cried out:

'Thank God! Then I'll be at them with the bayonet!'

Colonel Benson, a member of Sir Henry Hardinge's staff, arrived with a message. He had been instructed by the Governor-General to tell the Commander-in-Chief that if he doubted the issue, he was at liberty to call off the assault; but that if he only anticipated heavy loss he might go on. Unfortunately Colonel Benson transposed this relatively harmless message into these words: 'If Gough did not feel confident of success without great loss he had better withdraw the troops and work up to the enemy's entrenchments by regular approaches.' The effect of this peremptory, thrice-repeated message upon the choleric Sir Hugh was galvanic:

'What? Withdraw the troops after the action has commenced!

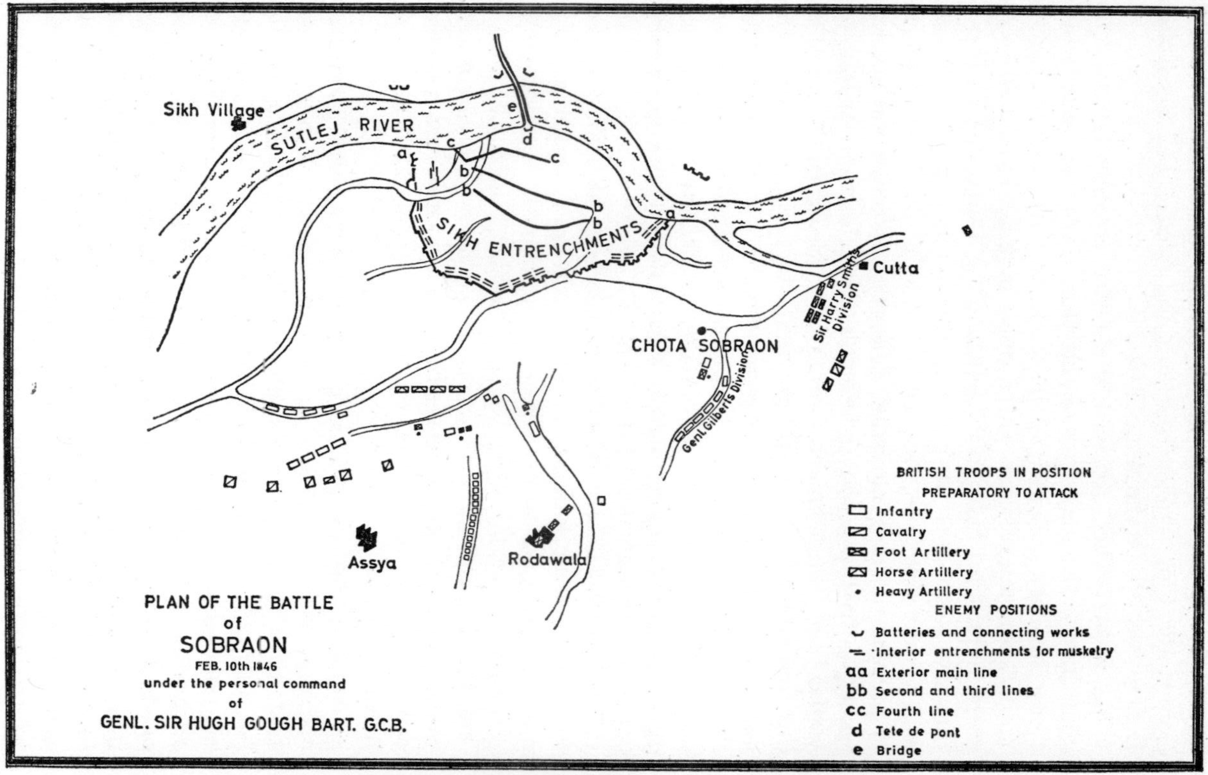

Battle of Sobraon, February 10, 1846

Indeed I will not!' and turning to his nephew, Colonel J. B. Gough, the Quartermaster-General, he cried: 'Tell Sir Robert Dick to move on, in the name of God!'

Sir Robert Dick received the order at nine o'clock, and immediately the batteries of Horsford, Fordyce and Lane's Horse Artillery galloped to the front, to cover the advance of Stacey's brigade, which was formed in line, 10th Foot being in the right, 53rd Foot on the left, and the 43rd and 59th Native Infantry Regiments in between them. They moved forward with perfect steadiness, frequently halting to correct the line and to prevent the men hurrying. The guns preceded the infantry, taking up fresh positions continually until they were within 300 yards of the entrenchment. Sikh cavalry threatened the left of the line, but were driven off by fire from the flank company of the 53rd and some grape from the artillery. One reads of the steady British infantry but rarely realises the effect they had on those upon whom they were advancing. Hookhum Singh, a Sikh gunner in battery upon the right wing of the enemy army, directly opposed to the advance of the 10th Foot, wrote:

[6]'Nearer and nearer they came, as steadily as if they were on their own parade ground, in perfect silence. A creeping feeling came over me; this silence seemed so unnatural. We Sikhs are, as you know, brave, but when we attack we begin firing our muskets and shouting our famous war-cry; but these men, saying never a word, advanced in perfect silence. They appeared to me as demons, evil spirits, bent on our destruction, and I could hardly refrain from firing.

'At last the order came, "Fire", and our whole battery as if from one gun fired into the advancing mass. The smoke was so great that for a few minutes I could not see the effect of our fire, but fully expected that we had destroyed the demons, so, what was my astonishment, when the smoke cleared away, to see them still advancing in perfect silence, but their numbers reduced to about one half. Loading my cannon, I fired again and again into them, making a gap or lane in their ranks each time; but on they came, in that awful silence, till they were within a short distance of our guns, when their colonel ordered them to halt to take breath, which they did under a heavy fire.

'Then, with a shout, such as only angry demons could give and which is still ringing in my ears, they made a rush for our guns, led by their colonel. In ten minutes it was all over; they leapt into the deep ditch or moat in our front, soon filling it, and then swarming up the opposite side on the shoulders of their comrades, dashed for the guns, which were still defended by a strong body of our infantry, who fought bravely. But who could withstand such fierce demons, with those awful bayonets, which they preferred to their guns—for not a shot did they fire the whole time—and then, with a ringing cheer, which was heard for miles, they announced their victory.'

Stacey's brigade, rushing forward simultaneously, occupied the first line of the enemy's entrenchments, driving the Sikh gunners from their guns. Colonel J. B. Gough here fell severely wounded, having accompanied the attack after passing the order to Dick. The attack of Stacey's brigade was ably supported by that of Wilkinson, not a shot having been fired (except by the flank company) until the entrenchments were carried. Stacey checked briefly here, until the second line came up, for Sikh batteries to the right were enfilading him. These were now attacked by the 10th and 80th, Sir Robert Dick being mortally wounded at this time.

In the ensuing pursuit, Sergeant Murphy of the 10th captured two Sikh standards singlehanded. He was given a commission, and remained in the Regiment as Paymaster for another thirty years. At a later date Lord Napier of Magdala, speaking of the achievements of the 10th at Sobraon, said, [7]'The deeds of gallantry that this regiment performed ought to be recorded in letters of gold, and engraved in the memory of all British soldiers.'

Driving the enemy towards the centre, the division continued its advance against the Sikh Akali fanatics who fought most stubbornly. Crowded into large pits capable of holding thirty men or so, they were caught like rats in a trap and killed.

The Sikhs, seeing that their right had been broken into, commenced a rush from all parts of their position to retake it in a strong counter-attack delivered with determination. In vain Stacey's brigade tried to withstand the mass of enemy; Wilkinson's brigade was forced back, and even the addition of Ashburnham's reserve failed to restore the earlier successes. Gradually the three brigades were driven back, disputing every inch of ground but unable to maintain themselves, until the Sikhs finally drove them from the batteries and recaptured the guns. Sir Hugh

Gough had directed Smith and Gilbert to throw out their light troops and make diversionary movements along the whole line of the Sikh entrenchments. Taking not the slightest notice of these feints, the Sikhs turned all their efforts against Dick's division.

Imagining that the Sikhs were concentrating most of their strength against his left, Gough now ordered the feint attacks to be pressed home. Sir Harry Smith led on his division against the extreme left of the Sikh position, Brigadier Hicks in the first line closely supported by Penny and covered by the fire of the artillery. The men, who had been lying down up till this moment, sprang up, re-formed, and advanced. The ground immediately in front of the Sikh position was broken by watercourses, making it difficult for the men to keep their positions. The enemy's fire was very severe, and the formidable nature of the earthworks prevented the British troops from climbing in without scaling ladders. Fighting desperately, the first line was compelled to give way and fall back, leaving many casualties to mark its path. Harry Smith was ready with Penny's brigade to restore the fight. The 50th Foot steadily formed fours as though on parade to allow the shattered fragments of Hicks' brigade to pass through them, and as calmly re-formed line, all under heavy fire. The British troops were maddened to see the Sikhs run out and butcher their fallen comrades; so that when Penny's brigade, together with Hicks' rallied regiments, charged again, the entrenchments were carried. Pressing on, the infantry found that they were being fired upon from the rear, Sikhs having returned and re-opened fire with the captured guns. The 50th turned back and quickly took them.

At the same time as Sir Hugh Gough had ordered Smith forward, the Governor-General, feeling that the situation was becoming critical, had directed Gilbert's division in the centre to attack. Rushing forward, the troops crossed a dry nullah, to be exposed to a murderous fire of musketry from Sikhs concealed behind walls too high for them to climb. Thrice did the 29th Foot of Taylor's brigade go forward to charge the works and thrice were they obliged to retire, Sikh cavalry following them up and butchering the wounded. They were ably supported by Maclaran's brigade, who had their brigadier killed; Gilbert being wounded at the same time. Sir Hugh Gough, watching the assault, was moved to cry out: 'Good God, they'll be annihilated!'

The 1st European Light Infantry, among whom was Ensign

William Hodson, had grape and musketry poured into them with a discipline and single-mindedness of purpose that aroused in Hodson an admiration for his bearded opponents that he was never to lose. The heavily punished division began to waver, and the Governor-General, seeing this, cried 'Rally those men!' Colonel Wood, his A.D.C., galloped to the centre of the line, seized a colour from the hands of an ensign, and carried it to the front—in a moment the men had rallied and stormed the breast-works at a point to the left of their previous attacks, where the wall was lower. Mounting on each other's shoulders, they gained a footing, and rushed upon the guns to take them. Brigadier Taylor, of the 29th, fell, struck by a bullet in the head, after he had already been wounded by a sabre-cut in the face.

Dick's division had rallied and was taking advantage of the Sikh preoccupation at other parts of the entrenchment to regain possession of their sector of the fortifications. The sappers, working arduously under fire, were making a narrow breach in the earthworks at this point. Sir Joseph Thackwell brought up his cavalry and, with great difficulty, led his squadrons in single file through the opening which the sappers had made. Re-forming as they passed through, the 3rd Light Dragoons, living up to the wonderful reputation they had already acquired in this campaign, charged into the position, cutting down the defenders of batteries and field works in all directions.

The Sikhs began to give way, slowly and stubbornly, yielding to steady pressure from three sides; fighting bravely and doggedly, they endeavoured to stem the torrent of defeat. Along the stronger half of the earthworks the battle raged on for a further half hour with trenches full of dead and dying, cannon still roaring deafeningly, muskets blasting, cries and screams of pain, defiance and triumph on all sides. From time to time exploding magazines of powder threw bursting shells, beams of wood and bodies amid clouds of earth high into the air.

The Sikh commander, Tej Singh, instead of leading his men or trying to rally them, fled across the bridge of boats and, either by accident or design, sank a boat in the middle of the bridge. The river had risen nearly seven feet in flood during the night, so that the fords were impassable, and the damaged bridge made retreat difficult for the now broken Sikhs. Steadily advancing, though still violently opposed, the British troops carried one defensive position after another, breaking down each stand as it formed, pushing before them the still fighting defenders towards the impassable river, or forcing them into the struggling mass upon the frail, rocking bridge.

Suddenly the bridge, overcrowded with guns, horses, and soldiers of all arms, collapsed into the rapidly running river. The water was alive with a mass of struggling men. The guns, quickly brought up, poured into them a heavy and destructive fire of grape and shrapnel. Few escaped and none surrendered: by half-past ten there was not a live Sikh remaining on the left bank of the Sutlej. The British 'defiled with dust, smoke and carnage, stood mute indeed for a moment until, the glory of their success rushing upon their minds, they gave expression to their feelings and hailed their victorious commanders with reiterated shouts of triumph and congratulation'.

It had been another hard and bloody fight, a victory bought at the cost of many casualties. Even Sir Harry Smith, veteran of so many bloody encounters, thought that it was a hard battle. In a letter dated 'Camp Lahore, 25th February 1846' to his sister, Mrs. Sargant, he says:

[8]'Our last fight was an awful one. My reduced in numbers Division—only 2,400 bayonets—was, as in other fights, placed in reserve, but pretty soon brought into action, and as at Ferozeshuhur again I had the good luck to turn the fortune of the day. In so doing I lost out of my 2,400 men, 635 killed and wounded (100 more than out of 12,000 men at Aliwal). My first attack on the entrenchments was repulsed. I attacked when *I* did not wish, and had to take ground close to the river on the enemy's left, consequently our right. (Never catch a butting animal by the horns, though, as a good soldier, obey your superior's orders.) By dint of the hardest fighting I ever saw (except Badajoz, New Orleans, and Waterloo) I carried the entrenchments. By Jupiter! the enemy were within a hairsbreadth of driving me back. Their numbers exceeded mine. And such hand-to-hand conflict ensued, for twenty-five minutes I could barely hold my own. Mixed together, swords and targets against bayonets, and a fire on both sides. I never was in such a personal fight for half the time, but my bulldogs of the 31st and the old 50th stood up like men, were well supported by the native regiments, and my position closed the fight which staggered everywhere. Then such a scene of shooting

men fording a deep river, as no one I believe ever saw before. The bodies *made a bridge*, but the fire of our musketry and cannon killed everyone who rushed. The hand of Almighty God has been upon me, for I may say to you what all the army knows. I was foremost in the fight, and on a noble horse, the whole time, which sprang over the enemy's works like a deer, neither he nor I nor my clothes being scratched. It is a miracle for which I am, I trust, even more grateful to God than humble towards my comrades . . .'

In another letter, to Sir James Kempt, Smith added some extra touches:

[9]'. . . Behind such formidable entrenchments, I could not get in where I was ordered to attack, but had to turn my right close to the river, where, if left alone, I should have commenced. I carried the works by dint of English pluck, although the native corps stuck close to me, and when I got in, such hand-to-hand work I have never witnessed. For twenty-five minutes we were at it against four times my numbers, sometimes receding (never turning round, though) sometimes advancing. The old 31st and 50th laid on like devils . . . This last was a brutal bulldog fight, although of vast political and definite results; but my fight at Aliwal was a little sweeping second edition of Salamanca—a stand-up gentlemanlike battle, a mixing of all arms and laying on, carrying everything before us by weight of attack and combination, all hands at work from one end of the field to the other.'

British casualties amounted to 2,283, of whom 320 were killed, including thirteen European officers and 164 men: the proportion of dead to wounded being light. Among those killed were Sir Robert Dick, a veteran of Waterloo and the Peninsula, who fell mortally wounded by a grapeshot (he died in the evening), Brigadier Taylor, who had led his brigade so well at Mudki and Ferozeshah, and Brigadier Maclaran. Colonels Ryan and Petit, both of the 50th, were severely wounded, as also were Colonels J. B. Gough and Barr of the Commander-in-Chief's staff. The losses were more evenly distributed among the British and Indian troops than in any previous action of the war, for the sepoys had learned their lesson at Aliwal, and fought well. Oddly, it was in Sir Harry Smith's division that the difference in loss was most strongly marked, for the 50th counted 239 casualties, the 31st (who went into action only 400 strong) 154 casualties, while the three native battalions put together lost only 223. In Taylor's brigade of Gilbert's division, the 29th had 187 casualties out of 402 men who went into action, and in Maclaran's brigade the 1st European Light Infantry lost 197 out of 495. The three brigades of Dick's division suffered least heavily of all, the 10th counting 132 casualties, the 53rd about the same, the 43rd Native Infantry just over the hundred, and the remainder all under, and some of them considerably under, the hundred. The sepoys did their duty well, and the two battalions of Gurkhas greatly distinguished themselves.

The Sikh losses had been fearful. Five days after the action and when the walls of the entrenchment had been levelled to the ground, the sandbank in the middle of the river was completely covered with their dead bodies, and the ground within their encampment thickly strewn with carcases of men and horses. With the permission of the Commander-in-Chief they returned to carry off their dead, but the task was found too irksome, and many not swept away by the river were left as food for the jackal, the wild dog, and the vulture. The heirs of 3,125 Sikh soldiers killed claimed arrears of pay from which it can be estimated that they had between 8,000 and 12,000 casualties.

Hodson wrote: [10]'The river is literally choked with corpses and their camp is full of dead and dying. An intercepted letter of theirs shows that they have lost 20,000 killed and wounded; all their guns remain in our hands. I had the pleasure myself of spiking two guns that were turned on us. Once more I have escaped and, I am thankful to say, unhurt, except that a bullet took a fancy to my little finger and cut the skin off the top of it—a mere pin scratch, though it spoiled a buckskin glove. I am perfectly well; we cross in a day or two, but I fancy have done with fighting.' Hodson served in this battle with the 1st European Light Infantry, having transferred from the 2nd Native Grenadiers when he heard that they were to be left to guard the lines of communication—a job far too tame for an adventurous spirit like Ensign William Hodson. The 1st European Light Infantry, after losing fifty-one men killed and 164 wounded at Ferozeshah, lost not only their brigadier, Maclaran, at Sobraon, but on the morning following the battle could only muster six officers and 230 men fit for duty—a casualty roll rarely paralleled by a regiment in a successful campaign.

It is difficult to know what judgement to pass upon the handling of this battle. There was certainly mismanagement of the heavy artillery, and particularly of the 18-pdrs., which, if properly handled, might have dismounted at least part of the Sikh artillery. Sir Hugh Gough's biographer does not agree with this—he claims that, as Sir Hugh stated in his despatch, [11]'. . . visionary to expect that our guns could, within any limited time, silence the fire of seventy pieces behind well constructed batteries of earth, planks and fascines, or dislodge troops, covered by either redoubts or epaulements or within a treble line of trenches.' Gough wished to use his artillery so as to weaken the Sikhs sufficiently to allow the issue to be brought to [12]'the arbitrament of the musket and the bayonet'. The Duke of Wellington, referring back to Sobraon, and exploring what *he* would have done with his guns, exclaimed: [13]'The fire of that battery would have gone right in among them, so that, by Heavens, I would not have left a cat there with room to stand . . . Ah, the truth is, they are not masters of their game!'

The failure of the artillery, however, is more likely to be due to the lack of ammunition than to Sir Hugh's dislike of any arm that tended to steal the glory of his beloved infantry. It is difficult to allocate the blame for this shortage of ammunition, although it is stated in more than one report that the officer in command of the Artillery had not brought half the quota into the field of that ordered by the Governor-General *and* the Commander-in-Chief. With both leaders giving orders, without reference to each other, both before and during the battle, life must have been very confusing at times for their subordinates! It certainly seems that Sir Hugh did intend his guns to play longer on the Sikh position, and he was guided by his artillery officers, who approved of the number and description of guns which were brought into the field. Possibly the fact that Hardinge invoked junior officers of engineers and artillery to overrule the opinion of their seniors did not make for hearty and united efforts. It has also been stated by one authority that the elephants which should have brought up the reserve ammunition became unmanageable because of the din.

Sir Harry Smith wrote: [14]'In my own mind I very much disagreed with my gallant Commander-in-Chief as to the place of his attack being the most eligible one. I saw at once that the fundamental principle of "being superior to your enemy at the point of attack" was lost sight of, and the whole of our army, with the exception of my division, which was reduced to 2,400 bayonets, was held in reserve just out of reach of the enemy's guns.' There seems to be considerable truth in Sir Harry's assertion that Gough chose the wrong point of attack. Stacey's brigade, having effected its entrance with relative ease, then failed to make good its footing, even with the support of Dick's two remaining brigades, in face of the savage Sikh counter-attack.

Gough made the same mistake as at Ferozeshah, in that he launched a series of disconnected and ill-timed attacks, allowing the Sikhs to concentrate first on one flank and then on the other. It was only the stubborn fighting of Smith's battalions which pinned the Sikhs down long enough for Dick's men to make their second and successful assault. Not until both of these had carried their objectives could Gilbert's division make the slightest impression. Again, as at Ferozeshah, Gough simply lined up his army facing the whole length of the enemy position, allowing the Sikhs to bring to bear every gun they possessed. Had he used his cavalry, with possibly one infantry division, to mask the greater part of the Sikh position, he could have had a second division in rear of Dick's ready to give weight to the assault at the moment when the Sikh counter-attack fell upon it. It seems very likely that if this had been done, the position would have been carried at the first attempt, and that the heavy casualties suffered by Gilbert, in particular, to very little purpose might well have been avoided.

However, it is easy to be wise after the event, and the storming of an entrenched position defended by resolute troops and strong artillery must always be a hazardous business. Gough was undoubtedly right, under the circumstances, to make a direct attack upon an enemy so foolish as to stand with an impassable river in his rear. Havelock had prepared a plan and diagrams for turning the Sikh right by bridging the Sutlej at Ferozepore, and communicating with the turning columns higher up by the use of pontoons. This might well have turned the Sikhs out of Sobraon at little cost, but, taking the wider view and considering the campaign as a whole rather than this single battle, such a move could not in itself have been decisive—as Sobraon was. It is possible that the sum total of casualties in the end would have exceeded the losses in this single, decisive action. Possibly Gough lost more men than he should, but he ended the war at a blow.

SOURCES

1, 3, 11, 12. *The Life and Campaigns of Hugh, 1st Viscount Gough*—Robert S. Rait (1903)
2. *Calcutta Review*—February 1846
4, 13. *The Sikhs and the Sikh War*—Sir Charles Gough and J. J. Innes (1891)
5. Official Despatches of the War in India (1846)
6, 7. *The King's Service*—Ian Hay (1938)
8, 9, 14. *Autobiography of Sir Harry Smith*, Vol. II—Edt. G. C. Moore Smith (1902)
10. *Rider on a Grey Horse*—Barry Johnson Cork (1958)

10

Intermission at Lahore

There was no question as to the completely decisive character of the victory at Sobraon—the Sikh army was shattered, apparently scattered beyond the possibility of an effective rally, and the way to Lahore lay open to the victors. Sir John Littler, at Ferozepore, had been ordered on the previous day to be ready to march with every available man, and before daylight the next morning six regiments of native infantry and six guns had, by means of six country boats, crossed the Sutlej at a point nearer to Lahore than where the debris of the Sikh army lay.

On the 12th February the bridge of boats was repaired by Major Abbott of the Engineers, and on that evening and the following day the main portion of the army crossed the Sutlej. Sir Hugh Gough wrote to Sir Henry Hardinge: [1]'I have assumed the command of "The Army of the Punjab"—do you like the name?' The wounded Gilbert was left in command of three brigades which were to cross a day or two later, and to bring up the sick, the captured guns and the heavy battering train. A large number of the wounded were carried to Ferozepore; to cover these movements a brigade of cavalry was added to the three infantry brigades that had been left behind.

No enemy were visible and, immediately after crossing, the army occupied the little fort and town of Kussor which the Sikhs had abandoned, leaving two more guns. Whilst the army encamped under the walls of the ancient town, it was ascertained that the Sikhs still held together about twenty thousand men in the direction of Amritsa, but the vaunted power of the Khalsa was gone, destroyed with all its bravest sirdars and leaders. The discomfited warriors who survived, being left quietly to themselves, began to disperse. On the 13th the army was complete, with the exception of Gilbert's force; the army had crossed the Sutlej and marched thirty-five miles within three days of the battle.

On the 14th the Governor-General came into the camp, from which he issued a proclamation that the British Army had crossed the Sutlej and entered the Punjab [2]'in accordance with the intentions expressed in the proclamation of December 13th last, as having been forced upon him for the purpose of "effectually protecting the British provinces and vindicating the authority of the British Government, and punishing the violators of treaties and the disturbers of the public peace" '.

The remaining leaders of the Sikh army at Amritsa gave their formal consent to a request of the Rani's that Ghulab Singh, the Jammu chief, who had managed to maintain his neutrality during the war, should have full powers to treat with the English as the most acceptable envoy. The British had three courses from which to choose, the first being the obvious one of annexation, a policy to which the Company and the Governor-General himself were strongly opposed. Havelock has gone on record as advising the entire and immediate annexation of the whole country, being convinced that this must be the eventual issue of the conflict, unless a second war was to take place. While he advised the subjugation of the country, he fully appreciated, as did all the others, that such a course would be extremely difficult, if not impossible, to carry out at the time. It would probably have led to a series of sieges, and prolonged guerilla warfare, lasting into the unhealthy season, the morale of the army was low, and the European regiments had been fearfully thinned. The forces at the Governor-General's disposal (even including Sir Charles Napier's force of 12,000 men at Bahawalpore) were quite inadequate for such purposes and would have been difficult to shelter and feed during the period when the climate would reduce it to a state of inaction. Nor did the exhausted state of the Treasury permit the large expenditure involved.

The second course was that of a 'subsidiary alliance', which meant the continuance of the state as a separate kingdom, maintained by troops levied by the Company but paid for by the allied state. When the British were surrounded by hostile or potentially hostile powers, the military advantages of this method had been most marked; but by producing an ambiguous authority it was by no means conducive to good government within the allied state itself, and the British Government in India had steadily declared against such a policy in the Punjab.

The third plan was to establish a strong and friendly government which should be independent of British support, and yet should not be a menace to British power in India. It should, in fact, stand to the British in much the same relation as the Lahore State had done when ruled by Ranjit Singh, although now much reduced in military strength.

On arriving in the British camp, Ghulab Singh had his hopes frustrated, for the Governor-General indignantly refused to enter into any separate compact with him, or listen to any arrangement which might prevent the British from sealing any treaty made under the walls of Lahore. As the Sikh leaders, in the words of the Governor-General, had been 'as little obnoxious as possible to the English', the peace terms were reasonable.

The Sikhs agreed to cede the Jullundur Doab, an area of 11,408 square miles and a population of 247,000, lying between the Beas and the Sutlej, and to pay an indemnity of a million and a half sterling, or, as the equivalent, the districts of Kashmir and Hazara. Among the other leading clauses of the agreement (see Appendix IV) were promises to surrender the twenty-five guns carried away from the field of Sobraon, and to restrict the numbers of their army to twenty-five infantry battalions and 12,000 cavalry. At one o'clock in the morning of February 17th, Ghulab Singh acceded to these demands; which were to his immediate benefit and in the interests of the Durbar and those who had wanted to see the power of the Khalsa broken for ever.

On the 18th the army marched to Lullianee, on its way to Lahore; here Ghulab Singh brought into the camp the young Maharajah, Dhulip Singh, who threw himself upon the mercy of the Governor-General. Sir Hugh Gough was evidently impressed with the young man—[3]'The young Maharajah is a very interesting boy, and showed great nerve, very different from the Gwalior Rajah.' Sir Henry Hardinge treated the boy with kindness and honour, out of respect for the late Ranjit Singh and the tender years of his grandson. Again, Sir Hugh Gough writes: [4]'The address of the Governor-General was manly and explicit; not availing himself of the fallen fortunes of the Monarch before him, he hoped that this meeting would lead to the renewed friendship of the two nations. Unlike Lord Ellenborough, he was moderate and conciliatory, without at all lowering the dignity of the paramount power of India.'

The British forces encamped at Kuna Kuleh on the 19th and marched towards Lahore on the morning of the 20th, a distance of fourteen miles, to encamp upon the parade ground about two and a half miles from the city gate. In the afternoon of the same day the young Maharajah Dhulip Singh was restored to the palace of the rules of Lahore, in charge of the chief secretary of the Indian Government escorted by a troop of artillery and four regiments of cavalry in their best dress. On alighting from his elephant, a salute of twenty-one guns was fired for the Maharajah by the horse artillery. The secretary of the government and the officers took leave of the Maharajah at the palace gate and then returned to the camp. On the 22nd, in fulfilment of one of Sir Henry Hardinge's conditions, Sir Hugh Gough with a brigade took formal and peaceful possession of the Padshahee-Musjid and Huzooree-Bagh, which formed part of the citadel of Lahore. This portion of the fortress was to be garrisoned by English regiments, as Sir Henry said in despatches of March 4th, 1846, to the Secret Committee, [5]'To mark more plainly to the Indian world that a vaunting enemy had been effectually humbled; for throughout the breadth of the land the chiefs talked, in the bitterness of their hearts, of the approaching downfall of the stern, unharmonising foreigner.' The Governor-General's and the Commander-in-Chief's despatches indicate that supplies of all sorts were willingly brought to both the force in the citadel and the camp by the Sikhs; and the observance of a strict discipline by all the British troops entirely removed the apprehensions and doubts of the people of Lahore.

The entire British force in the area at that time amounted to 24,115 men of all arms, of which only 4,424 were European infantry; and, with the exception of another 1,466 Europeans in progress from Sind, there was not another effective British soldier within one thousand miles of Lahore.

On March 3rd Sir Charles Napier, ordered to leave his army at Bhawalpore and proceed alone to Lahore to assist in the peace negotiations, arrived in the city in a state of rather bad health. He joined Hardinge, Gough and Smith in the Sikh capital, receiving a tremendous ovation from the troops and a cordial welcome from the three chiefs, who [6]'if they were not brilliant soldiers were chivalrous and gallant', as Napier's biographer has it. It is said to have been a fine sight to see the four old veterans of the Peninsula going in state to the palace of the Maharajah. Later, Napier recorded a very adverse impression of the discipline of the army. Although Napier himself says that his ill-health rendered him liable to take a jaundiced view of affairs, he adds a rumour about the absence of picquets [7]'even in the sight of the enemy'. This contrasts with a letter from the Commander-in-Chief to his son, from the camp at Kuna Kuleh on February 19th, after the Maharajah had made his definite submission. He says, [8]'I made a magnificent move yesterday. Never was such a sight seen in India! An Indian army with its accompaniment of upwards of 100,000 souls, and more than that number of cattle, moving, ready to give battle at any point . . . in a country like this we must always be prepared, and indeed it is that state of necessary preparation that makes me at this hour of the night, be writing to you. But I feel the awful responsibility, as I feel that the lives of this living mass rest, not on one man, but upon the instrument in the hands of an all-wise God.'

Napier, although undoubtedly keen to catch the errors of the campaign, had nothing but honour and regard for his brother generals. [9]'Gough is a glorious old fellow,' he writes, 'brave as *ten* lions, each with two sets of teeth and two tails' and . . . 'Harry Smith did his work well.' And of Hardinge's answer to those who urged him to retreat during the night after the first day's carnage at Ferozeshah, Napier could not say too much; but his biographer adds, '. . . all this does not blind him to the waste of human life that want of foresight had caused.' Napier himself wrote: 'We have beaten the Sikhs in every action with our glorious, most glorious soldiers, but thousands of those brave men have bit the dust who ought now to be standing sword in hand victorious at the gates of Lahore.' 'Do you recollect saying to me,' he says to his brother, 'our soldiers will fight any general through his blunders? Well now, judge your own prophecy.' Finally, all the foresight of Napier's mind came out in some prophetic words, written when the war had just closed: 'This tragedy must be re-enacted a year or two hence: we shall have another war.'

On March 8th the treaty was signed; the signatures included those of Lal Singh and Tej Singh. On the 9th, with great pomp and circumstance, it was solemnly ratified at a Durbar held in the Governor-General's state tent. One incident, in particular, impressed itself upon the minds of the onlookers—[10]'a small tin box enveloped in a grubby cloth' was passed round, containing the famous diamond, the Koh-i-Noor, which was soon to become the property of the British Crown. Among these onlookers was Henry Havelock, whose letters to his friends are of the good, old-fashioned, descriptively copious kind which a quick postal service and the telephone wires have now abolished. He gives a graphic description of the scene and its principal actors:

[11]'. . . Maharaja Gholab Singh was present at this Durbar, and as he is no more to be seen but as an independent sovereign, I may as well describe to you the ruler of Jummoo, now lord of the mountains from Mundee to Cashmere. He is neither so handsome as either Dhyan Singh, the pink of Lahore courtiers, or his brother Soochet, or his nephew Heera Singh, but he is like both brothers. His dress is remarkably plain, even slovenly, but the checkered volume of his life is to be read in his astute and glazing countenance. If a painter sought to embody all the smooth cunning of Asiatic intrigue in one face, he would throw away all his sketches as soon as he saw that of Gholab Singh, cease to draw on his imagination, and limn the countenance of the Rae Sahib, as the people of Lahore call him, with minute fidelity. He would feel that he never could surpass the mock humility, the insinuating smile, the pride subdued by cunning, of the physiognomy before him. Raja Lall Singh Misr is a man of low extraction. He is the paramour, or rather the most favourite paramour, of the Muharanee. He is the Orlof—I would rather say, the Potemkin—of the Punjab. He was marked with the small-pox, and rather what we in England would call an ugly dog; but tall and graceful, with a winning smile, which shows constantly an indifferent set of teeth, and insinuating manners. He has no reputation for talent; but his position in the affections of the Ranee will make him Wuzeer. Tej Singh is of small stature, and his lineaments, which are more scarred by small-pox than those of Lall Singh, are not pleasing, but he is the best soldier of all the Sirdars. When at Peshawar he executed a brilliant chupao against the robber chief who had defied Avitabile for years; and, to be just to an enemy, the manner in which he covered the retreat of the Sikh army, after their defeat at Ferozeshur, was really able. He would perhaps have tried to crush Sir John Littler at Ferozepore, but that his coadjutor

was Lall Singh, whose only firm resolution was never to fight when he could help it. The people whom I have described are not very good materials even for Asiatic rule; but there are no better to be found. It remains to be seen whether the army can be so remodelled as to cease to be dangerous to its own master and mistress. It will hardly attempt anything against us. If a tolerable discipline can be substituted for the power of the deliberative committees, the Punches, things may go in the Punjab as in any other Asiatic Government, which is not saying much . . . I entered upon this campaign, fancying myself something of a soldier. I have now learnt that I know nothing. Well! I am even yet not too old to learn.'

The policy of the treaty of Lahore was later criticised—two specific items being especially attacked. The Sikhs had an indemnity of £1,500,000 imposed upon them, but Ranjit Singh's hoards had been squandered by the years of misrule that followed his death and the treasury was empty. Sir Henry Hardinge had expected this contingency and, desiring to weaken the Sikhs further by the loss of the magnificent province of Kashmir, a country famed for the beauty of its scenery, the mildness of its climate, and the industry of its inhabitants, took the territory in place of the money. Then he found that he lacked the troops to occupy the province, which was 300 miles of very difficult mountainous country said to be impracticable for six months of the year. To keep a British force 300 miles from any possibility of support would have been an undertaking that [12]'merited a straight waistcoat', to quote the Governor-General's own words. So some sort of expediency had to be devised, and the Governor-General plumped for the lesser of two evils—the British retained only the suzerainty of the province, and sold it to Ghulab Singh for a crore of rupees, about one million pounds sterling. The arrangement was a dextrous one if the only factor had been the reduction of Sikh power, but the transaction loses lustre when it is realised that a hard-working and industrious people in a very pleasant province were [13]'sold to a chief alien to race and religion, considered to be harsh and oppressive by nature'. Politically, England may have given away her opportunity of strengthening her frontier, which would have been of great value in the event of an invasion from the north. That this eventuality never occurred is hardly relevant.

The second disputed factor was the Governor-General's compliance with the request of the Durbar to occupy Lahore for a limited time in order that the Sikh Government might be able to overawe the soldiery into accepting the promised reduction in their numbers. It had been most marked that when the formations of the Khalsa came into Lahore to be paid up and disbanded, they had not shown the despondency of beaten troops; they talked of their defeat as a chance of war and their future prospects as members of a 'Khalsa that was yet a child'. At first, it was agreed that the British force should remain in the capital until the last day of the year 1846, but on that date the chiefs were still helplessly clinging to their foreign support, and openly stating that if the British Army retired from Lahore, they would retire with it! Sir Henry Hardinge gave the matter a great deal of thought and, feeling that it was his country's duty as well as an act of humanity to assist them in the reconstruction of their government, consented to garrison Lahore for one year. And so Sir John Littler was left with 10,000 men, not without considerable forebodings on the part of many who felt that a second Kabul might well be the fate of this garrison. Sir Charles Napier is said to have regarded this post as so dangerous that he felt bound to offer to undertake it, but the Governor-General, in view of Napier's indifferent health, refused to appoint him. Sir Hugh Gough, the Commander-in-Chief, was strongly opposed to the step, as he showed in a letter to his son, written at the Governor-General's camp before Amritsar on March 15th, 1846:

[14]'As a military measure I deeply regret it. Its political anticipations I sincerely trust may be fulfilled. Sir Henry Hardinge himself was much opposed to it, and positively refused the repeated solicitations of the Sikh Government. The fact is, without such a support the present Government, at the head of which is Lal Singh, and at the head of the Army, Tej Singh, would not last a week. That they will be able to re-organise their army and rule the state, even with the aid of a British force, is very doubtful indeed; but after repeated refusals, Sir Henry at last consented to leave one Regt. European Infantry, and eight Regiments Native Infantry, with two Light Field Batteries, two Companies of Sappers, and two Reserve Companies of Artillery; one Troop Native Horse Artillery and a wing of a Regiment of Irregular Cavalry—all under the command of Sir John Littler, one of my very best officers. We have taken possession of the city and citadel,

our troops have all the gates (thirteen), and we do not allow a Sikh soldier to remain in the city, except those confidential ones around the person of the Maharajah and the Sirdars comprising the Government. And this with an understanding that if they do not form a Government and reorganise the army within a limited time, we shall no longer give them our support—in no case beyond the end of this year. I shall be very much on the fidgets until that period arrives, particularly during the hot and subsequently wet season, when the health of my men may, and I fear will, suffer. Altogether it has diminished the pleasurable feelings I had entertained at our rapid and brilliant progress. It was my intention to accompany the Governor-General into the Doab, our newly acquired possessions at the other side of the Beas, but duty got the better of curiosity and I have decided on remaining until I see my men properly posted and housed at Lahore, with six months' provisions; I will then take back the remnants of the army across the Sutlej.'

The Lahore settlement lasted for only a few months. Lord Hardinge had left, as British Resident at Lahore, Major Henry Lawrence, one of the distinguished brothers whose names must find an honoured place in any history of British India. Among Lawrence's colleagues and assistants were, besides his own brothers, Major Abbott, John Nicholson, Herbert Edwardes and Harry Lumsden—a most formidable bunch of men. If Hardinge's policy proved impracticable, it was no fault of the men whom he had chosen to carry it out. Lawrence's duty was to control the Council of Regency, headed by Lal Singh, who needed to be closely watched.

The first serious difficulty that arose was the refusal of the Sikh garrison in the fort of Kote-Kangra to comply with the terms of the Treaty. [15]'The hill fortress', says the biographer of Lord Lawrence, 'which breathed this proud defiance could trace back its history, and that too an ignoble one, for two thousand years . . . The fort stands on a precipitous and isolated rock four hundred feet high, and is connected with the main range of hills only by a narrow neck of land twenty yards wide. The neck is defended by strong walls built up against the solid rock, which has been scarped for the purpose, and a winding passage through seven different gateways gives access to the fortress.' Such a stronghold as this, well provisioned, could withstand any force unprovided with heavy siege guns, and its commander trusted to the absence of any road by which such guns could be brought to bear upon him. But Lawrence's engineers, guided by Harry Lumsden's knowledge of the country, constructed a temporary road and surprised the garrison by the sight of a number of heavy guns being conveyed up the steep pathway. 'In an hour, the white flag was raised,' says Lord Lawrence.

Kangra surrendered in June, but in October a much more serious difficulty arose when the Sikh Governor of Kashmir. Sheik Imam-ud-Din, refused to give up his province to Ghulab Singh, in accordance with the agreement. This was a distinct breach of the Treaty of Lahore, and it was generally suspected that the Rani and Lal Singh were behind the affair. The Sikh Durbar showed itself unwilling to interfere, so Hardinge ordered a force, partly British and partly Sikh, under Henry Lawrence, to force Ghulab Singh upon the unwilling population of Kashmir. Now was seen the very remarkable spectacle of the British Agent marching at the head of Sikh troops to wrest Sikh territory from Imam-ud-Din in order to hand it over to the last of those Jammu brothers who had always inspired the Sikhs themselves with intense jealousy. Supported by British troops from Jalandhar, Lawrence led his 10,000 unwilling but obedient Sikhs under the command of Sirdar Shere Singh into Kashmir. Lawrence compelled Imam-ud-Din to surrender without a shot being fired and so established Ghulab Singh in his dominion. Nothing could have shown more conclusively the immense personal prestige and influence acquired by Lawrence than the way in which this paradoxical task was carried out.

The event proved at the same time that the Lahore Durbar was a hotbed of intrigue, for the deserted and disgusted Sheik Imam-ud-Din handed over to Lawrence documents signed by the Vizier, Lal Singh, proving conclusively that he had countenanced and encouraged the rebellion. Armed with these papers, Lawrence brought Lal Singh to trial and, in the presence of all the Sikh Sirdars, the enquiry was held by a commission of five British officers. Lal Singh's guilt was proved beyond all question and he was deposed from his office, removed from public life and banished from the Punjab; the Sirdars wholeheartedly agreeing with this verdict. The Viziership was placed under a commission composed of Tej Singh, Shere Singh, Dewan Dina Nath and Fakir

Nur-ud-Din. Lal Singh had only owed his position to the fact that he was the Rani's favourite, and his colleagues had no objection to his banishment.

The time was now at hand for the British troops to be withdrawn and the Punjab to take care of itself, but it was in no way ready to do this, for anarchy would have flooded in the wake of the departing British troops. The ambitious Rani made great efforts to win over the sirdars, to have herself proclaimed Regent with them pledged to support her. Instead, the leading sirdars asked the British to virtually constitute themselves guardians of the state until the youthful Maharajah came of age, all fifty-two of them agreeing unanimously. So in December 1846 a fresh agreement, known as the Treaty of Bhyrowal, created a British Protectorate during the minority of the Maharajah.

So ended the first chapter of British influence in the Punjab. The intermission was to last less than two years before British bayonets were once again launched at entrenched Sikh artillery. The actual campaign of the Sutlej had lasted only sixty days; it cost about two million sterling, and the Lahore Durbar and Ghulab Singh between them paid an indemnity of one and a half million, while the revenue of the territory which the British Government confiscated amounted, after all expenses, to about half a million annually. From a financial point of view, the First Sikh War was one of the cheapest, as well as the shortest, wars ever to have been waged.

SOURCES

1, 3, 4, 10, 14. *The Life and Campaigns of Hugh, 1st Viscount Gough*—Robert S. Rait (1903)
2. Despatches of the War in India (1846)
5, 8, 12. *Life of Lord Hardinge*—Lord Hardinge of Penshurst (1891)
6, 7, 9. *Sir Charles Napier*—Sir William F. Butler (1890)
11. *Memoirs of Major General Sir Henry Havelock, K.C.B.*—John Clark Marshman (1867)
13. *A History of the Sikhs*—J. D. Cunningham (Edt. H. L. O. Garrett)
15. *Sir Henry Lawrence*—Lieutenant-General J. J. McLeod Innes, RE, YC (1898)

II

Three Elderly Victorian Gentlemen

The First Sikh War is the story of three elderly Victorian gentlemen—Sir Hugh Gough, brave, simple Irishman, who wore a white 'fighting coat' when in action so that the men could see him; Sir Henry Hardinge, statesman and one-armed veteran of the Waterloo campaign, and fiery, impetuous Sir Harry Smith, who actively served his country as a soldier from 1805 until 1852. In 1845 Sir Hugh Gough was sixty-five years of age, Sir Henry Hardinge in his sixties, and Sir Harry Smith was fifty-seven.

These three high-ranking officers did not command from a headquarters far back in the rear. On several occasions, they had staff officers killed by musket fire (usual range under 300 yards) alongside them. On the morning of the second day at Ferozeshah, Gough and Hardinge personally led their depleted forces forward to final victory. It is much easier to be brave and brilliant when backed by the vigour and enthusiasms of youth.

It is apparent that these officers were kindly, gentle, and courteous men who, when writing later, and even at the time, hesitated to adversely criticise or chide each other—in other words, they were aristocrats of the old school. A letter written from Peshawar on the 14th November, 1850, by Sergeant Keay, of the Bengal Artillery, who served under Gough in the Punjab campaign, gives a trustworthy estimate of the opinion held by the soldiers in the ranks of their leader's character and military qualities:

[1]"I have just been thinking, on looking over some old newspapers, that you must have been led to believe that Lord Gough stood very low in the estimation of the troops as a commander. But if such be the case, depend upon it, you were never more deceived, for the very reverse of this was the case, for there was no danger, no matter how great, nor any undertaking, no matter

how desperate it might be, but they would have attempted it under him; indeed, *when he was present they looked upon success as certain*, and it was not as a commander alone that he was respected, but as kind-feeling and good-hearted old man, who took a lively interest in the welfare of all those who were under him, and who took a pleasure in seeing everyone around him as comfortable as circumstances would permit. For the officers and native troops I cannot speak, although I have every reason to think that they and us were alike in that respect. But for the European soldiers, cavalry, infantry and artillery, I don't think that men ever could have been more attached to a commander than they were to old Gough, and considering his kind and humane disposition, and the attention he always paid to the sick and wounded, there is little wonder that he was looked upon as a father more than as a military superior. I can never forget the reception he got from the troops as he rode along the front of our line just after we had been withdrawn out of the jungle on the evening of the Battle of Chillianwallah. I happened also to be at the General Hospital where the wounded and dying were lying in hundreds, and so soon as they caught sight of his venerable white head, there was such a cheer burst forth that the dullest observer could not have misunderstood for a moment; ay, and that from many a poor fellow who had scarcely a head left upon his shoulders to shout with—it said, as ever cheer could say, "You will never find us wanting when you require us". And afterwards his attention to the wounded and sick was such as to gain the esteem and affection of everyone. I used to see him in that hospital daily myself kindly enquiring after those who were recovering, and cheering up and consoling those that were bad; and, believe me, those that think that soldiers are incapable of appreciating these intentions on the part of a commander are woefully out in their calculations. May Gough long live to enjoy whatever rewards he may have got, for he is well worthy of them.'

However, the affection of his soldiers must not necessarily be taken as a criterion of Gough's military capacity. Fifty years later Sir Redvers Buller was to be equally beloved by his troops despite his continual mishandling of them against the Boers.

Sir Hugh Gough's career in India and the campaigns he fought were the subject of much bitter discussion. When the news of the battles reached England, the casualties were considered to be so heavy that both the Duke and Sir Robert Peel were forced to defend the Commander in outraged Houses of Parliament. This indignation was fed by reports in both Indian and English newspapers. Ignorant of the conditions of warfare on the Sutlej, they talked of Clive and Plassey and expected the army to sweep before them, with small loss, hordes of barbarians. But the Sikhs were not barbarians; they were disciplined soldiers equipped with the best weapons of the day, trained by European officers and inspired by martial traditions. Few people at home realised that not only were Gough's men outmatched by heavy artillery but that they were also meeting the most martial and best organised army it had ever met in India. In a conflict with such an army, the British losses were bound to be relatively high; nevertheless, the grand total of killed and wounded was less than eight per cent of the whole force at Mudki and less than fifteen per cent at Ferozeshah and Sobraon.

It may not be relevant to compare these figures with the losses of Marlborough at Blenheim (twenty-three per cent) or of Wellington at Talavera (twenty-five per cent); but at the battle of Assaye, fought on September 23rd, 1803, Wellesley defeated a large Mahratta force. His losses were about thirty-one per cent of the total force killed and wounded, although it must be admitted that the enemy's superiority in numbers was much greater than at Ferozeshah or Sobraon.

In the army there was a feeling that they had not been handled to the best advantage; some authorities ascribe this to the interference of the Governor-General. Without any shadow of a doubt Hugh Gough was an exceptionally brave man; there is no record of his ever showing fear on any occasion. However, his bravery may well have been that of an unimaginative man, lacking the ability to conceive that any sort of danger can come to him or harm threaten him. It is to be regretted that the campaign diaries and papers of Sir Patrick Grant, his intimate and trusted Staff Officer (and the most trusted by all), were accidentally burned in later years. Talking of Ferozeshah, a private letter of Lord Dalhousie's says: [2]'You will see Pat Grant, who will give you quite a different impression of that usually accepted as to where Harry Smith's force spent the night.' That Sir Hugh deeply felt the criticism is shown in a letter written to his son:

[3]'There were three good causes for the heavy loss in the first

two battles. First, the army generally had not recovered themselves from the fearful disasters in Afghanistan, the latter operations in which country were so unjustly lauded for political purposes . . . The second was the natural consequence, the Native Army almost dreaded the Sikh which had never been beaten, and which they looked upon as invincible. The third was that the Native Army participated in the general feeling throughout India of a desire that we should not overthrow the only remaining powerful Native Hindu Government. This is a fact that can be proved. Not that the Native Army had a wish to lose their "salt" (as they term their maintenance), but they decidedly did not wish to see the Lahore Government annihilated. These three causes made it necessary for the European portion of the army, especially the European officers of the Native Corps, to be foremost in the fight, and to expose themselves in a manner most creditable to them, but in many instances fatal. These are the facts, but facts that cannot be brought before the world, and I must bear the brunt. It is rather hard my actions in China were not accounted of any moment, because they were effected without much, indeed with very little loss. In India, I am a reckless savage, devoid of stratagem and military knowledge, because my loss is severe; whilst the reasons, to any person knowing the army I fought with, and that I contended with in both countries, must be obvious, and could not be misinterpreted. In China, my force was almost exclusively European, whilst the force I contended with, although as brave and much more athletic than the Indian, was totally without military knowledge, and allowed me, in every instance, to turn the flank and bring the great weight of my force to bear upon a less powerful portion of them, thus making their artillery of no use, from their immovable construction. Not so the Mahrattas and Sikhs. They were both peculiarly military nations with a powerful artillery as well served as our own, infinitely superior in numbers and in weight of metal of their guns. Led by officers accustomed to war, and in the latter instance having a confidence in themselves and in their tactics, from the knowledge that they had never been beaten, whilst they had before their eyes the fearful disasters of the 1st Cabool Army, and the retreat (for it can be taken in no other light) of the second, which they gave themselves the credit of having covered: but I find that I am entering into a justification of my conduct, and I feel as a soldier that such is not necessary. Let the world carp, let them call me savage, incompetent, and what they please; I am ready to bear all their taunts, rather than throw a shade over the bright laurels the Indian army have won. Posterity will do me justice.'

This letter was written on April 18th, 1846, and it is interesting to note that Gough *did* keep silent. The reticence he imposed upon himself from a sense of loyalty to the army caused a certain degree of misconception of his policy and conduct.

The Governor-General, Sir Henry Hardinge, was a veteran of the Waterloo campaign; he lost an arm at Ligny, where he considerably distinguished himself. An intimate of the Duke of Wellington, he was a direct man, said to express simple thoughts clearly and sensibly, he was free from vanity although aware of his reputation and position. Not a self-seeker in any way, Hardinge can be credited with seeking the public good rather than his own. A man of the Cornwallis rather than the Wellesley school, his utterances provided a refreshing contrast with those of Lord Ellenborough, his predecessor. It is reasonable to claim that Hardinge was as ready to meet the Sikh incursion as he could possibly have been without giving provocation.

Whether or not Lord Hardinge was right in his action before Ferozeshah is open to debate; there is a strong case to be made out for both sides of the argument. The presence on the field of battle of two men, both veterans and both with apparently equal powers to give orders to those formations in their immediate vicinity, makes for immense confusion. Whatever one may feel about Gough's tactical ability, he was undoubtedly working under considerable difficulty and irritation through the presence of the Governor-General.

Sir Harry Smith, the victor of Aliwal, was a colourful, dashing figure, who carved out a great military reputation in the Peninsula, at Waterloo, in South America, North America, and South Africa, and in India during the Afghan, Mahratta and Sutlej campaigns. Beginning his military career in 1804, he was still in action up to 1859. His Aliwal battle was a little gem and stands out as the one satisfactory tactical operation in the whole of the First Sikh War. He fought in few battles where he did not do something dashing and spectacular, such as riding forward with the colours of the 50th at Mudki. He goes on record as disagreeing with most of the tactics of the battles of the war, but his impetuous spirit and impatient nature might have made his views slightly 'larger than life'.

It is interesting to speculate on what might have happened had Hardinge not persuaded Gough to withdraw his resignation after the close of the campaign, when the matter of the Letter of Service came up. If he had foreseen the inevitability of the Second Sikh War, the Governor-General might have used the letter, and Gough would have disappeared from the Indian scene. Who would have taken his place? The obvious choice, Sir Charles Napier, suffered from bad health and would probably have been passed over. Might the post have been offered to Harry Smith? He was a favourite of Hardinge's, and an officer of ability; under his direction, the Second Sikh War might have taken a very different course.

Both Sir Hugh Gough and the Governor-General received rewards for their efforts. Sir Hugh added considerable colour to his old 'white fighting coat' by becoming Baron Gough of Chinkiang-foo in China and of Maharajpore and the Sutlej in the East Indies, with a pension of £2,000 a year from the Government and £2,000 a year from the Honourable East India Company. The Governor-General became Viscount Hardinge of Lahore and Durham, with a pension of £3,000 from the Government and £5,000 from the Company. Sir Harry Smith had a baronetcy bestowed upon him with 'of Aliwal' added as a special distinction. He received no cash award.

SOURCES

1. *Redcoat*—E. W. Sheppard (1952)
2. *Vignettes from Indian Wars*—Sir George McMunn (N.D.)
3. *The Life and Campaigns of Hugh, 1st Viscount Gough*—Robert S. Rait (1903)

Appendix I

The Ferozeshah Correspondence

Letter from Sir Henry Hardinge, Governor-General, to Sir Robert Peel, Prime Minister, December 30, 1845.

I am obliged to write rapidly, to get through the mass of work passing through my hands.

I am convinced you and your colleagues will be satisfied that I have pushed forebearance to the extreme limit which prudence would allow, and that the military arrangements made for defensive purposes were only commensurate with the necessity of securing our frontier posts, and were not calculated to invite aggression.

The sudden irruption of the Sikh army, consisting of 65,000 men and 150 pieces of artillery, was met by a rapid march of 150 miles, the movements of which had been so accurately combined with other posts on our line of operations, that in our progress here we brought with our ranks every available man.

When the enemy attempted to surprise our camp on the evening of the 18th we beat him back at every point, advanced four miles from our camp in pursuit, and captured 17 guns.

We advanced in beautiful order on the morning of the 21st, and happily formed our junction with Littler, who brought up 5,000 fresh men, 21 pieces of artillery, and two regiments of cavalry. We then moved to the attack of the enemy's intrenched position, defended by 60,000 men and 108 well-served pieces of artillery, organised on the French system, and having carried his batteries on this side we captured 92 pieces of his artillery. The enemy has been driven back across the Sutlej, and disheartened by the severity of his loss.

Fortune, and the bravery of the British troops, have favoured us during the whole of these arduous operations. We have beaten the most warlike and best organised army in Asia, with a numerous artillery as well served and as obstinate at their guns as our own. Everything is secure; the Sikh chiefs on this side overawed and subdued; the Lahore property on this side confiscated by my proclamation of the 13th; Hindostan, Gwalior, Rohilcund tranquil; the impression of our irresistible force renewed; and a great victory on this side of the Sutlej is the forerunner of a more complete and final success at Lahore.

In policy, this is the view which I desire to take. It is the truth. And yet in the face of these facts it is my duty to her Majesty, and to you as the head of the Government, to state, most confidentially, that we have been in the greatest peril, and are likely hereafter to be in great peril, if these very extensive operations are to be conducted by the Commander-in-Chief.

These are painful avowals for me to make to you, and not to communicate to him. I rely on your friendship to justify the disclosure of my sentiments in a case where the safety of India is at Stake.

Gough is a brave and fearless officer, an honourable and amiable man, and, in spite of differences, a fine-tempered gentleman, and an excellent leader of a brigade or a division. He deserves every credit for his heroism in the field. The most devoted courage is always displayed by him, and his merits and his services exceed those of some general officers ennobled by the Crown—if I may venture to hazard an opinion in his favour, at a time that I am fulfilling an important public duty in expressing my opinion, that he is not the officer who ought to be entrusted with the conduct of the war in the Punjab.

If I am afraid of making this avowal of my opinion to you I am unfit for my present office. I respect and esteem Sir Hugh Gough, but I cannot risk the safety of India by concealing my opinion from you.

So long as the public safety was not compromised I have supported Sir Hugh Gough. My Council discussed the propriety of his removal, and I over-ruled their interference. Subsequently, without my knowledge, the President of the Council wrote to the Chairman (of the East India Company) on the subject; and my letters to him and to Lord Ripon are simple statements of what has passed.

If I had not instructed Littler to move we should on the 21st have had 5,000 men, 21 guns and two regiments of cavalry less in action.

During the night there was great despondency amongst the officers. I lay down amongst the men. It was excessively cold. I had not eaten, and had been on horseback twenty-four hours, and the poor fellows were suffering from thirst.

The C.-in-C. came to me about midnight, and said the army was in a most critical and perilous state. I concurred and at once told him, as I had previously told those who approached me, that we must patiently wait till morning, then attack the enemy vigorously, carry everything before us or die honourably; but that the suggestions of retreat, to which others had referred, were quite out of the question. Sir Hugh cordially agreed with me, and I advised him to get some rest.

I then saw Prince Waldemar and his suite, and entreated H.R.H. to retire. He declined, and I felt it prudent to tell him privately that our position was critical, and that it was my duty to order him away. I gave him an escort and he consented. He is a very amiable and gallant prince.

I sent my wounded A.D.C., R. Wood, away almost by force, and my doctor; and I then, out of a numerous staff, had only my friend Colonel Benson and Arthur, a mere boy, left by my side. He had miraculously escaped in our assault of the enemy's batteries. Charles attended me up to that time, when I compelled him to leave me, as his presence distracted me from my duty.

Towards morning, having heard where Sir John Littler was, I sent Colonel Benson and Arthur to give him orders to come up, and that Arthur should lead him. He delivered the message, but galloped back to me in time to be by my side in the advance we made in the morning. We rode twenty paces in front of the line, to prevent the men from firing, and when the line drew up, the men hurra'd, the regimental colours dropped to me as at a review, and a very disagreeable night was almost obliterated.

To return, however, to the more painful part of this letter.

Sir Hugh Gough has no capacity for order or administration. He is at the outposts wonderfully active, but the more important points, which he dislikes, of framing proper orders, and looking to their execution, are very much neglected. His Staff is very bad, and the state of the army is loose, disorderly, and unsatisfactory.

At one time I had reflected upon the necessity of sending for Sir Charles Napier, and appointing him to the command of the army in the Punjab. But I abandoned it, as it is uncertain whether we shall be able to concentrate means sufficient to invade the Punjab, and dictate terms at Lahore, before the hot season begins.

If my appointment in succession to Gough is in the way, don't consider me: I am quite ready to yield for the public interest. In a few days I shall be able to determine whether we ought to cross the Sutlej or not.

I lost my most able Political agent, Major Broadfoot, also Herne's, Somerset, and altogether five Aides-de-camp killed, six wounded. Arthur being the only A.D.C. unhurt.

We can beat the Sikhs in the field, but their artillery is most formidable.

I have visited the hospitals, and shall endeavour to do so again today. What fine fellows our countrymen are! Her Majesty may be proud of her soldiers. Pray make my most humble duty to her Majesty for not making a report on these momentous events. You know how gratefully I felt her Majesty's condescension in deigning to write to me.

I am up every morning at a quarter before four, but my health is good, and I can endure any fatigue.

Everything is in a state of security, though not free from annoyances which an active and reckless enemy may inflict, I shall act with the greatest prudence, and risk as little as I possibly can. At this extremity of the Empire a defeat is almost the loss of India.

I have told Gough I have a right to interfere, and control him in all and every matter. We are on good terms. I have praised him as he deserves in my general orders, and political expediency requires that I do him full justice. But the public safety also requires that you should be informed of the truth, and I should be deficient in fortitude and moral courage if I did not reveal to you opinions, and facts, which render it most important that the invading army should be placed in other hands, and in my opinion the most proper arrangement will be to make Napier C.-in-C. of the Punjab army.

In our present state I shall not write to Napier; and in case of accident to myself, Mr. Currie, my chief secretary, and my son Charles are the only persons who are aware of the contents of this letter.

Letter from His Grace the Duke of Wellington, to Sir Hugh Gough, March 7, 1846.

My Dear General,

I duly received and was very much obliged to you for your Letter of the 27th December, 1845, from your camp at Sultan Khan Wallah, with the Sketch Plan enclosed of the ground occupied by the enemy at Ferozeshehur, and I have perused with attention your interesting Reports of the operations of the Army under your Command. I sincerely lament the loss sustained, as all must, of the services of so many Gallant Officers and Brave Soldiers. But long experience has taught me that such operations cannot be carried on, and achievements performed and such objects attained as in the operations under my consideration without sustaining great loss, and that in point of fact the Honour acquired by all is proportionate to the difficulties, risks, and dangers met and overcome by those who have attained such objects for their country.

We may regret the loss, and even lament the fall of Individuals. But we never can the Event itself.

You may rely upon my attending to all your recommendations. All does not depend upon me, but I think that you may rely upon it that, as far as the Rules of the service will allow, everything will be done to denote Her Majesty's gracious reception of their services, for there are as there ought to be rules to regulate the grant of the Favours of the Crown as well as other marks of the Royal Prerogative.

I admire the conduct of Lieut-General Sir Henry Hardinge in offering you the assistance of his services in his capacity of Lt.-General in Her Majesty's Service, and I approve of, and think that you exercised your discretion wisely in accepting his Services, and in issuing the order to the Army appointing him Second in Command. But there is an important omission in this order. It ought to have contained the Terms 'till the Pleasure of Her Majesty shall be known.'

The Political state of affairs on the N.W. frontier of India under the Government of Fort William has induced Her Majesty's servants to desire that the political and military Power of the State should be concentrated in one hand. There can be no doubt that, the Governor-General being upon the spot, the Powers vested in the Person holding that office by different provisions of the Acts of Parliament enable him to give such orders as he may think proper to regulate and control the operations and movements of the troops on the field equally as he could sitting in the Council at Fort William. Her Majesty and Her Servants are sensible that your former services have afforded every reason which should give confidence in your talents, and your performance of any Duty with which you may be entrusted; but the Law has given certain powers to, and thrown responsibility upon, another Person, filling another Office; and they are anxious that he should have in his hands all the Power and Authority which can be conveyed to him, to enable him to provide for all the emergencies of the Service, as he may have reason to expect they will arrive, and to secure the public interests. Under these circumstances, therefore, they are anxious that Lt.-General Sir Henry Hardinge should assume the direction of the movements and operations, and the command of the Army in the Field on the N.W. frontier, and I have received Her Majesty's commands to transmit to him a Letter of Service accordingly; and a Warrant to enable him to assemble Courts Martial for the trial of Officers and Men. Her Majesty and Her Servants have been anxious to carry into execution this arrangement, which the latter have considered necessary for the benefit and security of the public Interests, in the manner most respectful to you, and most calculated to mark the sense entertained by their Gracious Sovereign as well as by themselves, of your great services. I feel this desire most strongly, and I am anxious not only to conciliate your mind to an arrangement considered here to be absolutely necessary in the existing crisis; but that you should manifest your desire to promote it. Accordingly, I recommend you to adopt the course of conduct, which, under similar circumstances, I should follow myself, that is that you should, in concert with Sir Henry Hardinge, adopt every measure which can facilitate the arrangement, ordered by Her Majesty's Servants, through the channel of the Secret Committee of the Court of Directors. I tell you fairly that if I was in your situation, and it suited Sir Henry Hardinge, I would change places with him, and act as Second in Command to him as he did to you.

Believe me, my dear General,

Ever yours most sincerely,

WELLINGTON

P.S. In the course of my military life, I have had occasion to adopt and have offered to adopt a course analogous to that which I have above recommended to you.

Letter from Sir Hugh Gough to His Grace the Duke of Wellington, May 6, 1846.

My Lord Duke,

Your Grace's letter of the 7th of March was only this day handed to me by the Governor-General of India. In the British Army there is not another officer with whom I would more cordially act than with Lt.-General Sir Henry Hardinge; nor is there one to whom I would merge superior rank, and serve under as second in command, more readily, under any other circumstances. But when I find Her Majesty's Servants, in the very midst of a Campaign where most important Military operations have been performed, and equally important ones anticipated, call upon me to resign my Military Command to a junior officer, who had so nobly acted with me, throughout the whole of these most successful operations, I beg to say that I feel I should be justifying the withholding of all credit to myself, so unequivocally done by the Head of the British Army, in addressing the House of Lords on the vote of thanks to this Army, were I to serve in the subordinate capacity to which it would appear by Your Grace's letter, it is proposed I should be reduced. I think it right, therefore, to apprize Your Grace that when the Official Communication from the Secret Committee of the Court of Directors, to which you allude, shall reach me, I shall consider it due to myself to resign the Command of the Army of India.

I have thc honour to be,
Your Grace's most obed. humble Servant,

H. GOUGH

Letter from Sir Henry Hardinge to Sir Hugh Gough, May 6, 1846.

My Dear Sir Hugh,

I regret the resolution to which you have come. The arrangements made by Her Majesty's Government for a Political Purpose had entirely gone by, when it came before me, and consequently it appeared to me that the most appropriate course to take for all parties was to consider the whole matter in abeyance until you or I should hear further from England. I should therefore have been gratified if you could have adopted this course, which would answer every purpose.

I have no doubt the acknowledgement for your distinguished services, when the Battle of Sobraon and its consequences be known to Her Majesty's Government, will be most satisfactory to you. I am greatly obliged to you for the friendly terms in which you express yourself towards me. I shall in no respect act upon the letter I have received, because it is inapplicable to the present state of affairs. I shall consider the papers as strictly confidential, and entirely confined to you and me, and I am glad you do not intend to act until you hear from the Secret Committee.

Yours, my dear Sir Hugh, with much esteem and very sincerely,

H. HARDINGE

Appendix II

Despatch from Major-General Sir Harry Smith, K.C.B., to the Adjutant-General of the Army.

Camp, Field of the Battle of Aliwal, Jan 30, 1846.

Sir,

My despatches to his Excellency the Commander-in-Chief of the 23rd instant, will have put his Excellency in possession of the position of the force under my command, after having formed a junction with the troops at Loodiana, hemmed in by a formidable body of the Sikh army under Runjoor Singh and the Rajah of Ladwa. The enemy strongly entrenched himself around the little fort of Budhowal by breastworks and 'abattis', which he precipitately abandoned on the night of the 22nd instant (retiring, as it were, upon the ford of Tulwun), having ordered all the boats which were opposite Philour to that Ghat. This movement he effected during the night, and, by making a considerable detour, placed himself at a distance of ten miles, and consequently out of my reach. I could, therefore, only push forward my cavalry as soon as I had ascertained he had marched during the night, and I occupied immediately his vacated position. It appeared subsequently he had no intention of recrossing the Sutlej, but moved down to the Ghat of Tulwun (being cut off from that of Philour, by the position my force occupied after its relief of Loodiana), for the purpose of protecting the passage of a very considerable reinforcement of 12 guns and 4,000 of the regular, or 'Aieen' troops, called Avitable's battalion, entrenching himself strongly in a semi-circle, his flanks resting on a river, his position covered with from forty to fifty guns (generally of large calibre), howitzers, and mortars. The reinforcement crossed during the night of the 27th instant, and encamped to the right of the main army.

Meanwhile, his Excellency the Commander-in-Chief, with

that foresight and judgement which mark the able general, had reinforced me by a considerable addition to my cavalry, some guns, and the 2nd Brigade of my own division, under Brigadier Wheeler, C.B. This reinforcement reached me on the 26th, and I had intended the next morning to move upon the enemy in his entrenchments, but the troops required one day's rest after the long marches Brigadier Wheeler had made.

I have now the honour to lay before you the operations of my united forces on the morning of the eventful 28th January, for his Excellency's information. The body of troops under my command having been increased, it became necessary so to organise and brigade them as to render them manageable in action. The cavalry under the command of Brigadier Cureton, and horse artillery under Major Lawrenson, were put into two brigades; the one under Brigadier McDowell, C.B., and the other under Brigadier Stedman. The 1st Division as it stood, two brigades: Her Majesty's 53rd and 30th Native Infantry, under Brigadier Wilson, of the latter corps; the 36th Native Infantry, and Nusseree battalion, under Brigadier Godby; and the Shekawattee brigade under Major Forster. The Sirmoor battalion I attached to Brigadier Wheeler's brigade of the 1st Division; the 42nd Native Infantry having been left at headquarters.

At daylight on the 28th, my order of advance was—the Cavalry in front, in contiguous columns of squadrons of regiments, two troops of horse artillery in the intervals of brigades; the infantry in contiguous columns of brigades at intervals of deploying distance; artillery in the intervals, followed by two 8-inch howitzers on travelling carriages, brought into the field from the fort of Loodiana by the indefatigable exertions of Lt.-Col. Lane, Horse Artillery; Brigadier Godby's brigade, which I had marched out from Loodiana on the previous evening, on the right; the Shekawattee infantry on the left; the 4th Irregular Cavalry considerably to the right, for the purpose of sweeping the banks of the wet nullah on my right, and preventing any of the enemy's horse attempting an inroad toward Loodiana, or any attempt upon the baggage assembled around the fort of Budhowal.

In this order the troops moved forward towards the enemy, a distance of six miles, the advance being conducted by Captain Waugh, 16th Lancers, the Deputy Assistant Quarter-Master of Cavalry, Major Bradford, of the 1st Cavalry, and Lieutenant

Strachey of the Engineers, who had been jointly employed in the conduct of patrols up to the enemy's position, and for the purpose of reporting upon the facility and point of approach. Previously to the march of the troops it had been intimated to me by Major Mackeson, that the information by spies led to the belief that the enemy would move somewhere at daylight, either upon Jugraon, or my position at Budhowal, or Loodiana. On a near approach to his outposts, this rumour was confirmed by a spy, who had just left the camp, saying the Sikh army was actually in march towards Jugraon. My advance was steady; my troops well in hand; and if he had anticipated me upon the Jugraon road, I could have fallen upon his centre with advantage.

From the tops of the houses of the village of Poorein, I had a distant view of the enemy. He was in motion and appeared directly opposite my front on a ridge, of which the village of Aliwal may be regarded as the centre. His left appeared still to occupy its ground in the circular entrenchment; his right was brought forward and occupied the ridge. I immediately deployed the cavalry into line, and moved on. As I neared the enemy, the ground became most favourable for the troops to manœuvre, being open and hard grass land. I ordered the cavalry to take ground to the right and left by brigades; thus displaying the heads of the infantry columns; and, as they reached the hard ground, I directed them to deploy into line. Brigadier Godby's brigade was in direct echelon to the rear of the right; the Shekawattee infantry in like manner to the rear of my left; the cavalry in direct echelon on, and well to the rear of, both flanks of the infantry; the artillery massed on the right and centre and left. After deployment, I observed the enemy's left to outflank me, I therefore broke into open column and took ground to my right. When I had gained sufficient ground, the troops wheeled into line. There was no dust, the sun shone brightly. These manœuvres were performed with the celerity and precision of the most correct field day. The glistening of the bayonets and swords of this order of battle was most imposing; and the line advanced. Scarcely had it moved 150 yards, when, at ten o'clock, the enemy opened a fierce cannonade from his whole line. At first his balls fell short, but quickly reached us. Thus upon him, and capable of better ascertaining his position, I was compelled to halt the line, though under fire, for a few moments, until I ascertained that, by bringing up my right and carrying the village of Aliwal, I could with great effect precipitate myself upon his left and centre. I therefore quickly brought up Brigadier Godby's brigade; and, with it and the 1st Brigade under Brigadier Hicks, made a rapid and noble charge, carried the village, and two guns of large calibre. The line I ordered to advance—Her Majesty's 31st Foot and the native regiments contending for the front; and the battle became general. The enemy had a numerous body of cavalry on the heights to his left, and I ordered Brigadier Cureton to bring up the right brigade of cavalry, who, in the most gallant manner, dashed in among them and drove them back upon their infantry. Meanwhile a second gallant charge to my right was made by the light cavalry and the body-guard. The Shekawattee brigade was moved well to the right, in support of Brigadier Cureton, when I observed the enemy's encampment and saw it was full of infantry: I immediately brought upon it Brigadier Godby's brigade, by changing front, and taking the enemy's infantry 'en reverse'. They drove them before them, and took some guns without a check.

While these operations were going on upon the right, and the enemy's left flank was thus driven back, I occasionally observed the brigade under Brigadier Wheeler, an officer in whom I have the greatest confidence, charging and carrying guns and everything before it, again connecting his line, and moving on, in a manner which ably displayed the coolness of the Brigadier and the gallantry of his irresistible brigade—Her Majesty's 50th Foot, the 48th Native Infantry, and the Sirmoor battalion—although the loss was, I regret to say, severe in the 50th. Upon the left, Brigadier Wilson, with Her Majesty's 53rd and the 30th Native Infantry equalled in celerity and regularity their comrades on the right; and this brigade was opposed to the 'Aieen' troops, called Avitabile's, when the fight was fiercely raging.

The enemy, well driven back on his left and centre, endeavoured to hold his right to cover the passage of the river, and he strongly occupied the village of Bhoondree. I directed a squadron of the 16th Lancers, under Major Smyth and Captain Pearson, to charge a body to the right of a village, which they did in the most gallant and determined style, bearing everything before them, as a squadron under Captain Bere had previously done, going right through a square in the most intrepid manner with the deadly lance. This charge was accompanied by the 3rd Light

Cavalry under Major Angelo, and as gallantly sustained. The largest gun upon the field, and seven others, were then captured, while the 53rd Regiment carried the village by the bayonet, and the 30th Native Infantry wheeled round to the rear in a most spirited manner. Lt.-Col. Alexander's and Captain Turton's troops of horse artillery, under Major Lawrenson, dashed among the flying infantry, committing great havoc, until about 800 or 1000 men rallied under the high bank of a nullah, and opened a heavy but ineffectual fire from below the bank. I immediately directed the 30th Native Infantry to charge them, which they were able to do upon their left flank, while in a line in rear of the village. This native corps nobly obeyed my orders and rushed among the Avitabile troops, driving them from under the bank and exposing them once more to a deadly fire of twelve guns within 300 yards. The destruction was very great, as may be supposed, from guns served as these were. Her Majesty's 53rd Regiment moved forward in support of the 30th Native Infantry, by the right of the village. The battle was won; our troops advancing with the most perfect order to the common focus—the passage of the river. The enemy, completely hemmed in, were flying from our fire, and precipitating themselves in disordered masses into the ford and boats, in the utmost confusion and consternation; our 8-inch howitzers soon began to play upon their boats, when the 'debris' of the Sikh army appeared upon the opposite and high bank of the river, flying in every direction, although a sort of a line was attempted to countenance their retreat, until all our guns opened a furious cannonade, when they quickly receded. Nine guns were on the river by the ford. It appears as if they had been unlimbered to cover the ford. These being loaded, were fired once upon our advance; two others were sticking in the river, one of them we got out; two were seen to sink in the quicksands; two were dragged to the opposite bank and abandoned. These, and the one in the middle of the river, were gallantly spiked by Lieutenant Holmes, of the 11th Irregular Cavalry, and Gunner Scott, of the 1st troop 2nd brigade Horse Artillery, who rode into the stream, and crossed for the purpose, covered by our guns and light infantry.

Thus ended the battle of Aliwal, one of the most glorious victories ever achieved in India, by the united efforts of Her Majesty's and the Honourable Company's troops. Every gun the enemy had fell into our hands, as I infer from his never opening one upon us from the opposite bank of the river, which is high and favourable for the purpose—fifty-two guns are now in the Ordnance Park; two sank in the bed of the Sutlej; and two were spiked on the opposite bank; making a total of fifty-six pieces of cannon captured or destroyed. Many jingals which were attached to Avitabile's corps and which aided in the defence of the village of Bhoondree, have also been taken. The whole army of the enemy has been driven headlong over the difficult ford of a broad river; his camp, baggage, stores of ammunition and grain,—his all, in fact, wrested from him, by the repeated charges of cavalry and infantry, aided by the guns of Alexander, Turton, Lane, Mill, Boileau and of the Shekawatee brigade, and by the 8-inch howitzers;—our guns being literally constantly ahead of everything. The determined bravery of all was as conspicuous as noble. I am unwont to praise when praise is not merited; and I here most avowedly express my firm opinion and conviction, that no troops in any battle upon record ever behaved more nobly;—British and native, no distinction; cavalry, all vying with H.M.'s 16th Lancers, and striving to head in the repeated charges. Our guns and gunners, officers and men, may be equalled, but cannot be excelled, by any artillery in the world. Throughout the day no hesitation—a bold and intrepid advance;—and thus it is that our loss is comparatively small, though I deeply regret to say, severe. The enemy fought with much resolution; they maintained frequent rencontres with our cavalry hand to hand. In one charge, upon infantry, of H.M.'s 16th Lancers, they threw away their muskets and came on with their swords and targets against the lance.

. . . . .

The fort of Goongrana has, subsequently to the battle, been evacuated, and I yesterday evening blew up the fort of Budhowal. I shall now blow up that of Noorpoor. A portion of the peasantry, viz., the Sikhs, appear less friendly to us, while the Mussulmans rejoice in being under our Government.

I have, etc.,

H. G. SMITH

Major-General Commanding.

Appendix III

Proclamation issued by Sir Henry Hardinge on December 13, 1845.

The British government has ever been on terms of friendship with that of the Punjab.

In the year 1809, a treaty of amity and concord was concluded between the British government and the late Maharajah Runjeet Singh, the conditions of which have always been faithfully observed by the British government, and were scrupulously fulfilled by the late maharajah.

The same friendly relations have been maintained with the successors of Maharajah Runjeet Singh by the British government up to the present time.

Since the death of the late Maharajah Sheer Singh, the disorganised state of the Lahore government has made it incumbent upon the governor-general in council to adopt precautionary measures for the protection of the British frontier; the nature of these measures, and the cause of their adoption, were at the time fully explained to the Lahore durbar.

Notwithstanding the disorganised state of the Lahore government during the last two years, and many most unfriendly proceedings upon the part of the durbar, the governor-general in council has continued to evince his desire to maintain the relations of amity and concord which had so long existed between the two states, for the mutual interests and happiness of both. He has shown on every occasion the utmost forbearance, from consideration to the helpless state of the infant Maharajah Dhuleep Singh, whom the British government had recognised as the successor to the late Maharajah Sheer Singh.

The governor-general in council sincerely desired to see a strong

Sikh government re-established in the Punjab, able to control its army and protect its subjects. He had not, up to the present moment, abandoned the hope of seeing that important object effected by the patriotic efforts of the Sikhs and people of that country.

The Sikh army recently marched from Lahore toward the British frontier, as it was alleged by the orders of the durbar, for the purpose of invading the British territory.

The governor-general's agent, by the direction of the governor-general, demanded an explanation of this movement, and no reply being returned within a reasonable time, the demand was repeated. The governor-general, unwilling to believe in the hostile intentions of the Sikh government, to which no provocation had been given, refrained from taking any measures which might have a tendency to embarrass the government of the maharajah, or to induce collision between the two states.

When no reply was given to the repeated demand for explanation, and while active military preparations were continued at Lahore, the governor-general considered it necessary to order the advance of troops toward the frontier, to reinforce the frontier posts.

The Sikh army has now, without a shadow of provocation, invaded the British territories.

The governor-general must therefore take measures for effectually protecting the British provinces, for vindicating the authority of the British government, and for punishing the violators of treaties and the disturbers of the public peace.

The governor-general hereby declares the possessions of the Maharajah Dhuleep Singh, on the left, or British banks of the Sutlej, confiscated and annexed to the British territories.

The governor-general will respect the existing rights of all jagheerdars, zemindars, and tenants in the said possessions, who, by the course they now pursue, evince their fidelity to the British government.

The governor-general hereby calls upon all the chiefs and sirdars in the protected territories to co-operate cordially with the British government for the punishment of the common enemy, and for the maintenance of order in these states. Those of the chiefs who show alacrity and fidelity in the discharge of this duty, which they owe to the protecting power, will find their interests promoted thereby; and those who take a contrary course will be treated as enemies to the British government, and will be punished accordingly.

The inhabitants of all the territories on the left bank of the Sutlej are hereby directed to abide peaceably in their respective villages, where they will receive efficient protection by the British government. All parties of men found in armed bands, who can give no satisfactory account of their proceedings, will be treated as disturbers of the public peace.

All subjects of the British government, and those who possess estates on both sides of the river Sutlej, who, by their faithful adherence to the British government may be liable to sustain loss, shall be indemnified and secured in all their just rights and privileges.

On the other hand, all subjects of the British government who shall continue in the service of the Lahore state, and who disobey this proclamation by not immediately returning to their allegiance, will be liable to have their property on this side of the Sutlej confiscated, and declared to be aliens and enemies of the British government.

Appendix IV

Treaty Signed Between Governor-General and the Sikh Durbar.

ARTICLE I. There shall be perpetual peace and friendship between the British government on one part, and Maharajah Dhuleep Singh, his heirs and successors, on the other.

ARTICLE II. The maharajah of Lahore renounces for himself, his heirs and successors, all claim to, or connection with, the territories lying to the south of the river Sutlej, and engages never to have any concern with those territories or the inhabitants thereof.

ARTICLE III. The maharajah cedes to the Honourable Company, in perpetual sovereignty, all his forts, territories, and rights, in the Doab, or country, hills and plain, situated between the rivers Beas and Sutlej.

ARTICLE IV. The British government having demanded from the Lahore state, as indemnification for the expenses of the war, in addition to the cession of territory described in Article III, payment of one and a half crore of rupees; and the Lahore government, being unable to pay the whole of this sum at this time, ought to give security satisfactory to the British government for its eventual payment, the maharajah cedes to the Honourable Company, in perpetual sovereignty, as equivalent for one crore of rupees, all his forts, territories, rights, and interests, in the hill countries which are situated between the rivers Beas and Indus, including the provinces of Kashmir and Hazara.

ARTICLE V. The maharajah will pay to the British government the sum of fifty lakhs of rupees on or before the ratification of this treaty.

ARTICLE VI. The maharajah engages to disband the mutinous troops of the Lahore army, taking from them their arms; and his highness agrees to re-organise the regular or Aeen regiments of infantry, upon the system, and according to the regulations, as to pay and allowances observed in the time of the late Maharajah Runjeet Singh. The maharajah further engages to pay up allowances to the soldiers that are disbanded, under provisions of this article.

ARTICLE VII. The regular army of the Lahore state shall henceforth be limited to twenty-five battalions of infantry, consisting of 800 bayonets each, with 12,000 cavalry; this number at no time to be exceeded, without the concurrence of the British government; and should it be necessary at any time, for any special cause, that this force should be increased, the cause shall be fully explained to the British government; and when the especial necessity shall have passed, the regular troops shall again be reduced to the standard specified in the former clause of this agreement.

ARTICLE VIII. The maharajah will surrender to the British government all the guns, thirty-six in number, which have been pointed against British troops, and which, having been placed on the right bank of the Sutlej, were not captured at Sobraon.

ARTICLE IX. The control of the rivers Beas and Sutlej, with the continuations of the latter river, commonly called the Garrah and Punjnud, to the confluence of the Indus, at Mithunkote, and the control of the Indus from Mithunkote to the borders of Beloochistan, shall, in respect to tolls and ferries, rest with the British government. The provisions of this article shall not interfere with the passage of boats belonging to the Lahore government, on the said rivers, for the purposes of traffic, or the conveyance of passengers up and down their course. Regarding the ferries between the two countries respectively, at the several ghauts of the said river, it is agreed, that the British government, after defraying all the expenses of management and establishment, shall account to the Lahore government for one half of the net profits of the ferry collections. The provisions of this article have no reference to the ferries on that part of the river Sutlej which forms the boundary of Buhawalpore and Lahore respectively.

ARTICLE X. If the British government should, at any time, desire to pass troops through the territories of his highness the maharajah for the protection of the British territories, or those of their allies, the British troops shall, on such special occasions, due notice being given, be allowed to pass through the Lahore territories. In such cases the officers of the Lahore state will afford facilities in providing supplies and boats for the passage of rivers; and the British government will pay the full price of all such provisions and boats, and will make fair compensation for all private property that may be endamaged. The British government will, moreover, observe all due consideration to the religious feelings of the inhabitants of those tracts through which the army may pass.

ARTICLE XI. The maharajah engages never to take or retain in his service any British subject, nor the subject of any European or American state, without the consent of the British government.

ARTICLE XII. In consideration of the services rendered by Rajah Ghulab Sing, of Jammu, to the Lahore state, towards procuring the restoration of the relations of amity between the Lahore and British governments, the maharajah agrees to hereby recognise the independent sovereignty of Rajah Ghulab Singh in such territories and districts in the hills as may be made over to the said Rajah Ghulab Singh, by separate agreement between himself and the British government, with the dependencies thereof which may have been in the rajah's possession since the time of the late Maharajah Khurruk Singh; and the British Government, in consideration of the good conduct of Rajah Ghulab Singh, also agrees to recognise his independence in such territories, and to admit him to the privileges of a separate treaty with the British government.

ARTICLE XIII. In the event of any dispute or difference arising between the Lahore state and Rajah Ghulab Singh, the same shall be referred to the arbitration of the British government, and by its decision the maharajah engages to abide.

ARTICLE XIV. The limits of the Lahore territories shall not at any time be changed, without the concurrence of the British government.

ARTICLE XV. The British government will not exercise any interference in the internal administration of the Lahore states, but in all cases or questions which may be referred to the British government, the governor-general will give the aid of his advice and good offices for the furtherance of the interests of the Lahore government.

ARTICLE XVI. The subjects of either state shall, on visiting the territories of the other, be on the footing of the subjects of the most favoured nation.

Appendix V

Return of H. M. Regiments with the Army of the Sutlej, showing the effective strength before entering into Action, and the Casualties after each subsequent Engagement.

Head Quarters, Camp Lahore, 2nd March, 1846.

	Effective strength before entering into the first Action in which each Regiment was engaged.		After the Action at MOODKEE.						After the Action of FEROZESHAH.						After the Skirmish at BUDEEWAL.					
			Killed.		Wounded.		Missing.		Killed.		Wounded.		Missing.		Killed.		Wounded.		Missing.	
	Officers.	Men.	Officers.	Men.	Officers.	Men.	Officers.	Men.	Officers.	Men.	Officers.	Men.	Officers.	Men.	Officers.	Men.	Officers.	Men.	Officers.	Men.
3rd LIGHT DRAGOONS, Before the Action at Moodkee, on the 18th December, 1845	27	518	3	58	3	32	..	..	3	53	7	67	..	..	..	..	..	..	..	..
9th LANCERS, Before the Action at Sobraon, on the 10th February, 1846	33	599	..	..	..	..	..	..	..	..	..	..	..	..	..	..	..	..	..	..
16th LANCERS, Before the Skirmish at Budeewal, on the 21st January, 1846	23	539	..	..	..	..	..	..	..	..	..	..	..	..	..	2	..	1	..	..
9th FOOT, Before the Action at Moodkee, on the 18th December, 1845	30	874	1	2	1	49	..	..	3	67	6	197	..	18	..	..	..	..	..	..
10th FOOT, Before the Action at Sobraon, on the 10th February, 1846	36	742	..	..	..	..	..	..	..	..	..	..	..	..	..	..	..	..	..	..
29th FOOT, Before the Action at Ferozeshah, on the 21st December, 1845	28	765	..	..	..	..	..	..	3	52	3	185	..	..	..	..	..	..	..	..
31st FOOT, Before the Action at Moodkee, on the 18th December, 1845	31	844	1	24	8	126	..	6	2	59	5	97	..	19	..	12	..	9	..	19
50th FOOT, Before the Action at Moodkee, on the 18th December, 1845	31	675	1	21	6	94	..	4	..	24	3	89	..	2	..	4	..	13	..	8
53rd FOOT, Before the Skirmish at Budeewal, on the 21st January, 1846	47	861	..	..	..	..	..	..	..	..	..	..	..	..	..	26	2	15	..	20
62nd FOOT, Before the Action at Ferozeshah, on the 21st December, 1845	24	768	..	..	..	..	..	..	7	88	10	161	..	..	..	..	..	..	..	..
80th FOOT, Before the Action at Moodkee, on the 18th December, 1845	26	795	..	5	1	20	..	..	5	35	1	73	..	..	..	..	..	..	..	..
TOTAL	336	7980	6	110	19	321	..	10	23	378	35	869	..	39	..	44	2	38	..	47

	After the Action at ALIWAL.						After the Action at SOBRAON.						TOTAL CASUALTIES.					
	Killed.		Wounded.		Missing.		Killed.		Wounded.		Missing.		Killed.		Wounded.		Missing.	
	Officers.	Men.	Officers.	Men.	Officers.	Men.	Officers.	Men.	Officers.	Men.	Officers.	Men.	Officers.	Men.	Officers.	Men.	Officers.	Men.
3rd LIGHT DRAGOONS, Before the Action at Moodkee, on the 18th December, 1845	..	9	..	..	..	..	..	4	5	22	..	..	6	124	15	121	..	..
9th LANCERS, Before the Action at Sobraon, on the 10th February, 1846	..	..	..	..	..	..	..	1	..	1	..	..	..	1	..	1	..	..
16th LANCERS, Before the Skirmish at Budeewal, on the 21st January, 1846	2	57	6	77	..	..	..	..	..	..	..	..	2	59	6	78	..	..
9th FOOT, Before the Action at Moodkee, on the 18th December, 1845	..	..	..	..	..	..	..	5	1	28	..	..	4	74	8	274	..	18
10th FOOT, Before the Action at Sobraon, on the 10th February, 1846	..	..	..	..	..	..	1	29	2	101	..	..	1	29	2	101	..	..
29th FOOT, Before the Action at Ferozeshah, on the 21st December, 1845	..	..	..	..	..	..	1	35	13	139	..	..	4	87	16	344	..	..
31st FOOT, Before the Action at Moodkee, on the 18th December, 1845	..	1	1	14	..	..	..	33	8	112	..	2	3	129	22	358	..	46
50th FOOT, Before the Action at Moodkee, on the 18th December, 1845	1	8	9	59	..	..	1	37	11	184	..	..	3	94	29	439	..	14
53rd FOOT, Before the Skirmish at Budeewal, on the 21st January, 1846	..	3	..	7	..	1	1	4	8	105	..	3	1	33	10	127	..	24
62nd FOOT, Before the Action at Ferozeshah, on the 21st December, 1845	..	..	..	..	..	..	1	3	1	43	..	..	8	91	11	204	..	..
80th FOOT, Before the Action at Moodkee, on the 18th December, 1845	..	..	..	..	..	..	..	13	5	74	..	..	5	53	7	167	..	..
TOTAL	3	78	16	157	..	1	5	164	54	809	..	5	37	774	126	2214	..	102

EDWARD LUGARD, *Captain,*

Acting-Assistant-Adjutant-General of H. M. Forces in India.

Bibliography

Anon. 1891, *India Before the Sepoy Mutiny* (1891)
Becke, A. F., *Napoleon and Waterloo* (1936)
Blackwood, *Tales from the Outposts* (*II Small Wars of the Empire*) (1933)
Bunbury, Colonel T., *Reminiscences of a Veteran* (N.D.)
Burnes, Alexander, *Travels into Bokhara* (1834)
Butler, Sir William F., *Sir Charles Napier* (1890)
Cannon, Richard, *Historical Record of the 53rd Foot* (1838), *Historical Record of the 16th, The Queen's, Royal Lancers* (1838)
Carey, W. H., *The Good Old Days of Honourable John Company* (1906)
Carman, W. Y., *British Military Uniform* (Leonard Hill Books Ltd., London 1957)
Cole, D. H. & Priestley, E. C., *An Outline of British Military History* (1936)
Collier, Richard, *The Sound of Fury* (Collins, London, 1963)
Cork, Barry Johnson, *Rider on a Grey Horse* (Cassell & Co., London, 1958)
Cunningham, J. D. (Edt. H. L. O. Garrett), *A History of the Sikhs* (1918)
Cust, R. N., *Pictures of Indian Life* (1881)
Fane, H. E., *Five Years in India* (1842)
Farya Singh Bajwa, *The Military System of the Sikhs during Period 1799–1849* (Motilal Banarsidass, Delhi, 1964)
Forbes, Archibald, *Havelock* (1890), *Colin Campbell, Lord Clyde* (1890), *Memories and Studies of War and Peace* (1895)
Forbes, A; Henty, G. A. and Griffiths, A., *Battles of the 19th Century* (1902)
Fortescue, Sir John W., *A History of the British Army* (1927), *The Last Post* (1934)
Foster, Sir William, *John Company* (1906)
Fyler, Colonel, *A History of the 50th or Queens Own Regiment* (1895)
Gough, Sir Charles & Innes, J. J., *The Sikhs and the Sikh War* (1891)
Gough, Sir Hugh, *Old Memories* (1897)
Gowing, T., *A Voice from the Ranks* (1906)
Graham, Henry, *History of the Sixteenth, The Queens, Light Dragoons (Lancers)* (1912)
Grant, James, *British Battles on Land and Sea* (N.D.)
Hardinge, Lord, of Penshurst, *Life of Lord Hardinge* (1891)
Henty, G. A., *Through the Sikh War* (1894)
Innes, Lieutenant-General J. J. McLeod, R.E., V.C., *Sir Henry Lawrence* (Rulers of India Series) (1898)

Jocelyn, Colonel Julian R. J., *The History of the Royal Artillery* (1911)

Kaye, Sir John, *History of the Sepoy War* (1864)

Khushwant Singh, *A History of the Sikhs 1469–1839* (O.U.P. 1965), *Ranjit Singh—The Maharajah of the Punjab 1780–1839* (G. Allen & Unwin, London, 1962)

Lunt, James, *Charge to Glory* (Heinemann, London, 1961)

MacFarlane, Charles, *History of British India* (1873)

McGregor, W. L., *History of the Sikhs* (1846)

McMunn, Sir George, *Vignettes from Indian Wars* (N.D.), *Behind the Scenes in Many Wars* (N.D.), *Jan Compani Kee Jai* (N.D.)

McMunn, Sir George & Lovett, A. C., *The Armies of India* (1911)

Malleson, G. B., *The Decisive Battles of India* (1888), *The Indian Mutiny of 1857* (1888)

Marshman, John Clark, *Memoirs of Major-General Sir Henry Havelock, K.C.B.* (1867)

Moore-Smith, G. C. (Edt.), *The Autobiography of Sir Harry Smith* (1901)

Newbolt, Sir Henry, *The Thin Red Line* (1931)

Nolan, Dr. E. H., *History of the British Empire in India* (1859)

Parker (Edt.), *Sir Robert Peel*, Vol. III (N.D.)

Pearse, Hugh W. and Sloman, H. W., *History of the 31st Foot—The East Surrey Regiment* (1898)

Pearse, Colonel Hugh W., *History of 31st Foot* (*East Surrey Regiment*)(1916)

Pearson, Hesketh, *The Hero of Delhi* (1939)

Petre, F. Loraine, *History of the Norfolk Regiment* (1905)

Pollock, J. C., *The Way to Glory* (1960)

Rait, Robert S., *The Life and Campaigns of Hugh, 1st Viscount Gough* (1903)

Roberts, Lord Frederick, *Forty-one Years in India* (1900)

Sheppard, E. W., *Redcoat* (1952)

Sherer, J. W., *Daily Life During the Indian Mutiny* (1898)

Sleeman, James, *Memoirs of an Indian Official* (1876)

Smith, Vincent, *The Oxford History of India* (1958)

Stocqueler, J. H., *A Personal History of the Horse Guards from 1750 to 1872* (1873), *The Handbook of India* (1844)

Thompson, Edward & Garratt, G. T., *The Rise and Fulfilment of British Rule in India* (MacMillan & Co., London 1934)

Trotter, L. J., *The Life of John Nicholson* (1897)

Whitman, Walt, *Specimen Days* (1882)

Wolseley, Field Marshal Viscount, *The Story of a Soldier's Life* (1903)

Woodruff, P., *The Men Who Ruled India* (1953), *The Guardians* (1954), *The Founders* (Jonathan Cape, London, 1953)

Wylly, H. C., *Memoirs of Lieutenant-General Sir Joseph Thackwell* (1908)

Younghusband, G. J., *The Story of the Guides* (1911)

Despatches of the War in India 1846—Lieutenant-General Viscount Hardinge, General Lord Gough, Major-General Sir Harry Smith and other sources (1846)

Nominal Rolls of the 16th, The Queen's, Lancers—The 53rd Foot, 50th Foot, the Queen's Regiment, 31st Foot, the East Surrey Regiment, 9th Foot, the Norfolk Regiment.

October–December 31st 1845 and January–March 31st 1846 (Public Record Office, London).

The London Gazette
General and Regimental Orders
Letters of Lieutenant Bellars (50th Regiment), *Lieutenant J. D. Robertson* (31st Regiment), *Captain John Cummings* (80th Regiment)
Field Service Hygiene Notes—India
The Times
Cornhill Magazine
Illustrated London News
Punch
Army and Navy Gazette
Calcutta Review
Royal Artillery Journal
The Army Quarterly
Soldier Magazine
Blackwoods Magazine
United Services Magazine
The Cavalry Journal
Journal of the Society for Army Historical Research
Parliamentary Reports
Statements and Order Books of Cavalry, Infantry and Artillery
Encyclopaedia Britannica

Index

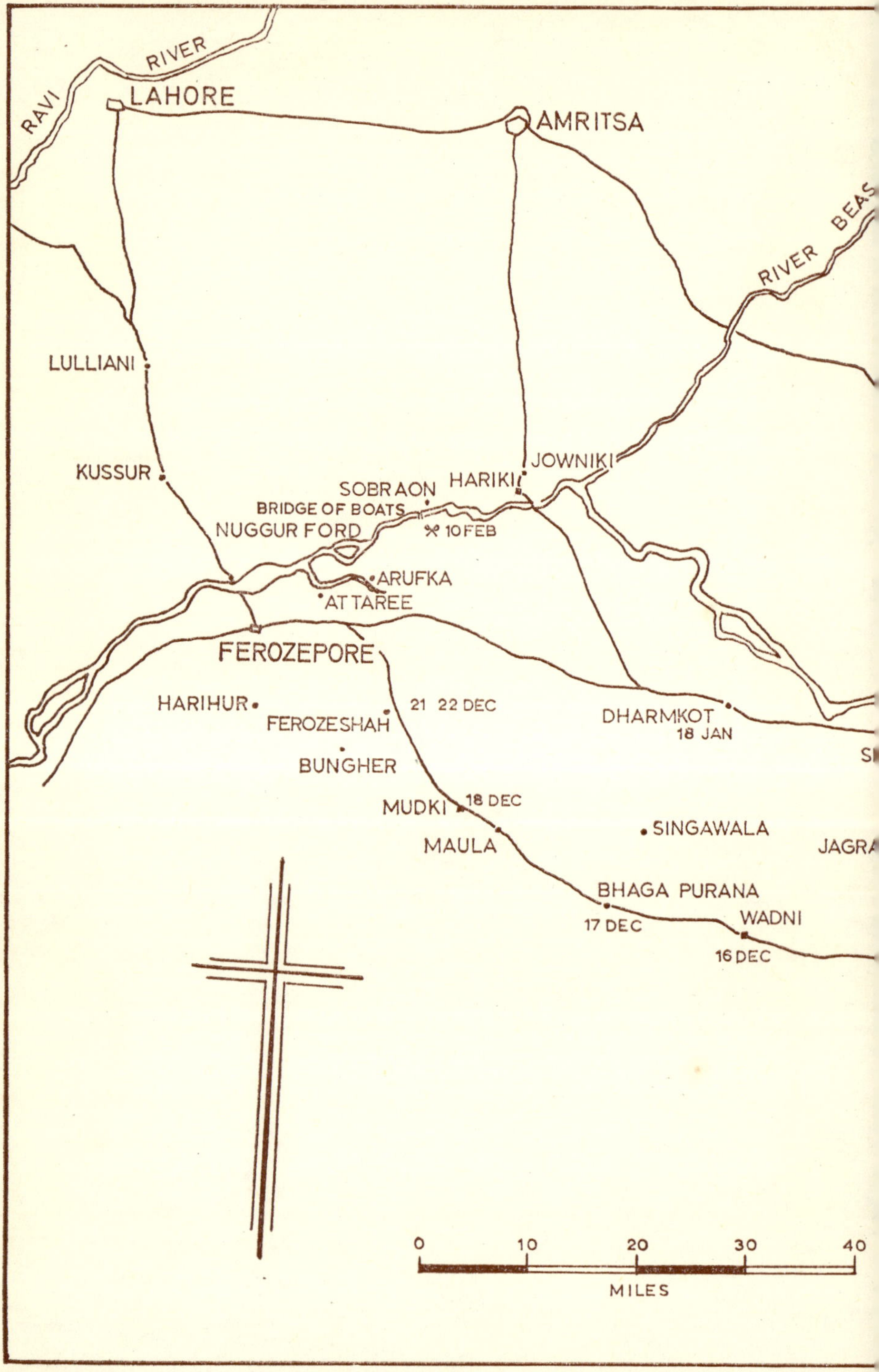

RAVI RIVER
LAHORE
AMRITSA
RIVER BEAS
LULLIANI
KUSSUR
SOBRAON
HARIKI
JOWNIKI
BRIDGE OF BOATS
NUGGUR FORD
10 FEB
ARUFKA
ATTAREE
FEROZEPORE
HARIHUR
FEROZESHAH
21 22 DEC
DHARMKOT
18 JAN
BUNGHER
MUDKI
18 DEC
MAULA
SINGAWALA
JAGRA
BHAGA PURANA
17 DEC
WADNI
16 DEC
0 10 20 30 40
MILES